Alfredo Bosi

ENTRE A LITERATURA
E A HISTÓRIA

editora 34

EDITORA 34

Editora 34 Ltda.
Rua Hungria, 592 Jardim Europa CEP 01455-000
São Paulo - SP Brasil Tel/Fax (11) 3811-6777 www.editora34.com.br

Copyright © Editora 34 Ltda., 2013
Entre a literatura e a história © Alfredo Bosi, 2013

A FOTOCÓPIA DE QUALQUER FOLHA DESTE LIVRO É ILEGAL E CONFIGURA UMA
APROPRIAÇÃO INDEVIDA DOS DIREITOS INTELECTUAIS E PATRIMONIAIS DO AUTOR.

O autor e a Editora 34 agradecem a colaboração de Diego Molina.

Imagem da capa:
Letras desenhadas pelo tipógrafo italiano Giambattista Bodoni (1740-1813)

Capa, projeto gráfico e editoração eletrônica:
Bracher & Malta Produção Gráfica

Revisão:
*Alberto Martins, Beatriz de Freitas Moreira,
Carlos Frederico Barrère Martin, Diego Molina*

1ª Edição - 2013, 2ª Edição - 2015 (1ª Reimpressão - 2021)

CIP - Brasil. Catalogação-na-Fonte
(Sindicato Nacional dos Editores de Livros, RJ, Brasil)

B115e Bosi, Alfredo, 1936-2021
Entre a literatura e a história / Alfredo
Bosi. — São Paulo: Editora 34, 2015 (2ª Edição).
480 p.

ISBN 978-85-7326-532-3

1. Crítica literária. 2. Teoria literária.
3. História da literatura - Brasil. 4. Cultura,
ideologia e política. I. Título.

CDD - 330

ENTRE A LITERATURA E A HISTÓRIA

Crítica literária: poesia

A poesia é ainda necessária?... 9
História de um encontro: Mário e Cecília 25
A poesia da viajante 35
Fora sem dentro?
   Em torno de um poema de João Cabral...................... 39
Ferreira Gullar caniço pensante.. 57
O acontecimento do poema... 61
Meditatio mortis:
   sobre um livro de Reventós, poeta catalão.................. 65

Crítica literária: ficção

Rumo ao concreto:
   Memórias póstumas de Brás Cubas 73
Intimidade e assimetria:
   sobre um conto de Mário de Andrade......................... 83
Passagens de *Infância* de Graciliano Ramos 87
A decomposição do cotidiano
   em contos de Lygia Fagundes Telles 113

Poesia e pensamento

O lugar da retórica na obra de Vico 123
Leopardi... 141
Leopardi tradutor: a Natureza, os Antigos..................... 145

História literária em três tempos

Imagens do Romantismo no Brasil................................. 179
A parábola das vanguardas latino-americanas................ 205
As fronteiras da literatura 221

Ideologias e contraideologias

As ideologias e o seu lugar 237

Formações ideológicas na cultura brasileira 243
Liberalismo *versus* democracia social 269
O positivismo no Brasil:
  uma ideologia de longa duração 277
A vanguarda enraizada:
  o marxismo vivo de Mariátegui 303
Fantasia e planejamento 321

Intervenções

Teologias, sinais dos tempos 329
Memória e memorial: Frei Betto, *Batismo de sangue* 335
Jacob Gorender 339
Um estudante chamado Alexandre 347
Quando tempo não é dinheiro 355
Sobre a não-violência 358
Jejum contra a fome 362
Democracia *versus* poluição 365
Angra 3 é uma questão de ética 370
Uma grande falta de educação 372
A educação e a cultura nas Constituições brasileiras 383
Ao arqueólogo do futuro 396
O crucifixo nos tribunais 400

Entrevistas

Sobre Otto Maria Carpeaux 405
Sobre Celso Furtado 423

O caminho percorrido

Entrevista à *Folha de S. Paulo* 437
Discurso de Professor Emérito 451

Extraprograma

O erro de Narciso segundo Louis Lavelle 467

Sobre os textos 473

Crítica literária: poesia

Crítica literaria. poesía

A poesia é ainda necessária?

And, Beauty dead, black Chaos comes again.
Shakespeare, *Venus and Adonis*

Leitor de poemas desde os anos da adolescência, nunca pensaria que devesse, um dia, falar da necessidade da poesia. O tema proposto talvez seja mais um sinal dos tempos. Acredito que é nossa obrigação estar sempre atentos ao que estes sinais querem dizer, pois eles não são gratuitos nem aleatórios. Quem pergunta sobre a necessidade da poesia poderá estar experimentando uma falta e provavelmente um sentimento misto de saudade do que terá passado sem retorno e angústia por um presente cujo futuro é ainda enigma. No entanto, durante milênios e certamente muito antes da invenção da escrita a poesia habitou entre os homens para seu encantamento e consolo.

Identificando-se com a linguagem dos primeiros homens, a poesia lhes deu o abrigo da memória, os tons e as modulações do afeto, o jogo da imaginação e o estímulo para refletir, às vezes agir. Se acolhermos os termos da meditação que Heidegger empreendeu em torno do poético, diremos que antes de ser sentimento e pensamento, memória e fantasia, a linguagem-poesia foi, para a humanidade emergente, a "casa do Ser". A expressão tem alcance ontológico, mas pode ser interpretada existencialmente: a linguagem permite que as coisas ganhem um sentido público e comunicável na teia intersubjetiva.

Embora poucos sejam os que duvidam do "desencantamento do mundo", fórmula incisiva com que Max Weber qualificou o *ethos* capitalista moderno, ainda há quem sinta a magia de um verso musical, o esplendor de uma imagem luminosa ou a melancolia do poema que fale de um bem para sempre perdido. A poesia sobreviveria não só no ato de ressignificar e, não raro, reencantar pessoas, coisas e eventos, mas também ao recolher-se em si mesma, palavra que se dobra sobre a palavra.

De todo modo, a pergunta persiste: afinal, para que a poesia seria hoje necessária? E, quem sabe, ainda mais necessária do que antigamente, em tempos em que a própria questão não se propunha. Toda tentativa de resposta é aqui puramente exploratória.

O QUE ERA SOMBRA ERRANTE VIRA GENTE

A poesia seria hoje particularmente bem-vinda porque o mundo onde ela precisa subsistir tornou-se atravancado de objetos, atulhado de imagens, aturdido de informações, submerso em palavras, sinais e ruídos de toda sorte. *Much ado about nothing*. Então vem o poeta e divisa na massa amorfa que passa pela rua uma figura humana, mulher, homem, velho, jovem, criança; em um relance, o que era sombra errante vira gente. O que era espaço opaco transparece varado pela luz da percepção amorosa ou perplexa, mas sempre atenta. Aquele vulto que parecia vazio de sentido começa a ter voz, até mais de uma voz, vozes. Irrompe o fenômeno da ex-pressão. Quem tem ouvidos, ouça!

Em "Morte do leiteiro", poema que figura na *Rosa do povo*, Carlos Drummond de Andrade transpôs a notícia da morte de um rapaz, entregador de leite. Nada se sabe nem da pessoa nem da vida do moço a não ser que, tomado por ladrão, foi morto a tiros por um morador sobressaltado. O leiteiro ficará sem rosto nem alma para todos os que souberam do fato lendo por acaso a seção policial do jornal. Mas para o poeta não será assim. O rapaz acordou cedo, porque "Há pouco leite no país" e "Há muita sede no país". Ele é "leiteiro/ de madrugada", que "sai correndo e distribuindo/ leite bom para gente ruim". O seu trabalho parece indiferente e automático; porém traz nas latas e garrafas e no sapato de borracha a graça inconsciente da bondade, pois

> vão dizendo aos homens no sono
> que alguém acordou cedinho
> e veio do último subúrbio
> trazer o leite mais frio
> e mais alvo da melhor vaca
> para todos criarem força
> na luta brava da cidade.

Graça atribuída, decerto involuntária, nem por isso menos pura e dadivosa.

> Na mão a garrafa branca
> não tem tempo de dizer
> as coisas que lhe atribuo
> nem o moço leiteiro ignaro,
> morador na Rua Namur,
> empregado no entreposto,
> com 21 anos de idade,
> sabe lá o que seja impulso
> de humana compreensão.
> E já que tem pressa, o corpo
> vai deixando à beira das casas
> uma apenas mercadoria.

O rapaz é sutil, tem passo maneiro e leve, antes desliza que marcha. No entanto, algum ruído sempre acabou provocando: queda de um vaso no corredor estreito, um cão, um gato, o bastante para acordar o morador armado e temeroso de ladrões que assaltam de madrugada.

Agora os olhos abertos pela imaginação do poeta só têm pela frente o corpo do mocinho morto.

> Os tiros na madrugada
> liquidaram meu leiteiro.

Já não se fala à distância, prosaicamente, do empregado no entreposto morador na Rua Namur; agora ele é "meu leiteiro". Quanto ao homem que o matou por engano, foge pela rua, grita consternado, mas não chamará médico nem polícia; afinal, diz o poeta, "Está salva a propriedade". A noite prossegue longa, a aurora custa a chegar. Mas não virá nem da terra nem do céu. De onde então?

> Da garrafa estilhaçada,
> no ladrilho já sereno
> escorre uma coisa espessa
> que é leite, sangue... não sei.
> Por entre objetos confusos,
> mal redimidos da noite,
> duas cores se procuram,
> suavemente se tocam,
> amorosamente se enlaçam,
> formando um terceiro tom
> a que chamamos aurora.

Convivem no texto o sentimento fundamental de compaixão e a atividade que Kant chamou de "livre jogo de imaginação", considerando-a peculiar à construção poética (*Crítica do Juízo*, § 51).

Outros poemas falariam, a seu modo, deste mesmo movimento de tornar próximo e singular o que a desmemória cotidiana vai deixando remoto e indistinto. "Desaparecimento de Luísa Porto", também de Drummond, é um apelo de mãe aflita lançado no espaço vazio da indiferença geral: *Procurem Luísa... Procurem, procurem.*

> Pede-se a quem souber
> do paradeiro de Luísa Porto
> avise sua residência
> à Rua Santos Óleos, 48.
> Previna urgente
> solitária mãe enferma
> entrevada há longos anos
> erma de seus cuidados.

E há os desdobramentos secos e dilacerantes que João Cabral de Melo Neto soube dar à figura de um dos muitos *severinos* retirantes do sertão pernambucano em busca da vida através de caminhos de morte. Ou ainda a "Notícia da morte de Alberto da Silva" com que Ferreira Gullar transformou um pobre-diabo da classe média carioca na figura pungente do sonhador para sempre frustrado:

> Começou contínuo e acabou funcionário
> sempre eficiente e cumpridor do horário
> [...]
> Morreu de repente ao chegar em casa
> ainda com o terno puído que usava.
>
> Não saiu notícia em jornal algum.
> Foi apenas a morte de um homem comum
> [...]
> Que nos importa agora se na mente confusa
> ele às vezes pensava que a vida era injusta?
> [...]
> E agora, quando se vai perder no mar imenso,
> tudo isso, nele, virou rigidez e silêncio

A todos a poesia redimiu do anonimato, em cada um reconheceu a face única, inconfundível. Luísa Porto que, sendo alta, magra, morena, levemente estrábica, vestidinho simples, óculos, ficou para nós inerte, "cravada no centro da estrela invisível/ Amor".

A menção à poesia de João Cabral oferece estímulo para refletir sobre o par *reificar/individualizar*, que rege a percepção do outro em contextos onde o espaço da dominação social parece absoluto, sem brechas. Comparem-se "Festa na casa-grande", poema incluído em *Dois parlamentos*, com o discurso que fecha "O cão sem plumas" e o final de "Morte e vida severina".

A voz que diz "Festa na casa-grande" é a de um deputado com acento nordestino. Onde não há perspectiva clássica (pois João Cabral prefere a *poética da superfície* trabalhada por Miró, seu mestre), é a *voz* que assume o papel de doador de sentido. E o que diz essa voz saída das entranhas do poder?

Que o cassaco de engenho é um fora sem dentro: parece gente, mas de perto vê-se que é homem de menos preço; quando dorme não sonha, cai na treva; vive no barro e do barro não sai; a sua febre não aquece, é morta como o engenho que já não bota e está de fogo morto; quando criança, não é cana, é caniço, cana de soca, fim de roça; o seu corpo não é carne nem osso, é estopa, pano que virou trapo; mesmo acordado, vive em marasmo pantanoso; o seu estado de espírito é o nada da calmaria; agonizando, toma a transparência da vela, a mesma cera que vela o defunto; se é mulher, é saco de açúcar vazio, não para em pé; ao seu corpo tudo lhe pesa: o sangue, posto que ralo, é como caldo cozido e melaço; pesam-lhe a roupa, a mão, o ar, o chão; no que toca à cor, ele passa do amarelo-azul, que lhe dá a aguardente, ao roxo quando lhe vem o desejo de morte, e amarelo é o amargor da ressaca que o espera; quando velho caminha para virar esqueleto, e já é taipa em ruína. O cassaco morto vai em caixão vazio; seu cadáver é oco, não tem dentros.

Posto em confronto com o seu referente narrativo mais próximo ou afim, a história dos retirantes em *Vidas secas*, o poema de João Cabral força até o limite o processo de reificação: a cachorra Baleia ao menos sonhava com um osso grande e cheio de tutano, e o menino mais velho fantasiava paraísos além da serra azulada e dos bancos de macambira. Mas Graciliano não delegava a ninguém (e muito menos a um deputado nordestino) a voz narrativa como o poeta entendeu fazer ao tentar um lance de objetivação extrema.

Em contrapartida, desde que haja história, há movimento, há um dentro que responde ao fora, há um embate que se exerce no tempo, objeto primeiro, sujeito depois, sujeito-objeto em discorde concórdia. É a *voz do poeta* que fala do seu Capibaribe em "O cão sem plumas". O rio está chegando ao mar. Águas fluviais vindas daqui e dali se juntam e formam lagunas. E "preparam sua luta/ de água parada,/ sua luta/ de fruta parada". Resistindo à força do oceano que tudo invade e ameaça engolir as flores e as frutas do mangue, o rio-pântano recobra vida e, *porque vive, não entorpece*. O que era ralo se adensa como o sangue de um homem que é muito mais espesso "do que o sonho de um homem". A consistência derradeira, simétrica e oposta ao desfazimento da última hora, se produz no combate, simétrico e oposto à estagnação sofrida pelo rio no meio do percurso:

> Espesso,
> porque é mais espessa
> a vida que se luta
> cada dia,
> o dia que se adquire
> cada dia
> (como uma ave
> que vai cada segundo
> conquistando seu voo).

Do "Auto de Natal pernambucano", não há quem não tenha lido sem surpresa entre alegre e dolorida os versos do remate que trazem ao leitor, já instruído por tantas lições de morte, a expressão da vida, mesmo quando é uma vida severina.

A comparação entre as vozes assume o papel que teria o confronto das perspectivas. Quando fala o calor da empatia, o sertanejo e o rio reassumem a dignidade de seres vivos. Mas se predomina o gelo do distanciamento e do desprezo, o cassaco já está morto, mesmo quando ainda vive. O móvel secreto do poema é a sátira indireta do rico poderoso que, com a sua voz desalmada, presume saber tudo da vida e da morte do cassaco que trabalha no seu engenho.[1]

O PERTO VIRA LONGE

A poesia devolveu corpo e alma, forma e nome ao que a máquina social já dera por perdido. Poderá também sobrevir um gesto em sentido contrário: a imagem do ser familiar converte-se, de súbito, em figura estranha. O rosto que se dava tão facilmente aos nossos olhos domesticados pelo hábito de todo dia ensombra-se como se uma fuligem o cobrisse. Próximo há pouco, agora distante: o poema dirá com palavras justas essa desconcertante mudança que nos pôs diante do insólito. O "Soneto da separação" de Vinicius de Moraes sugere, mais do que descreve ou narra, o caráter repentino, quase misterioso, da metamorfose:

> De repente, do riso fez-se pranto
> Silencioso e branco como a bruma
> E das bocas unidas fez-se a espuma
> E das mãos espalmadas fez-se o espanto.
>
> De repente, da calma fez-se o vento
> Que dos olhos desfez a última chama

---

[1] Retomo a argumentação de meu artigo "Fora sem dentro? Em torno de um poema de João Cabral de Melo Neto", publicado em *Estudos Avançados*, nº 50, jan.-abr. 2004, pp. 195-207 [ver, no presente volume, pp. 39-56]. A análise do sentido das vozes em poemas de João Cabral foi exemplarmente desenvolvida por Antonio Carlos Secchin em *João Cabral: a poesia de menos e outros ensaios cabralinos*, Rio de Janeiro, Topbooks, 2ª ed., 1999, p. 180.

> E da paixão fez-se o pressentimento
> E do momento imóvel fez-se o drama.
>
> De repente, não mais que de repente
> Fez-se de triste o que se fez amante
> E de sozinho o que se fez contente.
>
> Fez-se do amigo próximo o distante
> Fez-se da vida uma aventura errante
> De repente, não mais que de repente.

O poeta aqui é brasileiro e nosso contemporâneo. Mas o tema e a angústia que o ditou vêm de longe. Quantas vezes o trovador medieval lamentou a frieza da amada que de próxima se fez distante não mais que de repente... *O cancioneiro* de Petrarca, matriz da lírica renascentista, reviveu na figura mutante de Laura a imagem impassível de Beatriz que, de um dia para outro, negou a Dante até mesmo o gesto de saudação. E de amadas ora promissoras, ora esquivas senão cruéis, está repleto o nosso cancioneiro clássico e neoclássico, que vai de Camões a Cláudio Manuel da Costa.

Mas hoje, salvo engano, os motivos de estranhezas entre pessoas próximas parecem mais fortes que em tempos anteriores à civilização de massas, épocas nas quais a palavra *comunidade* significava alguma coisa de vivido e cotidiano, e não uma aspiração quase utópica. O "Soneto da separação" de Vinicius talvez até sirva em nossos dias de epígrafe a uma pesquisa estatística que trace a curva crescente dos divórcios acompanhando ou superando a curva das uniões conjugais. E não é impossível que os mesmos recursos da sociologia registrem, um triste dia, as separações entre velhos amigos. Teríamos então um quadro de referência, um contexto psicossocial que indicaria de modo quantitativo e abstrato o que a poesia fez concretamente no seu trabalho de singularização das pessoas, coisas e atos. O poeta, é verdade, já reagiu soberbamente à violência que preside tantas vezes a essas mudanças bruscas de amor em desamor. É de José Paulo Paes esta quadra que ele chamou "Drummondiana":

> Quando as amantes e o amigo
> te transformarem num trapo,
> faça um poema,
> faça um poema, Joaquim!

(O aluno)

Das pessoas às coisas

A poesia não se limita a refazer por dentro a percepção do outro. Também nomeia o mundo de objetos que nos rodeiam e constituem nosso espaço de vida, balizas do itinerário cotidiano. Aqui a operação que re-apresenta a coisa pode ser contrastada por uma estratégia que acena para os seus perfis quando não os dissolve em uma atmosfera onírica.

O que faz o poeta Manuel Bandeira quando contempla a maçã que pousa "Ao lado de um talher/ Num quarto pobre de hotel"? Suspende em um relance de epifania a opacidade da percepção cotidiana que relega o objeto à esfera do utilizável, do meio para consumar um fim. Tocada pelo novo olhar, a maçã converte-se em seio murcho, depois em ventre fecundo, divino amor, fruto onde palpita infinitamente uma vida prodigiosa.

Quando se compara o projeto parnasiano de descrever miudamente quadros e cenas com o estilo alusivo dos simbolistas, entende-se melhor essa capacidade, que é apanágio do poeta, de traçar desenhos nítidos ou esfumar contornos. Mas o poeta moderno foi além: desentranhou do objeto um sentido latente, reconheceu a sua vida perene e abriu novo horizonte à percepção do leitor.

Ut pictura poesis? *Poesia é ainda imitação*? Todas as vanguardas modernistas nos estão respondendo em coro indignado que não! Não lhes faltam razões históricas: pois é precisamente na sua vetusta função descritiva que a literatura parece ter sido ultrapassada pelos procedimentos hipermiméticos da televisão, do cinema de efeitos especiais, da internet. É lugar-comum dizer que entramos, a partir da segunda metade do século XX, na civilização da imagem que, por sua vez, está cedendo lugar a uma vasta cultura da representação, do espetáculo e do simulacro. Não foi por acaso que os projetos de poesia concreta surgidos no segundo pós-guerra reativaram algumas técnicas futuristas de linguagem que já se propunham, no começo do século, fazer uma poesia correspondente à nova era do cinema e do avião. Assim o exigiam os manifestos de Marinetti. Imagens dotadas de velocidade deveriam *presidir à* construção do poema. Aqui, é forçoso admitir a vigência dos sinais dos tempos. No entanto, sem detrimento dos êxitos estéticos do neofuturismo, mantiveram-se no poema modernista e pós-modernista peculiaridades de forma e sentido que o impediram de reduzir-se a um programa de arte visual.

A imagem da lua — fotográfica ou estilizada em risco de desenho abstrato — não traz em si a mesma ressonância subjetiva da palavra *lua* com a sua sonoridade permeada das conotações existenciais difusas quando o leitor a reproduz na própria voz. O mesmo ocorre com palavras que evocam aspectos da paisagem ou cenários urbanos. Quem quiser entender o quanto o verso pode dizer de uma cidade, detenha-se nos poemas em que Mário de Andrade fala da sua Pauliceia, Drummond das cidades mineiras e do Rio de Janeiro, Murilo Mendes de Ouro Preto, João Cabral do Recife e de Sevilha, Ferreira Gullar de São Luís do Maranhão. Seria fácil multiplicar exemplos dessa poesia de enraizamento afetivo modulada em verso tradicional ou livre.

Mas à medida que a máquina capitalista vai destruindo uma a uma as paisagens da infância, a poesia dirá antes a perda do que a fruição da cidade natal. Poetas que chegaram à maturidade no último quartel do século XX assistiram às investidas de uma urbanização deletéria. Uma cidade como São Paulo tornou-se irreconhecível aos olhos de seus próprios filhos. A familiaridade decaiu à condição de estranheza. Em vez de poesia do enraizamento não restam senão expressões de nostalgia travestidas muitas vezes pelo registro da amarga decepção. A cidade passou a ser o lugar do desencontro, a alegoria da mais hostil exterioridade. Mas é necessário que o diga o poema:

    Cidade, por que me persegues?

    Com os dedos sangrando
    já não cavei em teu chão
    os sete palmos regulamentares
    para enterrar meus mortos?
    Não ficamos quites desde então?

    Por que insistes
    em acender toda noite
    as luzes de tuas vitrinas
    com as mercadorias do sonho
    a tão bom preço?

    [...]

    Cidade, por que me persegues?
    Ainda que eu pegasse
    o mesmo velho trem,
    ele não me levaria
    a ti, que não és mais.

    (José Paulo Paes, "Revisitação", *A meu esmo*)

A poesia é ainda nossa melhor parceira para exprimir o outro e representar o mundo. Ela o faz aliando num só lance verbal sentimento e memória, figura e som. Momento breve que diz sensivelmente o que páginas e páginas de psicólogos e sociólogos buscam expor e provar às vezes pesadamente mediante o uso de tipologias. O seu regime é o da *densidade*, que se alcança pela inumerável combinação de sons, ritmos, palavras.

Manter viva a palavra

A teoria estruturalista do poema, formulada na década de 1950 por um linguista da envergadura de Roman Jakobson, apontou como objeto da "função poética" a estrutura mesma da mensagem. O signo que se destaca pela sua posição ou repetição seria a célula do poema na medida em que põe em evidência os procedimentos com que foi construído.

A fórmula do *eixo dos paradigmas* que prevalece sobre o *eixo dos sintagmas* diz o quanto importa ao estudioso do poema assinalar as idas e vindas dispostas de maneira estratégica em meio às diferenças que marcam o caráter sequencial da frase. A função poética encurva com seus retornos a linha reta da série verbal.

Trata-se de um modelo simples, igualmente aplicável a uma partitura musical.[2] A sua simplicidade, que tende ao esquema, rendeu-lhe farta aplicação didática nos anos de ouro do estruturalismo que foram as décadas de 1960 e 1970. Faltou, porém, a alguns dos seguidores do método a capacidade de avaliar o *grau de intencionalidade semântica das recorrências* assinaladas no corpo do poema. Para tanto teria sido eficaz valer-se das bem-sucedidas análises da Estilística que não abstraíam os procedimentos da linguagem poética do seu potencial expressivo.

O som que se reitera na rima, o ritmo que se produz com o reforço da sílaba tônica, a palavra que volta, o metro que ordena o padrão musical do poema *significam, mimetizam, exprimem* o movimento que vai da intuição às coisas e da paixão à figura do

---

[2] O modelo dos retornos estruturais conheceu, porém, rupturas preconizadas pelas vanguardas musicais do século XX, o serialismo, o dodecafonismo e o atonalismo.

outro. Ou, em torna-viagem, rebatem as imagens do mundo para o centro da elocução que se convencionou chamar *eu* lírico.

A prática da linguagem poética assim exercida torna-se então inestimável: limpa a palavra das escórias do desgaste rotineiro e mantém vivo o seu potencial de som e significação. O retorno não entorpece a atenção como se fora uma canção de ninar que induz o ouvinte ao sono; ao contrário, *chama a percepção do leitor para as virtualidades semânticas da palavra*. Na concepção do poema até mesmo a expressão mais apaixonada traz dentro de si uma lógica de afinidades ou contrastes que requer do poeta uma perfeita coerência entre som e sentido.

Uma exposição convicta do caráter purificador da palavra poética encontra-se em algumas passagens dos ensaios de Ezra Pound.[3] O poeta, fazendo-se pensador da poesia, insiste na ideia de que a poesia mantém *eficiente* a linguagem, restituindo-lhe dimensões originárias de radiante clareza e rara intensidade. E, acima de tudo, precisão e concisão. São qualidades que podem também irrigar a prosa das ciências humanas ressecada pelo abuso de termos abstratos. Esse modo de valorizar as propriedades da palavra filia-se a um pensamento estético que se reconhece em Leopardi, Poe, Baudelaire, Flaubert, Mallarmé, Valéry, Yeats, Eliot, Pound, Borges e João Cabral de Melo Neto; recebe formulações precisas em textos dos formalistas russos, mas não pode ser confundido com a bandeira alienante da "arte pela arte" levantada por todos os que separam arbitrariamente a forma e o significado do poema.

---

[3] *Literary essays of Ezra Pound*, com introdução de T. S. Eliot, Londres, Faber and Faber, especialmente o capítulo "The Serious artist", pp. 41-7.

O belo como catarse

Quem de nós já não teve a experiência de que os acontecimentos nunca se mantêm iguais depois de serem ditos? A palavra altera nossa lembrança do fato, ora tornando-o mais grave, ora aliviando-o de seu fardo molesto quando não trágico. O absurdo que ronda tantas vezes o cotidiano precisa da palavra para dar-lhe algum sentido ou, no limite, manifestar a estranheza pela sua falta de sentido. É matéria que exigiria longa meditação existencial e está fora do alcance destas linhas. Mas como foi um poeta que exprimiu (como talvez ninguém o fizera antes) a sua admiração por esse poder a um só tempo intensivo e catártico da arte, termino com uma citação sua estas reflexões sobre a necessidade permanente da poesia. Leopardi anotava no seu diário aos 4 de outubro de 1820:

> Têm de particular as obras de gênio que, mesmo quando representem ao vivo o nada das coisas, mesmo quando demonstrem evidentemente e façam sentir a inevitável infelicidade, mesmo quando exprimam os desesperos mais terríveis, todavia para uma alma grande que se encontre também em estado de extremo abatimento, desengano, nulidade, tédio e desencorajamento da vida, servem de consolação, reacendem o entusiasmo, e não tratando nem representando outra coisa que não a morte, lhe devolvem ao menos por um momento aquela vida que ela havia perdido. E assim aquilo que, visto na realidade das coisas, confrange o coração e mata a alma, visto na imitação, ou de qualquer outro modo, nas obras de gênio (como, por exemplo, na lírica, que não é propriamente imitação), abre o coração e o reaviva.[4]

---

[4] Giacomo Leopardi, *Zibaldone di pensieri*, em *Tutte le opere*, aos cuidados de Francesco Flora, Milão, Mondadori, 1949, vol. 1, pp. 252-3.

Cecília Meireles (sentada, à esquerda) e Mário de Andrade (de pé, à direita) no I Congresso da Língua Nacional Cantada, em 1937, organizado por Mário quando dirigia o Departamento de Cultura da Cidade de São Paulo. Arquivo do IEB-USP/Fundo Mário de Andrade.

História de um encontro: Mário e Cecília

Convido o leitor a percorrer este livro[1] com os vagares da mais delicada atenção, pois aqui se encontra a história de um encontro raro. É Cecília Meireles lendo Mário de Andrade. E é Mário lendo Cecília.

Simone Weil disse lapidarmente que a amizade não deve tolher as diferenças, nem estas a amizade. A ideia convém a estes nossos dialogantes. Quanto à diferença, é um dado de realidade bem conhecido. Mário foi modernista da primeira hora, e o movimento de 1922 teria sido impensável sem a força da sua ação e da sua palavra. Cecília, vinda do simbolismo do grupo Festa, exprimia nas cadências do seu verso um modo de ser lírico que parecia aproximá-la antes da tradição portuguesa que dos fogachos vanguardeiros. No entanto, a poesia de Cecília ressoaria fundo no ouvido do poeta-músico, capaz de afinar-se com vozes múltiplas, fossem elas concordes com a sua ou dela discordantes. Era o ouvido de quem dissera de si mesmo,

> Eu sou trezentos, sou trezentos e cinquenta.

A poesia sabe entrar por veredas imprevistas, e quanto mais o *eu* lírico parece murar-se na pura singularidade, tanto mais universal é o seu alcance.

Agora que, graças à lúcida paixão de Maria Fernanda, publica-se *Cecília e Mário*, sabemos que ambos os poetas se leram um

---

[1] *Cecília e Mário*, Rio de Janeiro, Nova Fronteira, 1996.

ao outro intensamente durante os anos 1930. Foi um decênio feliz para as nossas letras: um tempo de ativa sociabilidade cultural, em que o modernismo se desprendia de sua contingência paulista e deitava raízes no subsolo móvel da vida simbólica brasileira, de que o Rio fora sempre o sismógrafo. Traçava-se então uma teia apertada de amizades literárias que não conheceria nada de igual nos anos seguintes... até hoje.

Dessa rede foi Mário o amoroso tecelão. E o seu diálogo com Cecília é mais um nó desta malha feita de ideias e afetos.

Começo pelas anotações que o crítico fez a alguns poemas da amiga. São juízos breves e densos que assinalam o grau de atenção e a maturidade de um leitor excepcional. Foram escritos à margem de alguns textos de *Viagem*, obra que enfeixa poemas compostos entre 1929 e 1937. Nesses comentários Mário rima com observações que deixou em dois artigos, "Cecília e a poesia" e "Viagem", incluídos mais tarde em *O empalhador de passarinho*.

O que atraía o leitor-crítico era aquela faculdade da artista de modular os metros mais tradicionais da língua portuguesa, alguns dos quais medievais e populares, em função de um pensamento livre e original: um pensamento que se move nos limites da confissão existencial com a inquietude metafísica. A palavra de Cecília sofre e indaga ao mesmo tempo.

Nos termos de Mário de Andrade, tratava-se de

> vaguezas muito sensíveis poderosamente intensas, mas tênues, quase obscuras, em que a palavra se esgarça em seu sentido intelectual, readquirindo todo o seu poder sensitivo.

No ensaio "Cecília e a poesia" Mário se detém em um único poema trabalhado em registro ontológico, "à sazão do ser", como o teria qualificado Guimarães Rosa. Chama-se "Eco", encontra-se em *Vaga música* e começa assim:

> Alta noite, o pobre animal aparece no morro, em silêncio.

Mário o copia na íntegra e lhe dedica três páginas de leitura cerrada que considero uma lição de exegese. Não a resumo aqui, pois o sumário faria perder o essencial, aquele pensamento *in fieri* do crítico pelejando para alçar-se à abstração que o assunto propiciava sem trair o estranho zigue-zague das imagens em que se resolve concretamente o poema. Lembro apenas que, no juízo expresso de Mário, "Eco" vale como definição da própria poesia. Certamente não é pouco, mas espero que seja o bastante para situar na merecida altura a fortuna de Cecília Meireles junto ao nosso mais atilado leitor de poesia.

Nas anotações aos textos de *Viagem* o olhar de Mário se concentrava na relação entre forma e sentido ou, mais precisamente, nos laços que unem ritmos e sons aos sentimentos. Laços que na música parecem tantas vezes "naturais" e imediatos, mas que na arte da palavra podem custar um esforço aturado de adequação que se traduz na procura do tom, do ritmo e do andamento justo. Às vezes o acaso ajuda, às vezes é a memória que acode prontamente e os deuses ofertam o primeiro verso, como sugeria Paul Valéry. Mas nem sempre. A modernidade produziu novos mitos, novos temas, novo imaginário e novos cortes sonoros, mas não derrogou absolutamente os liames estruturais entre significante e significado. Ao contrário, buscou remotivá-los desonerando-os do peso morto dos mecanismos convencionais de expressão: os lugares-comuns, as cadências batidas, as formas fixas. A modernidade tornou mais livre, portanto mais árdua e eletiva, a modulação dos afetos e das percepções. A expressão poética, que tendia a necrosar sob a lápide do parnasianismo, precisou, com as revoltas modernistas, renascer como conquista formal de cada poeta: um desafio lançado a cada nova experiência de criação.

Nessa ordem de ideias compreendem-se as reiterações quase obsessivas de Mário quando se debruça sobre este ou aquele poema. A propósito de "Motivo" ("Eu canto porque o instante existe"), anota:

Uma adequação extraordinária do sentimento lírico ao texto versificado. A fórmula estrófica parece nascer espontaneamente, formando os metros, as rimas e o corte formal da primeira estrofe. O extraordinário é C. M. repetir essa forma recém-nascida (de alguma forma livre, pois fixada sem predeterminação) nas estrofes seguintes, e sempre dando a impressão de adequação absoluta pela simplicidade do pensamento expresso, sem palavra demais.

A palavra-chave é "adequação", e tem a ver com acorde e com harmonia.

Sobre "Música", sequência de tercetos breves rimados à maneira de Dante, mas admitindo variantes sutis de sonoridade, escreve o nosso leitor admirado:

> Poesia pura. Momento de sensibilidade absurdamente livre, nenhuma fixação intelectual. O assunto é, por assim dizer, fatalmente sem assunto. Um prurido, um sopro, um aflar leve e profundo da sensibilidade que se define apenas. Este o maior encanto da lírica metrificada de Cecília agora. Especialmente das metrificadas. Porque metrifica. Pra ficar mais livre do pensamento, mais livre da necessidade de organizar o moto lírico num juízo. Fixada numa fórmula embalante, a sensibilidade se move com uma fluidez admirável. Jamais a poesia nacional atingiu tamanha fluidez, tamanha [serenidade?] a não ser talvez em alguns poemas de O. Alvarenga. Mas Cecília é mais dona de sua poesia, mais original.

Repare-se na defesa da metrificação que Mário maduro, sensível às poéticas pós-vanguardistas, julga antes libertadora do que inibidora da sensibilidade.

A fusão de ritmos fluidos com a ausência de qualquer assunto intelectualmente marcado torna a poesia de Cecília análoga à música. Sabe-se o quanto essa indestinação de sentido realizava o projeto de poesia lírica de Mário de Andrade: um ideal estético que ele mesmo reconhecia como originário do Romantismo e que se adensara ao longo do Simbolismo até radicalizar-se, sob nova inspiração teórica, nos surrealistas.

Trata-se de uma poética moderna pela qual o Belo objetivo e clássico foi sendo substituído pela Expressão de forças pulsionais que ritmam com sua lógica peculiar os movimentos inconscientes do ser vivo. Essa poética reponta até mesmo em notas curtas como a que acompanha o poema "Luar". Agora é a exatidão do léxico de Cecília que surpreende o crítico imerso no halo de magia que circunda cada verso:

> Um poder sugestivo criador quase miraculoso, como neste luar. Que estranha esta qualidade de descobrir as palavras precisas...

Enfim, alguns apontamentos cifram-se em sintéticos juízos de valor. São raras as restrições: o tom fácil e popularesco de "Assovio" não apaixona o crítico, nem tampouco o preciosismo que entrevê em um texto "menos perfeito", como "Estrela".

Mas quando a adesão é total, o entusiasmo sobe ao clímax e vaza em louvores incondicionais. *Magistral*, diz de "Medida de significação". *Puro vinho do Reno* é o sabor de "Renúncia". E uma das quadras de "Inverno" lhe parece simplesmente digna de Valéry:

> A primavera foi tão clara
> que se viram novas estrelas,
> e soaram no cristal dos mares
> lábios azuis de outras sereias.

Algum tempo depois da publicação de *Viagem*, Cecília, que preparava os originais de *Mar absoluto e outros poemas*, enviou a Mário três dos seus motivos da rosa. Pedia-lhe que apontasse "o menos pior". O poema preferido lhe seria dedicado. Ele escolheu o "2º Motivo da Rosa", um soneto cujo primeiro verso é "Por mais que te celebre, não me escutas", e o último lhe faz eco, "que és e não sabes, porque não me escutas...".

Na carta em que agradece a homenagem da amiga, Mário diz da sua paixão pelo soneto, "este meu mal secreto por essa forma sublime e tão tênue que tantos males secretos andaram desencaminhando por aí"; e revela que andara escrevendo um ensaio que havia de se chamar "Natureza do soneto". A carta traz no final um desabafo pungente. Mário sente-se recompensado pela dedicatória de Cecília, que lhe soa como uma palavra de reconhecimento a que ele, sempre oscilante entre a feroz autocrítica e a gozosa autoafirmação, julga enfim ter direito:

> Não posso lhe ocultar esta homenagem estranha: ontem, pensando nos seus versos, na sua oferta, nesta minha bruta vida, de repente, na rua noturna me pus murmurando "eu mereço", "eu mereço", "eu mereço", "eu mereço"... Quis sorrir, imaginar um bocado nas vaidades desse mundo, mas não pude. Eu estava sério, não tinha vaidade nenhuma. Meu passo pisava forte. E estou aqui, palavra que miserável, lhe pedindo perdão por merecer os versos que Você me dedica. E que eu aceito pelo que tenho sofrido. (Carta de 18 de março de 1943)

E talvez não se dissipe em matéria efêmera de crônica lembrar que, naquela ocasião, Mário recebia em Araraquara mudas de uma roseira que um florista galante batizara de "Cecília Meireles". Trata-se de uma homônima da poetisa. A remetente era a autora dos motivos da rosa.

Tenho notícia ainda de um bilhete que Cecília mandou a Mário datado de fevereiro de 1945, agradecendo-lhe um livro e prometendo para breve o seu, certamente *Mar absoluto e outros poemas*, que estava no prelo. Se repararmos que Mário morreria no dia 25 daquele mesmo fevereiro, reconheceremos nestas linhas o dom do presságio:

> Ando muito triste com todas as coisas, sem ânimo para lhe escrever agora. Isto é só instinto de agradecer. Por estes dias sai o meu livro. Nunca os livros saem tão depressa quando é preciso, para se deixar de ser o que se foi. E também não há tempo para ser o que se quer! Não há tempo. Ao menos, sou sua amiga! Cecília.

Em 9 de outubro Mário completaria 52 anos de idade. O aniversário foi celebrado pela Sociedade Macunaíma. Cecília esteve presente àquela sessão onde velhos amigos se misturavam com jovens, tantos daqueles principiantes que Mário soubera estimular com a sua leitura generosa. Em artigo publicado no dia seguinte na *Tribuna de Santos*, Cecília evocou alguns momentos daquela noite de saudades:

> Quando Manuel Bandeira, com seu modo de pensativo pássaro familiar, apresentou a sessão, uma grande felicidade voou por dentro de mim, desprendeu-se pelas dimensões dos mundos sobre-humanos, procurando-te para levar-te o seu recado. Mas era uma felicidade melancólica, pois quem sabe os lugares em que os mortos têm seus encontros com os vivos? E se alguma vez os alcançaremos não o saberemos nunca, tão secreta é a sua lei. Depois, acostumei-me à impossível comunicação; ou consegui, talvez, uma impenetrável convicção de que estavas ali, ouvindo a queixa inconsolável dos teus amigos. Porque o tempo passará e nós não nos conformaremos com esse rapto da morte.

Mas a melhor homenagem ainda estava por vir. Em 1960, o prefeito Freire Alvim, por sugestão do vereador Murilo Miranda, pediu ao professor Jacobina Lacombe, secretário de Educação e Cultura, "que tomasse providências com o objetivo de comemorar, condignamente, o 15º aniversário da morte do escritor M. de Andrade". A Secretaria encomendou a Cecília a organização de uma antologia dos poemas de Mário. O convite foi aceito apesar da exiguidade do tempo: um mês, não só para fazer a seleção dos textos como para redigir um estudo crítico. Mas os patrocinadores não contavam com o imprevisto: Cecília apaixonou-se tanto pela tarefa que não pôde cumpri-la nem naquele prazo apertado nem depois. A antologia e a apresentação ficaram na gaveta. E são esses os originais que se publicam agora graças ao empenho de Maria Fernanda.

Ao escrever a sua apresentação, Cecília foi atraída pelas sugestões autobiográficas visíveis na poesia de Mário. Esse veio da crítica tradicional, que parecia ter secado de vez sob o areal estruturalista, irrompeu de novo, com muito maior desenvoltura, nos últimos anos. Assim, o que era levemente fora de moda quando Cecília escrevia tornou-se, não mais que de repente, atualíssimo. De todo modo, Cecília pertencia à antiga e rara família espiritual dos discretos. O seu discurso biográfico é antes um *itinerarium mentis* do que uma sucessão de descobertas jornalísticas em torno da vida íntima do poeta. O que ela faz, muito sobriamente, é pontuar os momentos fortes do roteiro literário de Mário, livro por livro, pondo a nu a intensa corrente emocional que sempre eletrizou cada opção estética do poeta.

No caso de Mário, a presença daquela sua "estragosa sensibilidade", como ele próprio a definia, não se resume em uma constatação banal. Ela terá consequências tangíveis no plano das suas formas poéticas. Empregar o metro ou o verso livre, a rima ou o verso branco, preferir a dicção folclórica à culta, ou vice-versa, encartar neologismos urbanos ou descartá-los — eram para o poeta-crítico decisões não só técnicas, mas dramaticamente éticas e políticas, que comprometiam a sua vontade de bem ou de mal e abalavam na raiz a sua sensibilidade.

A poesia de Mário foi um diálogo nunca interrompido entre a incoercível "impulsão lírica" da *Pauliceia* e o longo aprendizado das técnicas de linguagem, que inclui a ciência difícil mas necessária de rompê-las como e quando convém ao dinamismo da expressão. Até mesmo a sua opção brasileira, a certa altura convertida em programa nacionalista, também se realizou como uma procura de identidade: daí, o *élan* subjetivo do seu tom apostolar. Os resultados contraditórios desse projeto podem interpretar-se como outras tantas dissonâncias internas do sujeito lírico.

Examinando o farto material que Cecília acumulou para compor a sua introdução, creio entender por que o trabalho ficou inédito. Cecília não era crítica de profissão, mas dispunha de uma inteligência clara e metódica: por isso reuniu as suas numerosas anotações de metro e de vocabulário em um grande canteiro de obras. Mas, depois que levantara esse considerável material de base, não se terá sentido em condições de aproveitá-lo em função de um discurso interpretativo coeso. O que a sua apresentação revela é sobretudo um talento descritivo de que dá prova no tratamento de cada obra de Mário. O resultado é extremamente útil para uma primeira leitura dessa poesia às vezes selvagem, desnorteadora. É uma espécie de guia para o leitor, não um leitor qualquer, mas aquele que já esteja treinado na análise das formas e já consiga perceber que o poema, gerado embora nos desvãos do inconsciente, não vem à luz da linguagem sem o parto doloroso da escolha. Essa dimensão construtiva e cultural (que uma leitura neorromântica tende a desdenhar) aparece testemunhada com escrúpulos nas exaustivas sequências léxicas e nas observações de metro e prosódia que Cecília anexou aos originais da seleção. Como é fácil verificar, só parte desse trabalho de sapa foi aproveitado no estudo introdutório, e quase sempre sob a forma didática de exemplificação. Para essa mestra nata a crítica literária era também uma pedagogia da leitura.

A poesia da viajante

Na poesia de Cecília Meireles o ato de viajar é mais do que um tema literário. É uma dimensão vital, um modo de existir do corpo e da alma.

A leitura integral da sua obra poética revela tanto a permanência da figura da viajante quanto as diferenças internas do seu significado. *Viagem* pode ser considerada sua primeira expressão cabal de originalidade como criadora de poesia. As obras anteriores ainda traziam muito do vocabulário e dos tons neossimbolistas brasileiros e portugueses que enformaram a poética do grupo de Festa e de tantos poemas de Antônio Nobre e de Camilo Pessanha. Poemas de outono e de sol poente vividos em atmosferas de melancolia. Mas em *Viagem* a dicção de Cecília ganha forma pessoal, e que seria constante ao longo do seu itinerário.

O título do livro não é aleatório. Mas de que viagem se trata?

Para responder à pergunta o melhor caminho é rastrear o imaginário que habita as rotas percorridas pela viajante. São imagens múltiplas, à primeira vista difíceis de serem reduzidas a uma unidade semântica. No entanto, aflora em quase todas um estado de alma que se poderia nomear em termos de sentimento de distância. Reconhecemos um intervalo não raro pungente entre o *eu* lírico e as paisagens pelas quais viaja a livre fantasia de Cecília Meireles. Os vários aspectos da Natureza contemplados parecem dissolver-se em lonjuras sem margens. A imaginação desrealiza seus objetos (este é seu trabalho peculiar, na visão de Sartre), esvazia-os de sua presença física, torna-os sombras, reflexos errantes, algo que confina com o nada.

Mas o que o intelecto abstrato chama de puro nada será, na voz do poeta, a matéria mesma da sua figuração do universo. Que o leitor se afine com o sentimento que anima as imagens do poema "Noite". A terra tem gosto úmido, a pedra lavada tem cheiro, porém o flanco da serra, feito dessa mesma terra e dessa mesma pedra, dilui-se em sombra, "nua e fria, sem mais nada". E o tempo, onde tudo está sempre mudando, é, ele próprio, um "tempo inseguro do tempo":

Noite

Úmido gosto de terra,
cheiro de pedra lavada,
— tempo inseguro do tempo! —
sombra do flanco da serra,
nua e fria, sem mais nada.[1]

O pensamento é música que não deixa a vida aquietar-se. O mesmo se diga da memória, "conservação do espírito pelo espírito", na palavra enérgica de Hegel: recordação que revolve sem cessar as águas do passado e impede que este vire sólido sedimento.

Do poema "Anunciação" escolho estes dísticos reveladores, cujo fecho dialético se abre para um futuro promissor:

Cessará essa música de sombra, que apenas indica valores de ar.
Não haverá mais nossa vida, talvez não haja nem o pó que fomos.

E a memória de tudo desmanchará suas dunas desertas,
e em navios novos homens eternos navegarão.[2]

---

[1] "Noite", em *Viagem, Poesia completa I*, org. Antonio Carlos Secchin, Rio de Janeiro, Nova Fronteira, 2001, p. 228.

[2] "Anunciação", *idem*, p. 229.

A lógica da convenção estranharia o contraste. O fim de toda vida coexistirá com a eternidade dos "novos homens"? Mas, bem pesada, a contradição é aparente. O pensamento poético, enquanto viaja pela multiplicidade do real, tem o poder de alhear-se, criando distâncias que, no plano da imaginação, tudo dissolvem. Mas com igual desenvoltura pode o *eu* mover-se fraternalmente na direção das forças da Natureza:

> E aqui estou, cantando.
> Um poeta é sempre irmão do vento e da água:
> deixa seu ritmo por onde passa.[3]

A viajante colhe o *sim* e o *não* de todas as coisas, a vida e a morte que ora se mostram, ora se escondem em todas as estradas. Nas linhas acima, o canto viaja ao encalço do encontro. Nas que seguem, porém, dá-se o desencontro final:

> — itinerários antigos,
> que nem Deus nunca mais leva.
> Silêncio grande e sozinho,
> todo amassado com treva,
> onde os nossos olhos giram
> quando o ar da morte se eleva.[4]

Esse o espírito, essa a letra de *Viagem*.

A viajante contemplará, ao longo de sua vida, outras paisagens, mais enraizadas no espaço e no tempo. Verá a Itália, a Índia, a Holanda e a nossa Ouro Preto, evocada belamente no *Romanceiro da Inconfidência*.

Que *Viagem*, livro de rotas imaginárias, sirva para inspirar o encantamento pela poesia em movimento de Cecília Meireles.

---

[3] "Discurso", *idem, ibidem*.
[4] "Excursão", *idem*, p. 231.

Trabalhadores na colheita de cana-de-açúcar em engenho nas imediações do Recife. Fotografia realizada por Mário de Andrade em 1929. Arquivo do IEB-USP/Fundo Mário de Andrade.

Fora sem dentro?
Em torno de um poema de João Cabral

> *Viver é ir entre o que vive.*
> João Cabral, O *cão sem plumas*

O cassaco de engenho ou cassaco de usina é a figura única trabalhada em "Festa na casa-grande", poema que João Cabral inseriu em *Dois parlamentos*.

O que vem a ser o cassaco? Trabalhador na plantação de cana-de-açúcar com todas as marcas de penúria, doença e morte que essa condição implica. O dicionário de Houaiss vai ao encalço de uma possível origem africana, banta, do termo: no quicongo angolês, *Kasakana* quer dizer "trabalhar, fazer qualquer coisa sob o império da fome ou de outras necessidades".

Seja qual for a raiz da palavra, o cassaco do poema de Cabral foi construído como um ser determinado precisamente pelo império da fome e da necessidade. Todos os aspectos do seu estar-no-mundo são variações da indigência desse mesmo mundo. É o que diz cada uma das suas estrofes geométricas com os seus hexassílabos medievais e nordestinos e as suas rimas toantes, em geral pobres ou paupérrimas (as parnasianas se diziam ricas ou opulentas), pois *Pernambuco* rima com *tudo*, *criança* com *cana*, *mulher* com *pé*, *velho* com *esqueleto*, *roxo* com *morto*.

O que surpreende, à primeira vista, é a riqueza analítica que o poeta soube extrair da esqualidez da matéria vertente.

Embora o cassaco apareça na festa da casa-grande como puro tipo social, em regime de abstração de quaisquer diferenças individuais, as sucessivas determinações que o vão constituindo a cada verso levam ao extremo o efeito de concretude a que sempre aspirou a linguagem de João Cabral.

A estrofe de abertura define com implacável didatismo a condição de cassaco:

> — A condição cassaco
> é o denominador.
> [...]
> — Seja qual for o seu nome,
> seu trabalho, seu soldo:
> — Dizendo-se cassaco
> se terá dito de todos.

Dito de um, dito de todos. O corpo do poema vai explorar as formas locais da identidade de situação social. Introduzir na análise o conceito de *correlato objetivo* é procedimento que exige cautela. A expressão, cunhada por T. S. Eliot para definir procedimentos metafóricos, só conviria, no caso, se despojássemos as analogias de toda aura simbólica. Os atributos aqui emprestados ao cassaco são coisas entre coisas, matéria imanente no pobre do engenho e não tanto imagens de semelhança.

Os signos remetem à força de gravidade que pesa sobre cada momento da vida do trabalhador da cana que, no auto menos desolado do retirante, João Cabral chamara de vida severina. Mas era um Auto de Natal pernambucano...

Dois parlamentos e *Serial*, compostos entre 1958 e 1961, tempo saturado de fermentos revolucionários espalhados pelo Nordeste, preferem exibir o lado escuro, o avesso da esperança: trazem à luz os efeitos de reificação e nadificação do cassaco, o seu trânsito do pouco ao nada.

O título e o subtítulo prefixam, como em uma partitura musical, o ritmo, o tom e o timbre a serem dados à leitura desta festa na casa-grande: ritmo deputado; sotaque nordestino. Nessas notações prévias, mas não exteriores, registra-se a chave crítica do poema. O leitor é posto de sobreaviso, alertado para que não se fie na autenticidade dos políticos que falam à distância, mas presumem conhecer a fundo o pobre nordestino. Poesia sub-repticiamente contraideológica.

De todo modo, enquanto apenas uma insinuação política intitula o texto, remetendo a um espectral parlamento onde se discute a essência do cassaco, o poema em si é todo feito de notações descritivas que presentificam o seu destino. Não se pode perder de vista essa combinação provocadora de viés ideológico (deputado, sotaque nordestino) e realismo bruto, compacto, feroz.

Reordenando as estrofes mediante numeração seguida, temos:

— O cassaco de engenho parece gente, mas de perto vê-se que é homem de menos preço. Foi mal talhado por mau alfaiate. [*estrofe 2*]

— Nenhuma dimensão interior lhe foi concedida: se dorme, cai na treva, não sonha. [*estrofe 3*]

— O cassaco vive no barro, não sai do barro: tudo o que toca é terra amarela e suja. [*estrofe 4*]

— A febre do cassaco é fria e morta como o engenho que já não mói nem bota, fogo morto. [*estrofe 5*]

— O cassaco, quando criança, é caniço, nem é cana; é cana de soca, fim de raça. [*estrofe 6*]

— O cassaco, visto de longe, é carne e osso. De perto, a sua consistência é de estopa, pano que virou trapo. [*estrofe 7*]

— O cassaco, mesmo acordado, vive em marasmo, pantanoso sono. [*estrofe 8*]

— O cassaco tem corpo amarelo, e amarelo é o seu estado de espírito, que não é calma, é o nada da calmaria. [*estrofes 9 e 19*]

— O cassaco, quando está morrendo, toma a transparência da vela, a mesma da cera que o vela, defunto. [*estrofe 10*]

— O cassaco, se é mulher, é saco de açúcar vazio, não para em pé. [*estrofe 11*]

— O cassaco é opaco, mortiço, baço mais que barro. [*estrofe 12*]

— Ao cassaco tudo lhe pesa: o sangue, posto que ralo, é como caldo cozido e melaço; pesam-lhe a roupa, a mão, o ar, o chão. [*estrofes 13 e 18*]
— O cassaco passa da cor amarelo-azul, que lhe dá a aguardente, ao roxo quando lhe vem o desejo de morte; enfim, amarelo é o amargor da ressaca que o espera. [*estrofes 14 e 17*]
— O cassaco morto vai em caixão vazio, seu cadáver é oco, não tem dentros. [*estrofe 15*]
— O cassaco, quando velho, caminha para virar esqueleto: já é taipa em ruína. [*estrofe 16*]
— O cassaco, quando defunto, tudo concorre para acabá-lo depressa: a mata, o sol, os vermes, o vento, enfim, que lhe varre os gases da alma. [*estrofe 20*]

O tempo presente atravessa de ponta a ponta as vinte estrofes assumindo um caráter atemporal ou, rigorosamente, trans-histórico. É a dimensão da sina, o ontem, o hoje, o sempre, que se enuncia na permanência secular das suas determinações.

A vida do cassaco, da qual se subtraíram a memória, o sonho e o desejo, correlatos subjetivos do passado e do futuro, apresenta-se objetivada e espacializada. É resíduo de vida orgânica que já traz em si o desfazimento da morte, é ser para o nada. Posto em confronto com o seu referente narrativo mais próximo ou afim, a história dos retirantes em *Vidas secas*, o poema radicaliza o processo da coisificação: a cachorra Baleia ao menos sonhava com um osso grande e cheio de tutano, e o menino mais velho fantasiava paraísos além da serra azulada e dos bancos de macambira. Mas Graciliano não delegava a ninguém a voz narrativa como acontece neste poema produzido na casa-grande.

A POÉTICA DA SUPERFÍCIE

A poética da superfície é inerente à poesia de João Cabral desde, pelo menos, o seu encontro em Barcelona com a pintura de

Joan Miró, que motivou um ensaio notável publicado pelo próprio pintor em 1949.

Lembro aqui o esquema do texto:

Atribuindo ao Renascimento a criação da pintura como arte autônoma, João Cabral observa, porém, que a mimese da profundidade, alcançada mediante a perspectiva, acabou limitando a visão dinâmica e criativa da superfície. A arte clássica e a sua descendência neoclássica, preservada pelos românticos, teriam preferido o *estatismo*, "porque para ser percebida, em sua ilusão, exige a fixação do espectador", e atraindo a sua potencial mobilidade para o ponto fixo que organiza o todo do quadro, a ciência renascentista da perspectiva teria forjado uma convenção.[1] O equilíbrio final, obtido graças à obediência a certas leis geométricas, sacrificaria o ritmo de que dispõem as figuras em si mesmas e daria ao observador a ilusão racionalista da estabilidade.

A pintura de Miró traria, ao contrário, o resultado de uma subversão do quadro tradicional na medida em que confere à superfície o movimento que a perspectiva teria coibido em função do equilíbrio totalizante.

Miró teria levado ao extremo certas tendências de seus contemporâneos pós-impressionistas concedendo o máximo de liberdade e vitalidade às imagens de superfície. As figuras, intensamente coloridas, passam a estilizar visadas e perfis do real com um senso de imediatez que a regra clássica ou ignorava ou reduzia a cânones ideais.

O caminho percorrido pelo pintor catalão resultou em uma poética sem gramáticas prévias ("não existe uma gramática Miró"), pela qual movimento e cor se dão, se impõem, valem por si mesmos e podem ser fixados sucessivamente pelo espectador sem a exigência de um centro que tudo comande. Diz João Cabral: "Nesse tipo de composição não há uma ordenação em função de um elemento dominante, mas uma série de dominantes, que se

---

[1] João Cabral de Melo Neto, "Joan Miró", em *Obra completa*, Rio de Janeiro, Nova Aguilar, 1999, p. 692.

propõem simultaneamente, pedindo ao espectador uma série de *fixações* sucessivas, em cada uma das quais lhe é dado um setor do quadro".[2] Seria instrutivo, a esta altura, o paralelo com a música politonal e a técnica serial.

Um dos efeitos dessa nova arte de pintar seria a diminuição de peso do fator anedótico. Quando presente, a anedota não é tema central, pois está como que absorvida no dinamismo das linhas e das cores, não se impondo como símbolo saturado de auras ou de indecifráveis intenções.

O descentramento da composição supõe a presença de uma *energia* (o destaque é de Cabral) que provoca no espectador a sensação de que uma figura pode mover o nosso olhar, deslocá-lo, mantendo embora as suas características próprias de cor e brilho.

As melodias da linha e a "atitude psicológica"

João Cabral se dizia refratário à melodia, que é canto, lira, modulação do sentimento. Com isso pretendia levar a limites abstratos a sua poética explícita. Nem por isso deixou de usar a expressão "melodias absolutamente livres", ao referir-se ao poder da linha de Miró que dinamiza as suas construções plásticas.

Mantendo-se fiel à analogia musical, descreve a técnica do pintor catalão, a partir de 1940, como a introdução de "pequenas melodias dentro do quadro, que o olho aborda por onde melhor lhe parece".

A linha "pertence à categoria do dinâmico e exige, para ser percorrida, um movimento do espectador. O corpo de uma linha pode ser mesmo a expressão de um movimento".[3]

O termo "expressão", raro no repertório do poeta-construtor, rebate para outro termo, "psicológico", cujo sentido deve ser

---

[2] *Idem, ibidem*, p. 697.

[3] *Idem, ibidem*, p. 703.

contextualizado. A palavra padece, como é notório, de má fama no vocabulário do poeta e, mais ainda, na coorte aguerrida de seus epígonos e fetichistas. No entanto, por duas vezes, o poeta-crítico disse com todas as letras: "Miró parte de uma atitude psicológica". Nos respectivos contextos, a frase tem a ver com o desejo intenso e reiterado no pintor de desfazer-se de certas peias convencionais que teriam sido automatizadas pela tradição das belas-artes; normas que impediriam o inventor de perseguir livremente as surpresas da cor e da linha; normas que pré-formariam a composição da tela deixando o pintor de mãos amarradas.

O termo "psicológico", na locução "atitude psicológica", remete a certas disposições da vontade que são para-intelectuais e para-estéticas e que não devem ser abafadas sob a capa de um cânon exterior ao trabalho do sujeito. Este, a cada momento, escolhe a sua palavra. Na hora da elocução a *vontade-de-estilo* (termo de História da Arte dotado de conotações culturais) passa pelo crivo do indivíduo enquanto este produz o seu objeto poético.

O que é difícil é avaliar o grau de liberdade que cada escolha supõe, e que João Cabral atribui ao seu modelo, Miró. No texto que estamos comentando, o poeta-crítico postula uma liberdade de opção suficientemente ampla para subverter a perspectiva clássica.

Ainda há uma terceira menção à esfera do psicológico. Encontra-se na passagem em que o poeta precisou enfrentar a espinhosa questão das relações entre Miró e o surrealismo.

O nexo interessava de perto a João Cabral, autor de *Pedra do sono*. A tensão aqui se faz patente. Miró devedor ou Miró distante do surrealismo franco-catalão?

João Cabral tenta desfazer o nó górdio do problema com uma solerte estratégia de sim e de não. Afirma, de início, que a posição de Miró em face dos surrealistas é "muito especial". Prepara, em seguida, o balanço das recusas e das possíveis afinidades.

De um lado, a poética de Miró é "oposta, essencialmente, ao automatismo psíquico que os surrealistas apontavam como norma de criação". De outro, "é evidente que Miró não parece haver sido estranho ao programa daqueles mesmos surrealistas, de buscar uma arte que pudesse atingir, e revelar, um fundo existente no homem por debaixo da crosta de hábitos sociais adquiridos, onde eles localizavam o mais puro e pessoal da personalidade".[4]

Na lógica bivalente desse discurso, o surrealismo interessava ao pintor como trabalho de sondagem de um "fundo" pessoal que resistiria aos automatismos dos "hábitos sociais". Haveria então um *dentro* a que se superpõe a crosta das formas culturais, o que lembra a ruptura anárquica a que não foram alheios os manifestos surrealistas.

A resistência à convenção, *que é ao mesmo tempo estética (formal) e subjetiva*, constitui a faixa comum que aproximaria Miró e os surrealistas. Contudo, a proposta do automatismo psíquico, entregue a forças não conscientes, não poderia ter seduzido o criador lúcido de novos modos de formar. Em outras palavras, "o fundo existente no homem" deve ser atingido e revelado, o que inclui necessariamente a dimensão da "atitude psicológica". Mas, do ponto de vista da formalização, o desejo de liberar-se dos moldes convencionais não deveria ser entregue ao jorro incontido das forças psíquicas: é sempre a consciência desperta, o gesto pensado do *fazer*, a mão do artista tocando e moldando a matéria-prima, que escolhe o que pintar e descarta o que não pintar. O psicológico entra na mente do pintor como força de recusar o gosto domesticado, as fórmulas gastas, "o esqueleto das construções renascentistas".

Desdobrando a questão, o crítico detectou em Miró outra diferença em relação ao surrealismo, atingindo, a meu ver, as suas raízes românticas e simbolistas. O psicológico compõe-se em Miró não como *assunto* (no caso, a expressão de certos "estados de alma"), mas como condição subjetiva prévia ao exercício de liberdade de pintar; potencialidade de criação, que permitiria ao pintor estabelecer um laço entre o *eu* construtor e o vasto mundo exte-

---

[4] *Idem, ibidem*, p. 713.

rior, sem qualquer imposição temática. Trata-se de um processo que não carrega em si conteúdos determinados, e, neste sentido, a liberdade desejada é potencial e negativa, mas nem por isso menos fundante.

Creio ser relevante a última distinção, pois um certo formalismo antipsicológico vem impedindo que se reconheça na poesia de João Cabral a sua motivação pessoal ao selecionar os temas e os tons que lhe são caros e congeniais, o que implica, evidentemente, um exercício volitivo da própria liberdade, *uma opção individual da vontade-de-estilo*.

Que não poucas profissões de fé do poeta-crítico tenham levado águas ao moinho ultratecnicista, não padece dúvida. João Cabral assume a condição de poeta intelectualista: cria pensando, planejando estruturas seriais, escolhendo metodicamente ritmos, rimas, vocábulos e até fonemas. Essas verdades de fato, repetidas à saciedade pela maioria dos intérpretes, podem, como todas as meias verdades, induzir ao equívoco de pensar que os seus numerosos poemas pernambucanos sejam um fora sem dentro, um jogo de sintagmas bem regrados onde tudo se esgota na superfície verbal, sem horizontes extratextuais nem dimensão existencial.

O projeto de iluminar a riqueza polifacetada do real, *vista como se fosse pela primeira vez*, é o dentro em busca do fora, o sentido imanente da superfície, cujas linhas, cores e movimentos virtuais são transpostos como nomes de coisas, adjetivos e verbos.

O cassaco de engenho fora do poema é sempre potencialidade que o escritor atualizará como puder ou souber. E a oposição marcada entre o cassaco e o deputado da casa-grande é uma escolha crítica do poeta, o olho que se crispa em face do quase-nada, ou nada a que o latifúndio reduziu o trabalhador da cana. A partir desse enlace de observação seletiva e consciência crítica, tudo será construção e desenho de atributos, que farão do cassaco, visto pelo senhor de engenho letrado, um *caniço frágil, amarelo, barrento, mortiço, desbotado, trapo de estopa, cera de vela, saco vazio de aniagem, taipa em ruína, coco oco, forro de caixão, vazio, morto*.

De volta ao poema:
como o dentro significa o fora

Como um pintor que renunciou à perspectiva clássica, João Cabral olha e nomeia ora de longe, ora de perto, o seu cassaco de engenho. Vai dispondo no branco da página as figuras-palavras e as diz sucessivamente, exigindo do leitor o mesmo movimento dos olhos com que as luas e as estrelas do pintor catalão atraem o seu espectador.

A visada do poeta também ignora a distribuição canônica das imagens em pano de fundo e primeiro plano. O mais geral e comum, que, na regra renascentista, se deve pôr ao longe e em ponto menor, é colocado no mesmo plano sintático da figura singular, o detalhe novo.

Arte primitiva, arte das vanguardas figurativas, arte de crianças? A bem dizer, nenhum desses rótulos convém à composição de "Festa na casa-grande". Trata-se daquelas melodias livres, breves e intensas que — como em Miró — trazem em si uma energia semântica. Depois de fixadas, convidam a um deslocamento para a figura contígua. Senão, vejamos:

O mais geral e comum, "O cassaco de engenho/ de longe é como gente", acopla-se de imediato com a percepção nova: "De perto é que se vê/ o que há de diferente".

A imagem vista de perto não se ajusta harmonicamente à imagem vista de longe, o primeiro plano desmente o pano de fundo. Mas, formulada a surpresa, a linha melódica da frase inflecte a atenção curiosa do leitor para a figura sucessiva: "O cassaco de engenho,/ de perto, ao olho esperto:/ Em tudo é como homem,/ só que de menos preço". Começaria, a esta altura, a ganhar forma o motivo cabralino do ser diminuído, o homem de menos. No entanto, uma nova notação vem alterar a expectativa de uma ordem semântica já conhecida: não é o tamanho reduzido do ser humano, é a qualidade do pobre, o seu formato mal talhado pelo mau cortador de pano que a voz do poema articula no período seguinte:

> — Não há nada de homem
> que não tenha, em detalhe,
> e tudo por inteiro,
> nada pela metade.
> — É igual, mas apesar,
> parece recortado
> com a tesoura cega
> do alfaiate barato.

A imagem é simétrica e oposta à da faca só lâmina: aqui é o gume cego, a canhestrice rombuda do artífice inexperto que, de repente, se apõe à figura do homem, gente por inteiro dos versos de abertura.

O efeito de unidade figural, da Gestalt, na acepção de coerência dos significantes, será construído paulatinamente pelo olho do leitor atento às partes consecutivas, às vezes parecidas entre si, às vezes contrastantes, pois a estrutura da superfície não é dada como uma totalidade redonda que o olho possa abarcar de relance, do centro à margem. A razão interna do texto é serial, fabricante de microestruturas novas, pontuais. É assim que o dentro olha para fora.

Veja-se o que acontece na estrofe 3.

O que impressiona é a pretensão do olhar que, em um lance temerário, diz conhecer até mesmo o invisível — no caso, o que há por trás das pálpebras fechadas do cassaco quando está dormindo. Se a descrição fosse realista especular, refletindo passivamente os modos de aparecer do cassaco, não lhe seria dado ver mais do que um pobre trabalhador que caiu no sono. Como, porém, se trata de uma construção concebida na festa da casa-grande, o que não é visto, é suposto, interpretado e julgado:

> — O cassaco de engenho
> quando está dormindo:
> — Se vê que é incapaz
> de sonhos privativos.

Qual o poder cognitivo real deste "se vê", assim universalizado? O que dá à voz autoral a certeza drástica de que o cassaco não é capaz de sonhar? Se até a cachorra Baleia sonhava com seu grande osso cheio de tutano em meio à mais desoladora seca, por que este pobre nordestino não poderá imaginar o que quer que seja no fundo do seu sono?

Não há resposta objetiva à pergunta: no poema, o sono sem sonhos faz sistema com o homem que é definido "cruzamento de caniço com cana", algo que parece mas não é gente como a gente. Mais uma vez, há um dentro arbitrário que presume ver até o que não vê de fora:

> — O cassaco de engenho
> dorme em sala deserta:
> — A nenhum sonho-filme
> assiste, nem tem tela.

Essa imagem sem sonhos é parente da figura do outro sono do cassaco, "quando não está dormindo" (estrofe 8).

Aqui o leitor é chamado a ver o homem entre acordado e sonâmbulo, encharcado "nos pântanos do sono". O correlato objetivo já não é o negror do nada, mas o *limo*, o *lodo*, o *marasmo* que se opõem à *consciência seca*, antinomia forjada para dizer a semi-inconsciência barrenta em que estaria imerso o cassaco.

O barro voltará em outro microcontexto, misturado a notações de cor suja e amarelenta. Já não se trata de dizer o que está por trás da pálpebra cerrada, mas de descrever a superfície baça da pele. Nesse exercício de observação, a cunha analítica está à espreita e faz distinções ferinas entre barro e barro:

> — É o contrário do barro
> das casas-de-purgar
> que se bota no açúcar
> a fim de o branquear.
> — O cassaco de engenho

> purga tudo ao contrário:
> — Como o barro, se infiltra,
> mas deixa tudo barro.
> — Limpa tudo do limpo
> e deixa em tudo nódoa:
> — A que há em sua camisa,
> em sua vida, no que toca. [*estrofe 4*]

Fixada por um momento a atenção no barro da mancha indelével (o fora do corpo), a passagem seguinte, provocada pelo dinamismo da figura, dá a ver o estado permanentemente febril do cassaco. Quem pensa em febre devorando o interior do corpo, crê que toca em uma caldeira ardente, semelhante àquela onde ferve o caldo da cana; mas, nova surpresa, o dentro da febre é bem outro, é fogo morto:

> — Que se é engenho, é
> de fogo frio ou morto:
> — Engenho que não mói
> que só fornece aos outros. [*estrofe 5*]

O leitor interessado em entender a trama das ideias que, por hipótese, amarraria as figuras dispostas em regime de sucessão, provavelmente chegaria a expressões do tipo "anti-humanismo", "ideologia reificadora" ou similares. O cassaco é visto aqui definitivamente como um ser sem alma, coco de centro oco; o seu estado aparenta calma sabedoria, "Mas não é calma, nada,/ é o nada, é calmaria". Ser humano na aparência, coisa de nada, na realidade.

Poesia e ideologia

Cabe perguntar, em termos de história cultural, se era esta a ideologia em curso com suas retóricas públicas ao longo dos anos

1950 e no começo da década seguinte. O Nordeste do pós-guerra passava a ser objeto preferencial de duas correntes idealmente opostas, mas aqui e ali capazes de tangenciar-se ao acaso das conjunturas políticas. De um lado, a tendência burguesa, centrista e majoritária, dos projetos de desenvolvimento econômico. De outro, à esquerda, reivindicações de grupos sociais cada vez mais radicalizados.

Apesar de os valores últimos serem diferentes — capitalistas *versus* socialistas —, ambas as ideologias pretendiam arrancar o Nordeste da estagnação que se seguiu à longa decadência da economia regional. O pobre do desenvolvimentismo deveria assumir a pele do moderno trabalhador assalariado, capaz de fazer render racionalmente o capital investido pela empresa ou pelo Estado: aí residiria a superação do seu atraso. Quanto ao pobre do socialismo agrário, deveria hastear a bandeira vermelha da revolução libertando a terra do peso do latifúndio e fazendo-a frutificar em proveito da sua comunidade, que começa a ser chamada de *camponesa*.

Os dois projetos confiavam nas potencialidades do homem do campo nordestino que, sendo antes de tudo, ou apesar de tudo, um forte, teria condições de pensar, sonhar e segurar nas mãos o ideal de progresso *via* Estado capitalista e/ou *via* revolução.

É evidente que nenhum dos dois projetos, correntes no fim dos anos 1950, se faz representar pela voz do deputado nordestino convidado à festa da casa-grande, a quem João Cabral delegou a elocução do poema.

A casa-grande se inclinaria, se pudesse, para um plano capaz de reerguê-la, carente que estava de capitais e de mão de obra domesticável e estável em tempos de êxodo dos trabalhadores para o sul. Em face das "ilusões" do progressismo e dos "perigos" de uma reforma agrária radical, ilusões e riscos inerentes à crença na vitalidade do nordestino, a voz da casa-grande decreta a morte em vida do cassaco. E já o vinha fazendo desde os anos 1940 quando José Lins do Rego encerrava com *Fogo morto* o ciclo dos romances de evocação do engenho em decadência, figurando senhores que viviam entre delírios de soberba, acre desprezo pelo pobre e, a tudo sobrepairando, o fantasma da morte. Para esse beco sem saída valia a "ideologia" destrutiva do ressentimento.

O curioso e inesperado (para a tese determinista segundo a qual a composição literária espelha sempre a ideologia dominante) é o uso paradoxal que o poeta faz do procedimento libertário de Joan Miró. Em "Festa na casa-grande" o dinamismo da figura e da linha melódica serve à expressão de um pensamento fatalista e à representação do estado do homem-coisa inerte, sem futuro.

Não por acaso o poema "Congresso no Polígono das Secas (ritmo senador; sotaque sulista)", que integra *Dois parlamentos*, também está voltado para o universo da morte. O poema fala dos cemitérios gerais do Nordeste, valas comuns onde o defunto de carne escassa, reduzido a puro osso, "eleva o resto à potência do nada".

Alguma coisa se aprende confrontando *Dois parlamentos* com os livros que o precedem, sobretudo *O cão sem plumas*, *O rio* e *Morte e vida severina*. Convém captar a rara mas significativa diferença em meio à similitude de imagens e ritmos, vocabulário e sintaxe.[5]

Há uma questão de fundo, uma questão de teoria literária: como procedimentos de linguagem tão recorrentes puderam ser

---

[5] No capítulo "As vozes de fora" do seu ensaio *João Cabral: a poesia de menos*, que tive o prazer de ler depois de escrito o presente artigo, Antonio Carlos Secchin apontou com pertinência a distinção entre a voz de "Festa na casa-grande" e as vozes de *O cão sem plumas*, *O rio* e particularmente *Morte e vida severina*. Cito a observação seguinte, que é incisiva e exemplar: "Em *Morte e vida severina*, enunciados pelo *retirante*, deparamos com os seguintes versos: 'o sangue/ que usamos tem pouca tinta'; em 'Festa na casa-grande', estrofe 13: '— É como se seu sangue,/ que entretanto é mais ralo'. A diferença entre os dois exemplos reside no ponto de enunciação: num caso, uma voz no trânsito da miséria; no outro, uma voz refestelada na casa-grande. O que se fala não é imune ao lugar de onde se fala: uma frase idêntica proferida em dois espaços diversos não é, por isso mesmo, igual: apontará, antes, para o intervalo aberto entre seus dois polos de emissão" (*João Cabral: a poesia do menos e outros ensaios cabralinos*, Rio de Janeiro, Topbooks, 1999, 2ª ed., p. 180).

assumidos por vozes ideológicas tão contrastantes? A morte do pobre, a morte em vida na sua esquálida nudez, ocupa a maior parte dessas obras. No entanto, quando a *voz* que diz o texto *não* é a voz do rio que corre do sertão para o Recife, nem a do retirante Severino; quando a *voz* parte do outro absoluto (o político de acento nordestino ou paulista), aqueles procedimentos figurais aprendidos em Miró recebem outra inflexão e demandam outra leitura.

A voz faz subterraneamente as vezes da perspectiva clássica: desvela ou apenas sugere a corrente ideológica que subjaz ao texto (seja a dominante, a resistente ou a marginal). Para tanto, usa livremente os procedimentos estilísticos que possam melhor construir a superfície figural e rítmica do poema. Não há, como se sabe, uma relação biunívoca entre procedimento compositivo, que é flexível, e a ideologia, que é marcada.

Metáforas e metonímias, parataxe e hipotaxe, hipérbole e ironia são modos e instrumentos dúcteis da linguagem que podem ser acionados para exprimir este ou aquele sentimento, representar este ou aquele objeto, construir este ou aquele efeito semântico. Quanto à retórica ideológica, máquina de persuadir, vale-se das figuras com a desenvoltura de que for capaz; daí a necessidade de um marcador transversal, no caso, a voz, para entender o sentido efetivo da mensagem.

O discurso proferido na festa do senhor de engenho é longo e elaborado, mas o seu objeto, o cassaco, perseguido passo a passo na sua reificação extrema, não conhece uma única nota de empatia, uma só fresta de consciência, um só acento de indignação. O tom geral é cinza, puro distanciamento, árida constatação. O cassaco é construído como um ser destinado, desde sempre, a uma existência mortiça, rente à morte anônima.

Não é o que acontece com o Capibaribe no discurso que fecha *O cão sem plumas*. O movimento final é precedido de um encontro de todas as águas fluviais que, juntas, formam lagunas próximas do mar e "preparam sua luta/ de água parada,/ sua luta/ de fruta parada". Resistindo à força do oceano que tudo invade e ameaça engolir as flores e as frutas do mangue, o rio-pântano recobra vida e, *porque vive, não entorpece*. O que é ralo se adensa como o sangue de um homem que é muito mais espesso "do que o sonho de um homem". A consistência derradeira, simétrica e oposta ao desfazimento da última hora, se produz na luta, simétrica e oposta à estagnação sofrida pelo rio no meio do percurso:

> Espesso,
> porque é mais espessa
> a vida que se luta
> cada dia,
> o dia que se adquire
> cada dia
> (como uma ave
> que vai cada segundo
> conquistando seu voo).

No poema gêmeo de *O cão sem plumas*, que é *O rio ou relação da viagem que faz o Capibaribe de sua nascente à cidade do Recife*, a voz sai do próprio rio a caminho do mar.

Muitos povoados o rio atravessa, mas a paisagem, com tantos nomes, é quase a mesma. A poesia do Agreste é a da morte seca; e à medida que o Capibaribe entra pelo Recife, é a da morte na lama. Ali "há apenas esta gente/ e minha simpatia calada". Alguns versos atrás, o rio fora ainda mais amistoso, dizendo-se *amigo, companheiro íntimo, confidente e amante* da gente anfíbia que mora no mangue.

Do "Auto de Natal pernambucano" não há quem não tenha lido sem surpresa entre alegre e doída os versos do remate, que trazem ao leitor, já instruído por tantas lições de morte, a expressão da vida, mesmo quando é vida severina.

Voltando à "Festa", temos que repensar os nexos que cada poema estabelece entre voz e texto, expressão e construção. Recusando, desde *Psicologia da composição*, "a poesia dita profunda", João Cabral formulou, em pleno pós-modernismo dos anos

1950, uma poética centrada nos efeitos de superfície com suas linhas melódicas curtas e suas figuras ao mesmo tempo nítidas e intensas. A substituição da perspectiva pelo descentramento e a exploração da palavra prosaica, denotativa, quiseram dar ao leitor a impressão de um fora sem dentro. Casca sem carne, coco oco. Miró inspirou-o ditando-lhe um ensaio original e abertamente propositivo.

Isto posto, nem toda poética explícita esgota a poesia assim como nem toda retórica dá conta da eloquência. "O que resta", diz Hölderlin, "fundam-no os poetas". Sobra e resta o fio de voz atribuído ao rio, ao retirante; ou ao deputado e ao senador. O dentro é o calor da empatia, ou o gelo do distanciamento; e, no bojo deste, a oblíqua sátira do rico que presume saber tudo do cassaco de engenho.

Ferreira Gullar caniço pensante

Ripeness is all.
Shakespeare

A maturidade é tudo. A frase com seu tom sentencioso volta insistente à memória do leitor desta poesia de maturidade de Ferreira Gullar. Maturidade seria palavra vã, mero índice de tempo acumulado, se não apontasse firme para alguma direção já pressentida no itinerário do poeta.

A bússola aqui se move para uma zona de intersecção entre poesia e o discurso sobre o seu modo de ser e aparecer. O texto de abertura não poderia ser mais explícito. "Fica o não dito por dito": puro pensamento sobre a fundação do poema a partir e no interior da sua própria elocução. A palavra existe, mas só na medida em que é dita, como um *fiat* que sucede o vazio, o nada, o silêncio. Ao ser dita, a poesia instaura um sentido pela própria força de seu produzir-se enquanto verbo. Em outros termos: nada tem significado antes da emissão de um significante:

>
> o poeta inventa
> o que dizer
> e que só
> ao dizê-lo
> vai saber
> o que
> precisava dizer

Não se trata certamente de uma criação *ex nihilo* de cunho romântico. Em "Falar" temos uma variante da mesma ideia. A poesia é fruto de um silêncio dentro e entre as pessoas. O que importa é a certeza do limite. Que é atestada pela realidade inescapável do acaso e da vida que provisoriamente permitem o ato de dizer. Eis o poeta situado e sitiado por forças que o transcendem, mas que, ao mesmo tempo, lhe franqueiam a porta da linguagem.

O sentimento do limite é intenso e atravessa esta última escrita de Ferreira Gullar. Conferida a graça provisória da fala,

>   por mais que diga
>   e porque disse
>   sempre restará
>   no dito o mudo
>   o por dizer
> já que não é da linguagem
> dizer tudo

Limite é outro nome para designar a finitude dos corpos. Ressurge por inteiro o velho tema da incorrespondência da palavra em relação à materialidade opaca da coisa. As palavras, sopros de nossa voz, não trazem em si a espessura do objeto; as palavras não têm a forma dos corpos, as suas dimensões, nem seu cheiro ou gesto. "Uma pedra é sempre uma pedra." Distância que não é só física, parece ontológica, radicada no ser mesmo da coisa que a linguagem refere, mas não penetra. O efeito poético desse intervalo é a reiterada, quase obsessiva nomeação das coisas na sua existência em si, irredutível ao sujeito e à sua fala. Ferreira Gullar é o poeta do corpo e da matéria que se dão, e não se dão, na sua alteridade, ao olhar perplexo do eu. O objeto pode ser o osso da perna, fragmento do reino mineral, "dito perônio", "a parte de mim mais dura", "futura peça de museu", e "a que menos sou eu?". Sartre não terá dito o mesmo na sua fenomenologia da náusea?

Mas nem tudo é feito de pedra e cal. Há também o jasmim que invade as narinas, invento milenar da flora. À flor dedica o poeta mais de um poema, fiel ao propósito de mostrar a sua selvagem exterioridade que não se dobra jamais à sintaxe do verso.

Em contrapartida, ao entrar em si mesmo, o poeta constata a fragilidade da consciência, que "dura menos que um fio de meu cabelo". No entanto, essa parte mais efêmera do eu ao menos lhe abre por instantes a visão do "infinito universo constelado/ de quatrilhões e quatrilhões de estrelas". E se há pouco se acenou para um Sartre murado no nada e no sem sentido da matéria, agora a memória traz Kant para quem a contemplação do céu estrelado junto com a firmeza da consciência moral davam a convicção da vigência de uma ordem suprema e divina que regia tanto o cosmos como a alma do homem. Mas o que em Kant era motivo de paz e alento, no poeta agnóstico, nosso irmão e contemporâneo, é apenas lampejo prestes a extinguir-se na treva.

De lampejos e aparições é feito o imaginário móvel de Gullar trabalhado em mais de um poema. Este amador das artes da forma e da cor vê dentro e fora de si uma inesperada verde relva em meio à sua cidade em ruínas. "De tais espantos somos feitos." Fulge também em alguma parte da vida uma esplendente corola de cor vermelho-queimado metálica. E bananas podres exalam perfumes que descem pela carne, "feito um relâmpago". A carnação das frutas que se desfazem sob o sol de fogo de São Luís é bem familiar ao leitor de Gullar desde seus primeiros poemas.

Há uma fidelidade a temas e imagens que vêm de longe e já receberam poderosa orquestração no *Poema sujo*. O mesmo se dirá da recorrência de um certo tom drummondiano audível em poemas imersos na cidade grande ou evocadores de mortos — aqueles que sobrevivem nas fotos ou no ventre da memória mais doída. Penso em "Reencontro", nos mortos cujos braços tentam o abraço, mas se diluem continuando a fitar o poeta com inalterado afeto.

Neste livro múltiplo em que o velho e o novo alternam ou se misturam ganha força a intuição renovada do mistério sem margens das coisas. A visão cósmica estende-se por um ciclo que vai de "Universo" até "O louva-deus". O espanto pascaliano, relembrado literalmente ("*le silence éternel de ces espaces infinis m'effraie*") exprime-se em duplo movimento do olhar: para o alto e para fora na percepção do universo e seus prodígios — luz, estrelas, água, plantas —; e para dentro sob a forma de estranheza pela condição humana, reduzida a tão pouco, mas ainda assim clarividente:

>Olhos que são os nossos,
>lentes minúsculas mas sensíveis
>que captam a luz das nebulosas
>vinda de espaço e tempo inconcebíveis.

Dessa poesia — capaz de ouvir as explosões das galáxias e atentar para o instante da mosca pousada na toalha — ainda não tínhamos conhecimento preciso. Algo se move na escrita inquieta de Gullar e o faz juntar dimensões à primeira vista incompatíveis: a maravilha pelos bilhões de anos das estrelas, algumas mortas, mas ainda visíveis em sua última luz, e a angústia da vida breve, do fruto que apodrece, da morte certa em hora incerta.

Termino transformando em pergunta uma observação que me ocorreu ao apresentar uma antologia de poemas de Ferreira Gullar: quem disse que materialismo e metafísica não podem conviver em amorosa tensão?

O acontecimento do poema

O *Poema sujo* foi, com todo o peso da palavra, um acontecimento na história da poesia brasileira.

Quando queremos dizer que alguma coisa aconteceu, temos em mente um evento inesperado que rompeu os quadros da rotina. À primeira vista, atribuímos ao acaso a sua entrada súbita no tempo medido de nossa vida cotidiana. Parece difícil explicar um acontecimento e reduzi-lo à sequência dos fatos previsíveis.

Assim foi em 1975. A escrita do poema significou um ato de liberdade de pensamento e expressão praticado em plena ditadura. No plano literário, o *Poema sujo* dava as costas ao formalismo epigônico para o qual já começava a resvalar a experiência concretista. Ferreira Gullar extraía seu imaginário diretamente do real mais corpóreo, carne e sangue, quando à sua volta se entoavam louvores à metalinguagem, à poesia sobre a poesia.

No embate ideológico, o *Poema sujo* vinha saturado dos múltiplos tempos da história brasileira em um momento em que a moda pós-moderna já profetizava o fim da História. Pois foi nesse clima político e cultural tão hostil ao mergulho no tempo e no sujeito que irrompeu o poema.

O acontecimento não se deu apenas na dimensão pública em que se insere todo objeto de cultura. Era no próprio itinerário do poeta que a sua fala se liberava e aprofundava, tornando surpreendentemente novo tudo quanto ele viera tentando dizer em poemas escritos em diferentes ocasiões e enfeixados sob o título *Dentro da noite veloz* (1962-75). É preciso ler e reler com redobrada atenção esse livro tão visceralmente enraizado no Brasil e na América Latina golpeados pela reação bruta e cega. É uma obra em situação. Tudo nela respira o sofrimento do homem comum brasileiro nos anos de chumbo. Fim do decênio de 1960, sombria entrada nos anos 1970. Poesia engajada, sim, mas ao mesmo tempo expressão agônica de um sujeito perdido na massa anônima da cidade grande e, apesar de tudo, imantado pela esperança de uma vida decente onde haja afeto, calor, alegria.

Pode-se fazer uma análise miúda de *Dentro da noite veloz* perseguindo motivos e formas que reaparecerão no *Poema sujo*. Encontraremos a imagem onipresente da cidade com o seu movimento pendular de multidão e solidão, rotina e caos, sentido e absurdo. No trabalho da linguagem, a enumeração, aqui e ali compulsiva, o verso breve, pseudoprosaico, a sintaxe truncada, o vocabulário feito de árduo e puro pensamento, mesmo quando desce às humildes e vexadas necessidades do corpo.

Mas só o *Poema sujo* alcançaria compor a orquestração dissonante de tantos temas, signos, frases. Só o *Poema sujo* tornaria simultâneo, vertiginosamente simultâneo, o que ficara dolorosamente solto e como que à procura da fusão na síntese poética.

Paulo Mendes Campos foi dos primeiros a detectar a subterrânea unidade que a aparente dispersão de referências pode ocultar: "Mas, apesar da multiplicidade de objetos e de experiências, ele consegue costurar todo o comprido poema, sem faltar à unidade, sem mesmo lançar mão de subtítulos. É um prodígio".[1]

Vinicius de Moraes descobre uma perspectiva de planador sobre a cidade, "vendo tudo com olhos percucientes, transfixiantes, capazes de enxergar através das paredes".

Será talvez esse o segredo da amplitude de um olhar que, no entanto, descarta a visão panorâmica para explorar o mínimo, o particular, como observou agudamente Alcides Villaça.[2]

---

[1] Paulo Mendes Campos, "Ferreira Gullar. O *Poema sujo*. A pátria distante", *Jornal do Brasil*, 14/8/1976.

[2] Alcides Villaça, "Em torno do *Poema sujo*", *Revista Civilização Brasileira*, nº 9, mar. 1979.

Esse alternar o longe e o perto, o todo e as partes, o visível e o secreto, se faz em um clima febril, quase onírico, onde coexistem os mil e um objetos e dejetos de uma cidade nostalgicamente colonial e canhestramente moderna chamada São Luís do Maranhão.

A enumeração parece caótica, mas o sentimento que a penetra tudo unifica: é a melancolia irritada que constata a precariedade das coisas que ardem enquanto apodrecem sem remissão, "entre o fulgor e a lepra". Ivan Junqueira cunhou a fórmula perfeita: é "a luz da palavra suja".[3] E a perplexidade sem margens que se interroga e nos interroga: "— que faço entre coisas?/ — de que me defendo?".

O corpo, a cidade, o tempo: tudo leva Gullar à percepção de espaços limitados, mas potenciais, a explodir dentro de espaços mais vastos; coisas dentro de coisas, momentos fugazes dentro de dimensões indefinidas.

O espaço matriz, já vimos, é a cidade de São Luís, mítica e realíssima. O tempo é a vida inteira do poeta, pé no chão e olhos fitos no horizonte. O efeito poético também vive do contraste que acontece no mundo, múltiplo e uno, e no coração do poeta, febre e lucidez.

---

[3] Ivan Junqueira, Prefácio para a *Obra poética de Ferreira Gullar*, Lisboa, Quasi Edições, 2003.

Meditatio mortis:
sobre um livro de Reventós, poeta catalão

A morte é um acontecimento irrealizável em nossa mente, pois a consciência não pode apreender o momento em que o nada vai assediá-la e (quem sabe?) suprimi-la. Foi o existencialismo agônico de Heidegger e do primeiro Sartre que nos abriu os olhos para o que a palavra trágica de Pirandello já chamara o limite da "nossa involuntária jornada sobre a terra". O ser-aqui é o ser-para-a-morte.

Irrealizável no plano do entendimento abstrato, a morte pode, no entanto, ser vivida antecipadamente nas esferas do sentimento e da imaginação, que são as autênticas matrizes da poesia. Nesse universo de sentido, a morte suscita reações existenciais intensas e contraditórias: a angústia da finitude temporal ou a euforia da libertação; o temor do vácuo absoluto, de que a natureza é avessa, ou o êxtase que o arroubo místico inspira nas almas que anseiam desprender-se do cárcere do corpo.

Tânatos, como Eros, atravessa a história inteira da poesia. Está gravado nas inscrições egípcias e babilônicas com toda a sua aura solene de mistério; e perpassa o verso homérico e os coros dos trágicos gregos. Os deuses imortais divertem-se com a sorte dos seres mortais chamados homens. Tânatos será o companheiro sombrio do ascetismo monacal e penetrará na lírica trovadoresca suscitando o arrepio do perecimento da carne nas exaltações do amor cortês. As festas da Renascença e a parafernália das encenações barrocas ao mesmo tempo que celebram a beleza da vida aqui e agora alegorizam a voracidade da hora que passa. *Tempus edax*, tempo roaz. Primeiro *carpe diem*, depois *memento mori*. Colhe a flor de hoje, a rosa que dura uma só manhã, pois a tarde cairá em breve trazendo a noite sem a esperança da aurora.

Amor e Morte voltarão nas vozes românticas de Blake e Lamartine, no classicismo atemporal de Leopardi e, com força inexcedível, na imaginação de Baudelaire, primeiro grande poeta moderno.

Inexaurível como a vontade de viver, a pulsão de morte foi detectada pelo último Freud que nela reconheceu a *cupio dissolvi*. E o fato de essa descoberta ter sido camuflada por tantos terapeutas pávidos apenas confirma a máxima de La Rochefoucauld: "Nem o sol nem a morte podem ser olhados de frente".

Mas a poesia não se cala, pois as forças contraditórias da existência não cessam de exigir que ela lhes ceda voz e canto. Quando Leopold Rodés, o tradutor fiel dos poemas de Joan Reventós, me deu a conhecer *Els àngels no saben vetllar els morts*, percebi de chofre que estava diante de um dos maiores poetas da morte do século que há pouco findou. A impressão foi intensa, e não menor terá sido o pasmo de verificar que, embora nada haja de novo sob o sol, tudo se renova e se rediz quando a realidade se repropõe, implacável, a cada um de nós, indivíduos irrepetíveis que somos. O destino pessoal não será assumido por outrem. Pouco ou nada aprendemos com a morte alheia. A cada um é dado viver e morrer a própria morte na forma de constante aprendizado. "La morte si sconta vivendo" — é a palavra essencial de Ungaretti.

Joan Reventós reinventou, na poesia catalã contemporânea, o *tópos* da morte, o lugar-comum em que nos encontramos todos. O tema é um só: conhece-se a fatalidade, logo a monotonia universal da indesejada das gentes. Mas as modulações semânticas e poéticas são múltiplas, o que dá a este livro aparentemente monocórdio uma riqueza desconcertante de perspectivas. Pois a morte pode ser pressentida e contemplada sob diferentes ângulos, espelhos das diferentes situações com que se defrontam os mortais.

A morte é túnel que abre para o mistério; para desvendá-lo cabe esperar a hora imprevisível, aquele "fim longínquo" que tampouco se sabe quando virá:

> Deixai, pois, para o fim
> longínquo dos seres vivos
> o reencontro das pegadas
> do seu passo pelo mundo.

("A inútil procura")

Em ricochete, a pergunta sobre a vida, tão enigmática quanto a sua extinção:

> Por que existe a vida ardente?

("Uma grande incerteza")

Dialeticamente: a origem da vida pode ter-se dado "lá no buraco onde tudo some"; e aqui entramos no labirinto da ciência pós-moderna onde o acaso e o caos brincam de esconde-esconde com as leis deterministas...

A morte, além do enigma do seu ser-em-si, é também um evento único, cujo para-si ronda cada homem que sabe que vai morrer. Daí, o sentimento de angústia que acompanha o ser finito quando pressente a sua vinda. A poesia de Reventós modula admiravelmente essa imagem da morte como ameaça, luto antecipado:

> e também a sensação de melancolia,
> vasta mutação da harmonia
> onde a putrefação no corpo
> todo progride

("É bom discursar sobre a morte?")

A interiorização da ideia da morte é vista como "sempre amarga e prematura".

Uma outra dimensão é a do silêncio que rodeia o instante derradeiro. Não há diálogo com a morte; por isso, o poeta a chama de Muda, nome feito de pura perplexidade:

> Nunca vou saber se a Muda
> me perdoa
> [...]
> Reiterado estertor e, no fim,
> um suspiro
> empurra o ilimitado
> querer sobreviver

("Como se o morrer não existisse")

É também verdade que alguns acolhem a morte religiosamente, confiantes na "invisível eternidade". Não é a crença deste poeta formado na escola desencantada da modernidade, "ausente de Deus", ou, quando muito, na fé imanente das esperanças revolucionárias.

Há, enfim, as almas estoicas que a aceitam, "por uma decisão radical, cristalizada em serena convicção", mas essa atitude orgulhosa se arrisca a desumanizar uma experiência vital que, a rigor, se dá fora do domínio da pura razão. Mas não fora da esfera da vontade, como dizem animosamente os versos de "Quisera superar o medo" ("venha o que vier, será bem-vindo") e de "O medo que não tenho", duas joias da poesia de Joan Reventós.

"Piedade" é, a meu ver, o mais terrível poema da coletânea. O seu tema latente é a eutanásia que recusamos por escrúpulo ético e, no entanto, parece às vezes impor-se à nossa compaixão pelo ente querido pedindo alívio.

Chamo igualmente a atenção do leitor para a série "A morte concreta" que se volta para a morte alheia, perda intolerável e tantas vezes incompreensível quando se trata de crianças e jovens que o destino ceifou antes do tempo:

> A morte dos outros me afeta:
> o seu morrer, a sua morte
> são parte da minha vida,
> são marcos ao limite último.

A poesia de Reventós empurra-nos contra a parede última da nossa jornada; e, como tal, se situa na fronteira que ora une, ora separa a palavra poética e o sentido mesmo da existência.

Crítica literária: ficção

Rumo ao concreto:
Memórias póstumas de Brás Cubas

Vale a pena atentar para o começo dos começos, a epígrafe que escolhi para o ensaio "Brás Cubas em três versões".[1] É um pensamento de Pascal:

> Nossos sentidos não percebem nada de extremo. Barulho demais nos ensurdece, demasiada luz nos ofusca; demasiada distância e demasiada proximidade impedem a vista.

Em termos de interpretação literária, qual é para nós o ensinamento de Pascal? Que o leitor crítico deve usar ora óculos de ver de longe, ora óculos de ver de perto, ora até mesmo óculos de meia distância. Se vejo do alto e de muito longe, sem as necessárias lentes de aumento, diviso o conjunto, mas não enxergo as partes nem o movimento de cada figura. Se, ao contrário, vejo muito de perto, colando os olhos no objeto, distingo bem um detalhe, mas não consigo apreender o conjunto. São observações que valem para nos advertir dos limites ou da crítica sociologizante demasiado ampla ou da crítica formalista excessivamente fechada.

Talvez o mais adequado seja trocar de lentes quando necessário. Por exemplo, começar pela análise da forma, no caso, da construção do romance, continuar depois pela escuta das vozes das personagens, com suas perspectivas e seus tons existenciais peculiares, prosseguindo enfim pela integração dos aspectos par-

---

[1] No livro homônimo, *Brás Cubas em três versões: estudos machadianos*, São Paulo, Companhia das Letras, 2006.

ticulares no contexto maior, histórico e social. E finalmente, como postulava Leo Spitzer, falando do *círculo hermenêutico*, voltar aos pormenores para ver se as hipóteses gerais saem confirmadas ou infirmadas. Spitzer fala de um ir e vir das partes ao todo e do todo às partes.

O que se propõe, em princípio, é levar em consideração três dimensões presentes em toda obra literária, e que, a rigor, já foram trabalhadas ao longo da história da Estética, de Platão e Aristóteles aos tempos modernos: *construção, expressão, representação*.

Podemos ler as *Memórias póstumas de Brás Cubas* em cada um desses registros analíticos e interpretativos. Todos têm algo importante a revelar. Mas todos conhecem igualmente limites, que só o recurso aos outros registros pode ultrapassar. *Há uma interação entre os três modos de ler*, mas, indo ao fundo do método, trata-se de dialética interdimensional, pois cada versão supera (conservando hegelianamente) o horizonte das outras; horizonte que se arrisca a tornar-se cerrado e redutor sempre que considerado isoladamente. A múltipla determinação converge para o conceito concreto, ao passo que a determinação unilateral tende a uma leitura abstrata.

Dimensão construtiva ou formalizante

As *Memórias póstumas de Brás Cubas* foram escritas em um estilo programadamente livre.

Machado, o romancista maduro (*twice born*, segundo a bela definição de Otto Maria Carpeaux), aquele que escreve a partir dos anos 1880, e de seus quarenta anos de idade, escolheu inscrever-se na tradição de uma prosa significativamente diversa dos modelos tradicionais do romance romântico e, já àquela altura, do romance naturalista. Compare-se o Machado das *Memórias póstumas* com Alencar ou com Aluísio Azevedo.

A sua confessada inspiração vincula-o a Diderot, a Sterne, a Xavier de Maistre, a Garrett. Os eruditos, à cata de influências remotas, remontam essa dicção ao paródico Luciano de Samósata, cujos diálogos se encontraram na biblioteca de Machado. Na esteira de Mikhail Bakhtin, já houve quem aproximasse as *Memórias póstumas* da sátira menipeia, que teria em Varrão, Sêneca, Erasmo, Burnton e finalmente em Sterne os seus grandes representantes. Em conferência proferida na Universidade de São Paulo, o professor e crítico Rônaldes de Souza Melo formulou a hipótese da vigência de uma ironia *aristofânica* na obra de Machado. Seria, portanto, uma corrente de prosa ficcional joco-séria com caracteres estilísticos marcados, e que Machado teria retomado ao fazer do narrador a figura aparentemente inverossímil do *defunto autor*.[2]

Mais recentemente, o ensaísta Sérgio Paulo Rouanet formalizou a mesma hipótese cunhando a expressão "forma shandiana", que enfeixaria as características desse gênero de romance tomando por paradigma a prosa do *Tristram Shandy*. Machado, como se sabe, cita Sterne como um de seus modelos literários na advertência que precede as *Memórias*.

No ensaio, "Riso e melancolia", Rouanet elenca quatro características que vinculariam as *Memórias* ao modelo shandiano:

a) A presença enfática do narrador (o eu onipresente e opiniático).

b) A técnica da composição livre, incluindo digressões e fragmentos em zigue-zagues.

c) O uso arbitrário do tempo e do espaço.

d) A interpenetração de riso e melancolia.

Detenho-me apenas no primeiro tópico, a presença enfática do narrador, ou seja, a hipertrofia da subjetividade. Essa constante, que é formal e psicológica ao mesmo tempo, já foi observada por críticos mediante diferentes perspectivas. Augusto Meyer, que

---

[2] Ver, em particular, os estudos: "Gênero e estilo nas *Memórias póstumas de Brás Cubas*", de José Guilherme Merquior (*Colóquio Letras*, Lisboa, nº 8, 1972), e *O calundu e a panaceia: Machado de Assis, a sátira menipeia e a tradição luciânica*, de Enylton de Sá Rego (Rio de Janeiro, Forense, 1989).

encontraremos adiante como o melhor conhecedor da dimensão existencial do narrador das *Memórias*, qualificava essa característica, há setenta anos, pelas expressões "perspectiva arbitrária" ou "capricho como regra de composição". Meio século depois, o crítico sociológico Roberto Schwarz retomaria a observação falando da volubilidade do narrador em termos de composição do romance.

Tanto o Brás Cubas como seu ascendente Tristram Shandy parecem brincar com os objetos de sua narração, com a própria construção do livro e, por tabela, com as reações hipotéticas do leitor. A relação com o leitor virtual é às vezes amena e diplomática, às vezes satírica, aproximando, de fato, as duas obras e propiciando reflexões lúdicas, morais ou filosofantes do narrador.[3]

Extensão e limites da tese construtivista. Depois de tomarmos conhecimento das múltiplas intervenções daquele eu onipresente e caprichoso que emparelham o narrador das *Memórias* com o narrador de Sterne, ficamos convencidos da vigência de um padrão narrativo ou, *lato sensu*, literário, que regeu a escrita machadiana. Modelo que teria dado à obra aquela feição inconfundível que rompeu, de fato, com o paradigma do romance linear anterior.[4]

Mas, como não pretendemos esquecer aquela fina observação de Pascal, começamos a desconfiar que nossos olhos de leitor se postaram muito rente a este ou àquele traço estilístico, e que seria preciso captar o tom da narrativa inteira, *ouvir a melodia do começo ao fim, e não ater-se somente a uma ou outra nota, a uma ou outra frase do texto...* Ou seja, começamos a nos perguntar: o que esses traços estilísticos exprimem, o que, afinal, querem dizer? Entramos, então, no cerne da segunda dimensão mencionada.

---

[3] Alfredo Bosi, *Brás Cubas em três versões: estudos machadianos*, São Paulo, Companhia das Letras, 2006.

[4] Procurei desenvolver o tópico da interação narrador-leitor em "Figuras do narrador machadiano", *Cadernos de Literatura Brasileira: Machado de Assis*, Rio de Janeiro, Instituto Moreira Salles, 2008.

Dimensão expressiva ou existencial do texto ficcional

Vamos abrir o primeiro ensaio de Augusto Meyer sobre Machado de Assis intitulado "O homem subterrâneo". É de 1935. O *incipit* do texto é provocador:

> Quase toda a obra de Machado de Assis é um pretexto para o improviso de borboleteios maliciosos, digressões e parênteses felizes... Fez do seu capricho uma regra de composição... E neste ponto se aproxima realmente da "forma livre de um Sterne ou de um Xavier de Maistre". Mas a analogia é formal, não passa da superfície sensível para o fundo permanente. A vivacidade de Sterne é uma espontaneidade orgânica, necessária, a do homem volúvel que atravessa os minutos num fregolismo vivo de atitudes, gozando o prazer de sentir-se disponível. Sterne é um *molto vivace* da dissolução psicológica.
>
> Em Machado, a aparência de movimento, a pirueta e o malabarismo são disfarces que mal conseguem dissimular uma profunda gravidade — deveria dizer: uma terrível estabilidade. Toda a sua trepidação acaba marcando passo.[5]

Os que já tiveram o prazer de ler o ensaio inteiro sabem que, a partir dessa observação, Augusto Meyer vai expor, em seu estilo inimitável de crítico-poeta, a relação existencial e estrutural entre a forma livre e a figura do *homem subterrâneo*, verdadeiro étimo das mutações de superfície. Não é o homem superficial, espevitado, que muda por mudar, mas o autoanalista, aquele que vive e se vê viver, o espectador de si mesmo, pirandelliano *avant la lettre*, capaz de envolver com a mortalha do defunto autor a vida ociosa e egoísta do Brás vivo.

---

[5] Augusto Meyer, *Machado de Assis (1935-1958)*, apresentação de Alberto da Costa e Silva, Rio de Janeiro, José Olympio/Academia Brasileira de Letras, 2008, 4ª ed., p. 15.

Ora, essa percepção de que o modelo confessadamente imitado não assumia, nas *Memórias*, o mesmo significado que caracterizava os caprichos de Tristram Shandy já tinha sido reconhecida e dita com todas as letras, em primeiro lugar, pelo próprio autor, quando afirmara que aqueles seus "modelos" não partilhavam do seu "sentimento amargo e áspero". "É taça que pode ter lavores de igual escola, mas leva outro vinho."

Passa então a ser uma tarefa hermenêutica qualificar com precisão esse sentimento fundamental específico que permeia toda a dicção da obra. A palavra-chave foi cunhada por Alcides Maia, que, por sua vez, inspirou a leitura de Augusto Meyer: é *humor*.

Comentando o achado crítico de ambos, pude escrever:

> Humor que oscila entre a móvel jocosidade na superfície das palavras e um sombrio negativismo no cerne dos juízos.
>
> Humor cuja "aparência de movimento" feita de piruetas e malabarismo mal disfarça a certeza monótona do nada que espreita a viagem que cada homem empreende do nascimento à hora da morte.
>
> Humor que decompõe as atitudes nobres ou apenas convencionais, pondo a nu as razões do insaciável amor-próprio, das quais a vaidade é o paradigma e a veleidade o perfeito sinônimo.
>
> Humor que mistura a convenção e o sarcasmo na forma de máximas paradoxais.
>
> Humor, enfim, que parodia as doutrinas do século, positivismo e evolucionismo, sob o nome de Humanitismo, e as traz na boca de um mendigo aluado.[6]

Diremos que, levando ao extremo a sua caracterização expressiva, Augusto Meyer conclui de modo que não sabemos se justo ou injusto, mas sempre incisivo e problematizador dos nos-

---

[6] Transcrito de *Brás Cubas em três versões: estudos machadianos*, op. cit., p. 29.

sos fetichismos: "A unidade de tom, nos livros da última fase, chega a ser simples monotonia".[7]

Um novo horizonte se abriu, portanto, envolvendo o anterior e conferindo-lhe novo sentido. Estávamos convencidos de que havia, de fato, uma vontade-de-estilo na feitura das *Memórias*, e que resultara na forma livre e arbitrária do defunto autor. Mas agora estamos igualmente persuadidos de que, apesar da vigência explícita desses modelos, dos quais Sterne é o mais importante, o tom, a expressão, numa palavra, o processo existencial que se formulou naquelas cadências de estilo, não reproduzia passivamente os seus paradigmas, na medida em que era peculiar ao novo projeto ficcional do narrador machadiano. O humor de Machado tem uma força destrutiva e dissolvente, amarga e áspera, que não se reconhece na tradição menipeia nem tampouco nas estrepolias de Tristram Shandy. É machadiano, não tem antecedentes nem, aliás, descendentes próximos diretos. Trata-se de um narrador que se dobra sobre si mesmo, refletindo à luz da morte o que fizera e dissera quando vivo.

Mas, a universalidade que se alcança a partir de uma leitura existencial radical como a de Augusto Meyer (que soube comparar o homem subterrâneo de Machado ao Dostoiévski das *Memórias do subsolo*, e aproximar o analista de si mesmo do personagem pirandelliano), essa universalidade assume outra dimensão quando atentamos para a particularidade dos estímulos sociais locais. Ou seja, o horizonte existencial ganha em concretude histórica quando o integramos no registro mimético do texto narrativo.

A DIMENSÃO REPRESENTATIVA OU REFLEXA

Depois de sondar o homem subterrâneo e o perseguidor de si mesmo, figuras modeladas pela crítica de Augusto Meyer, ain-

---

[7] Augusto Meyer, *op. cit.*, p. 22.

da nos cabe perguntar: mas quem é este homem, quais são as suas coordenadas de tempo e espaço? Ou: a que estímulos históricos específicos ele reagiu e aplicou o seu humor corrosivo, nadificante?

As respostas a essas perguntas exigem uma contextualização das memórias de Brás.

A contextualização do narrador e das suas personagens pode ser feita ou com os instrumentos da sociologia positivista, cuja expressão mais alta e refinada se encontra na obra de Max Weber, ou com os instrumentos da doutrina marxista, particularmente com as categorias da teoria da arte como reflexo da sociedade.

Qual o meio social e econômico em que vivem Brás e as personagens circundantes? Qual o *modus vivendi* de Brás? A que campo ideológico se pode filiar sua personalidade ou a sua mentalidade? Em que medida seus pensamentos, palavras e obras são afetados pela classe social a que pertence, ou seja, pelo fato de ser um rentista ocioso na sociedade escravista brasileira do século XIX?

Nessa busca dos fatores sociais condicionantes poderíamos dizer que a sociologia da literatura foi apertando os seus parafusos desde a genérica abordagem plekhanoviana de Astrojildo Pereira, em *Machado de Assis, romancista do Segundo Império*, até Roberto Schwarz, em *Um mestre na periferia do capitalismo*, passando pelo weberiano Raymundo Faoro, em *A pirâmide e o trapézio*.

A teoria do reflexo, desenvolvida por Lukács a partir da sua conversão ao marxismo ortodoxo, baseia-se no postulado do "externo que se torna interno", ou seja, dos componentes sociais que são introjetados pelo escritor formando o cerne da sua obra. Um dos seus procedimentos básicos é a construção do *tipo social*, que se materializa na personagem ou no narrador. Trata-se de um procedimento objetivante, que parte do exterior para o conhecimento do núcleo interno da personagem.

Certas características, vistas literariamente, como a forma livre, ou vistas existencialmente, como a psique caprichosa e volúvel, passam a ser explicadas de modo causal pela condição econômica do narrador-personagem, no caso pelo fato de Brás Cubas ser proprietário no contexto do Brasil Império.

A representação de um tipo ou de uma situação social localizada e datada acresce nova dimensão do trabalho narrativo das *Memórias póstumas*. É a dimensão do observador que se posta no lugar do psicólogo social, e passa a discriminar certos traços de comportamento de uma determinada classe social.

Considero esse esforço de contextualização da obra machadiana uma das conquistas das últimas décadas da sua fortuna crítica. Ela nos tem revelado um escritor atento ao cotidiano político do Segundo Império mediante o estudo minudente das suas crônicas e até mesmo dos seus despachos burocráticos como funcionário do Ministério da Agricultura. Machado nos aparece, agora, ao contrário das acusações veementes que lhe lançou o grande abolicionista negro José do Patrocínio, como um liberal democrático, discreto e ironicamente distanciado, mas lúcido em relação às atrocidades do regime de trabalho escravo.

De todo modo, o problema do alcance da interpretação sociotipológica é análogo ao que se pode levantar em relação às outras duas leituras, a formal e a existencial. Trata-se, precisamente, de saber até que ponto características inerentes às *Memórias póstumas* como a forma livre e o humor, aquele sentimento amargo e áspero que as penetra, podem ser subordinados às disponibilidades econômicas da personagem Brás Cubas.

Temos diante de nós ou uma *pessoa*, com seus momentos de autorreflexão e autocrítica, ou um *tipo reificado* ao qual só caberia o procedimento da sátira de costumes? Trata-se de uma personagem viva e, por vezes, contraditória, ou de uma alegoria ideológica?

A crítica sociológica weberiana e a de filiação lukácsiana estão voltadas para o conhecimento da ideologia que enforma a narrativa. A questão não é nada fácil, a começar pela própria posição do último Lukács que, na *Ontologia do ser social*, nega que se possa atribuir a um autor, *enquanto indivíduo*, uma determinada "ideologia".[8] O termo valeria, de preferência, para modos de pensar e sentir de classes ou estratos inteiros de uma dada sociedade interessados em manter ou defender o seu *status quo*. Um escritor, quando individualmente considerado, pode projetar tendências contraditórias de um momento da sua própria sociedade, misturando lances de rebeldia com expressões de tédio ou conformismo, notas de sátira local com notas de humor universalizante. Seria este o caso de Machado de Assis? Sabemos, por via negativa, que as ideologias correntes no seu tempo, o evolucionismo e o positivismo, não só não o atraíram como foram objeto de escárnio na figura do filósofo do Humanitismo, Quincas Borba.

Em minha percepção, sujeita naturalmente a revisões, o Machado maduro conservou basicamente os princípios trazidos do liberalismo democrático da sua juventude, evidentes nas crônicas dos anos 1860, mas infundiu-lhes cadências melancólicas, céticas e pessimistas, já expressas nos moralistas franceses que ele admirava (Pascal, La Rochefoucauld, Chamfort...) e nos grandes pessimistas do século XIX: Leopardi (cujo desencanto cósmico e histórico ressuma no delírio de Brás Cubas) e Schopenhauer.[9]

O limite da sátira local se encontraria no ceticismo universalizante: é uma crítica desenganada, sem esperança nem proposta.

A sua forma estilística é o capricho. A sua expressão existencial é o humor.

---

[8] Georg Lukács, *Ontologia dell'essere sociale II*, Roma, Riuniti, 1981, p. 445.

[9] Em "Um nó ideológico" tentei confrontar certas passagens das *Memórias póstumas* com vertentes ideológicas contemporâneas de Machado de Assis. A hipótese mais plausível é a de uma combinação de liberalismo e ceticismo que torna problemática a redução da obra a uma única ideologia. Em *Ideologia e contraideologia*, São Paulo, Companhia das Letras, 2010, pp. 398-421.

Intimidade e assimetria: sobre um conto de Mário de Andrade

Li em um velho recorte de jornal que Mário de Andrade preferia entre todos os seus contos a história de "Nízia Figueira, sua criada", que fecha o volume das narrativas de *Belazarte*.

Fiquei contente ao saber dessa escolha, pois coincide com um gosto meu que vem da primeira adolescência e que, passados tantos anos, se conserva intacto. Mas, se é verdadeira a frase latina *quod impetus fuit nunc ratio* — o que foi ímpeto, agora é razão —, julgo chegada a hora de examinar com o possível distanciamento o porquê de uma paixão que por sorte é comum ao autor e ao seu leitor. Voltei ao conto.

A história começa dois anos depois da abolição. Um sitiante da zona decadente do café vende as suas terras e vem para São Paulo. Este é o pano de fundo: a capital provinciana que se ia formando, aos pedaços, com gente que foge da desintegração da sociedade escravista, onde só o grande fazendeiro iria vencer, cercado de colonos italianos e de ex-escravos já amarrados à condição de lúmpen ou de agregados.

O fato é que o sitiante sai de Pinda e se muda para um subúrbio que viria a ser o bairro da Lapa. O seu nome é Figueira, nome de tronco paulista antigo, meio português, meio bugre, isto é, bandeirante e primeiro dono da terra. Belazarte, o narrador, bem paulista que é, sabe dessas prosápias mais do que nunca raladas naqueles tempos de crise. É por isso que afeta com gesto de dorido desdém ter esquecido o sobrenome do homem, outrora decoroso, então um quase nada:

... se chamava... não me lembro bem si Ferreira, Figueira... qualquer coisa em "eira", creio que era Nízia Figueira. Essa sim, de família nacional da gema, carijó irumoguara com Figueira ascendente até o século dezessete.

O esquecimento do nome próprio já é morte prenunciada, meia morte que logo chegará. Figueira, nem bem mudara com a filha e a criada, teve uma doença vexatória, um antraz, mal tratado como furúnculo, e "deu com o rabo na cerca", "morreu apodrecido".
Naturalismo bruto, à primeira vista, mas na verdade muito pensado. A agonia de Figueira é tão corporal quanto social, e o narrador junta ambas as dimensões com um nó lancinante pelo qual o realismo descritivo herdado aos mestres do passado se torna de repente crítico e moderno:

> Dores tamanhas, que si tivesse vizinho perto, não podia dormir de tanto gemido que todo o orgulho daquela carne tradicional não podia que não saísse, arrancado do coração meio com bastante vergonha até.

A morte do pai deixa o conto livre para o foco narrativo contemplar o par de mulheres que restou: Nízia Figueira, a órfã, e prima Rufina, a criada. É só então que o leitor é chamado a demorar-se em personagens, uma vez que Figueira não transpusera o limiar que separa o tipo da pessoa: de carne ele era, sem dúvida, mas "carne tradicional".
A história de Nízia e Rufina lembra uma dança dramática feita de distância e proximidade. A distância é marcada pelo jogo social e depende das assimetrias básicas de classe e de cor. A análise estrutural, tão amiga de disjunções, teria aqui muito o que distinguir.
Nízia é patroa, Rufina é sua agregada. Nízia é branca, Rufina é negra. Nízia chama Rufina de você, mas Rufina sempre lhe dirá vossuncê ou mecê. Nízia é adolescente, Rufina tinha vinte "e mui-

tos"; Nízia é passiva, "bimbalhando estupidez"; Rufina é bem enérgica. Nízia trabalhava em casa, Rufina vendia na rua o que a patroa fizesse, legítima negra de ganho. Nízia ignora a vida lá fora; Rufina "é que aprendeu a vida". Por tudo isso Rufina chega antes à experiência do outro e sofre também em primeiro lugar.

Ora, o conhecimento é, para este romântico impenitente, causa indefectível de dor. Os contos de Belazarte são histórias do encontro de experiência e infelicidade. Mário não abandonará jamais esse tema e, mais do que tema, núcleo existencial e fonte de todo o seu *pathos*.

Mas o que a classe e a cor separam, o sentimento pode juntar. O corpo reclama um regime de suplência que o desempenho dos papéis sociais tende a proibir e recalcar. Rufina amou primeiro e o resultado foi o puro desespero. Prenhe e abandonada, dá à luz sozinha no escuro do seu quarto como animal acuado. Nízia, inocente, pensa que o mal da criada vem de um antraz, a mesma doença que levara à morte Figueira pai. De manhãzinha Rufina entrega o seu tiziu a estranhos para nunca mais. Daí em diante chamará Nízia de "mia fia". Filha minha, sim, mas sempre mecê e vossuncê. E aí temos corpo e sociedade ora unidos, ora apartados, no balé brasileiro da intimidade assimétrica.

Nízia encorpa, vira moça, pressente o outro, que afinal chega fardado de carteiro. É o Lemos, pequeno funcionário, dependente do padrinho rico. Lemos puxaria o conto de novo para o ritual naturalista com seus tipos firmes e opacos, se o narrador não tivesse aberto, aqui e ali, brechas que permitem ao leitor entrever as idas e vindas, os receios, as miúdas perplexidades da personagem. Mas, convenhamos, a tentação da exterioridade era forte, o que torna fácil a análise ideológica redutora: Lemos é um pobre-diabo, mísero empregadinho público do Brasil cartorial-republicano, um nada sem os favores do pistolão graúdo. Na economia do conto, o homem entra como reagente químico: o seu papel é despertar desejos e esperanças na vida de Nízia para depois lançá-la numa apatia sem palavras. Nízia resvalará para o limbo dos seres que não têm nenhuma importância nesse canto de arrabalde que já não é a comunidade arcaica nem conseguiu criar laços modernos. Se Lemos escapa e se vai para sempre, Nízia não existirá nem para Lemos nem para ninguém. A não ser para Rufina.

Nesta altura, quando já está cruamente configurada a imagem da insignificância social (o que é um dos tentos admiráveis de Mário de Andrade), Nízia e prima Rufina se irmanam na bebida. A assimetria parece desmanchar-se e dissolver-se nos enormes pifões noturnos em que as duas mulheres, a patroa branca e a criada preta, se escoram uma na outra antes de caírem emboladas no chão.

Finalmente a intimidade sem pregas nem desvãos?

A diferença subsiste ainda e é sutil como acontece sempre que o narrador quer colher a pura singularidade. Rufina embriaga-se e chora: ela conheceu o mundo até às entranhas. Nízia bebe de olhos secos, serena: "Que calma na terra inexistente pra ela...". E o seu sono vem plácido, sem sonhos nem gestos. É como se a pinga doce e ardente a levasse de volta para aquela inocência primeira, anterior a todo conhecimento; estado miticamente pré-social onde enfim o narrador pode inscrever o seu fecho imprevisto: "Nízia era muito feliz".

Que o leitor não se apresse em desfazer a ambiguidade deste final. Ela é necessária. Pois nem a piedade anula a ironia, nem a ironia a piedade.

Passagens de *Infância* de Graciliano Ramos

Lembrando a infância distante, Graciliano se mostra consciente do intervalo que separa as imagens vividas, figuradas no ato da escrita, e o que teria sido objetivamente a realidade evocada. A reminiscência, quando penetrada pela imaginação, traz a sua própria verdade, que cabe ao historiador reelaborar, segundo a sua concepção de historicidade.

Arrisco-me a dizer que a vigência desse intervalo entre a pura lembrança e a crítica da sua veracidade terá sido um dos móveis da prosa memorialista de Graciliano, pontuada de dúvida e perplexidade. Exemplos dessa consciência vigilante estão em *Infância* como estarão nas *Memórias do cárcere*.

> A primeira coisa que guardei na memória foi um vaso de louça vidrada, cheio de pitombas, escondido atrás de uma porta. Ignoro onde o vi, quando o vi, e se uma parte do caso remoto não desaguasse noutro posterior, julgá-lo ia sonho.

Memória de uma imagem remota, "a primeira coisa", quase diria proustiana: aqui a louça vidrada, lá a *madeleine*. Memória isenta das coordenadas de espaço e tempo, imagem sem onde nem quando.

No entanto, há o fluir do acontecimento em outro, um esboço de sequência narrativa, que impede a fixação da lembrança isolada e a sua conversão em puro sonho. A partir de certo momento, o que parecia evocação guardada apenas nos arcanos do sujeito adquire dimensão de alteridade. A memória do indivíduo será também a das pessoas que conviveram com ele e dele ouviram o seu relato:

> Talvez nem me recorde bem do vaso: é possível que a imagem, brilhante e esguia, permaneça por eu a ter comunicado a pessoas que a confirmaram. Assim, não conservo a lembrança de uma alfaia esquisita, mas a reprodução dela, corroborada por indivíduos que lhe fixaram o conteúdo e a forma. De qualquer modo a aparição deve ser real.

Quanta perplexidade nessas poucas frases! Em primeiro lugar, a dúvida em relação ao próprio teor da lembrança: *talvez nem me recorde bem do vaso...* A incerteza resolve-se, escorada em quase certeza: *é provável...*, suposição que o período seguinte levaria a uma dicção assertiva: *Assim, não conservo a lembrança de uma alfaia esquisita, mas a reprodução dela, corroborada por indivíduos que lhe fixaram o conteúdo e a forma*. A memória-sonho, proustiana e bergsoniana, parece aqui ter sido definitivamente modelada pela memória grupal. A rede social seria, portanto, responsável pela construção da imagem evocada. Entretanto, a dúvida inicial, aparentemente dissolvida, dialetiza-se na proposição seguinte: *De qualquer modo a aparição deve ter sido real*. A imagem precisou passar pelo crivo da reflexão crítica para voltar afinal, superada e conservada: a aparição deve ter sido real.

O mundo que rodeava o menino de dois ou três anos estava cheio de *muitas caras e palavras insensatas*, destituídas, para ele, de sentido, mas nem por isso menos exigentes na pretensão de obterem incondicional aceitação da criança. Por exemplo, laranjas não podiam ser chamadas de pitombas, como as designava o menino emprestando o nome a todos os objetos que lembrassem a forma globosa e a casca dourada daquele fruto. Metáforas e metonímias (segundo a hipótese de Vico para explicar a fala poética arcaica) são procedimentos analógicos que o pensar adulto, "racional" e produtor do termo estanque, condena como imaginosos, logo errôneos.

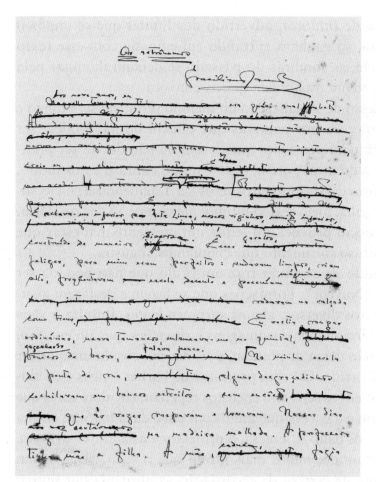

Graciliano Ramos, manuscrito de *Infância*. Arquivo do IEB-USP/ Fundo Graciliano Ramos.

Nas *Memórias do cárcere* Graciliano deixou uma pista para a compreensão da sua escrita. Nem história nem romance, apenas memória. Nem história, porque não há documento que conforte a certeza subjetiva de quem lembra. Nem romance, porque o memorialista não deseja ser puxado pela imaginação. Trata-se de um testemunho pessoal, que pretende ser verdadeiro, mas sabe que não dispõe de provas públicas e notórias de suas recordações. E sobretudo tem plena consciência do caráter falível da própria memória.

O leitor de *Infância*, advertido dos limites que se impôs o memorialista, só ganhará entrando em empatia com esse texto singular. Nele, as sombras do passado se deixam iluminar pela inteligência atenta do homem que as convoca.

O processo de socialização do menino sertanejo será longo e sofrido: começará por palavras que podem ou não podem ser ditas e continuará por ações que devem ou não devem ser praticadas. Para a criança, porém, tudo é muito confuso e misturado, daí a memória desses primeiros anos ser fragmentária, meio sonho, meio vigília, meio ressoo íntimo, meio império de voz alheia. A sua expressão provoca no leitor um crescente mal-estar que beira esse difuso sofrimento que chamamos angústia.

O capítulo de abertura traz um título que não poderia ser mais justo, "Nuvens". Formações que se fazem e desfazem assumindo aspectos diversos, alguns surpreendentes. Resulta a vaga sensação de irrealidade das imagens e situações que, no entanto, a memória não deixa de pontuar, pois devem, absolutamente, ter existido e ocorrido. O velho professor de barbas longas e os alunos sentados em bancos sem encostos repetiam em altas vozes que um *b* com um *a* dava *ba*, que um *b* com um *e* dava *be*. Sim, afirma o narrador, "os bancos, a mesa, o professor e os alunos existiram. Tudo é bem nítido, muito mais nítido que o vaso". Deu-se um passo adiante na certeza da recordação, confirmada por outros viventes que entraram em cena.

Mas também essa nitidez é passageira, pois *de repente* sobrevém um andamento onírico: "De repente me senti longe, num fundo de casa, mas ignoro de que jeito me levaram para lá, quem levou". Como nos pesadelos, o espaço ensombra-se, e nele irrompem vultos sem rosto que escorregam na lama vermelha abrindo sulcos fundos. No centro está sempre a criança inerme a quem os desconhecidos ordenam que desça um degrau alto demais para as suas curtas pernas. Desse instante de angústia em face de uma ação arriscada, acima de suas forças, a memória passa a outra situação, simétrica e oposta à cena da escola. Em uma sequência veloz desfilam as lembranças: uma cozinha para onde, sem saber como, o menino foi transportado; um bacalhau que deveria ser assado em um grajau (palavra cujo sentido ele ignora); uma informação recebida na vigília (a escola tinha sido um pouso da viagem da família de Alagoas para Pernambuco); a entrada de figuras familiares, pai, mãe e irmãs...; enfim, *de repente*, de novo, a escola, límpida em princípio, mergulharia na atmosfera de sonho agitado:

> Surgiram repentinamente a sala espaçosa, o velho, as crianças, a moça, bancos, mesa, árvores, sujeitos de camisas brancas. E sons estranhos também surgiram: letras, sílabas, palavras misteriosas. Nada mais.

Temos dois movimentos de passagem. O que era epifania remota, pura intuição lírica, a imagem do vaso cheio de pitombas retida no íntimo do sujeito, passa a ter consistência empírica e entra para a biografia do indivíduo graças à reprodução dos relatos feitos pelo grupo.

Na outra ponta, o que era bem visível e socializado (a escola, o mestre, os alunos, a cantilena do beabá) escurece de um momento para outro, vira pesadelo e deságua em uma reapresentação do mesmo espaço, mas já agora sob o signo do estranhamento. Sobram palavras misteriosas, nada mais.

"Manhã", "Verão"
e o realismo da vigília

Quando se passa do capítulo de abertura ao seguinte, das nuvens à manhã, reconhecemos a mesma prosa enxuta e castigada, mas construída pela vontade de descrever as coisas na esteira de um realismo solar. O desejo de máxima precisão e concisão requer o termo exato, um vocabulário que acolhe vozes nordestinas e tradição lusa: Eça, Camilo e prosadores dos Seiscentos, Vieira, Bernardes, o mais artista de todos, e Fr. Luís de Sousa. "Arrepiei-me com os frades", confessou Graciliano, lembrando leituras juvenis. Nessa escrita cada coisa tem seu nome justo e conserva a textura e o brilho próprio. O léxico é vernáculo recorrendo, aqui e ali, a expressões regionais, o que é exigência do realismo, mas apertado no espartilho de uma sintaxe clássica. Difere abertamente do fraseio por vezes derramado de José Lins do Rego, que preferiu as folgas da oralidade ao modelo literário. Um confronto estilístico entre *Meus verdes anos* e *Infância* daria novas pistas para entender a riqueza e complexidade da ficção nordestina em sua plena maturidade formal.

Passou o inverno, veio a seca. Chuva e sol ora encharcam, ora requeimam passagens inteiras, como as que se leem no capítulo "Manhã" e se entrelaçam com períodos de "Verão". Mas, se prestamos ouvido às inflexões dubitativas deste último, reconhecemos o realismo vigilante sondando as perplexidades do narrador e retomando o tom reflexivo das páginas de abertura.

> Mergulhei numa comprida manhã de inverno. O açude apojado, a roça verde, amarela e vermelha, os caminhos estreitos mudados em riachos, ficaram-me na alma. Depois veio a seca. Árvores pelaram-se, bichos morreram, o sol cresceu, bebeu as águas, e ventos mornos espalharam na terra queimada uma poeira cinzenta.
>
> Na manhã de inverno as cercas e as plantas quase se dissolviam, a neblina vestia o campo, dos montes de lixo do quintal subia fumaça, pingos espaçados caíam das goteiras, a cruviana mordia a gente.
>
> [...]
>
> Desse antigo verão que me alterou a vida restam ligeiros traços apenas. E nem deles posso afirmar que efetivamente me recorde. O hábito me leva a criar um ambiente, imaginar fatos a que atribuo realidade. Sem dúvida as árvores se despojaram e enegreceram, o açude estancou, as porteiras dos currais se abriram, inúteis. É sempre assim. Contudo ignoro se as plantas murchas e negras foram vistas nessa época ou em secas poste-

riores, e guardo na memória um açude cheio, coberto de aves brancas e de flores. [...] Certas coisas existem por derivação e associação; repetem-se, impõem-se e, em letra de forma, tomam consistência, ganham raízes.

As descrições são precisas, mas escassas. Lidas as passagens acima, deve-se saltar para o capítulo "Vida nova" para topar com um ângulo da casa onde acabou morando a família do menino, perto do Cavalo-Morto. É tempo de chuva, o inverno nordestino:

> Nos dias de inverno o beco se transformava num rego de água suja, onde se desfaziam complicados edifícios e navegavam barquinhos de papel, sob o comando de um garoto enlameado. A garoa crescia. A chuva oblíqua enregelava-nos. Uma cortina oscilante ocultava os móveis, as prateleiras da loja. Os tecidos criaram mofo, os metais se oxidavam. Fechavam-se as portas e as janelas. As figuras moviam-se na sombra indeterminada.

A representação da umidade dos interiores é digna da tradição descritiva que vai de Balzac a Maupassant e a Zola e, entre nós, alcançou, no Aluísio de *O cortiço* e no *Ateneu* de Raul Pompeia, pontos altos antes de resvalar para a minudência preciosista do fim de século.

Aqui tudo é notação alerta, atenta a cada sentido afetado pela água da chuva. O tacto sente a umidade das cobertas da cama, o olho divisa as poças do quintal e persegue as manchas alargadas nas paredes, a telha escura e a prensa de farinha carunchosa; o olfato distingue o cheiro acre de lenha verde queimada; e mais de um sentido percebe e recebe a fumaça unida à poeira espessando a fuligem que tingia as teias de aranha. O mesmo recurso à sinestesia faz ver e ouvir o surdo rumor de trovoada que cai em jorro pela calha de madeira.

Descrever em *Infância* é também narrar. De perto, o som quase inaudível dos pingos no chão. Mas, ao longe, a cantiga dos sapos-cururus no açude da Penha evoca a trovinha que tantos de nós escutamos na infância: "Sapo-cururu/ da beira do rio./ Não me bote na água,/ maninha,/ cururu tem frio".

A variante mais conhecida dos últimos versos é: "Quando o sapo grita,/ maninha,/ é que está com frio".

Note-se que a versão transcrita pelo memorialista introduz diretamente a primeira pessoa: "Não me bote na água, maninha". O nosso narrador não deixará de trazer para o fundo do próprio *eu* a mesma sensação do sapo na beira do rio:

> Os cururus do açude choravam de frio, de muitos modos, gritando, soluçando, exigentes ou resignados. Eu também tinha frio e gostava de ouvir os sapos.

Do realismo da vigília ao realismo febril

Reitero a observação: ao longo dessas memórias, a descrição de coisas e paisagens é relativamente parca, o que não tolhe (antes, potencia) a impressão de força e precisão da linguagem.

Na representação das pessoas, que é frequente, os procedimentos variam na medida em que devem exprimir graus distintos de proximidade física e moral. Há diversos círculos na esfera de sociabilidade do menino Graciliano. A família nuclear, a vizinhança, as pessoas que dispõem de poder, as suas vítimas e os mortos.

O círculo familiar: pai, mãe, avós e duas irmãs, uma natural, gerada pelo pai antes do casamento, e a outra, legítima. Se há uma palavra que defina com justeza a relação dos pais com o menino é, sem dúvida, violência. Não são poucas as cenas de espancamento acompanhadas de insultos que pontuam a obra inteira. O capítulo, justamente antológico, do cinturão traz não só a viva lembrança da brutalidade paterna como a reflexão explícita sobre a justiça dos homens. A palavra abre e fecha a passagem: "As minhas primeiras relações com a justiça foram dolorosas e deixaram-me funda impressão. Eu devia ter quatro ou cinco anos, por aí, e figurei na qualidade de réu". E no final do episódio: "Foi esse o primeiro contacto que tive com a justiça".

Há uma dimensão trágica nessa prática da violência conjugada com a tirania absoluta daquele que detém o poder de exercê-la. A condição de impotência em face do outro beira o absurdo e estará na raiz da reiterada expressão de perplexidade do narrador que se diz incapaz de encontrar sentido nas ações alheias e, às vezes, nas próprias. "Tudo é nebuloso", essa é a primeira percepção que afina o tom da narrativa.

Sofrer inerme e passivo a opressão física e moral terá efeitos não só no campo dos sentimentos e da vontade mas também na percepção do outro e de si mesmo. No episódio do cinturão, o poder sem limites do pai é inicialmente julgado "natural": "Batiam-me porque podiam bater-me, e isto era natural". Mas a suposta naturalidade logo se desfaz caindo no sem-sentido: "Os modos brutais, coléricos, atavam-me; os sons duros morriam, desprovidos de significação". E a própria memória se reduz à impotência:

> Não consigo reproduzir toda a cena. [...] Situações deste gênero constituíram as maiores torturas da minha infância, e as consequências delas me acompanharam. [...] Onde estava o cinturão? Hoje não posso ouvir uma pessoa falar alto. O coração bate-me forte, desanima, como se fosse parar, a voz emperra, a vista escurece, uma cólera doida agita coisas adormecidas cá dentro.

A relação com a mãe não é menos sofrida, mas algum raro momento de intimidade parece humanizá-la, o que não acontece com o pai, em geral inabordável. "Inferno" e "O fim do mundo" merecem leitura atenta se quisermos entrar nesse labirinto de afetos.

O episódio do menino que quer saber da mãe o que significa a palavra "inferno" já fora narrado por Graciliano em *Vidas secas* antes de entrar nessas memórias de infância. Ficamos sabendo quanto havia de autobiográfico naquelas páginas pungentes em que se mostrava a socialização sertaneja castigando sem piedade a pergunta e a dúvida da criança.

Na escrita de ficção o narrador condensou a passagem, emprestou-lhe um cunho quase dramático, mas abrandou por instantes a decepção do menino envolvendo-o no aconchego da cachorra Baleia à beira da lagoa de onde se divisavam colinas azuladas.

Nas memórias do episódio não há sombra de alívio nem margem para a expressão lírica. Apenas um começo promissor:

> Às vezes minha mãe perdia as arestas e a dureza, animava-se, quase se embelezava. Catorze ou quinze anos mais moço que ela, habituei-me, nessas tréguas curtas e valiosas, a julgá-la criança, uma companheira de gênio variável, que era necessário tratar cautelosamente.

Mas todo o cuidado era pouco e a tentativa de diálogo logo se convertia em consciência das perigosas distâncias geradas pelo poder do adulto sobre a criança.

O capítulo está armado em torno de uma tensão entre forças desiguais: a curiosidade do menino e a irritação da mãe, ambas crescentes na medida em que a primeira chega à aberta insistência, e a última degenera em fúria punitiva. A mãe, como Sinhá Vitória, não tolera a dúvida e, muito menos, a renitência da pergunta sobre o que é e como é o inferno.

"Inferno" não esgota o quadro complexo das relações entre o menino e a mãe. Volto à imagem do labirinto e procuro o centro para onde convergem os seus escuros corredores e a saída para o céu aberto da consciência desassombrada. Os sentimentos da criança alternam ou misturam-se. A confiança desarmada cede ao temor ou a um frustrante desejo de compreensão. Em "Manhã" desenha-se um esboço de sondagem existencial: a mãe mal sofre a presença da filha natural do marido, Mocinha, de cabeleira negra, beiços vermelhos e olhar provocador. O pecado antigo do marido cresceu, virou uma bela adolescente ao passo que ela e os filhos, seus tristes espelhos, "soltos dela", lhe apareciam como "pedaços da sua carne propícia aos furúnculos". Um ressentimento cego roía suas entranhas: "Maltratava-se maltratando-nos. Julgo que aguentamos cascudos por não termos a beleza de Mocinha".

A fragilidade deste ser vulnerável desnuda-se inteira no capítulo do fim do mundo. A certeza da catástrofe iminente lhe fora dada pela leitura de folhetos populares, sombrios, apocalípticos. Este nosso mundo estava prestes a extinguir-se. Na passagem do século viria o cometa, e a criação sucumbiria ao fogo, só restando brasa e cinza. Em desespero a mãe se abraçou ao filho entregando-se ao pavor e ao desejo de proteção. Essa repentina intimidade, porém, não encontrou abrigo no menino acostumado ao gesto de mando e de censura:

> Afinal minha mãe rebentou em soluços altos, num choro desabalado. Agarrou-me, abraçou-me violentamente, molhou-me de lágrimas. Tentei livrar-me das carícias ásperas. Por que não se aquietava, não me deixava em paz?

A ambivalência é bem marcada. Ora o narrador vale-se da notação miúda, aparentemente objetiva e distanciada:

> Os dedos finos e nodosos juntavam-se, inofensivos; os lábios duros contraíam-se, mudos; os olhos se esbugalhavam, parados, frios, indecisos. O que nessa figura me espantava era a falta de sorriso. Não ia além daquilo: duas pregas que se fixavam numa careta, os beiços quase inexistentes repuxando-se, semelhantes às bordas de um caneco amassado.

Ora, relembrando aqueles dedos nodosos, cuja dureza na hora do castigo parecia a de um martelo, e as mãos, que não eram grossas e calosas como as do pai, mas finas e transparentes, o menino consegue vê-las sem medo e até mesmo com olhar de compaixão:

Habituei-me a essas mãos, cheguei a gostar delas. Nunca as finas me trataram bem, mas às vezes molhavam-se de lágrimas — e os meus receios esmoreciam.

A perfuração existencial, que a ambivalência de amor e medo opera nas relações familiares, cede ao realismo da aparência sempre que o memorialista fala de vizinhos ou de moradores dispersos na vila. Ao mencioná-los, o narrador é paradoxalmente vago e preciso.

É vago, quando os contempla em conjunto: "Apareciam lugares imprecisos, e entre eles não havia continuidade. Pontos nebulosos, ilhas esboçando-se no universo vazio". Mas é preciso, quando capta detalhes da aparência do indivíduo. Aqui a descrição diz a parte pelo todo. O narrador conhece só de vista "pedaços de pessoas". Não se detém, senão raramente, na análise dos comportamentos, deixando apenas entrever o que seriam como tipos sociais. Bastam-lhe *flashes* de corpos, rostos, gestos, atitudes, que traduz em frases concisas, compostas em estilo vigilante, embora concebidas, no seu todo, em clima de perplexidade.

A percepção dessa exiguidade cognitiva exprime-se em forma de restrição: o conhecimento de "algumas pessoas" é logo reduzido a "fragmentos de pessoas". O que é dado ao leitor ver? Os brincos e a cara morena de Sinhá Leopoldina, o gibão de Amaro vaqueiro, os dentes alvos de José Baía, o talhe grande, a tez vermelha, o jeito risonho e barulhento de Senhorinha. De Osório diz que é taciturno. De Cecília, que é enfezada. De Dona Maria, que pronunciava "garafa". Seu Antônio Justino era quinca, marido de professora. José da Luz, cafuzo e pachola, cantava... Seu André Cursino, gordinho, baixinho, barrigudo, saía à rua vestido em *robe-de-chambre*...

A descrição feita mediante metonímias, traços rápidos e poucos que valem como retratos sem retoques, foi largamente adotada pelo realismo oitocentista. O seu efeito satírico acertou no alvo na prosa de um grande escritor, Eça de Queirós, lido com intensa admiração por Graciliano e sua geração nas primeiras décadas do século XX. O gosto modernista, que começou a difundir-se a partir dos anos 1930, foi, em parte, avesso ao descritivismo pitoresco, que lhe pareceu superficial e redutor. No entanto, convém reconhecer o seu caráter estruturalmente mimético, comum à percepção corrente das pessoas, que só captam, à primeira vista, traços salientes do outro. Na medida em que não há tempo nem condições efetivas para aprofundar o conhecimento dos indivíduos, estes dificilmente se alçarão ao *status* de pessoas com toda a densidade e os aspectos contraditórios da sua vida interior. No cotidiano estamos, por assim dizer, condenados à visão parcial e, no pior dos casos, aos preconceitos gerados pela interpretação fixista ou precipitada das aparências.

Essas considerações têm, de todo modo, alcance limitado. Graciliano distribui com discernimento as marcações de tipo metonímico segundo o grau de intimidade das figuras que emergem da sua memória de adulto. Assim, falando da mãe, do pai, dos avós e da irmã natural, sabe dosar o que é simples notação de traços fisionômicos e o que obedece a um desejo de compreensão humana profunda. Resulta que a aparência, longe de enganar o observador, pode também revelar movimentos constantes da alma.

Violentos e vítimas: aprendendo a ler

O clima de violência e medo difuso na vida familiar respira-se também fora dos muros da casa paterna. No interior das mais poderosas instâncias socializadoras do menino sertanejo, a escola e a igreja, o mesmo abuso do poder vitima alunos e fiéis. As memórias de Graciliano ganham, nesse contexto, uma dimensão cultural ampla que o testemunho do olhar crítico ilumina com sofrida lucidez.

A escola primária reitera e agrava o caminho doloroso de aprendizado da leitura que atormentara o menino no recesso do lar. Não conheço escritor tão senhor dos segredos da linguagem literária que haja padecido tanto para dominar o alfabeto quanto o autor de *Infância*.

O capítulo "Leitura" mereceria transcrição inteira, pois desdobra a narração miúda do suplício diante da folha impressa a que foi submetido o menino. Inerme, debaixo das ameaças do pai, que o feria com um côvado de pau, a vítima se esforçava em vão por soletrar frases ininteligíveis. Uma destas nos faz sorrir, apesar dos pesares:

— Fala pouco e bem: ter-te-ão por alguém.

O menino pergunta à irmã natural:

— Mocinha, quem é Terteão? Mocinha confessou honestamente que não conhecia Terteão. E eu fiquei triste, remoendo a promessa de meu pai, aguardando novas decepções.

São vários os capítulos que tratam de leitura e escrita: "Escola", "D. Maria", "O Barão de Macaúbas", "Um novo professor", "Os astrônomos", "Samuel Smiles", "O Menino da Mata e o seu Cão Piloto", "Jerônimo Barreto".

A presença da gorda e branda professora Dona Maria será o único oásis de benevolência em meio à aridez agressiva dos mestres-escola. Estes combinavam o exercício metódico da palmatória com o primeiro *Livro de leitura* do Barão de Macaúbas, o celebrado Abílio César Borges, que os historiadores de nossa pedagogia apontam como pioneiro em matéria de alfabetização (introduzira a silabação em lugar da soletração...), mas que memorialistas da infância da envergadura de Raul Pompeia e Graciliano Ramos acusam como tirânico e mesquinho... Mais uma vez, convém distinguir memória individual (incluindo as reminiscências de grandes escritores) e discurso histórico, distinção de que Graciliano Ramos sempre foi cioso.

Caberiam, a propósito, duas observações. A memória aqui vem dialetizar a historiografia corrente, pois o testemunho de

Graciliano é abertamente crítico em relação ao ensino de leitura proposto pelo método Abílio. A experiência individual também deveria integrar a história pública, expondo reações contrastantes provocadas pelo mesmo objeto. No caso de juízos de valor, a dimensão subjetiva não pode ser desconsiderada sob pena de cairmos nos grandes clichês.

Mas não só. É preciso relembrar que o maior mérito da ação pedagógica do Barão de Macaúbas foi a sua condenação dos castigos físicos. No entanto, foram precisamente as violências contra os alunos que gravaram o processo de alfabetização evocado em *Infância*. A memória do narrador denuncia o descompasso entre as teorias educacionais com suas boas intenções e a prática efetiva em que se dá a socialização da criança.

Em *Infância*, o Barão de Macaúbas, cujo rosto ornado de vastos bigodes aparecia impresso nas cartilhas, é um espantalho para o menino que não consegue discriminar as letras do alfabeto e confunde canhestramente o *d* com o *t*. O segundo *Livro de leitura* abria-se com um apólogo moral em que o menino vadio perguntava a uma avezinha: "Passarinho, queres tu brincar comigo?", e recebia como resposta conselhos sobre a nobreza do trabalho honrado. O menino achava esquisita a linguagem do diálogo e confusa, se não inverossímil, a sabedoria do passarinho. O culpado era decerto o próprio Barão de Macaúbas, que inventara aquela sensaboria para maçar crianças de sete anos. "Ridículo um indivíduo hirsuto e grave, doutor e barão, pipilar conselhos, zumbir admoestações."

Mas o pior ainda estava por vir. Era o terceiro *Livro*. Logo no introito, de novo, as barbas e a cabeleira farta do ínclito Barão. Em seguida, regras arrevesadas de pontuação atenazavam o pirralho semianalfabeto. Depois, os três inimigos da alma exorcizados pelo velho catecismo atacavam juntos: diabo, carne e mundo. O menino juntou os dois primeiros em uma única imagem terrífica: tratava-se de um diabo carnívoro. Enfim, o clímax inesperado: a leitura dos *Lusíadas* em texto manuscrito:

Sim, senhor: Camões, em medonhos caracteres borrados — e manuscritos. Aos sete anos, no interior do Nordeste, ignorante da minha língua, fui compelido a adivinhar, em língua estranha, as filhas do Mondego, a linda Inês, as armas e os barões assinalados. Um desses barões era provavelmente o de Macaúbas, o dos passarinhos, das moscas, da teia de aranha, da pontuação. Deus me perdoe. Abominei Camões. E ao Barão de Macaúbas associei Vasco da Gama, Afonso de Albuquerque, o gigante Adamastor, barão também, decerto.

E quem seriam os mestres-escola deste menino que tanto sofria cascudos quanto aborrecia os textos dos seus livros de leitura? "Adelaide" e "O novo professor" são capítulos que contam a surpreendente situação de professores mulatos aperreando alunos brancos.

Matricularam-me na escola pública da professora Maria do Ó, mulata fusca, robusta em demasia, uma das criaturas mais vigorosas que já vi. Esse vigor se manifestava em repelões, em berros, aos setenta ou oitenta alunos arrumados por todos os cantos.

A presença de professores pardos regendo aulas em escolas públicas nesse período de pós-abolição não deve causar estranheza. Já vinham dos tempos do Império, desde quando negros e mulatos, filhos de libertos da Lei do Ventre Livre, começaram a ocupar cargos públicos modestos, mas decorosos. No entanto, o que a memória de Graciliano registrou nada tem de edificante ou consolador: Dona Maria do Ó não era só enérgica e raivosa, era cruel. A história triste da menina Adelaide, prima do narrador, ilustra, mais uma vez, o exercício do poder do adulto sobre a criança indefesa. O pai de Adelaide, fazendeiro do Cavalo-Escuro, entregara a filha a D. Maria do Ó. Para agradar a professora, no seu desejo de ver a menina bem tratada, presenteava a escola com melado, formas de açúcar, sacos de grão, farinha, tudo levado em carros de boi que lá chegavam semanalmente. D. Maria do Ó habituou-se com o tempo a receber os dons, envaideceu-se, mas não só se esqueceu de agradecê-los como passou a humilhar a menina, dizendo a terceiros que fazia a caridade de manter a "intrusa" em sua escola. Da humilhação passou aos maus-tratos. Adelaide, indefesa, foi definhando até virar uma sombra do que fora. O narrador confessa que não ousava defendê-la com medo de desagradar a megera. O adulto reconhece a frouxidão moral da criança.

Mas como o menino entendia a violência de Maria do Ó? A mulata vingava-se na aluninha branca e rica de antepassados que teriam escravizado os seus avós... Para o menino Graciliano, o cativeiro, abolido antes do seu nascimento, não fora inclemente, mas "sem relho e sem tronco, aceitável, quase desejável". As molecas continuaram na casa do seu avô. "Estavam bem, sempre tinham estado bem." E adiante: "Não me ocorria que alguém manejara a enxada, suara no cultivo do algodão e da cana: as plantas nasciam espontaneamente". A professora mulata era perversa e suas tias cor de piche, umas ingratas.

Merecem análise a complexidade do episódio e o seu julgamento de duas faces: há o discurso da criança, enquanto testemunha; e há o discurso do narrador, enquanto intérprete de si mesmo. Enlaçam-se a narração da maldade da professora, a humilhação de Adelaide, a revolta do menino abafada pela covardia, a atribuição de vingança racial e social com que ele explica o comportamento da mulata e, por fim, a recapitulação que o narrador faz de seus pensamentos de menino sobre a escravidão.

A consciência lúcida do adulto aponta o mal onde o encontra: o mal individual da professora agressiva e o mal social da escravidão. Mas a atitude de vingança de Maria do Ó, desforrando-se em uma inocente da infelicidade provavelmente sofrida por seus antepassados, é interpretação elaborada pelo menino para quem a escravidão teria sido benigna. Se não refletirmos sobre a distância entre os discursos da infância e da maturidade do narrador, cairemos na armadilha ideologizante que acusa preconceito no adulto onde há apenas notação realista dos pensamentos de uma criança nascida em um contexto que havia pouco saíra de uma sociedade escravista.

De resto, quem poderia afirmar que o pobre, o cabra negro, mulato, cafuzo ou mesmo branco, teria melhorado de sorte naquelas primícias de uma república que já nascera velha? Basta ao leitor abrir essas recordações nos capítulos "Fernando" e "Venta-Romba" para arrepiar-se com a brutalidade do cotidiano naquelas vilas apertadas entre o Agreste e a mata, onde imperava o regime do coronelismo. Barbárie pura e dura. Aqui a memória individual terá muito o que dizer à nossa história social.

Os mortos: realidade e pesadelo

Há capítulos de *Infância* que fazem pensar na relatividade dos nomes que batizam os estilos da história literária. Assim, "Incêndio" e "Um enterro" poderiam ser qualificados de textos expressionistas. Historicamente nada teriam a ver com as obras daquelas vanguardas artísticas que na Europa de entreguerras criaram um estilo centrado na deformação agônica da figura humana. Era uma arte de protesto e dor que fundia a aguda percepção da desordem social com a dramática expressão do sujeito que a sofria. Sem nenhuma filiação cultural com os expressionistas Graciliano Ramos trabalhou o seu testemunho de situações verídicas em um clima de pesadelo. Mais de uma frase dessas passagens é projeção de uma alma ferida pela experiência hostil de pessoas e coisas. Se há realismo, este nasce de uma percepção febril, obsessiva, quase sempre ameaçadora, própria dos sonhos de um vivente tomado por pulsões de morte.

Em "Incêndio" a narração começa tranquila, denotativa. O menino fora convidado a visitar os restos de um incêndio que devorara uma das cabanas do sítio. Mas essa abertura é logo truncada pela reação de medo que, de chofre, penetra a cena inteira. O fogo que ele conhecia de perto era apenas uma força doméstica que se alteava um pouco nas fogueiras de São João.

Mas agora exercera um poder estranho destruindo o casebre de uma família arranchada além do acero do sítio. Enquanto duas pretinhas faziam comida para os cabras que trabalhavam na roça, uma faísca saíra do fogão de lenha e pegara fogo na parede de palha da cozinha. A irmã mais nova conseguira fugir a tempo, enquanto a outra tentava salvar os trastes. Na camarinha havia uma litografia de Nossa Senhora que começava a arder. "As paredes sumiam-se, o teto se desmoronava, a porta única era uma goela vermelha, donde saíam línguas temerosas. Apesar disso, mergulhara na fornalha, em busca da imagem benta. De volta, achara a passagem obstruída e morrera."

A imagem da goela vermelha, que transforma a porta em garganta inchada, é um primeiro indício. A morte da pretinha começa a afetar os sentidos do menino assombrado com o sinistro. Mas, embora aterrado, a sua curiosidade o arrasta para a visão do cadáver reduzido a um tronco sem membros, carbonizado. A partir desse momento, tudo é horror. Não havia ali um ser humano, mas um rolo de fumo "pelando-se, esfarelando no solo". Experimentava um misto de asco e sentimento de culpa, pois cedera ao desejo de ver o que restara da menina morta queimada.

Nada o distraía daquela cena. A paisagem do sítio, "as sombras das árvores, as flores de malungu e as aves não me deram sossego". O pesadelo o assediava em plena luz do dia. A realidade é submetida à angústia que o espreita em noite de insônia sem trégua:

> À noite o sono fugiu, não houve meio de agarrá-lo. A negra estava ali perto da minha cama, na mesa da sala de jantar, sem braços, sem pernas, e tinha dois palmos, três palmos de menino. De repente se desenvolvia em excesso, monstruosa. Sob a testa imensa rasgavam-se precipícios imensos. O nariz era um açude imenso, de pus. E os dentes se alargavam, numa gargalhada imensa. Em noites comuns, para escapar aos habitantes da treva, eu envolvia a cabeça. Isto me resguardava: nenhum fantasma viria perseguir-se debaixo do lençol. Agora

não conseguia preservar-me. O tição apagado avizinhava-se, puxava a coberta, ligava-se ao meu corpo, sujava-me com a salmoura que vertia das gretas profundas.

Realista febril e, no limite, expressionista, a linguagem retoma imagens entrevistas na vigília e, ao mesmo tempo, as deforma e as atrai para espaços imaginários em clima de perseguição: imagens que lembram aqueles fantasmas entre familiares e estranhos que habitam nossos pesadelos. O cadáver mutilado de repente cresce, agiganta-se e move-se na direção do menino. Na escrita castigada desse narrador avesso a repetições comparece, no entanto, quatro vezes o mesmo adjetivo, filho do espanto e do pavor: imensa é a testa sob a qual se rasgavam precipícios imensos; imenso o açude de pus que vertia do nariz da morta, imensa a gargalhada que deixava à mostra os dentes alargados. Sob o signo do monstruoso, a narração se encaminha veloz para o delírio persecutório.

O episódio do enterro de uma criança, enterro de anjo na voz do povo, desvenda sonhos igualmente tormentosos. Como na passagem do incêndio, tudo começa em andamento tranquilo. A manhã é de sol, o caixão azul é carregado por quatro mocinhos rodeados de um bando que ri enquanto se espalha e brinca entre as ruelas e os montículos de terra do campo-santo. O menino ainda gravou na memória a figura do coveiro, o velho Simeão, que vivia à sombra dos túmulos onde esperava, um dia, adormecer para sempre junto aos mortos, seus companheiros de moradia.

Mas à proporção que se afastava da cova, em vez do medo dos espectros que o perseguiam nos pesadelos com cemitérios, o menino sentiu náusea.

Nojo das pedras, dos tijolos, dos garranchos, certamente impregnados de óleo. Receava tocar em objetos sujos de gordura fúnebre, indelével. Farrapos sem cor, folhas secas, pétalas murchas, fragmentos vagos, juntos com lixo, nauseavam-me. [...] Arredei-me para um canto onde um muro se abria. Era um ossuário. Vi esqueletos em desordem, arcarias de costelas emaranhando-se umas às outras, rosários de vértebras.

A narração prossegue, febricitante, minuciosa, obsessiva, até o momento em que as crianças foram buscar o colega que sumira no meio dos jazigos. Em casa, tudo o enfastiava, repelia a comida e, "mergulhado em uma sombra espessa", deixaram-no sozinho com seus pensamentos de morte. Agora, em lugar do tronco da pretinha queimada, era ele próprio, em carne e osso, que se via decomposto, com as órbitas vazias com que o tinham espreitado os esqueletos do ossuário.

O capítulo se fecha com um raro momento de metanarrativa. O leitor defronta-se, de repente, com uma reflexão sobre a própria realidade do episódio narrado. Como em outras passagens, uma sombra de dúvida cobre o depoimento, mas não o suprime:

> Estas letras me pareceriam naquele tempo confusas e pedantes. Mas o artifício da composição não exclui a substância do fato. Esforcei-me por destrinçar as coisas inomináveis existentes no meu espírito infantil, numa balbúrdia. É por terem sido inomináveis que agora se apresentam duvidosas.

A escrita dá finalmente nome e forma às impressões e sentimentos de um tempo remoto, tempos de *infância*, no sentido latino da palavra: anos da vida em que ainda não se fala. À literatura com seus "artifícios de composição" caberia dizer o que não tivera ainda sequer um nome.

A SAÍDA DO TÚNEL: A PALAVRA ESCRITA

Revendo as primeiras experiências de leitura do narrador, não se percebe mais que o sofrimento do menino diante de uma cartilha cujas frases lhe parecem despidas de sentido, mal aprendidas em um ambiente de injúrias e agressões físicas. Uma espessa escuridão torna-se palpável nas longas semanas de treva que se arrastam em "Cegueira". O rosto envolto em pano escuro, os objetos "empastados e brumosos. Qualquer luz me deslumbrava, feria-me como pontas de agulha". Lembrando essas horas de sombra, o narrador revela algo inesperado: "Na escuridão percebi o valor enorme das palavras".

As cantigas da mãe, embora desafinadas, anestesiavam as suas dores. Nelas, as letras opacas das cartilhas adquiriam sentido inusitado:

> A letra A quer dizer — amada minha,
> A letra B quer dizer — bela adorada,
> A letra C quer dizer — casta mulher,
> A letra D quer dizer — donzela amada,
> A letra F quer dizer — formosa dama.

O menino reparava que a mãe dizia *fê* e não *efe*...

Havia uma segunda composição que se referia a episódios de chegança e a brigas de mouros e cristãos:

> Mestre piloto,
> Onde está o seu juízo?
> Por causa de sua cachaça
> Todos nós estamos perdidos.

Depois, vinham marinheiros que esgoelavam:

> O capitão cheira a cravo,
> O mar-e-guerra, a canela;
> O pobre do cozinheiro
> Fede a tisna de panela.

Mas eram "migalhas de sons, farrapos de imagens, dolorosas".

Parece ter sido esse o primeiro contacto com a poesia. Quando finalmente pode despedir-se do Barão de Macaúbas, ficamos sabendo que o menino adquiriu uma seleta clássica. Qual seria? Mas confessa lisamente: "Aos nove anos, eu era quase analfabeto". Em seguida, uma denúncia: "Não há prisão pior que uma escola primária do interior". Tentou, em vão, entender um romance que o pai o obrigou a ler: "Um casal com filhos andava numa floresta, em noite de inverno, perseguido por lobos e cachorros selvagens. Depois de muito correr, essas criaturas chegavam à cabana de um lenhador".

O entendimento da história parava por aí. "E uma luzinha quase imperceptível surgia longe, apagava-se, ressurgia, vacilante, nas trevas do meu espírito". O lobo e o lenhador povoariam os sonhos do nosso bisonho leitor que se sentia inclinado por histórias de crianças abandonadas. Mas não o deixaram ler *O menino da mata e o seu cão Piloto*, por se tratar de livro de autor protestante... Foi um baque: "Chorei, o folheto caído, inútil. O menino da mata e o cão Piloto morriam. E nada para substituí-los. Imenso desgosto, solidão imensa. Infeliz o menino da mata, eu infeliz, infelizes todos os meninos perseguidos, sujeitos aos cocorotes, aos bichos que ladram à noite". A perda do objeto imaginário leva à perda da felicidade do sujeito. Era necessário que ele conhecesse o destino da criança perdida na mata e salva pelo cão Piloto para recuperar a esperança de salvar-se de um cotidiano molesto.

Só a ficção poderia libertá-lo:

> Enxergara a libertação adivinhando a prosa difícil do romance. O pensamento se enganchava trôpego no enredo, as personagens se moviam lentas e vagas, pouco a pouco se destacavam, não se distinguiam dos seres reais. E faziam-me esquecer o código medonho que me atazanava. De repente as interdições alcançavam o mundo misterioso onde me havia escondido. Impossível mexer-me, papagaio triste e mudo, na gaiola. Quando principiava a imaginar espaço estirados, a lei vedava-me o sonho.

O túnel ainda não mostrava a saída, mas no coração da treva pulsava o desejo de descobrir na palavra escrita o avesso do dia a dia opressivo. Era já o pressentimento de que a ficção seria o caminho possível da catarse e não apenas a reduplicação intolerável do real.

À medida que as memórias vão chegando ao termo, o leitor se depara com o precoce adolescente de dez anos de idade, cuja maior dificuldade era comprar livros. Na última página da história do lenhador havia um pequeno catálogo das obras publicadas pela editora. O preço era módico: cinco ou seis tostões por volume. Como fugir dos manuais insípidos e mergulhar naquele mundo de "aventuras, justiça, amor, vingança"? Ler à socapa não seria impossível, pois habituara-se a esconder romances debaixo do paletó e a refugiar-se em alguma sala deserta.

Havia, é verdade, o tabelião, Jerônimo Barreto, que possuía livros encadernados e, vez por outra, soltava em conversa os nomes misteriosos de Marat e Robespierre. Pois foi esse modesto escrivão provinciano que, a pedido do menino, abriu a estante e entregou-lhe sorrindo O *Guarani*. Mas o nosso leitor já tinha em germe o crítico áspero que viria ser o escritor Graciliano Ramos. O retrato de Alencar, barbado, lembrou-lhe o Barão de Macaúbas. E achou fofa a prosa de ambos. Leu apenas as passagens do incêndio e da cheia, "dois elementos de resistência da literatura nacional" e devolveu o volume ao dono. Mas vieram outros autores: Joaquim Manuel de Macedo combinado com Júlio Verne e o Ponson du Terrail do Rocambole, fonte única dos seus conhecimentos de história e geografia. Essa nova intimidade com mundos imaginários não deixava de surtir efeitos estranhos: "A existência comum se distanciava; conhecidos e transeuntes ganhavam caracteres de personagens do folhetim".

Um agente do correio chamado Mário Venâncio chegou a Viçosa com fama de poeta. Como professor do Internato Alagoano, animou os estudantes a fundar um jornalzinho a que deu o nome *Dilúculo*. "O desgraçado título foi escolha do nosso mentor, fecundo em palavras raras." O primeiro número circulou em 24 de junho de 1904. As preferências do editor dão o retrato do gosto literário difuso no começo do século: Naturalismo e *belle époque* misturavam-se nas letras provincianas do Brasil inteiro. Aluísio Azevedo e Coelho Neto, apesar de suas evidentes diferenças, eram tidos por modelos da nova ficção que timbrava, acima de tudo, em parecer antirromântica. O rapazinho detestava os ouropéis e arrebiques do último, e pudicamente corava com certas cruezas do *Cortiço*. Em compensação já lia novelas russas. Zola comparecia com as "torpezas dos Rougon Macquart", diria severamente, mas contrabalançava o juízo moralista elogiando *O sonho* como obra-prima do mestre naturalista. Que atalhos subterrâneos estaria percorrendo o gosto do futuro escritor de uma prosa nua, viril, casta, numa palavra, clássica?

De certo, nada que tivesse a ver com as vanguardas europeias do tempo, nem, anos depois, com as aventuras modernistas da Semana paulista. Naquele tempo, ele aguçava o seu dom de observar a face e os gestos dos viventes das Alagoas aos quais lançava um olhar misto de rejeição e alguma piedade.

Nas páginas finais vemos despertar a puberdade com suas angústias e pudores, o coração em desassossego, as olheiras fundas, os pensamentos turvos, inconfessáveis. Primeiro, um amor platônico. A menina, Laura, objeto de sublimação, era um puro espírito. Depois, tomou corpo e vieram os desejos solitários, dos quais saía enojado. Nessa ocasião, um caixeiro da loja do pai aconselhou-o a tentar uma iniciação sexual. Foi um triste malogro que acabou em náusea e soluços.

Entrevado por força de uma artrite aguda, voltou às novelas russas. Essa é a última imagem que guardo das memórias de infância de Graciliano Ramos.

Lygia Fagundes Telles em sua residência em São Paulo, década de 1970. Arquivo Lúcia Telles.

A decomposição do cotidiano em contos de Lygia Fagundes Telles

Dizer que esses contos de Lygia Fagundes Telles[1] nos dão a anatomia do cotidiano é dizer pouco. As palavras, os gestos e o silêncio ameaçador que tantas vezes os rodeiam não só desenham partes e junturas da desolação de cada dia: vão além, decompõem os mecanismos implacáveis que não cessam de operar dentro do sujeito e da sociedade que nele se introjetou. É um realismo cru, cruel, cruento.

Sempre me impressionou o terrível senso de pura imanência que atravessa os contos de Lygia Fagundes Telles. Não há saídas nem para o círculo do sujeito fechado em si mesmo nem para o inferno das relações entre os indivíduos. Tudo está submetido à lei da gravidade. Tudo tem peso, já caiu ou está prestes a cair. Natureza, História, Deus... cifras de alguma forma de transcendência habitam fora e longe do cotidiano dessas personagens sem horizontes para os quais possam dirigir o olhar: um olhar ferozmente centrado nos limites da própria impotência.

A tentação imediata que ronda o crítico que pretende, como dizem vertentes pós-modernas, *desconstruir* a narrativa de Lygia é fazer, em primeiro lugar, uma leitura psicanalítica. Rejeição uterina, identificação com o pai mal-amado, perversão assumida, ódio entre mãe e filha, solidão desesperada de ambas, vingança: eis a fenomenologia que salta à vista da leitura de "A medalha".

---

[1] *A estrutura da bolha de sabão*, São Paulo, Companhia das Letras, 2010 (a primeira edição foi publicada em 1978 com o título *Filhos pródigos*).

A leitura sociológica não deixará de colher algum traço da sociedade tradicional paulista em declínio, flagrada, por exemplo, nas alusões aos preconceitos raciais da mãe, ambiguamente partilhados pela filha.

Tudo depende da intencionalidade do olhar do leitor. Pode-se ficar na descrição interna das motivações de cada personagem. Pode-se prestar mais atenção a certas marcas da sociedade local. Pode-se imergir no pensamento da condição humana. Estímulos para qualquer dessas reações interpretativas não faltam quando nos defrontamos com uma escrita aparentemente linear, mas na verdade complexa e densa como a desses contos de *A estrutura da bolha de sabão*.

Como entender, por exemplo, em "A testemunha", o significado do crime de Miguel planejando, talvez em um átimo que o leitor ignora, a morte por afogamento do amigo Rolf, conhecedor único mas evasivo de seus acessos de loucura? Um ato gratuito como o concebeu Albert Camus nas páginas inesquecíveis de *O estrangeiro*? Mas acaso e gratuidade são categorias da filosofia da existência que permeou a literatura entre os anos 1930 e 1950. A rota traçada pelas ciências humanas, particularmente pela psicologia e pela sociologia, não dispensa a busca de determinações, logo, de motivos, evitando assepticamente as ideias mesmas de gratuidade e acaso. O crime de Miguel associa-se, desse modo, a seu passado recente e ao súbito desejo de eliminar a única testemunha de seu ato de loucura. Mas esse passado vive para nós na sombra do não dito; é lacunoso, para dizer o mínimo: a narradora nos dá a imagem de uma situação, cujo sentido estaria no desejo frustrado de Miguel de conhecer a si mesmo, segredo que o *outro* detém e não quer comunicá-lo, mas que poderá, um dia, entregar a outrem. Dessa frustração e desse medo nasce o crime. Até mesmo a transcendência do diálogo é negada junto a todas as suas outras formas. O inesperado do desfecho passa a ser regido pela mesma lógica da imanência da mônada sem janelas do indivíduo moderno. Círculo, de novo, sem brechas. "As águas se abriram e se fecharam sobre o grito afogado, se engasgando."

"O espartilho", quase novela pela extensão do texto, reabre um dos veios fecundos da obra da narradora: a evocação da infância em um registro em que se combinam o próximo e o distante. Daí resulta a ácida memória de um tempo de engano. A imagem presente no título abeira-se da alegoria. O espartilho usado pela avó-rainha (lugar e voz da memória familiar) arrocha todas as figuras fixadas no velho álbum de retratos que as traças já se puseram a roer. A menina, que os via encantada, desperta de repente da ilusão de ordem perfeita e virtudes excelsas criada pela avó e desce ao inferno da verdade que lhe revela Margarida, a agregada mestiça.

A narrativa é longa porque o processo de desmascaramento, embora tenha irrompido em alguns minutos, vai atingindo aos poucos cada um daqueles seres, pecadores ou vítimas de aparência impoluta, estátuas de si mesmas a posar para a posteridade como acontecia nas fotografias de outrora. Tudo o que o espartilho recalcara com seu poder de compressão e repressão tem que ser liberado, posto às claras e dolorosamente interiorizado pela menina crescida na estufa da mentira. A certa altura, a verdade transpõe os muros do casarão paulista dos Rodrigues: a revelação de que a mãe era judia se faz nos anos de ascensão de Hitler, cujo antissemistismo é abertamente partilhado pela avó. Ao preto já tão desprezado somava-se agora a aversão ao judeu potenciada pelo nazismo triunfante. O conto transborda da crônica familiar e toca, ainda que só de raspão, o limiar da História. Estamos no momento de entrada do Brasil na guerra e as notícias de alarma invadem os chás de caridade promovidos pela velha senhora. De um lado, os preconceitos renitentes afloram na simpatia pelo *Führer*. De outro, o peso da revelação acabrunha Ana Luísa, mas, ao mesmo tempo, a impele para assumir corajosamente a marca da diferença. "E eu teria que sair imediatamente da sala mostrando a todos que assumira o Ferensen da minha mãe [*reduzido na lápide a um simples F.* — A. B.], sairia pisando duro e batendo a porta atrás de mim, me orgulho de ser judia!" O que vem depois regride ao subsolo da vida privada: a perda da virgindade, a solerte cumplicidade da avó financiando a deserção do primeiro amante, a amargura que se seguiu à primeira tentativa de liberação, será tudo um declive rápido que antecede a hora da solidão final. A avó, mesmo sufocada pela dor no peito, não deixou que lhe tirassem o espartilho. O que seria do resto de sua vida sem a rigidez daquelas barbatanas protetoras? O diálogo entre as duas mulheres continuaria a girar em falso.

"A fuga", posto no meio do livro realista, pode parecer uma brilhante exceção. Rafael, o mocinho vexado que foge do estigma da enfermidade, acabará reconhecendo, no último momento, o próprio corpo velado em caixão no meio da sala de sua casa. Surrealismo? Talvez, mas inteiramente pré-formado e curtido por uma notação miúda, sofridamente miúda, do cotidiano do protagonista. Rafael, preso em sua concha placentária pelos pais, perdido de amores pela bela e desfrutável Bruna, quer *viver*, como ele enfaticamente brada para si mesmo nas suas truncadas sortidas da casa paterna. Mas esse desejo de liberdade é contrastado pela própria situação de doente incurável e pelo medo de parecer fragilizado ao olhar do outro que pode desprezá-lo mesmo quando afeta protegê-lo. Eu diria que Lygia, aqui tomada de piedade por sua criatura, não quis arrastar pateticamente seu calvário neste mundo e deu-lhe, o mais rapidamente que pôde, um fim suprarreal, que, afinal, o salvaria de novas humilhações: "Inesperadamente, como se o puxassem pelos cabelos, ele debruçou-se sobre o caixão e se encontrou lá dentro". Um fecho inusitado em que se misturam compaixão e amarga lucidez.

Compaixão e amarga lucidez também permeiam as páginas de "A confissão de Leontina". São páginas atípicas em termos de foco narrativo. Quem conta sua história não é mais uma menina de família rica sufocada pelos preconceitos de seu meio e sedenta de desrecalcar-se a qualquer preço. Nem o rapazinho superprotegido igualmente ansioso por evadir-se do círculo familiar. Na autobiografia de Leontina, a escritora se afasta do mundo grã-fino paulista em decadência, que, visto pelo avesso ou de baixo para cima, é o cenário comum a tantas de suas histórias.

Leontina já fora chamada, pela crônica policial do *bas-fond*, de ladrona e assassina e, o que mais a revoltou, de messalina da boca de lixo. A sua confissão feita no cárcere é um roteiro pungente da marginalidade urbana, no caso ainda mais degradada por ser mulher e prostituta a narradora da própria vida. Leontina é migrante. Veio de Olhos d'Água, órfã de pai e mãe, em busca, como tantas outras, de um lugar ao sol na cidade grande. A rememoração de sua vida na roça no tempo em que a mãe lavava roupa para a gente da vila traça um quadro vivo da extrema pobreza rural, mas, comparando com a abjeção de São Paulo, "nossa casa vivia caindo aos pedaços mas bem que era quentinha e alegre". Não devo resumir em ralas paráfrases o que Leontina nos vai contando. É preciso que o leitor se detenha em cada passagem e, se puder, contenha as lágrimas, coisa que nem sempre pude fazer. Lygia Fagundes Telles lavrou o tento difícil de inventar-transcrever a fala de uma migrante semianalfabeta postando-se rente à sua linguagem sem cair no risco fácil da caricatura e do estereótipo. Que Leontina misture expressões espontâneas com lugares-comuns populares ou extraídos da cultura de massa não deve causar estranheza: é o que acontece quando se tenta fazer história oral a partir de depoimentos de homens e mulheres iletrados. O que vale é aquele mínimo de coerência moral, que se vai constituindo ao longo do relato dando-lhe notável dose de verossimilhança.

"A confissão de Leontina" é a contraparte narrativa, aliás precoce, do intenso trabalho de colheita e análise de histórias de vida obtidas em meios pobres, e que já conta uma bela tradição em nossos estudos de psicologia social. Em sintonia com a nova historiografia e a nova antropologia voltada para os vencidos, excluídos e deserdados (embora sem nenhum vínculo com essas tendências acadêmicas), essa ficção de Lygia Fagundes Telles traz a voz do povo ao âmbito da obra literária. Assim a vinham fertilizando, cada um à sua maneira, outros grandes narradores urbanos, como Dalton Trevisan e João Antônio. A boa literatura, ao aprofundar situações e experiências individuais, precede muitas vezes o discurso conceitual, que, por sua vez, se enriquece voltando às fontes vivas da narrativa realista. O quadro geral então se ilumina e confere uma dimensão existencial ao que se detivera no plano cognitivo.

Quando li pela primeira vez "A estrutura da bolha de sabão", que dá o nome a essa seleção de contos, o estruturalismo estava em plena voga, especialmente no campo da análise literária. Era um esforço para detectar e recortar elementos invariantes em um todo coeso, fortemente travado. Lévi-Strauss, o notável antropólogo, juntamente com o não menos notável linguista Roman Jakobson, dera *status* teórico a essa vertente que alcançou o zênite entre as décadas de 1960 e 1970. *Estrutura* era então palavra-chave no discurso universitário, termo sem o qual parecia que nenhum texto poderia aspirar ao galardão de científico. As modas prestigiadas conferem a certas palavras uma aura que atrai e ofusca a mente dos intelectuais, em geral repetidores e fetichistas do mercado cultural. Mas o que faz o conto de Lygia? Vai direto à obsessão da personagem: "Era o que ele estudava. 'A estrutura, quer dizer, a estrutura', ele repetia e abria a mão branquíssima ao esboçar o gesto redondo". No caso, a estrutura não se aplica a algum objeto sólido, feito de partes mecanicamente encaixáveis, com arquitraves e pilares sintagmáticos inabaláveis. Era apenas a estrutura da bolha de sabão. A ideia parecia esdrúxula à narradora, ex-namorada, que, imergindo na memória da infância, só conseguia ver bolhas de ar irisadas, nem sólidas, nem sequer líquidas, película e oco, que o sopro nos canudinhos de mamona produzia e num átimo viravam espuma e sumiam no ar. Quando muito, deixavam uma sensação de úmido na pele da menina. "Mas e a estrutura? 'A estrutura', ele insistia."

O moço era um físico que estudava a estrutura das bolhas de sabão. A história que daí se segue começa desenhando um triângulo amoroso perigosamente infeliz: a narradora, o cientista e sua nova namorada mordida de ciúmes já no primeiro encontro. Um ciúme vitrioloso e letal, que pingava gota a gota. De todos os contos de Lygia (e mesmo pensando em "A fuga"), este é o que resvala mais celeremente para o desfecho sem retorno. O nosso estudioso das estruturas cai doente, gravemente doente, e a narradora vai visitá-lo na casa em que vivia com a amante ciumenta. Que a recebe com afetada amabilidade e, pouco depois, a deixa a sós com o enfermo, a quem ministra solicitamente uma pílula de cor lilás. "Saiu e fechou a porta. Fechou-nos. Então descobri o que estava faltando, ô! Deus. Agora eu sabia que ele ia morrer."

Uma vida breve que se esvaiu como bolha de sabão. Ele era delicadíssimo, atento e desligado. Mas acreditava na existência real, física, das estruturas onde quer que pousasse o seu olhar de cientista. Desta vez não é a ciência que desmonta as ilusões da ficção e despreza os caprichos da fantasia poética; é o contrário que acontece: a narrativa, lidando com a precariedade da existência, decompõe as pretensões da teoria que constrói estruturas tão sólidas quanto podem ser as bolhas feitas com o sopro de uma criança.

Poesia e pensamento

PRINCIPJ
DI UNA SCIENZA NUOVA
INTORNO
ALLA NATURA DELLE NAZIONI
PER LA QUALE
si ritruovano
I PRINCIPJ
DI ALTRO SISTEMA
DEL DIRITTO NATURALE
DELLE GENTI
ALL' EMINENTISS. PRINCIPE
LORENZO
CORSINI
AMPLISSIMO CARDINALE
DEDICATI.

IN Nap. Per Felice Mosca. cIɔ. Iɔcc. xxv.
Con Licenza de' Superiori.

Primeira edição da *Ciência Nova* de Giambattista Vico, publicada em Nápoles, em 1725.

O lugar da retórica na obra de Vico

Se, para a história da Estética na Alemanha, a obra de Herder é o divisor de águas entre iluminismo e historicismo protorromântico, no caso da cultura italiana é Giambattista Vico que exerce esse papel.

Herder pôde influir diretamente na formação do historicismo alemão e na Estética idealista hegeliana e pós-hegeliana, com todos os desdobramentos que essa presença comportou na cultura europeia do século XIX. Vico, ao contrário, isolado no seu círculo napolitano do começo do século XVIII, murado por uma cultura filosófica basicamente cartesiana ou residualmente escolástica, não foi conhecido pela Europa culta sua contemporânea. E teve de esperar a tradução que da *Ciência Nova* fez Michelet em 1825, cujo efeito naquela altura não terá ido além de uma concepção da História geral, impropriamente chamada Filosofia da História, sem incidir diretamente nas teorias sobre poesia e retórica dos românticos.[1]

---

[1] Marx menciona Vico pela primeira vez em uma carta a Lassalle datada de 28 de abril de 1862. Aconselhando o destinatário a ler a *Ciência Nova* a propósito de um livro que Lassalle escrevera sobre a jurisprudência dos direitos adquiridos, Marx recomenda-lhe a versão francesa, *La Science Nouvelle de Vico*, feita pela princesa de Belgioioso e editada em Paris em 1844. E adverte: "Serviria muito pouco trabalhar com o original da obra, pois está escrita não só em italiano, mas também em um peculiar dialeto napolitano" [*sic*!]. *Apud* Arshi Pipa, "La relación de Marx con Vico: un enfoque filológico", em Giorgio Tagliacozzo (org.), *Vico y Marx*, México, Fondo de Cultura Económica, 1990, p. 267. Marx admirava em Vico a ideia de que os homens conhecem a História

Esse isolamento não tolhe que reconheçamos hoje em sua obra (sobretudo graças à leitura que dele fizeram Croce e Windelband no começo do século XX) a primeira e vigorosa *visão histórica* do trabalho poético, isto é, do fazer-se da poesia (não diria, ontologicamente, da essência da poesia). Igualmente é na *Ciência Nova* que se formulou a primeira e vigorosa visão histórica da retórica como teoria da eloquência construída sempre *post festum*, e não como esquema prévio e normativo da expressão poética. Lembro que a crise da poética prescritiva só viria com o triunfo das estéticas filosóficas (Kant, Schiller, Hegel), quase um século depois de publicada a primeira edição da *Ciência Nova*.

O conhecimento da Natureza e a Lógica poética

Pode-se começar lembrando o postulado epistemológico proposto por Vico: *verum et factum convertuntur*.[2] O fato (*factum*, o que foi feito) significa, para Vico, o *certo*, que em italiano se diz também *accertato*, no sentido de algo que *foi efetivamente "verificado"*. Atente-se para o uso deste composto de *vero* na tradução para o português de *accertato*. Em outras palavras, *o fato historicamente verificado se converte, em nossa mente, no verdadeiro*. O ponto de partida epistemológico de Vico é realista.[3]

---

porque a fazem. Essa relação entre práxis e conhecimento efetivo será, desde *A ideologia alemã*, uma das teses constantes da doutrina marxista.

[2] A primeira formulação do postulado *verum et factum convertuntur* está na abertura do *De antiquissima italorum sapientia ex linguae latinae originibus eruenda* [*Sobre a sabedoria antiquíssima dos itálicos desentranhada das origens da língua latina*], que é de 1710.

[3] Não creio necessário encarecer, nesta altura, o desígnio de Vico de ser o Bacon das ciências humanas; é evidente a presença de um veio empirista e indutivo na sua obra, no entanto contrabalançada por outro veio, francamente platônico. Quanto à polêmica anticartesiana, é notória a sua restrição ao alcance epistemológico do *cogito*. Para Vico, a proposição "je pense, donc je suis"

Esse postulado, se aceito, traz consequências no plano cognitivo, pois permite que se diferencie o conhecimento da História (e de todos os feitos humanos, inclusive a poesia), a qual é feita pelos homens, do conhecimento da Natureza, que, pela sua precedência em relação ao gênero humano, deve ser atribuída à vontade de um Ser onipotente, para o qual fazer e conhecer são operações idênticas. Ao homem é dado conhecer verdadeiramente só a História, pois foi ele quem a fez.

O verdadeiro, em História como em poesia, está ao alcance do homem. Mas está também sujeito ao tempo e à capacidade que as gerações tiveram de registrar e transmitir a sua experiência. Munido dessa convicção, Vico vai ao encalço do conhecimento das origens. A filologia, de que dispunha em virtude de seus estudos latinos e medievais, seria não mais a acumulação erudita de dados, mas o saber do *certo*, matéria-prima do *verdadeiro*, que é o alvo supremo da filosofia. Adaptando uma distinção kantiana, poderíamos dizer que, para Vico, a filologia sem a filosofia é cega, ao passo que a filosofia sem a filologia é vazia. O conhecimento nasce quando a ideia de uma se converte na matéria da outra e vice-versa: *verum et factum convertuntur*.

Haveria, na formação da Humanidade, primeiro como *homo faber* e logo depois, ou simultaneamente, como *homo loquens*, um longuíssimo período, que hoje se poderia identificar como pré-histórico, anterior à invenção da escrita. O homem desse período era um ser de necessidades. Ele precisou descodificar os sinais da Natureza enquanto indispensáveis para a sua sobrevivência. E teve de fabricar com elementos do seu ambiente instrumentos para caçar, pescar e construir seus abrigos.

---

não dá certeza ou ciência do real, apenas consciência de que existe um *eu que pensa*, consciência que nada nos diz nem sobre a Natureza nem sobre a história dos homens. Em outras palavras, *como o eu autoconsciente não criou nem o seu corpo nem a sua própria mente, o princípio alegado não transita do estatuto de consciência para o de conhecimento*. Novamente, só conhecemos o que fazemos.

Houve um momento em que foi necessário *nomear* tanto os frutos da Natureza como os objetos fabricados. Às vezes, era preciso também indicá-los *in absentia* a outros homens. A linguagem — oral ou inscrita — supria a ausência das coisas. Com o tempo, os objetos da Natureza e da mão humana foram-se multiplicando à medida que se davam novas carências e novas experiências. Ocorria um descompasso entre o número crescente de objetos e situações e o número inicialmente exíguo de nomes. Daí, a necessidade de inventar outros nomes, ou, na falta destes, transferir palavras já criadas para a designação de coisas e situações novas.

Como se deu essa transferência?

A transposição se fez por analogia ou em vista da continuidade entre os objetos. Este é o momento-chave para entender a teoria da linguagem em geral e da linguagem poética em particular na obra de Vico.

A primeira nomeação perdeu-se na noite dos tempos sendo obscura para nós, pósteros. Teria havido uma "era dos deuses", em que a linguagem era toda gestos e atos mudos. Aos movimentos expressivos do corpo sobrevieram em horas de desafogo, sempre que era demasiada a alegria ou a tristeza, os primeiros cantos, antes exclamações ou lamentos do que palavras explicadas. Foi só nos tempos "heroicos" ou "poéticos" que teria começado o trabalho de designação do mundo. Por que os primitivos itálicos chamaram *pes* ao pé? Vico parece aceitar, mas não desenvolve, conjecturas onomatopaicas, que viriam a ser correntes na Linguística do século XIX. Prefere, de todo modo, inclinar-se para a solução do *Crátilo* platônico supondo que alguma forma de motivação ou de necessidade natural teria expresso o liame entre coisa e nome. E parece-lhe fundamental especular por que: "ri o céu, ri o mar; o vento assobia; murmura a onda; geme o corpo [inanimado] sob um grande peso; e os camponeses do Lácio diziam *sitire agros, laborare fructus, luxuriare segetes*; e os camponeses italianos dizem *andar in amore le piante, andare in pazzia le vite, lagrimare gli orni*", e outras metáforas que se podem recolher, inumeráveis, em todas as línguas. O que tudo segue aquele axioma: que "o homem ignorante [rústico] faz de si regra do universo", assim como nos exemplos alegados "ele faz de si um mundo inteiro".

Tal modo de significar foi dito, mais tarde, "figurado", em oposição a um hipotético falar "próprio", mas, na história do *homo loquens*, a figura precedeu ao falar por gêneros e espécies; logo, a figura é antes própria, porque necessária, do que imprópria.

Continuemos a ler diretamente Vico:

> Por força dessa mesma lógica (poética), parto de tal metafísica (poética), tiveram os primeiros poetas que dar nomes às coisas a partir das ideias mais particulares e sensíveis; o que vêm a ser as duas fontes, esta da metonímia, aquela da sinédoque. Assim, a metonímia do autor pela obra nasceu porque os autores eram mais nomeados do que as obras; a dos conteúdos pelas suas formas e adjuntos nasceu porque não sabiam abstrair as formas e as qualidades dos objetos; certamente, a das causas pelos efeitos faz uma só coisa com outras pequenas fábulas com as quais imaginaram as causas vestidas de seus efeitos: feia a Pobreza, ingrata a Velhice, pálida a Morte.

Façamos um breve exercício e, na esteira de Vico, perguntemos por que a base da montanha foi chamada de *pé do monte* (*Piemonte*), e por que a sua parte superior foi chamada *cabeço do monte* (*Capodimonte*). E por que o povo sempre disse *braço do mar, olho d'água, boca* ou *foz (fauce) de um rio, o qual desemboca no mar,* e *costas* ou *encostas* ou *dorso de um morro* ou *costa do oceano, veios (de água, de ouro), dente de alho, boca do poço, perna da cadeira, pés da mesa, pé direito da casa, dar uma mão na roda* (para ajudar, em geral); ou por que atribuiu disposições antropológicas à Natureza, como em *mar bravo, lago manso, rio traiçoeiro, arroio sereno, céu risonho, paisagem melancólica, animal robusto* (de *robur*, lat. carvalho), *nuvens ameaçadoras, ave agoureira, terra magra, erva daninha, bom ou mau tempo, triste dia ou alegre;* ou por que *o sol quer ou não quer aparecer, a chuva quer ou não quer parar, a lua só nos mostra uma face, o verão foi brando*, o inverno será *inclemente*, o vento é *violento e cruel*, a brisa sopra *amena e gentil*.

E por que se transporta do material e concreto para adjetivar o abstrato, quando se diz de uma inteligência que é *luminosa, radiante, profunda, aguda, penetrante, incisiva, cortante*; quando se diz de um estilo que é *cálido, enérgico, saboroso, insosso, nervoso, ardente, flexível, dúctil, melífluo* ou *sólido* ou *pedregoso* ou *áspero, rígido* ou *mordaz, viperino, sarcástico* (*sarx*, em grego, carne; v. *sarcófago*), *escarninho*; quando se diz de um comportamento que é *ligeiro* ou *leviano* (*cabeça de vento, miolo mole*), *em cima do muro, instável*, ou *coeso e sem brechas*; quando se diz de um caráter que é *ponderado* (de *pondus*, lat. peso), *inteiriço, de ferro, de aço, coriáceo, de ouro puro e sem jaça*, ou *mole, maleável, moldável, gelatinoso*; quando se diz de um temperamento que é *doce, caloroso, ácido, azedo, ardido, bilioso, atrabiliário, sanguíneo, anêmico, linfático, aluado*... ou quando se diz de um argumento que é *retilíneo, quadrado, sólido, circular, travado, balanceado, tortuoso* ou *capenga*...

São exemplos de transposições feitas em situações em que a experiência nova precisava ser qualificada e nomeada na base de analogias com o corpo humano, sua anatomia, seus sentidos, qualidades ou movimentos afetivos. A figura de transposição por excelência será chamada, muitos séculos, se não milênios mais tarde, *metáfora*, que, em grego, significa literalmente transposição.

Além do procedimento analógico, que gerou a metáfora, houve também uma percepção de continuidade, igualmente substitutiva, mas agora centrada nos aspectos espaciais ou quantitativos dos objetos. Dizer *mil cabeças de gado*, em vez de mil bois ou mil vacas, é destacar uma parte saliente para nomear o todo. Este deslocamento nominal será chamado, milênios depois da sua criação, *metonímia*.

Às vezes combinavam-se os procedimentos de analogia e de continuidade. Quem pela primeira vez disse *dez pés de alface*, usou metaforicamente a palavra *pé*; e, na contagem, metonimicamente *substituiu* a verdura inteira, alface, pela sua base, pé.

É curioso que até na linguagem científica da demografia estatística alguns autores falem em *cidade de dez mil almas* sem supor naturalmente que se trate de dez mil fantasmas; ou em *duas centenas de fogos* para dizer duas centenas de casas onde haveria fogões ou outros modos de fazer fogo.

Para Vico, o processo básico que regia a transposição era a projeção do corpo animado sobre a matéria inanimada, de tal maneira que o homem nomeava o mundo a partir de si mesmo. Nem materialismo nem idealismo: realismo.

Retórica clássica (intelectualista) e retórica barroca entre os séculos XVII e XVIII

As reconstruções que Vico fez da *proliferação semântica por figuras* parecem-nos hoje bastante plausíveis na medida em que podem ser cotejadas e avalizadas pelo estudo da formação da linguagem nas crianças (Piaget), ou pela observação da linguagem dos povos ágrafos e das populações rústicas de todo o mundo: um antropólogo estruturalista de fôlego como Lévi-Strauss propõe a hipótese de uma lógica interna da linguagem dita primitiva, em *La Pensée sauvage*. No entanto, não era esse o modo de pensar as figuras, e portanto, o significado da Retórica ensinada no tempo de Vico.

Esquematizando, pode-se dizer que a Retórica seis-setecentista tendia a um ou ao outro destes extremos:

— ou pecava por falta, se a doutrina que a permeava era o racionalismo cartesiano, que só estimava os argumentos controlados pela razão, desprezando os que fossem produzidos pela memória, pela imaginação ou pelos sentimentos, e negando valor ao estudo das letras clássicas ("Saber latim não é saber mais do que a serva de Cícero", teria dito Descartes);

— ou pecava por excesso, se a doutrina que a permeava era o cultismo seiscentista, ou toda sorte de maneirismo barroquizante, que levava ao extremo a preferência pelas imagens bizarras, pelas comparações inauditas, pelas palavras raras e alambicadas, sempre com o desígnio confessado de "maravilhar" os ouvintes ou leitores.

Separando-se polemicamente das retóricas intelectualistas do classicismo francês, que viam na metáfora e na metonímia formas "impróprias" de dicção, Vico igualmente afastava-se das teorias barrocas da "agudeza", pelas quais o falar ornado da poesia (o falar por figuras) constaria de aproximações inéditas, contorcidas, forjadas pelo mero prazer de deixar pasmo o leitor, como propunham Marino e Góngora.

Na *Ciência Nova*, Vico remontará às duas principais filosofias da Antiguidade alexandrina, o estoicismo e o epicurismo, para descartar os intelectualistas puros e os hedonistas do seu tempo, uns e outros distantes da sua concepção de lógica poética: os estoicos porque pretendiam amortecer os sentidos e os epicuristas porque faziam do prazer a sua regra, doutrinas unilaterais que não dariam conta da fusão de corpo e alma que a poesia leva a termo. Não entro aqui no mérito dos juízos que Vico fazia de ambas as filosofias: o que importa é assinalar a sua proposta de entender a linguagem poética na sua densidade corpórea e mental.

De todo modo, tanto na poética classicista de Boileau (o autor da *Art poétique* estava ainda vivo quando Vico começou a ministrar cursos de Retórica em Nápoles) como na poética oposta dos cultistas, a linguagem figurada aparecia sempre como fruto refinado de uma civilização que via na poesia um artifício — excessivamente sensual e brilhante para uns, complacentemente brilhante e sensual para outros.

A intuição de Vico apontava para o caráter necessário, corpóreo, criativo e inicialmente espontâneo das figuras, anterior à formulação do conceito claro e distinto cartesiano.

Trata-se de uma anterioridade estrutural, que é histórica e gnoseológica, vigente *no tempo e no conceito*; o que não implica absolutamente qualquer constatação de inferioridade ou de superioridade da linguagem por figuras. Vico poderá ser considerado precursor do intuicionismo, mas não do irracionalismo romântico.

Historicizando a fala poética peculiar aos tempos heroicos da Grécia e da Roma arcaicas (em particular, os tempos homéricos) renovados pelo *ricorso* da Idade Média, Vico propunha uma periodização das culturas, o que já representava um primeiro passo para a criação do historicismo protorromântico. Mas seu pensamento ia além de uma esquematização cronológica da história da Humanidade.

Na verdade, Vico definia a poesia — e com ela, toda expressão da fantasia e do sentimento — como uma atividade recorrente do espírito humano; atividade prévia (e não inferior) ao pensamento dito lógico. Este sucede, mas não suprime de vez a "lógica poética", de tal modo que uma verdadeira "filosofia do Espírito" (para usar a terminologia de Croce) se enraiza em determinações histórico-culturais, mas, ao mesmo tempo, se destaca e se liberta da linha estritamente cronológica, podendo aflorar e vigorar em qualquer tempo. Em resumo: a lógica poética nasceu, por necessidade, antes do raciocínio maduro e desdobrado (*spiegato*), mas sobreviveu e convive com este, conferindo à poesia um estatuto antropológico estrutural. Para dizê-lo, não por acaso metaforicamente, Vico imagina as águas doces da poesia que ainda fluem para o mar salobro dos tempos "civis":

> A fala poética, como a temos meditado por força desta lógica poética, escorreu por um longuíssimo período dentro do tempo histórico, como os grandes rápidos rios se espalham muito dentro do mar e conservam doces as águas aí lançadas pela violência do curso.

Não ocorreu a Vico designar a sua teoria da *lógica poética* com o nome, que viria a ser mais afortunado, de *Estética*, cunhado por Baumgarten, cuja *Aesthetica* sairia em 1750. Vico faleceu em 1744.[4]

---

[4] Sobre a estética de Baumgarten, ver a análise rigorosa que dela faz Cro-

O lugar da Retórica e da Poética no *De nostri temporis studiorum ratione* de 1708

As observações anteriores valem principalmente para a *Ciência Nova Segunda*, nas edições de 1730 e 1744. Vico, porém, já tinha tratado do conteúdo da Retórica na sua obra *De nostri temporis studiorum ratione* [*Sobre o método de estudos de nosso tempo*, aqui citado como *De ratione*].

Trata-se do texto de uma aula inaugural que Vico, como professor de Retórica, deu na Universidade de Nápoles em 1708, há exatos trezentos anos. É um discurso ao mesmo tempo didático e polêmico. O seu objetivo é expor os métodos então vigentes na Universidade com ênfase no estudo do Direito e da Eloquência, quer forense, quer poética. A exposição não é neutra: mapeia o que se fazia criticando o que lhe parecia nocivo para a educação do jovem e, por extensão, da criança.

A Retórica ensina a falar com eloquência, coroando o estudo da Gramática, que ensina a falar corretamente. Até aqui, Vico retoma o discurso da pedagogia tradicional. Mas não tardam a surgir, no *De ratione*, diferenças de horizonte, que, por sua vez, implicam diferenças entre concepções antropológicas.

A eloquência pregada (ou tolerada) pela visão cartesiana do homem, que a Lógica de Port-Royal reproduzia, deveria abster-se de mover os afetos e a imaginação do ouvinte, pois essas faculdades menos espirituais da alma antes excitam que moderam as paixões. A imaginação é a louca da casa (*la folle du logis*), e deveria, na concepção jansenista mais ascética, ser descartada do processo cognitivo, porque levaria fatalmente ao erro, assim como as paixões desbridadas são causa de graves desordens morais. Daí, uma constante desconfiança em relação à Retórica, que, para ser admitida ao currículo clássico-jansenista, precisaria passar pelo crivo da Lógica. O bom orador deveria evitar o abuso, se não o

---

ce em sua *Estetica come scienza dell'espressione e linguistica generale*, Bari, Laterza, 10ª ed., 1958, pp. 233-41; a primeira edição saiu em 1902.

próprio uso da linguagem figurada, tida, a rigor, por imprópria, e ater-se ao *mot juste*, que garante a precisão, a economia e a sobriedade do discurso. A moral que se casa com a Lógica dos solitários de Port-Royal estendia-se não só aos costumes mas também às técnicas de elocução.

É preciso relembrar que, nesse mesmo período, os doutrinadores da poesia clássica francesa, com Boileau à frente, condenavam drasticamente o estilo marinista italiano e o estilo gongórico espanhol, tachando-os de ouropéis de mau gosto.

Vico, professor de Retórica na sua Nápoles ao mesmo tempo cartesiana e barroca, já tem, nesses anos que precederam a redação da *Ciência Nova*, a intuição de que a linguagem poética sobrevive e opera na fala popular, radicando-se, desde a sua criação, nos sentidos, na fantasia e nas paixões elementares do ser humano. Logo, para mover os ânimos (missão da eloquência), é necessário recorrer a uma linguagem corpórea, viva, o que envolve o uso intenso de figuras. Estas não são meros ornatos, mas expressões desentranhadas do conhecimento sensível.

No *De ratione*, porém, talvez porque se tratasse de uma alocução acadêmica, transparece uma atitude conciliadora, eclética. Daí, o recurso às distinções de finalidade. Para persuadir a cidadãos de provecta sabedoria, bastaria a clareza dos argumentos filosóficos: eles cumprirão o que a pura razão lhes manda fazer. Mas são exceções. É preciso mover a maioria dos homens, pois

> o vulgo é vencido e arrastado pelos apetites; e os apetites são tumultuosos e turbulentos, e, como esta é mancha contraída pelo contacto com o corpo, e que segue a natureza do corpo, não se modifica senão por meio de *razões materiais*.
>
> Assim, é mister ganhar o ouvinte com imagens corpóreas para que ele as sinta, pois, quando as sentir, será fácil conduzi-lo a crê-las; e quando as crer, será preciso inflamá-lo de tal modo que deseje mais do que seja capaz a sua ordinária debilidade.

Veja-se aqui uma disjunção: a nua filosofia opera nos sábios, moderando as suas eventuais paixões, mas só a eloquência, objeto da Retórica, é capaz de transformar o ânimo do homem comum encaminhando-o para a prática da virtude.

Nesta altura, Vico faz uma digressão de caráter curiosamente étnico. Compara a língua francesa, rica de substantivos abstratos, mas pobre de movimento e calor, com a italiana, que, depois da espanhola, lhe parece a que melhor se presta ao estilo sublime e àquela "potência da mente que consiste no ato de compor". Até na prosódia, a diferença se faz sentir e traz consequências: os franceses só conhecem palavras oxítonas ou paroxítonas, os italianos têm grande número de palavras proparoxítonas, proferidas energicamente; por isso a poesia francesa se ajusta a metros curtos e ao estilo "tênue" e "didático", ao passo que o estilo da poesia italiana se abre em períodos amplos e longos metros.

Poderíamos objetar que o verso trágico francês, o alexandrino, é um metro longo, de doze sílabas, mas Vico previne a objeção lembrando que o alexandrino francês se encerra sempre em duplas, que ele chama de metros "distróficos", de tal modo que o primeiro verso encolhe a sua amplitude e o segundo atenua a austeridade da estrofe... O francês admira menos a composição farta e vigorosa do que a sutileza do pensamento, o *esprit*, que é peculiar à sua língua (diríamos, hoje, à sua cultura, sobretudo a que dominava então na corte de Luís XIV). A mesma contraposição entre a prosódia francesa, que tende a contrair, e a prosódia italiana, que desdobra melodicamente o seu leque vocálico, será retomada, mais de um século depois, por Leopardi no seu caderno de notas, o *Zibaldone*. Leopardi compara a sonoridade mimética e expressiva da palavra italiana *nausea* com a dessorada palavra francesa *nausée*, pronunciada *nosê*, com os ditongos e hiatos contraídos...

Mas a diferença vai mais longe. A linguagem filosófica francesa, em razão de sua predileção pelos *termos*, é adequada às operações de *análise e de crítica*, que reduzem o uno-todo a partes menores, ao passo que a língua italiana (e portanto a sua conatural eloquência) é fértil em composições caudalosas, valendo-se preferencialmente da *tópica*, que, ao contrário da crítica, recorre aos sentidos, à memória e à imaginação, faculdades interpenetráveis. A crítica es-colhe e poda (às vezes antes do tempo) o que a tópica colhe e re-colhe.

Para ilustrar com nomes de grandes escritores a riqueza da língua italiana, Vico cita o historiador Guicciardini (comparando-o a Heródoto, Tito Lívio e Cícero), Boccaccio (atribuindo-lhe ática elegância), Petrarca ("novo gênero lírico"), Ariosto (que lembraria Homero pela vastidão das narrativas e a facilidade de elocução); enfim Torquato Tasso, equiparado a Virgílio pela austeridade das sentenças e pelos versos divinos. A finalidade dessas comparações é mostrar o quanto a literatura italiana retomou, graças aos dons de sua língua, as tradições gregas e latinas. A querela dos Antigos e Modernos travava-se então na França, e Vico lhe dava uma solução ao mesmo tempo conciliadora e... italiana.

As relações da poesia com o novo método analítico, com a crítica e com a nova Física

As considerações de Vico sobre a poética, neste *De ratione*, são precedidas de uma aberta profissão de fé platonizante no caráter gratuito do *dom poético*, concedido por Deus a quem lhe aprouve, e portanto não passível de ser ensinado. Entretanto, a crítica poderá ser, a seu tempo, útil para os que receberam esse dom aperfeiçoarem-se por meio de estudos os mais variados.

Uma primeira restrição de alcance pedagógico: é, de todo modo, prejudicial ao futuro poeta ter sido instruído exclusivamente na crítica dos novos tempos. A polêmica subjacente aqui aflora. A "crítica dos nossos tempos" é precisamente a Lógica de Port-Royal e tudo quanto favorece o discurso abstrato e as operações analíticas de tipo lógico-matemático. Se ensinada precocemente, a crítica "cega a fantasia e arruína a memória, ao passo que os poetas melhores são aqueles dotados de fantasia e que têm como seu Nume peculiar a Memória, de quem são filhas as Musas".

Tendo chegado a esse ponto, que na *Ciência Nova* voltaria com maior força de argumentação, Vico faz uma concessão inesperada à Crítica, até então apartada do trabalho poético. Indesejável e contraproducente quando ensinada à criança dotada de inspiração poética, a mesma Crítica pode ser ensinada ao jovem como precioso auxiliar da arte poética, "justamente porque os poetas almejam o verdadeiro ideal, ou seja, geral [universal], como adiante diremos". Onde estamos agora? Vico *re-corre* à afirmação aristotélica de que a poesia é diferente do discurso histórico, pois enquanto este se atém apenas à particularidade dos homens e eventos, a poesia atinge a representação do universal (*Poética*, IX, 1451 b 5).

As ficções poéticas, advertira Aristóteles, citado por Vico, são uma espécie de "paralogismo de consequência", do tipo "Dédalo voa, se é alado". Para-logismo, porque se trata de um raciocínio que parece lógico, pois pretende alcançar o estatuto do verdadeiro, mas, em si, sendo obra da imaginação, não atinge a verdade: Dédalo parece alado, mas, na verdade, não é. No entanto, essa *ficção* tem consequências no mundo da história mítica, na qual Dédalo efetivamente voa. A poesia que se tem por bela e verdadeira basta-se com paralogismos, desde que o poeta saiba habilmente encadear as suas imagens fazendo-as nascer umas das outras. Dédalo que voa é um possível arque-tipo, um "universal fantástico". Se o poeta deseja ascender ao mesmo nível do filósofo, que procura sempre a verdade e a prática da virtude, deve "persuadir com a sublimidade dos personagens que finge, com fatos e com ditos excogitados em forma de exemplos". Em seguida, Vico particulariza essa norma, observando que:

> os poetas se afastam dos aspectos cotidianos do verdadeiro, para retratarem uma forma mais excelente do verdadeiro; e deixam de lado a natureza incerta [*isto é, os traços passageiros*

e acidentais de um só indivíduo], para se aterem à natureza constante [*os tipos, as figuras-síntese, os caracteres comuns a vários indivíduos*].

Assim fazendo, embora partam de ficções, os poetas são, "de certo modo, os mais verazes".

O raciocínio parece, à primeira vista, paradoxal: paga tributo à tese platônico-aristotélica de que a poesia vale na medida em que ascende ao mundo do verdadeiro e universal ideal e, ao mesmo tempo, encarece o seu caráter originariamente ficcional. O cerne do argumento, que acaba concedendo à ficção uma veracidade excepcional, está na escolha, que o poeta deve fazer, de indivíduos emblemáticos, tipos heroicos distantes da cinzenta rotina, os quais, pela sua alta exemplaridade e constante virtude, são, "de certo modo, os mais verazes". Adiante, Vico afirma que "a poesia diz respeito ao verdadeiro, tal qual deve ser, segundo a natureza e a razão". O poeta, outrora expulso da República platônica, nela reingressa, recebendo de Vico foros de cidadania desde que, em vez de excitar paixões desordenadas, se alce da fantasia para a verdade ideal. Aristóteles reconduz Vico pela mão a Platão...

Na *Ciência Nova* e particularmente em suas páginas sobre Homero, Vico iria aprofundar o conceito de *caracteres heroicos* ou *poéticos*, nada menos que deuses, semideuses e heróis vivos historicamente gerados pela fantasia dos homens dos tempos arcaicos; caracteres de cuja pregnante realidade não duvidaram gregos e romanos durante séculos. Diria que essas entidades heroicas seriam robustos rebentos das primitivas *figuras* não só descritivas mas também narrativas que a linguagem dos primeiros homens necessitou e criou. Diz Vico:

> [...] i primi uomini, come fanciulli del genere umano, non essendo capaci di formar i generi intelligibili delle cose, ebbero naturale necessità di fingersi i caratteri poetici, che sono generi o universali fantastici, da ridurvi come a certi modelli, o pure ritratti ideali, tutte le spezie particolari a ciascun suo

genere simiglianti; per la qual simiglianza, le antiche favole non potevano fingersi che con decoro. (*La Scienza Nuova Seconda*, *Degli elementi*, XLIX)

Os exemplos desses "caracteres poéticos" vão desde a figura eminente de Júpiter, deus-pai para numerosos povos antigos, a Mercúrio Trismegisto, que Vico considera um universal fantástico de origem egípcia, correspondente ao "sábio civil", a Orfeu, Hércules, Aquiles, Ulisses, chegando aos próprios poetas, Homero e Esopo.

Erich Auerbach, em seu belíssimo estudo sobre a figura, toma o cuidado de distinguir essa linguagem figural e mítica da *alegoria*, que ele considera apoética pelo fato de atribuir significados unívocos a significantes figurativos.[5] O nome de Vico é mencionado por Auerbach como o do filósofo que pela primeira vez reconheceu as chamadas "formas simbólicas ou míticas que são frequentemente vistas como características de culturas primitivas". Vico também refere-se, naquele mesmo passo dos Elementos, às "*allegorie poetiche*", que viriam "depois das antecedentes", e que "davam às fábulas significados unívocos, não análogos".

O capítulo sobre a poética termina com a recomendação feita aos poetas de estudarem também a ciência da Natureza, a Física, cujas observações podem ser aproveitadas como elementos concretos, descritivos, precisos. De novo, o alimento da poesia é a experiência dos sentidos rente à Natureza. Trata-se de um conselho aparentemente tradicional: a arte imita a Natureza, o que de Aristóteles a Boileau já se dissera de diversas maneiras; mas, na economia da Lógica poética de Vico, a recomendação de estudar a Física experimental teria um alcance novo. Os homens das idades heroicas criaram espontaneamente as *primeiras figuras* a partir da necessidade premente de nomear objetos novos com palavras já correntes. Quanto aos modernos, porém, vivendo lon-

---

[5] Eric Auerbach, *Figura*, tradução de Duda Machado, São Paulo, Ática, 1977, pp. 48-9.

ge da Natureza e enleados nos artifícios de uma civilização requintada, precisam beber nos *físicos* (categoria que incluía também astrônomos, químicos, médicos e biólogos) um conhecimento exato do mundo. A Retórica saía do círculo exclusivo dos antigos *topoi* e passava a ser aberta à ciência dos novos tempos, o que é mais uma conquista original do pensamento de Giambattista Vico.

A observação dos fenômenos naturais será um subsídio indispensável para a formação da *tópica*, que é uma arte de inventar, no sentido latino de *fazer o inventário* das experiências do orador e das palavras que as designam. A tópica ajuda a compor, por isso deve ser ensinada antes da crítica, que divide e decompõe. A tópica se vale quer da observação naturalista, quer da memória, quer da imaginação, que, em Vico, guardam afinidades estruturais, como está dito em um trecho antológico do *De italorum antiquissima sapientia*, obra composta pouco depois do *De ratione*. Termino citando essa passagem luminosa em que o ato da invenção é visto como enlace da experiência recordada e da ficção ou imaginação poética:

> De Memoria et Phantasia
> "Memoria" quid — Quid "reminiscentia" — "Phantasia" eadem ac "memoria" Latinis — Homini fingere nihil praeter naturam datur — Cur musas Memoriae filiae.
>
> "Memoria" Latinis, quae in sua penu per sensus percepta condita, quae "reminiscentia", dum promit, appellatur. Sed et facultatem, qua imagines conformamus, et "phantasia" Graecis, et nobis "imaginativa", dicta est, significabat: nam quod nos vulgo "imaginari", Latini "memorare" dicunt. An quia fingere nobis non possumus nisi quae meminimus, nec meminimus nisi quae per sensus percipiamus? Certe nulli pictores, qui aliud plantae aut animantis genus, quod natura non tulerit, pinxerunt unquam nam isti hyppogryphes et centauri sunt vera naturae falso mixta. Nec poetae aliam virtutis formam, quae in rebus humanis non sit, excogitarunt; sed de

medio lectam supra fidem extollunt et ad eam suos heroas conformant. Quare musas Graeci, quae phantasiae virtutes sunt, Memoriae filias esse suis fabulis tradiderunt.

A memória e a fantasia
O que é "memória". O que é "reminiscência". Em latim "fantasia" é o mesmo que "memória". Ao homem não é possível imaginar nada fora da natureza. Porque se disse que as Musas são filhas da Memória.

Em latim chama-se "memória" a faculdade que guarda em seu acervo o que é percebido pelos sentidos, e "reminiscência" enquanto o traz à luz. Mas também significava a faculdade com a qual formamos imagens, que os gregos chamam "fantasia" e nós outros "imaginativa", porque em latim se diz *memorare*, "recordar", o que em língua vulgar dizemos "imaginar". A razão disto estará em que não podemos representar senão o que recordamos e não recordamos senão o que percebemos com os sentidos? Certamente, nenhum pintor jamais pintou uma espécie de planta ou de animal que não se achasse na natureza: os hipogrifos e centauros são criaturas verdadeiras da natureza falsamente unidas. Tampouco os poetas excogitaram uma forma de virtude distinta da que se encontra no mundo dos homens, mas a tomam da realidade e a elevam mais do que é crível e pelo seu exemplo modelam seus heróis. Por isso ensinaram os gregos em seus mitos que as Musas, potências da fantasia, são filhas da Memória.[6]

---

[6] Quando não indicadas, as traduções são de autoria de A. B.

Leopardi

Quando recebi o volume *Poesia e prosa* de Giacomo Leopardi, preparado com tanto zelo por Marco Lucchesi, senti, junto com a admiração que o empreendimento merece, uma ponta de melancolia. Pois Leopardi foi e continua sendo uma estrela solitária. De primeira grandeza, mas solitária.

Tudo começa na infância. Mais uma vez, o menino é o pai do homem, na palavra de Machado de Assis, um dos raros leitores inteligentes de Leopardi entre nós. E que estranha meninice! Os testemunhos que nos chegaram dos verdes anos de Giacomo nos mostram um precoce erudito fechado entre as quatro paredes da biblioteca paterna no solar de Recanati, então um burgo perdido nas Marcas pontifícias. Ao longe, os Apeninos azuis, muros intransponíveis para o rapazinho enfermiço e absorto em meio a seus manuscritos gregos e latinos, hebraicos e medievais.

Os antigos estavam muito perto dos seus olhos, aqueles olhos que o tempo e os estudos sem conta nem pausa quase cegariam. Giacomo lia Homero, lia Virgílio, e os traduzia com perfeição. Mas a natureza ficava distante, muda como um belo enigma.

Os antigos faziam-lhe amorável companhia na desolação da casa nobre e decadente. Serviam de mediadores entre o menino e o sol (o sol de Homero), o menino e a lua (a lua de Safo e de Anacreonte), o menino e a primavera que os mitos de Hesíodo figuravam como estação perene da Idade de Ouro.

Os tempos já eram românticos além dos Alpes, mas o imaginário de Leopardi nascera sob outros céus. O seu olhar não colhia da paisagem o imediato nem os brilhos de superfície: antes, libertava do poço da memória figuras ainda vibrantes de secretas melodias. Eram imagens portadoras de outros tempos, que pareciam idos e vividos na corrente da História e no entanto rebrotavam nos veios da palavra poética.

Giacomo traduzia com fervor e, enquanto vertia o segundo canto da *Eneida*, passava gradualmente da filologia à poesia, do *vero* ao *bello*, da imitação à invenção. E o que é a criação do artista senão um modo de formar em que a memória e a fantasia se atraem mutuamente, concedendo e recebendo a graça da expressão? A memória dá lastro ao imaginário que, por sua vez, o aligeira e o transforma, levando-o para o regime da liberdade.

Os antigos conheceram de perto a natureza. Viram a sua luz, imersos que estavam em seu halo, ouviram as suas vozes e com elas fizeram as primeiras palavras. Os modernos teriam perdido essa divina ingenuidade. Dobraram-se sobre si mesmos, analisaram-se, arrazoaram, não param de arrazoar. Com o passar dos milênios a natureza se fez estranha ao homem. A sua indiferença é bela, mas sem piedade. Ao homem contemporâneo só restariam as lembranças do que já se foi e o vão desejo de sobreviver, signos ambos de nossa finitude, presságios do nada.

Mas o poeta não só recorda, também cria imagens. Ao poeta é dado por algum tempo franquear os limites do aqui-e-agora, ansiar pela visão do infinito e dizê-la plenamente, embora a consciência o advirta de que se entrega sempre a uma ilusão: *"e il naufragar m'é dolce in questo mare"*.

Dessa tensão, nunca afrouxada, entre a negatividade do pensamento e a força mitopoética deriva o tom singular dos cantos leopardianos. Que são, ao mesmo tempo, reflexivos e líricos. A esta unidade de matriz corresponde uma notável coerência tonal: é impossível confundir um verso de Leopardi com o dos seus coetâneos, quer árcades retardatários, quer românticos de primeira hora. A história interna da poesia leopardiana não tem par na literatura europeia.

Mas coerência tonal não quer dizer monotonia. A consciência de um tempo irreversível está sempre envolta no mesmo véu de melancolia; mudam, porém, os objetos e mudam as ocasiões que afetam o olhar do poeta.

Quanto à unidade do efeito estético: Leopardi sugere, no seu diário, que para nós, modernos, o sentimento da beleza está associado à percepção de sons ou de imagens que se perdem na lonjura ou se esfumam na sombra. Quanto o cinema lhe daria razão!

Mas convém atentar para a diversidade da experiência. Em um primeiro momento, o objeto distante é o passado em ruínas, são as "mortas estações". Roma destruída e desertada, a Itália em agonia depois de séculos de esplendor. Safo à beira da morte, "*e l'atra morte, e la silente riva*", ou Brutus estoico e suicida. Nesses cantos pulsa a piedade pelos mortos, que é a piedade por nós mesmos.

E há a outra vertente, que a crítica tem preferido. São aqueles poemas em que o sentimento da perda e da distância jorra da própria história existencial do *eu* lírico. Dois exemplos bastarão.

O jovem poeta-filósofo está postado em face do outeiro que lhe veda o horizonte. A situação o leva a imaginar o espaço invisível e o passado, que é finito na série cronológica, mas infinito quando o tocam as águas da memória e os sonhos do desejo. O nome do poema é "*L'infinito*".

O dia de festa acabou e a noite caiu em silêncio. Ouve-se o canto solitário do artesão que volta dos folguedos. A voz perde-se pelos atalhos morrendo pouco a pouco. A mulher amada adormeceu alheia às paixões que despertara naquele dia. A festa durou pouco, o canto se desfaz no escuro. O poeta insone compara o efêmero da hora festiva com o abismo do nada que tragou os antepassados, mesmo gloriosos. Séculos inteiros ou breve dia, que importa? A dor é igual e nasce do conhecimento da ilusão. O poema se chama "*La sera del dì di festa*". Nele, a nota dominante é amarga, porque reflexiva; no "Infinito" pudera ser doce, porque imersa na imaginação: "*e il naufragar m'é dolce in questo mare*".

O solo meditativo e patético da escrita leopardiana foi durante anos o núcleo da sua fortuna crítica. A determinação dos seus

A flor amarela da Giesta (*Spartium junceum*). Fotografia de José Alfredo Bosi.

motivos líricos e o rótulo de pessimista deram o tom à vasta bibliografia sobre o poeta. Mas os tempos mudam e as perspectivas. Veio a Segunda Guerra trazendo no bojo uma cultura de resistência tingida de pensamento marxista. O novo olhar descobriu um Leopardi satírico, negador do liberalismo autossatisfeito e do progressismo beato do seu tempo, "século soberbo e tolo".

Foi este o clima que encontrei na universidade quando, estudando na Florença dos anos 1960, tive por mestres dois críticos responsáveis pela conversão à esquerda da leitura de Leopardi: Walter Binni e Cesare Luporini. Ambos exploravam a acerba negatividade do último Leopardi e as virtualidades políticas do seu poema longo, outrora acusado de prosaico, "A giesta" ou "A flor do deserto".

A giesta é a flor que vinga nas encostas do Vesúvio cobertas de lava. Foi a paisagem que o poeta viu antes de morrer. A solidão de Leopardi era de novo reconhecida, mas encontrava afinal um significado histórico.

Leopardi tradutor: a Natureza, os Antigos

> *Leopardi é o ideal moderno de um filólogo,*
> *os filólogos alemães nada podem fazer.*
>
> Nietzsche (*Considerações inatuais*,
> "Primeiros pensamentos", § 109)

Em seu ensaio sobre a interpretação, Paul Ricoeur[1] propõe que se chame "arqueologia do sujeito" o resultado a que chegariam as ciências humanas ao sondarem o passado de um homem mediante os símbolos que a sua linguagem desvela. Para Ricoeur, a hermenêutica pode colher pelo menos dois estratos:

— O símbolo vinculado à sua formação de base (inconsciente);

— O símbolo entendido na sua intencionalidade (consciência: construção do real).

Bifronte, a linguagem simbolizadora é, em primeiro lugar, necessidade; depois, escolha. Inventário e invenção seriam as suas dimensões. Em termos linguísticos, *langue* e *parole*.

Na análise de um sistema complexo, como é uma obra centrada sobre mitos, fazer "arqueologia do sujeito" não consiste apenas em rastrear as situações psíquicas que se projetam nos signos, mas também e sobretudo descobrir como uma certa visão mítico-ideológica passou de receptiva a ativa, isto é, a construtora de um universo literário.

De Leopardi os mais antigos documentos, entre cartas e páginas de erudição redigidas desde os doze anos de idade, revelam

---

[1] Em *De l'interprétation*, Paris, Seuil, 1965.

uma existência murada, toda entregue às imagens dos Antigos e alheia ao que não fosse atenta refacção de uma vida remota, sobre cujos vestígios se debruçaria perdendo a saúde em sete anos de "*studio matto e disperatissimo*".[2]

A condição existencial do jovem Leopardi, tal como ele a refletiu desde cedo, lembra a de um recinto fechado que tem por janelas obras arcanas onde se fala de beleza, de glória, de liberdade. Mas quais as coordenadas reais de Giacomo? O pequeno burgo de Recanati já era um sítio marginal de uma província estagnada, as Marcas, milenarmente sujeitas ao domínio pontifício:

> Qui tutto è morte, tutto è insensataggine e stupidità. Si meravigliano i forestieri di questo silenzio, di questo sonno universale.[3]

E nesse "*paesetto*" de clima seiscentista, quem mais se encastelava no culto de uma tradição hostil ao novo século era precisamente o Conde Monaldo Leopardi, pai do poeta, "último espadífero da Itália", e autor de uns retrógrados *Dialoghetti* que o filho esconjurou como "*infamissimo scelleratissimo libro*".[4]

No palácio recanatense, longe da história europeia do seu tempo, o adolescente precoce[5] escolheu a alternativa de uma exis-

---

[2] "estudo louco e desesperadíssimo". Carta a Giordani, 2 de março de 1818.

[3] "Aqui tudo é morte, tudo é insensatez e estupidez. Os forasteiros admiram-se deste silêncio, deste sono universal." Carta a Giordani, 30 de abril de 1817.

[4] "infamíssimo e celeradíssimo livro". Carta a Giuseppe Melchiorri, 15 de maio de 1832.

[5] Os estudiosos têm sido unânimes em ressaltar essa triste precocidade. O primeiro depoimento vem do próprio Conde Monaldo: "Em 1807 [Giacomo contava nove anos de idade], convidei para morar em casa D. Sebastiano Sanchini, sacerdote que instruiu Giacomo e seu irmão menor até 20 de julho de 1812, quando deram ambos pública prova de Filosofia. Naquele dia acabaram os estudos escolares de Giacomo [então com catorze anos], pois o preceptor já

O solar onde cresceu Giacomo Leopardi em Recanati, ao lado da igreja da cidade, e uma das salas da biblioteca construída por seu pai.

tência ainda mais reclusa e refratária, encerrando-se na biblioteca paterna de onde saiu, no seu dizer, para sempre arruinado pelo raquitismo, pela semicegueira, pela inépcia da pessoa toda em relação à vida material.

Esses anos da última infância e da adolescência foram decisivos para que nele se estruturasse uma percepção do ser humano como queda, esvaziamento, perda. A imagem recorrente que Leopardi foi construindo é a de um ser que, por um acaso injusto e irreversível, caiu de um tempo absoluto de fantasia e jogos pueris para a enfermidade conatural à vida adulta:

> Io mi son rovinato sette anni di Studio matto e disperatissimo in quel tempo che mi s'andava formando e mi si doveva assodare la complessione. E mi son rovinato infelicemente e senza rimedio tutta per tutta la vita, e rendutomi l'aspetto

---

não tinha mais o que ensinar-lhe ("Memoriale ad Antonio Ranieri", em *Tutte le opere*, Francesco Flora, org., Milão, Arnoldo Mondadori, 1949, p. LVI). Dessa educação consta que o menino leu Homero no original aos dez anos, aos onze exercitou-se em amplificações latinas, aos doze compôs vários poemetos ("Notti puniche", "Cantone in África", "I Re Magi"...), aos treze verteu em oitava rima a *Ars poetica* de Horácio, aos catorze escreveu a tragédia *Pompeo in Egitto* e vários epigramas. Entre os quinze e os dezesseis, já sozinho, empreendeu uma ingente obra de reconstrução filológica que espantaria eruditos encarquilhados de Roma. Trata-se da redação de uma *Storia dell'astronomia dalla sua origine fino al 1811*; da edição comentada de três biografias, *Porphyrii de vita Plotini er ordine librorum eius comentarius graece et latine e versione Marsilii Ficini emendata cum notis amplissimis et praevia commentatione*; *De vitis et scriptis rhetorum quorundam qui secundo post Christum saeculo vel primo declinante vixerunt*. Além de uma antologia patrística: *Fragmenta patrum secundi saeculi, et veterum auctorum de illis testimonia collecta et illustrata*. Sobre o valor científico desses trabalhos conhece-se um juízo do arqueólogo alemão Creuzer, editor das *Opera omnia* de Plotino (Oxford, 1835-37), através da alusão de Sainte-Beuve: "[...] *lui qui travaille toute sa vie, il trouve quelque chose d'utile dans l'overage d'un jeune homme de seize ans*" (apud De Sanctis, *G. Leopardi*, Bari, Laterza, 1953, p. 14). Juízo valorativo, o do historiador Niebuhr: "*eruditissimi sunt Blumbius et comes Jacobus Leopardus*" (apud De Sanctis, *op. cit.*, p. 16).

> miserabile, e dispregevolissima tutta quella gran parte dell'uomo, che è la sola a cui guardino e piú.⁶

> Si persuada che la natura e la fortuna cospirano a danno mio quando nacqui. La natura mi diede poco valore; la fortuna m'ha impedito sempre e sempre m'impedirá ch'io non possa mettere in opera neanche questo poco.⁷

E deplorando o salto da infância à decrepitude:

> Io credo che voi sappiate che dall'età di dieci anni... io mi diedi furiosamente agli studi, e in questi ho consumato la miglior parte della vita umana [...]. La fortuna ha condannato la mia vita a mancare di gioventù perché dalla fanciullezza io sono passato alla vecchiezza di salto, anzi alla decrepitezza sì del corpo come dell'animo.⁸

É, na expressão de Croce, a imagem de uma vida estrangulada: *"una vita strozzata"*.⁹

A configuração do mito da Idade de Ouro como infância ir-

---

⁶ "Eu me arruinei com sete anos de estudo louco e desesperadíssimo naquele tempo em que estava se formando e devia se consolidar a minha compleição. E infelizmente me arruinei sem remédio e tornei o meu aspecto miserável e desprezabilíssima toda aquela grande parte do homem, que é a única que a maioria observa." Carta a Giordani, 2 de março de 1818.

⁷ "Convença-se de que a natureza e a fortuna conspiraram em meu prejuízo quando nasci. A natureza me deu pouco valor; a fortuna impediu sempre e sempre impedirá que eu possa pôr em obra sequer este pouco." Carta a Leonor Trissino, 23 de outubro de 1820.

⁸ "Eu creio que o senhor saiba que desde os dez anos... eu me entreguei furiosamente aos estudos, e nestes consumi a melhor parte da vida humana [...] A fortuna condenou a minha vida a faltar de juventude porque saltei da infância para a velhice, aliás, à decrepitude tanto do corpo como da alma." Carta a Giulio Perticari, 20 de março de 1821.

⁹ Em *Poesia e non poesia*, Bari, Laterza, 1948, p. 102.

recuperável enraíza-se na própria experiência vital de Leopardi. Será o seu lastro, a sua situação constitutiva.

Tudo está em aceitar esse dado de realidade sem "*piétiner sur place*", isto é, sem enrijecê-lo em um esquema causal onipresente que deixaria à sombra os processos ideológicos e literários que compõem a obra leopardiana.

Algo, porém, se esclarece com esse dado. É ele que empresta às canções iniciais a tonalidade afetiva, mitizadora do infantil, do natural, do primitivo, tanto na vida de um homem como no curso da História. É por ela que o antigo aparece sempre vigoroso e puro; o moderno, turvo e mole. Será uma visão quase clínica das coisas que ditará tantas páginas das *Operette morali* e se estenderá, nos momentos-limite, ao cerne da Natureza, como no belo texto do "*giardino malato*", constante do *Zibaldone*. Enfim, o mesmo lastro responderá pelo absenteísmo político de Leopardi e, mesmo, por certa sua ausência dos problemas sociais até os anos maduros, quando em Florença ou em Nápoles o rodeavam amigos já empenhados na luta liberal. O titanismo do último Leopardi não misturaria suas águas com as correntes progressistas que preparavam o Risorgimento; antes, manter-se-ia ocluso na postura de quem acredita viver em um "*secol superbo e sciocco*", como dirá na "Ginestra", testamento ideológico.

Aceita a função dos conflitos subjacentes à escritura, importa frisar que eles não se exprimem senão pelas formas que a cultura lhes oferece.[10]

O Leopardi adolescente que se vê como um ser condenado à decrepitude formou-se em uma leitura sensista dos clássicos, que

---

[10] Sobre a contextualidade de toda expressão emotiva, e até mesmo do sentimento do *eu*, nada conheço de mais belo e persuasivo que os ensaios de Marcel Mauss, recolhidos em *Sociologie et anthropologie* (Paris, PUF, 1950), e, em particular, o que trata das "técnicas do corpo". De igual rigor metodológico, lembro a obra de G. H. Mead, *Mind, self and society* (University of Chicago Press, 1934). A integração dinâmica do psicológico e do social é trabalho prévio ao tratamento dos fatores genéticos da obra.

lhe propunha uma variante da *"religio naturae"*. Não que os Antigos ensinem fatalmente o *natural* em oposição ao *racional*. Foi, aliás, o inverso que determinou o modo de ler gregos e romanos de um Boileau ou de um Voltaire. Os clássicos ensinam o que se puder escolher da sua múltipla experiência. Hoje sabemos que há um registro hedonista e um registro estoico entre os possíveis modos de ler os grandes autores da Antiguidade. Virgílio já foi profeta sibilino, tuba heroica ou agreste avena conforme o leram Dante, Camões ou os Árcades. *"Make it new"* é a divisa de um Ezra Pound.

Para Leopardi, formado no gosto neoclássico, os Antigos teriam dado, em princípio, apenas modelos acadêmicos de linguagem. Mas essa não era a única variável. O seu contexto o punha em relação polêmica com os filões progressistas do tempo que exploravam os aspectos racionais da herança clássica. E as consequências desse complexo ideoafetivo se fariam sentir desde os estudos juvenis do precoce filólogo.

A primeira obra significativa de Leopardi, o *Saggio sopra gli errori popolari degli Antichi* (1815), apresenta alguns traços de uma crítica iluminista das abusões antigas, mas já fundidos com textos onde se impõe o fascínio que sobre o autor exerce a matéria sujeita a exame. A pretensa demolição dos mitos acaba virando um mosaico das fantasias mais estranhas da mente primitiva.

Pouco vale o bom-senso convencional do rapazinho erudito perante "os erros grosseiros que os Antigos cometeram acerca da Divindade". Mera retórica escolar é a conclamação ingênua aos sábios "para que se rebelem contra os malaugurados prejuízos dos povos".[11] São frases que nos dão só uma face da moeda. O reverso é a sedução que os objetos da astrologia e da mitologia popular exercem sobre o jovem Leopardi: os céus e a terra, os deuses e os heróis, o mundo mágico dos oráculos e das fábulas.

---

[11] Pelas citações precisas sabe-se que Leopardi teve em mãos o *Dictionnaire philosophique*, de Bayle, e a *Histoire des oracles*, de Fontenelle.

Nessa ambivalência vem à tona a dialética do sensismo de um Diderot ou de um Verri, cujo espírito na aparência seco e analítico nunca se apartava das imagens da Natureza e da Arte. E não ocorre o mesmo com o neorracionalismo estruturalista, imerso na pesquisa do pensamento selvagem e de um inconsciente criador de mitos? Na verdade, a imagem tão batida de um iluminismo cerebral é quase sempre um ídolo polêmico de fundo retrógrado. Para combatê-la há, em nossos dias, toda uma vertente historiográfica que sabe discernir, entre os mitos ilustrados, o da natureza, que lhe é tão inerente como o da razão.

A descoberta da natureza, do estado da natureza, do homem natural, não foi, nos Setecentos, oposta à razão e ao homem racional, embora mais tarde se tenha fixado a antítese; tal como se deu não foi um fato reacionário, mas a descoberta de um outro plano para levar adiante a batalha burguesa pela democracia.[12]

O fato é que alguns passos do *Ensaio* leopardiano parecem repetir o momento polêmico do racionalismo setecentista. A abertura do livro é sintomática:

> Il mondo è pieno di errori, e prima cura dell'uomo deve essere quella di conoscer il vero. [...] Si deridono con ragione i progetti di riforma universale. Frattanto è evidente che v'ha che riformare nel mondo, e fra tutti gli abusi, quelli che riguardano l'educazone sono, dopo quelli che interessano il culto, i più perniciosi.[13]

---

[12] Giuseppe Petronio, "Illuminismo, preromanticismo, romanticismo", *Società*, n° 5, out. 1957.

[13] "O mundo está cheio de erros, e o primeiro cuidado do homem deve ser o de conhecer o verdadeiro. [...] Zomba-se com razão dos projetos de reforma universal. Entretanto, é evidente que há o que reformar no mundo, e de

O tom parece ainda pura *encyclopédie*. E com cadência volteriana: "*Ma perché mai deve il fanciullo crescere fra gli errori?*".[14]

Entretanto, a imagem assídua das mesmas ilusões antigas e dos mesmos "erros" do vulgo próximo da infância e imerso na fantasia e no sonho, fez o jovem Leopardi queimar depressa a etapa da crítica ilustrada, cujo resultado ideológico fatal seria a noção de progresso.

Em verdade, sempre que a ideia de progresso convive com uma teoria racionalista, ela tende a rejeitar o polo mítico para as antípodas do polo "civilizado". Ora, toda a Gestalt de Leopardi o impedia de ver ou de aceitar uma conotação de valor na passagem do Antigo ao Moderno, do "ingênuo" ao "sentimental". Assim, Leopardi não poderia assumir e, de fato, não assumiu, a alternativa liberal do Iluminismo; antes, apegou-se à pura vertente naturista que, não dialetizada, vai desaguar no pessimismo radical dos seus anos maduros.[15]

A crença inicial na sacralidade da Natureza e no vigor dos Antigos tende, em Leopardi, a fixar-se no centro de uma constelação de elegias que choram uma Idade de Ouro perdida por obra da razão e do "progresso".

O que não foi mediado pela vivência das relações sociais, mas absorvido uma vez por todas em um complexo emocional, irá com o tempo exprimir uma defasagem perante a História. Collingwood observou, a propósito de Rousseau, que a tendência a um

---

todos os abusos, os que se referem à educação são, depois dos que interessam ao culto, os mais perniciosos."

[14] "Mas por que a criança deve crescer entre os erros?"

[15] Impõe-se, *mutatis mutandis*, o paralelo com Schopenhauer que, nesses mesmos anos, elaborava O *mundo como vontade e representação* (1818). O filósofo, retomando a seu modo o empirismo radical de Hume e dos sensistas, e vendo em um Kant cético o modelo dos pensadores (para melhor esconjurar Hegel), tirou consequências de uma negatividade absoluta no que toca à vida em sociedade. O empirismo que se recusa à dialética aflui no pessimismo ou, no melhor dos casos, na indiferença.

retorno à pureza antiga, matriz de uma das correntes do Romantismo, acabou neutralizando os seus fermentos iluministas.

A reflexão quadra inteiramente a este *Ensaio sobre os erros populares dos Antigos*. Leopardi, apesar de alguns acenos críticos imerge complacente nas fábulas arcanas que inicialmente pretendia "corrigir". Nessa perspectiva, o *Ensaio* é o material ainda caótico de onde se depreenderá a ideologia mítica do estado natural. De Sanctis chama-o, com inteligência, "matéria arqueológica do engenho leopardiano".[16]

Uma primeira intuição do jovem artista, fecunda e de viquiana memória, foi a de aproximar o selvagem da criança e do vulgo. Os *"errori"* serão referidos ora a um, ora a outro, como se uma só forma de pensar os articulasse. E o que definia, para o nosso afetuoso mealheiro de crenças, o pensamento selvagem? A aderência sensível do primitivo e do rústico aos fenômenos naturais: o estado de participação ditaria as primeiras fantasias, nascidas do espanto ou do desejo. No capítulo dedicado às crenças religiosas, Leopardi refere-se à divinização das paixões transformadas em fenômenos naturais: "A volúpia, a libido, o palor, a tempestade receberam templos e incensos".

Os desejos e os temores abriram caminho para os oráculos comuns não só no Egito e na Grécia, mas também na Índia e, em plena Idade Média Cristã, na Irlanda, em cuja caverna de São Patrício se encerravam os penitentes por oitos dias e oitos noites sem outro alimento além de pão e água; do antro saía o pecador com a mente grávida de visões horríficas, mas para sempre purgado e absolvido dos seus crimes.

Dos oráculos passa Leopardi à magia, aos sonhos, às visões do meio-dia, aos terrores noturnos. Há trechos de beleza encantatória nessas descrições que seguem de perto a palavra dos Antigos.

O crítico Giuseppe De Robertis chamou a atenção para a prosa leopardiana, ao mesmo tempo comovida e minudente, que

---

[16] *Op. cit.*, p. 22.

se vai filtrando no trabalho das notações, em parte traduzidas, em parte refeitas.[17] Do ponto de vista genético, essa prosa revela uma familiaridade cada vez maior com as fantasias primitivas. Como estrutura, ela passa da clareza convencional dos momentos de crítica ilustrada para uma construção complexa, cheia de incisos, que deixa transparecer a versão de línguas poderosamente sintéticas como o grego e o latim. Exemplo feliz dessa transposição livre para o italiano de passos clássicos díspares é o quadro do meio-dia que abre o sétimo capítulo do *Ensaio*:

> Tutto brilla nella natura all'instante del meriggio. L'agricoltore, che prende cibo e riposo; i boui sdraiati e coperti d'insetti volanti, che, flagellandosi colle code per cacciarli, chinano di tratto in tratto il muso, sopra cui risplendono interrottamente spesse stille di sudore e abboccano negligentemente e con pausa il cibo sparso innanzi ad essi; il gregge assetato, che col capo basso si affolla, e si rannicchia sotto l'ombra; la lucerta che corre timida a rimbucarsi, strisciando rapidamente e per intervalli lungo una siepe; la cicala, che riempie l'aria di uno stridore continuo e monotono; la zanzara, che passa ronzando vicino all'orecchio; l'ape che vola incerta, e si ferma su di un fiore, e parte, e torna al luogo donde è partita; tutto è bello, tutto è delicato e tocante.

> *Nunc etiam pecudes umbras et frigora captant;*
> *Nunc virides etiam occultant spineta lacertos;*
> *Thestylis et rapido fessis messoribus aestu.*
> *Allia serpyllumque herbas contundit olentes.*
> *At mecus raucis, tua dum vestigia lustro,*
> *Sole sub ardenti resonant arbusta cicadis.*
> (Virgílio, *Bucólicas*, II, vv. 8 ss.)

---

[17] *Saggio sul Leopardi*, Firenze, Vallecchi, 1946, p. 30.

In quel momento, dice Nennus, il sole stesso sembra imbrunire per il calore.[18]

E mais abaixo cita Catulo segundo o qual, na Idade de Ouro, reinando ainda sobre a terra a piedade e a virtude, costumavam os habitantes do céu descer muitas vezes para visitá-la:

> *Praesentes namque ante domos invisere castas*
> *Heroum et sese mortali ostendere coetu,*
> *Caelicolae, nondum spreta pietate, solebant.*
>
> (*Carmina*, 64)

O texto prossegue contando como, passada a idade da inocência, os fantasmas divinos, aparecendo em pleno sol a prumo, não mais consolavam, mas aterravam os mortais. À vista de Pã os homens sentiram pânicos terrores.

Nessas luminosas refacções dos mitos hauridos em Homero e Virgílio, Lucrécio e Catulo, Teócrito e Ovídio, o estilo de Leopardi se fazia todo sensações. No passo transcrito surpreendem-se um olhar atento e um ouvido finíssimo à cata das formas, dos movimentos, dos mínimos rumores do campo sob a soalheira meridiana. Pouco a pouco, a nomeação dos fenômenos naturais torna-se o processo único de construir o período. E, como nos

---

[18] "Tudo brilha na natureza no instante do meio-dia. O agricultor, que se alimenta e descansa; os bois deitados e cobertos de insetos voadores, que, flagelando-se com as caudas para enxotá-los, inclinam de vez em quando o focinho, sobre o qual resplendem ininterruptamente grossas gotas de suor, e abocanham negligentemente e com pausa o alimento esparso diante deles; o rebanho sedento, que com cabeça baixa se amontoa, e se aninha sob a sombra; a lagartixa que corre tímida a entocar-se, rastejando rapidamente e em intervalos ao longo de uma sebe; a cigarra, que enche o ar de um estridor contínuo e monótono; o mosquito, que passa zumbindo perto do ouvido; a abelha que voa incerta, e pousa sobre uma flor, e parte, e volta para o lugar de onde partiu; tudo é belo, tudo é delicado e tocante." [Segue-se o poema de Virgílio.] "Naquele momento, diz Nennus, o próprio sol parece turvar-se com o calor."

clássicos, esse plasticismo brilhante procura dispor-se em uma harmoniosa unidade. Mas nem sempre o consegue. As solicitações das imagens arcanas eram, no jovem escritor, ainda mais poderosas que a sua força de síntese: temos o esboço variado de cores e sons; não temos ainda o quadro que deverá esperar pelas canções e pelos grandes idílios para compor-se.

De qualquer maneira, a Natureza, espelhada pelos olhos dos poetas antigos, será a realidade central de Leopardi a partir desse ensaio paradoxalmente escrito para contrastar os "enganos" do pensamento selvagem. A atividade mitopoética superou aqui felizmente o plano didático das intenções.

O *Ensaio* era *bricolage* de versões. Depois de escrevê-lo, Leopardi pôs-se a traduzir intensamente, já agora com a consciência de estar substituindo a mera filologia pela obra poética.

Data de 1816-17 a conversão do *"vero"* ao *"bello"*, marcada pelas traduções dos *Idílios* de Mosco, da *Batracomiomachia* atribuída a Homero, do Canto I da *Odisseia*, do II da *Eneida* e do *Moretum* pseudovirgiliano. O que fora coleta de dados sensíveis muda-se em visão de um mundo concreto e orgânico de fantasia que o jovem poeta quer transpor para a clave dos versos italianos. Destas palavras de Leopardi a Giordani depreende-se a consciência da passagem:

> Estive por muito tempo à cata da erudição mais peregrina e recôndita, e dos treze aos dezessete anos mergulhei profundamente nesses estudos, e tanto, que escrevi uns seis ou sete tomos não pequenos sobre coisas eruditas (a qual fadiga, é justamente o que me arruinou); e alguns literatos estrangeiros que estão em Roma, e que eu não conheço, tendo visto certos escritos meus, não os desaprovaram e me exortaram a tornar-me, diziam, um grande filólogo. Há um ano e meio eu, quase sem perceber, me tenho dado às belas-letras, que antes descurava; e todas as minhas coisas que o Sr. viu e outras que não viu foram feitas nesse tempo, de modo que, tendo sempre cuidado dos ramos, não fiz como o carvalho que 'A *vieppiù ra-*

dicarsi il succo gira,/ Per poi schernir d'Austro e di Borea l'onte'; para o que estou agora inteiramente voltado.

O entusiasmo de Leopardi pela beleza dos textos antigos leva-o a compor diretamente em grego duas odes que finge serem de autor ignorado. Reproduzimos os textos e a tradução latina do próprio Leopardi:

Ωδη Δ. Εις Ερωτα
Κομωση ποτ' ευ σλη
ευδονθ ευρν Ερωτα
χ' εξαιφνης μευ επελθων,
αναισθητον εδησα
δεσμοτσιν ροδινοτσιυ.
Ὁ χουρος δ' αμ εγερθεεις,
δεσμους εχλασε, χ' ειμεν'
αλλ' ουτως αν αμελθοις
συ, δησαντος εμετο.

Ode I. In Amorem
Comata quondam in silva
dormientem Amorem deprehendi;
subitoque irruens,
nec sentientem vinxi
roseis vinculis.
Puer vero ut experrectus est,
vincula fregit, aitque:
at non ita abires
tu, si te ego vinxissem.

Ωδη Β. Εις Σεληνην
Βουλομ υμνειν Σεληνην.
Σ αναμελψομεν, Σεληνη,
μετεωρον, αργυρωμιν.
Συ γαρ ουρανου χρατουσα,
ησυχου τε νυχτος αρχην
μελανων τ εχεις ονειρων.
Σε δε χ αστερες σεβονται
ουρανον χαταυγαζουσαν.
Συ δε λευχον αρμ ελαυνεις
λιμαροχροους τε πωλους
αναβαντας εχ θαλασσης
χ οτε πανταχου χαμοντες
μεροπεγς σιωπαουοι,

Ode II. In Lunam
Lunam canere lubet.
Te, Luna, canemus
sublimem, os argenteam.
Tu enim coelum habens,
quietae noctis imperium
nigrorumque somniorum tenes.
Te et sidera honorant
cælum collustrantem.
Tu candidum agitas currum
ac nitidos equos
e mari ascendentes:
et dum ubique fessi
silent homines,

μεσον ουρανον σιωπη	medium per cælum tacite
εννυχος μονη θ οδευεις,	nocturna solaque iter facis;
επ' δρη τε, χαπι δενδρων	super montes, arborumque
χορυφας, δομους τ' επ αχρους	cacumina, et domorum culmina
εφ' οδους τε, χαπι λιμνας	superque vias et lacus
πολυ δν βαλουσα φελλος	canum iaciens lumen.
Τρομεουσι υεν σε χλεπται,	Te fures quidem reformidant,
παντχ χοσπον εισορωσαν	universum orbem inspectantem;
υμνεουσιν αδονες δε,	lusciniœ vero celebrant,
παννυχον θερους εν ωρη	totam per noctem, œstatis tempore
μινυρισματ' ηχεουσαι	exili voce cantillantes
πυχινοισιν εν χλαδοισιν.	densos inter ramos.
Συ δε προσφιλης οδιταις,	Tu grata es viatoribus,
υδατων ποτ εξιουσα.	aquis aliquando emergens.
Σε δε χα ι θεοι φιλουνται,	Te dii quoque amant,
σε δε τιμωσιν ανδρες,	te honorant homines,
μετεορον, αργυρωπιν,	sublimem, os argenteam,
ποτνιαν, φεραυγη.	venerandam, pulcram, luciferam.

Como observa Sergio Solmi,

"Ficção literária, fazendo parelha com o *Inno a Nettuno*, são as *Odae adespotae* (de autor ignorado), cujo original grego e a versão latina foram elaborados diretamente por Leopardi. A segunda 'Ode' pressente um motivo ao qual o poeta retornará constantemente. Não obstante a jocosa declaração do autor — uma tradução em versos latinos, renunciando, como bem se entende, àquelas rimas que Leopardi estimava indispensáveis para verter Anacreonte (embora se trate de um pseudo-Anacreonte) em módulos poéticos italianos."

Ode I. "*All'Amore*"
Nel folto d'una selva un di sorpresi
Amore addormentato.

D'un subito irropendo
stretto l'inconscio in rosei lacci avvinsi.
Ma il fanciullo ridesto li spezzò
e disse: Non sì tosto
te ne saresti sciolto
s'io te avessi legato.

Ode II. "*Alla Luna*"
Voglio cantar la luna.
Ti canteremo, o Luna;
faccia argentea, sublime
che, possedendo il cielo,
regni sulla quieta
notte, e sui negri sogni.
Te pur le stelle onorano
che tutto il cielo illustri,
guidi il candido carro
e i nitidi cavalli
che fuor dal mare salgono.
E mentre ovunque stanco
l'uman genere tace,
tacitamente in cielo
notturna e sola viaggi
sopra i monti, le vette
degli alberi e le cime
delle case, e sui laghi e sulle vie
posi il canuto lume.
Te, che l'orbe universo
indaghi d'estate,
d'esil voce canori
infra gli spessi rami.
Sei cara ai viaggiatori
quando emergi dall'acque,
t'aman gli dei, t'onorano gli umani,
o bella, argentea faccia,

veneranda, sublime,
di luce apportatrice.[19]

Se na primeira ode, "A Eros", tem-se apenas um Anacreonte menor, aguado por certo Arcadismo rococó (cf. aquele "*roseis vinculis*", que atam o deus adormecido), na segunda já aflora o motivo lunar, tão grato à poesia madura de Leopardi, e aqui trabalhando com o mais rigoroso respeito às cadências da tradição. Não o edulcorado sentimentalismo com que os ultrarromânticos evocarão a face de Silene: mas a forma, a cor, o errar quieto pela noite, o silêncio, a luz nítida e cândida, Leopardi começou nessas versões a assimilar dos clássicos um andamento solene mas despojado de toda retórica. É a pureza da visão antiga que ele consegue reconquistar.

O quanto havia de consciente nessa poética juvenil documenta-se pela carta aos redatores da *Biblioteca Italiana*[20] que Leopardi enviou à revista a fim de rebater um artigo de Madame de Staël, publicado em janeiro de 1816, sob o título "*Sulla maniera e l'utilità delle traduzioni*". A escritora, divulgando ideias dos Schlegel e de Schiller, opõe à antiga poesia mitológica a poesia nórdica, toda paixão e originalidade, nascida e criada sob o signo da religião medieval. E aos italianos encarece a urgência de traduzirem os bardos germânicos e escandinavos, relegando de vez toda uma linha de acadêmicas imitações latinas. Ora, ninguém mais avesso a essa romantização da poesia italiana que o poeta Giacomo Leopardi. Todas as imagens com que dava corpo ao seu desejo de transcender os próprios limites eram imagens tomadas àqueles mitos, àquela poesia, nas suas palavras, a única verdadeira: "porque a única natural, e de todo vazia de afetação".

---

[19] A versão italiana das odes é de Sergio Solmi, responsável pela edição das *Opere* de Leopardi, Milão/Nápoles, Riccardo Ricciardi, 1956, I, pp. 254-5.

[20] *Lettera ai Sigg. Compilatori della Biblioteca Italiana in Risposta a quella di Madama la Baronessa Di Staël-Holstein ai Medesimi*. Leopardi escreveu-a aos dezoito anos de idade (18 de julho de 1816). A carta não foi publicada.

Leopardi inverte a hierarquia de opções que Mme. de Staël propusera, na esteira do Romantismo alemão. Às palavras da "ilustre Dama", que recomendara a absorção de novos modelos, responde em termos opostos e simétricos:

> Lede os Gregos, os Latinos, os Italianos, e deixai de lado os escritores do Norte, e caso desejardes lê-los, se é possível, não os imiteis, e se assim mesmo quiserdes imitá-los, fechai para todo sempre, eu vos esconjuro pelas nove Irmãs, Homero, Virgílio e Tasso, e não queirais enxertar nos seus celestes Poemas um Fingal e uma Temora, pois sairiam monstros mais ridículos que os Sátiros, mais obscenos que as Harpias.

Nas fábulas góticas, onde os espíritos clássicos "encontram assaz frequentemente exageros e imagens gigantescas", o nosso poeta não reconhecia a fonte real da beleza: a *"vera catissima santissima leggiadrissima natura"*.

A Natureza, os Antigos são as duas faces da mesma ideologia mítica, o universo de significados a que respondem os significantes do estilo "ingênuo", isto é, não sentimental, em que foram tecidas as primeiras versões literárias de Leopardi.

No contato assíduo com as fontes clássicas, Leopardi será mais fiel que um tradutor quinhentista, Annibal Caro, até hoje proposto como exemplar nas escolas secundárias. A *Eneida* virgiliana vertida por Annibal Caro data de 1566. Chamaram-na *"la bella infedele"* pela largueza de critério que a presidiu. São de ler os severos comentários de Francesco De Sanctis para quem o tradutor diluiu, à força de análise, o tônus unificante do original.[21]

Leopardi, embora aceite a desenvoltura do texto de Caro, vê nessa mesma qualidade uma negação da nobreza contida no verso virgiliano. E, de fato, a sua *Eneida* é muito mais sintética e

---

[21] *Op. cit.*, p. 64.

muito mais literal que a do poeta renascentista. Leopardi está consciente de que a solução melhor não é partir para um outro texto, que se limite a correr bem em outra língua embora se afaste do espírito que ditou a escritura original. O texto de Caro é fluente, mas visa a um italiano analítico e burguês (Leopardi diz "familiar"): logo veste a nua *dignitas* virgiliana de locuções triviais, frouxas, prolixas, divulgando com certa procacidade o que é em si mesmo nobre e distante.

Haverá aqui traços de um modo de pensar da fidalguia provinciana, um resíduo de ideologia aristocrática que se esforça para nimbar o legado clássico de uma perfeita atemporalidade.

A versão de Caro resultava de um compromisso com o leitor medianamente culto das cortes citadinas. Caro foi um típico literato-humanista, divulgador dos clássicos.

O esforço de Leopardi tradutor, como o do Leopardi filólogo, era, ao contrário, o de atingir a palavra antiga na sua inteireza absoluta: lê-la e amá-la como revelação de uma Idade de Ouro, espelho sem mancha da própria Natureza.

> As letras e singularmente a poesia vão a contrapelo das ciências; porque, se estas se põem a caminhar sempre para cima, aquelas quando nascem são gigantes, mas com o tempo se apequenam.

E conferindo um valor absoluto à poesia antiga:

> Feliz tempo aquele em que o poeta na natureza, fresca virgem intacta, vendo tudo com os próprios olhos, não se angustiando em buscar novidades, pois tudo era novo, e criando sem o saber as regras da arte, com aquela negligência de que agora toda a força do engenho e do estudo mal pode dar-nos a imagem, cantava coisas divinas e eternamente duradouras.[22]

---

[22] *Le poesie e le prose*, ed. F. Flora, Milão, Mondadori, 1949, p. 557.

É a poética do ingênuo ontológico que o faz traduzir quase literalmente o Canto II da *Eneida*.

Confronte-se as traduções de Caro e de Leopardi com o original do episódio virgiliano de Laocoonte (II, vv. 199-233). Os 35 versos latinos passam a 44 em Leopardi, mas se estendiam, em Caro, a 52. Tome-se um momento da descrição: o da saída das serpentes do meio das águas.

> Virgílio (vv. 209-11)
> *Fit sonitus spumante salo; jamque arva tenbant*
> *Ardentesque oculos suffecti sanguine et igni*
> *Sibila lambebant linguis vibrantibus ora*[23]
>
> Caro (vv. 353-7)
> *L'acque sferzando sì che lungo tratto*
> *Si facean suono e spuma e nebbia intorno*
> *Guinti alla riva, con fieri occhi accesi*
> *Di vivo foco e d'atro sangue aspersi*
> *Vibrâr le lingue e gittâr fischi arribili*
>
> Leopardi (vv. 297-300)
> *Strepito sorge, spuma il mare: e'sono*
> *Sul lido già, di foco e sangue infetti*
> *Le roventi pupille, e con le lingue*
> *Vibrate lembon le fischianti bocche*

Na tradução de Caro perde-se todo vigor sintético. Tudo é variante ou explicação. O que Virgílio diz em um só hemistíquio denso e duro: "*Fit sonitus spumante salo*", Caro dilui em dois decassílabos (hendecassílabos italianos) acrescentando notações

---

[23] "Troa o mar bravo e espumoso; já já se aproximam da praia;/ de fogo e sangue injetados os olhos medonhos, a língua/ silva e sibila na goela disforme, a lamber-lhe os contornos" (tradução de Carlos Alberto Nunes).

por sua conta: *"L'acque sferzando sì che lungo tratto/ Si facean suono e spuma e nebbia intorno"*.

Não se pode negar certa melodia fácil no segundo verso, que prismatiza em sensações múltiplas o todo coeso do poeta latino: som, espuma, névoa. Leopardi era o primeiro a reconhecer a riqueza verbal e a perícia métrica de Caro. Mas o seu critério era outro. Não se tratava de *explicar* Virgílio em italiano, mas de *recuperar* aquela "nobreza" superiormente ingênua que os modernos teriam perdido.

Daí advém a literalidade de Leopardi. Onde: *"Fit sonitus"/ "strepito sorge"*; onde *"spumante salo"/ "spuma il mare"*; soluções que atendem não só à camada semântica mas também à camada da linguagem.

O cotejo é, aliás, todo favorável a Leopardi. A imagem bem definida das serpentes de olhos ardentes injetados de sangue e de fogo: *"ardentes oculos suffecti sanguine et igni"*, empola-se na retórica de Caro, que fala em "feros olhos acesos de vivo fogo e de atro sangue aspergidos"; ao passo que em Leopardi se reduz a *"di foco e sangue/ le roventi pupille"*, o que é a mesma *"parole"* de Virgílio, com a ênfase na sensação de ardor veiculada pelo adjetivo *"roventi"* a conotar o rubro do ferro incandescente.

Na oração final é ainda Leopardi que vai manter a sonoridade da oclusiva bilabial, /b/, reiterada com fins onomatopaicos:

Virgílio: Sibila lam*b*e*b*ant linguis vi*b*rantubus ora
Leopardi: Vi*b*rate lam*b*on le fischianti *b*ocche.

Caro fecha, menos que mediocremente: *"Vibrâr le lingue e gittâr fischi orribili"*.

Com a versão do Canto II da *Eneida*, Leopardi cumpre a passagem do filólogo ao artista e toma consciência de que só um poeta pode entender a beleza antiga e transcrevê-la para outro registro:

> Letta l'*Eneide* (sì come sempre soglio, letta qual cosa è, e mi pare veramente bella), io andava di continuo spasimado, e cercando maniera di far mie, ovi se potesse in alcuna guisa,

quelle divine bellezza [...]. Messomi all'impresa, so ben dirti avere io conosciuto per prova che senza esser poeta non si può tradurre un vero poeta, e meno Virgilio, e meno il secondo Libro della *Eneide*, caldo tutto quasi ad un modo dal principio alla fine; talché qualvolta io cominciava a mancare di ardore e di Lena, tosto avvisavami che il pennello di Virgilio divenia stilo in mia mano.[24]

O que o poeta acreditava tocar com a sua leitura-escritura era um estrato metafísico e atemporal da arte antiga: algo que participava, ao mesmo tempo, do natural e do mítico: "*quel divino mezzo che è il luogo di verità e di natura, e da che mai non si è dilungata un punto la celeste anima di Virgilio*".[25]

Leopardi estava absolutamente alheio a compromissos didáticos e a qualquer empenho de tornar *acessível* aos contemporâneos a substância do poema clássico. A esse respeito, impressiona a certeza de um valor absoluto que ele atribui à palavra de Hesíodo no prefácio à *Titanomachia*. O jovem tradutor procura ferir a essência mesma da poesia teogônica quando nela descobre e isola a categoria do *terrível*. Operando uma genuína redução fenomenológica um texto sepulto durante séculos sob o peso de comentários dispersivos e miúdos. Leopardi crê contemplar sem véus a face da poesia primitiva:

---

[24] "Lida a *Eneida* (assim como sempre costumo fazer, lida uma coisa que é, e me parece realmente bela), eu continuamente ficava agitado, e procurando uma maneira de fazer minhas, se de algum modo pudesse, aquelas divinas belezas [...]. Tendo-me lançado à empresa, sei bem dizer-te ter eu conhecido por prova que sem ser poeta não se pode traduzir um verdadeiro poeta, e menos Virgílio, e menos o segundo Livro da *Eneida*, todo quente quase do mesmo modo do princípio ao fim; tanto que quando começavam a me faltar o ardor e o fôlego, logo eu advertia que o pincel de Virgílio tornava-se estilete na minha mão." *Le poesie e le prose*, ed. F. Flora, I, p. 617.

[25] "aquele divino meio que é o lugar de verdade e de natureza, e do qual não se afastou um ponto a celeste alma de Virgílio". *Idem, ibidem*.

> Leggendo questi versi par di leggere Omero e Pindaro; altri aggiunga, se vuole, Milton: io non l'aggiungo perché la semplicità loro non si trova in poeta non Greco. La terribilità semplicissima di questo luogo dovrebbe farlevi studiare assai.[26]

O poder de "desvelamento" da Antiguidade teria sido, a crer nas análises de Heidegger, apanágio de um Hölderlin e de um Nietzsche. Ora, Giacomo Leopardi parecia ao mesmo Nietzsche o único escritor moderno cuja leitura se pudesse recomendar aos jovens:

> Aconselho-os a se aperfeiçoarem no estilo grego de preferência ao latino, e especialmente em Demóstenes. Simplicidade! E voltem-se igualmente para Leopardi, talvez o maior estilista do século.[27]

Fruto extremo da visão atemporal, mítica, dos Antigos é o longo *Discurso* sobre a poesia romântica que Leopardi escreveu em 1818.

Era de esperar que, a certa altura do seu itinerário, o jovem Leopardi cruzasse com a grande poética europeia do tempo, o Romantismo, já então madura na Alemanha e na Inglaterra e em fase de vitoriosa instauração na França.

O que importa aqui é justamente a área do Romantismo reflexo e polêmico, que Mme. de Staël, nas pegadas dos Schlegel, divulgava em toda a Europa.

---

[26] "Lendo estes versos parece-me ler Homero e Píndaro; outros acrescentam, se quiserem, Milton: eu não o acrescento porque a simplicidade deles não se encontra em poeta não grego. A terribilidade simplicíssima deste passo deveria fazê-los estudar muito." *Idem*, p. 562.

[27] Dos "Papéis póstumos" (1874-1875) acrescidos às *Considerações inatuais* (versão italiana, Milão, Mondadori, 1926, p. 311).

À nova pregação Leopardi opõe o seu *Discorso di un italiano intorno alla poesia romantica*, escrito em 1818, quando já havia estruturado os seus ideais estéticos em torno de um só mito: a Idade de Ouro ou, em termos de poética, a arte clássica. E a sua filosofia subjacente era simples: os Antigos estavam mais próximos das fontes dos valores, a Natureza.

Os românticos também acreditavam centrar seus ideais na volta à Natureza. Mas, no fundo, e Leopardi o viu bem, o alvo era outro: a liberação dos sentimentos.

No Leopardi do *Discorso* negam-se ambas as molas da reação anticlássica: o medievismo e o sentimentalismo. Afirmando-se *italiano*, mostra não ter em si nenhum ponto de contacto com a arte gótico-feudal, portanto "bárbara", que as novas modas querem reviver. *Sensista*, o seu polo estético e a Natureza em si, não o *ego*; a pura imagem, não o sentimento.

Às vertentes espiritualistas Leopardi só poderia dizer um enérgico *não*, que foi o *Discorso*, obra marginal naqueles anos em que se romantizam, no plano do puro sentimento, as origens medievais, bárbaras, das nações europeias. Tampo de romance histórico e de lírica narcisista.

É mais fácil entender a situação ideológica precisa e as marchas e contramarchas do discurso leopardiano quando se têm em vista as primeiras canções do poeta.

O discurso diz-se de "um italiano" e o adjetivo, polêmico no contexto, explicará toda a sua força nas canções "*All'Italia*" e "*Sopra il monumento di Dante*". O amor da pátria acha-se fundado nas lembranças de Atenas, de Esparta e de Roma, que, por sua vez, são figurações míticas do homem natural, não viciado pela razão.

O discurso abre-se com o ardor de quem vai defender a mais cara cidadela: "*Se alla difesa delle opinioni de' nostri padri e de' nostri avi...*", cidadela que o poeta teme desertada pelos próprios habitantes, pois os primeiros versos que escreveria depois desse momento polêmico serão de decepção:

> O patria mia, vedo le mura e gli archi
> e le colonne e i simulacri e l'erme
> torri degli avi nostri,
> ma la gloria non vedo,
> non vedo il lauro e il ferro ond'eran Carchi
> i nostri padri antichi.
>
> *("All'Italia")*

A imagem das torres desertas já assume conotação negativa no *Discorso*, em que se deplora que os defensores da boa causa se abriguem *"dentro a recinti di muraglie e di torri"*.

E o tom e o léxico aguerrido (*"L'armi, qua l'armi: io solo/ combatterò, procomberò sol io"*), explicam-se: para o jovem Leopardi é o seu próprio mundo-de-vida que as novas correntes assediam; é o intenso convívio de sete anos de *"Studio matto e disperatissimo"* que é preciso salvar; é, em suma, o seu mito pessoal que se vê apoucado nas palavras do opositor, o Cavaleiro Lodovico Di Breme: *"Senz'altro, le Osservazioni del Cavaliere a me paiono pericolose"*.

À medida que o discurso avança, o tom patriótico, alheio aos estratos mais pessoais de Leopardi, vai cedendo às motivações estéticas: à defesa da poesia natural contra a poesia "psicológica"; à proposta de uma doutrina mimética da palavra contra toda intrusão de análise sentimental no tecido do poema.

Leopardi retoma o espírito e a letra da poética empirista que atravessa o século das luzes. Na crítica a Di Breme o argumento mais repetido é sempre o comércio que a poesia deve entreter com os sentidos, "para os quais ela nasceu e viverá enquanto for poesia".

O mal dos românticos está em "praticar a poesia com o intelecto e arrastá-la do visível para o invisível, das coisas para as ideias, e transmutá-la de material e fantástica e corporal que era, em metafísica, racional e espiritual".

Leopardi aborrece nos modernos a veleidade de criar uma poesia que não seja concreção, mas vago floreio sentimental; e, polemizando com Di Breme, argui de incoerência o escritor romântico que evita as fábulas da Grécia para se comprazer em bruxedos medievais.

A rigor, Leopardi carece de distância histórica e crítica para ver que o medievismo dos seus adversários não era mais mítico do que a sua própria postura neoclássica. Via as características do movimento apenas sob o ângulo estreito da polêmica literária, sendo-lhe fácil pôr em xeque um divulgador menor como o Cavaliere Lodovico Di Breme.

Os sentidos captam a Natureza; a fantasia persegue o verossímil; a memória coleta as imagens exemplares dos antigos: até aí vai o poeta leopardiano. A espiritualidade moderna, ao contrário, na sua faina de abstrair e de projetar as camadas emotivas, perde o natural, ignora o verossímil, despreza o vinho forte das ficções primitivas, aguando assim toda grande poesia. Como se vê, a lógica do *Discorso* enquanto se opõe à poesia romântica, é, como esta, maniqueia: o bem emerge de uma natureza imutável de que os mitos são a *mimesis* feliz; o mal advém de uma razão decaída que crê progredir quando, na verdade, apenas traduz as condições vis do homem moderno:

> [...] *è necessario che non la natura a noi, ma noi ci addattiamo alla natura, e la poesia non si venga mutando, come vogliono i moderni,* ma nei suoi caratteri principali sai, come la natura immutabile.[28] (grifo meu, A. B.)

E mais adiante: *"l'ufficio del poeta è imitar la natura, la quale non si cambia, né incivilisce"*.[29]

---

[28] "[...] é necessário que não a natureza a nós, mas nós nos adaptemos à natureza, e a poesia não se venha mudando, como querem os modernos, *mas seja nas suas características principais, como a natureza, imutável*."

[29] "o ofício do poeta é imitar a natureza, a qual não muda, nem se civiliza".

De ambas as proposições emergem os traços mais fortes do que seria para o jovem Leopardi o pensamento poético: a-histórico, imutável, coextensivo à Natureza.

O *Discorso*, liberto em certa altura da necessidade de provar, toca o fulcro do "mito pessoal" de escritor que assume um andamento eloquente. Evoca as imagens primordiais, a memória dos patriarcas, as estações cosmogônicas de Hesíodo: tema das canções míticas "*Alla primavera o delle favole antiche*" e "*Inno ai patriarchi*". E a infância é, mais uma vez, declarada homóloga da vida primitiva, uma e mesma coisa com a Natureza:

> [...] quello che furono gli antichi siamo stati noi tutti e quello che fu il mondo per qualche secolo siamo stati noi per qualche anno, dico fanciulli e partecipi di quella ignoranza e di quei timori e di quei diletti e di quelle credenze e di quella sterminata operazione della fantasia; quando il tuono e il vento e il sole e gli astri e gli animali e le piante e le mura de'nostri alberghi, ogni cosa ci appariva o amica o nemica nostra, indefferente nessuna, insensata nessuna; quando ciascun oggetto che vedevamo ci pareva in certo modo accennando, quasi mostrasse di volerci favellare; quando in nessun luogo soli, interrogavamo le immagini e le pareti e gli alberi e i fiori e le nuvole, e abbracciavamo sassi e legni, [...] quando i colori delle cose quando la luce quando le stelle quando il fuoco quando il volo degli insetti quando il canto degli uccelli quando la chiarezza dei fonti tutto ci era nuovo e disusato.[30]

---

[30] "[...] o que foram os antigos fomos nós todos e o que foi o mundo por algum século fomos nós por algum ano, digo crianças e partícipes daquela ignorância e daqueles temores e daqueles deleites e daquelas crenças e daquela desmedida operação da fantasia; quando o trovão e o vento e o sol e os astros e os animais e as plantas e os muros dos nossos albergues, cada coisa nos aparecia ou amiga ou nossa inimiga, indiferente nenhuma, insensata nenhuma; quando cada objeto que víamos nos parecia de certo modo acenando, quase mostrasse querer falar conosco; quando em nenhum lugar sozinhos, interrogá-

A fantasia mantém na infância um poder transfigurador capaz de recriar a Idade de Ouro:

> Io stesso mi ricordo di avere nella fanciullezza appreso coll'immaginativa la sensazione d'un suono così dolce che tale non s'ode in questo mondo: io mi ricordo d'essermi figurate nella fantasia, guardando alcuni pastori e pecorelle dipinti sul cielo d'una mia stanza, tali bellezze di vita pastorale *che se fosse conceduta a noi così fatta vita, questa già non sarebbe terra ma paradiso, e albergo non di uomini ma d'immortali.*[31]
> (grifo meu, A. B.)

Na polêmica que desenvolvia contra a voga "psicológica" e "analítica",[32] Leopardi propunha uma concepção icástica da arte. Ícone da natureza, o poema deve ser imagem e só imagem, algo que desperte, de repente, a fantasia e transponha sem véus nem brumas para a "*immaginativa*" o que os sentidos tomam ao mundo corpóreo.

---

vamos as imagens e as paredes e as árvores e as flores e as nuvens, e abraçávamos pedras e lenhos [...]; quando as cores das coisas quando a luz quando as estrelas quando o fogo quando o voo dos insetos quando o canto dos pássaros quando a clareza das fontes tudo nos era novo e desusado."

[31] "Eu mesmo me lembro de ter na infância apreendido com a imaginativa a sensação de um som tão doce que tal não se ouve neste mundo: eu me lembro de ter figurado na fantasia, olhando alguns pastores e ovelhinhas pintados no céu de um quarto meu, tais belezas de vida pastoral, que, *se nos fosse concedida vida semelhante, esta não seria terra mas paraíso, e albergue não de homens mas de imortais.*"

[32] Leopardi transcreve entre aspas alguns termos que lhe sabem ao jargão moderno: "psicológico", "analítico", "massas". Não se pode ignorar a prevenção purista que essas palavras, extraliterárias, deveriam despertar no admirador de Parini e de Monti. O *Discorso* tem, aliás, toda uma estrutura exortativa e, no fundo, defensiva: o prólogo e o epílogo apostrofam os italianos a reagirem contra a "barbárie" dos novos invasores (no caso, os românticos ingleses, alemães e franceses).

Retrato de Giacomo Leopardi (1798-1837) realizado por Luigi Lolli em Bologna, em 1826.

É através dessa elaboração fantástica, peculiar à imaginação, que Leopardi funda, no *Discorso*, a autonomia da arte. Os fantasmas da poesia não têm nenhum compromisso com a lógica do discurso abstrato. A fantasia, livre, deve continuar produzindo e combinando imagens só *a partir dos sentidos*. Apesar de ilusórias, essas imagens serão verossímeis, pois, tendo origem nas sensações, elas reconduzem, em última instância, à Natureza.

Mas, como é forçoso admitir que há uma pressão crescente da análise, do artifício, da afetação sentimental, males da idade romântica, pensa Leopardi, não resta ao poeta senão liberar a imaginação: "como e quando pode", reimergindo-se na visão do cosmos e na leitura dos que souberam ver franca e vigorosamente a Natureza: os Antigos.[33]

---

[33] O contraveneno receitado para essas tendências "analíticas" e "psico-

Trata-se de uma poética radicalmente arcaica, no sentido etimológico da palavra. E, em face do romantismo de um Shelley, de um Byron e de um Hugo, uma poética singularmente passadista, na medida em que recusa a afirmação da psique individual na gênese do poema. Hoje, mudados os contextos, e integradas as operações da consciência no processo do fazer poético, a exigência de Leopardi parece moderníssima.

Também hoje se busca uma atividade estruturadora do poema (do romance, do drama) que transcenda os limites de subjetividade de um só indivíduo.

Também hoje se reconhece na fabulação mítica um processo prévio e análogo ao da técnica narrativa.

Também hoje vê-se no pensamento selvagem uma lógica do concreto que não é apanágio da mente "primitiva", mas subsiste no sonho e na arte.

Mas hoje sabe-se que a arcana ingenuidade do fabulador ou é mais um mito do homem "civilizado", ou, caso tenha existido, não é mais recuperável no contexto de uma civilização industrial.

No começo do século XIX fazia sentido a poesia "analítica", desprezada por Leopardi como antinatural. O jovem da pequena nobreza de uma província obscura, ainda ligada ao feudalismo pontifício, via com desconfiança aquelas efusões individualistas que, no entanto, significavam algo em face das novas estruturas sociais. Era-lhe fácil debuxar quadros satíricos da literatura "moderna", fazendo contraste entre o expressionismo patético desta e a severa pureza e a nobre contenção dos antigos.

Ao gosto vulgar dos modernos não soam bem as teclas delicadíssimas da Natureza: "*ci vogliono urtoni e picchiate e spunto-*

---

lógicas" é, sempre, o estudo dos clássicos. Que ensinam um modo de reconquistar, pela imitação, a naturalidade perdida. Leopardi se debruçaria até os últimos anos sobre gregos e latinos: vejam-se, no *Zibaldone*, as copiosas anotações filológicas e estilísticas que fez durante quinze anos de leituras e versões. Para uma compreensão orgânica do problema, recomendo o belo ensaio de S. Timpanaro Jr., *La filologia di Giacomo Leopardi*, Firenze, Le Monnier, 1995.

nate romantiche per scuoterli e svegliarli" ("são necessários empurrões, sovas e espetadas para sacudi-los e acordá-los").

A imaginação desses leitores, que resiste bravamente aos suspiros de um poeta terno e infeliz por uma dama de Avinhão [*alusão a Petrarca*], deve por força ceder o seu tanto aos rugidos de um assassino por uma turca [*alusão a um episódio do poema narrativo de Byron, "The Giaour"*].

E quem nem move a pálpebra quando o poeta lhe mostra um filete de sangue no peito de um guerreiro jovem e valoroso, há de dar algum sinal de vida ante o espetáculo de um soldado ébrio arrombado e desventrado por uma bala de canhão; enfim, quem não dirige sequer a face para uma colina verde e batida pelo sol, mister é que, embora de soslaio, volte seu olhar para um imenso rochedo retalhado e nu, que avança do flanco de uma montanha e pende horrivelmente sobre um abismo obscuro de não sei quantas milhas.

E quanto ao verdadeiro *pathos*, não era, nos Antigos, um sentimentalismo mórbido, compósito, esmiuçado por amor da análise psicológica: não era uma "sensibilidade impuríssima e desnaturadíssima", mas "íntima e espontânea, modestíssima, esquiva", como a que se adverte no episódio da *Odisseia* em que Penélope suplica a Fêmio que silencie sobre a volta dos Gregos, pois estes renovam a sua dor pela ausência de Ulisses, ou nos passos da *Ilíada* que narram a separação de Heitor da companheira, o pranto de Hécuba, o colóquio de Príamo e Aquiles. Sem falar na emoção sóbria que suscita a leitura da virgiliana fábula de Orfeu no Livro quarto das *Geórgicas*.

Nos românticos, antes *voyeurs* ("*curiosacci*") que sensíveis, a franca e ingênua afetividade degrada-se, vira efeito calculado, maneirismo senil, descaramento ("*sfacciataggine*"), "*materia schifosissima che solamente a pensarne mi fa stomacare*" ("matéria asquerosíssima que só de pensar me faz estomagar").

E procurando dar mais um golpe certeiro:

[...] Certamente a morte da mulher amada é um tema patético, e julgo que se um poeta, colhido por essa desventura, ao cantá-lo não faça chorar, melhor é que desespere para sempre de comover os corações. Mas por que o amor deve ser incestuoso? Por que a mulher trucidada? Por que o amante um exemplo de celerado e monstruosíssimo de todos os lados? Até agora os poetas foram cisnes e não corvos a voejarem em torno da carniça [...]

O *Discorso*, suma ideológica e poética dos primeiros mitemas de Giacomo Leopardi, caminha a força de dualismos radicais: Antigo-Moderno, Clássico-Romântico, Natureza-Civilização, Sentidos-Razão, Fantasia-Sentimento. E a exortação aos jovens para que redimam a Pátria pisada pelo estrangeiro é mais um mitema internamente dual (Latinidade *vs.* Barbárie) no conjunto do complexo abrangente que temos examinado: o mito da Idade de Ouro projetado na Natureza e nos Antigos.

Mas essa configuração, válida para o corte sincrônico 1815-1818, estava sujeita ao desequilíbrio e à passagem para uma nova estrutura mitopoética.

História literária em três tempos

Imagens do Romantismo no Brasil

A CONSCIÊNCIA: ESPELHO E AVESSO

> *Nous n'usons pas des choses,
> mais de leurs images.*
> Senancour, *Obermann*

Há momentos-limite na cultura romântica em que a relação do *eu* com a História parece perder a sua dimensão mais abertamente social; então, o texto faz retroceder o horizonte do sentido à pura subjetividade.

A crônica dos tempos coloniais, matriz do romance alencariano, foi posta entre parênteses no desfecho selvagem e mítico de *O Guarani*. Essa razão interna do primitivismo romântico fala ainda mais alto e com menos mediações na poesia lírica.

Convém determinar alguns dos modos pelos quais a poesia brasileira dos meados do século XIX realizou essa redução de motivos e imagens à óptica preferencial do sujeito.

O primeiro — e menos complexo — grau de alheamento do *eu* lírico em face do cotidiano e da trama social dá-se, em geral, na busca de paralelos entre sentimentos e aspectos da natureza. A metáfora romântica mais simples é sempre a que se funda sobre alguma correlação entre paisagem e estado de alma. Os textos de Gonçalves Dias, por exemplo, não costumam ultrapassar esse modo de expressão pelo qual o sujeito e o céu (o sol, a noite, o mar...) ocupam espaços contíguos de uma linguagem animista.

O poeta dos "Últimos cantos", falando do terror do assassino crivado de culpa e remorso, vale-se destas correspondências:

> O mar nas ondas crespas, que se enrolam,
> Batidas pelo açoite da procela,
> Troveja o mesmo nome; as vagas dizem-no,
> Quando passam, cuspindo-lhe o semblante;
> E Deus, o próprio Deus no espaço grava
> Nos fuzis que os relâmpagos centelham.
>
> ("O assassino")

Ou joga com certos símiles transparentes para dizer a atração que prende o amante à amada:

> Procura o ímã sempre
> Do polo a firme estrela,
> De viva luz o inseto
> Se deixa embelezar;
> E a nave contrastada
> Das fúrias da procela
> Procura amigo porto,
> No qual possa ancorar.
> O ímã sou constante,
> A nave combatida,
> O inseto encadeado
> Com fúlgido clarão
>
> ("Fadário")

E há paralelos entre a *dor* e a *água* que verte de pedra —

> Como licor que mana
> De cava, úmida rocha,
> Que o sol nunca evapora,
> Nem limpa amiga mão;
> [...]

> Que livre o pranto corre
> Da noite na solidão!"
>
> ("Harpejos")

ou este outro, em que ressurge o bíblico par *Espírito-fogo*:

> Tudo se muda, tudo se transforma;
> O espírito, porém, como centelha,
> Que vai lavrando solapada e oculta,
> Até que enfim se torna incêndio e chamas,
> Quando rompe os andrajos morredouros,
> Mais claro brilha, e aos céus consigo arrasta
> Quanto sentiu, quanto sofreu na terra.
>
> ("Urge o tempo")

São relações concordes e simétricas, que atam a cólera à tempestade, o orgulho à serrania, as folhas que caem aos anos que se vão, o sentimento do tempo à visão das águas que correm e não voltam mais. Descontado o *pathos* que tudo invade, e que rege o desdobramento das imagens, o que significa esse uso metafórico dos elementos naturais senão dar ênfase a modos analógicos de dizer que a poética clássica já havia trabalhado com singular discrição? Nessa ordem de razões, o máximo que se pode afirmar, e a crítica já o tem feito desde o século passado, é que o Romantismo reabriu as fontes arcanas e cósmicas da imaginação, que o Neoclassicismo esgotara em clichês antes mitológicos do que mitopoéticos. Nas palavras justas de Northrop Frye:

> Fora do gênero pastoril, e muitas vezes dentro dele, imagens de plantas e animais tendiam a se tornar estilizadas e heráldicas, usadas como emblemas religiosos, alusões mitológicas ou metáforas de convenção.[1]

---

[1] "Il mito romantico", *Lettere Italiane*, ano XIX, nº 4, dez. 1967.

Não é, porém, esse grau da metaforização que nos atrai aqui. Nem sempre eu romântico e Natureza se encontram de sorte que um remeta ao outro, sem sobras, como em um jogo de espelhos perfeitamente simétricos. Nem sempre o céu é testemunha, confidente ou reflexo da alma. Friedrich Schiller viu logo, e bem, o fenômeno: a poesia romântica teria perdido a *ingenuidade*, aquele nexo imediato com a origem das sensações que fizera das literaturas antigas modelos de clareza e vigor; tornando-se *sentimental*, dobrou-se sobre si mesma e alargou o hiato entre a consciência e o mundo. Subjetivismo e ironia preencheram esse intervalo.

Leopardi, enraizado em uma tradição mais fundamente clássica que a do idealismo alemão, também esconjurava a nova moda reflexiva e analítica de fazer poesia, próxima do discurso psicológico, distante da natureza. O mal estaria em:

> Praticar a poesia com o intelecto e arrastá-la do visível para o invisível, das coisas para as ideias, e transmutá-la de material e fantástica e corporal, que era, em metafísica, racional e espiritual.[2]

E em outro passo: "O ofício do poeta é imitar a natureza, a qual não muda nem se civiliza". No entanto, era a essência mesma do espírito romântico que pressionava a linguagem lírica para realizar a maior autonomia possível da consciência.

A quebra da antiga solidariedade entre *imagem* e *pathos* é uma decorrência formal dessa liberação do espírito subjetivo. Quando o nosso Fagundes Varela, depois de falar, não sem a muleta de convenções bucólicas, no prado, no rio e na espuma, arranca de si o grito dissonante: "Ó mundo encantador, como és medonho!", está cavando, no coração da antítese, o valo entre as qualidades do universo e a sua visada mais íntima, prepotentemente individual.

---

[2] Giacomo Leopardi, "Discorso di un italiano intorno alla poesia romantica" (1818), em *Opere*, Milão/Nápoles, Riccardo Ricciardi, 1956.

Ao se dissociarem, eu e natureza tendem a produzir duas assimetrias fundamentais: ora o sujeito se reconhece finito perante o infinito do universo; ora proclama a própria eternidade, e atribui limites fatais à existência objetiva.

A primeira estrada conduz a um modo elegíaco de tratar a vida breve oposta à natureza perene. O sujeito reponta, mas para negar-se e desenhar os seus confins no espaço e no tempo. Em Leopardi e em Vigny, a Natureza já é madrasta, não é mãe: ao seu ritmo eterno e sempre o mesmo pouco importa a fugacidade da vida humana. Na poesia de Álvares de Azevedo, de Junqueira Freire, de Fagundes Varela, a obsessão do fim parece recobrir mais de uma paisagem, noturna ou marinha, mas sempre acaba refluindo para o indivíduo, ser mortal por excelência:

> Tu foste como o sol; tu parecias
> Ter na aurora da vida a eternidade
>   Na larga fronte escrita...
> Porém não voltarás como surgias!
> Apagou-se teu sol da mocidade
>   Numa treva maldita!
>   (Álvares de Azevedo, "Um cadáver de poeta")

> Qu'esperanças, meu Deus! E o mundo agora
> Se inunda em tanto sol no céu da tarde!
> Acorda, coração!... Mas no meu peito
> Lábio de morte murmurou: — É tarde.
>   (Álvares de Azevedo, "Virgem morta")

A alma aniquilada pela transcendência do céu é a imagem que fica dessa primeira forma de descompasso:

> A flor que aos lábios meus um anjo dera
>   Mirrou na solidão...
> Do meu inverno pelo céu nevoento

> Não se levantará nem primavera
> Nem raio de verão!
> (Junqueira Freire, "Hinos do profeta")

> A estrela de verão no céu perdida
> Também às vezes teu alento apaga
> Numa noite tranquila!...
> (Álvares de Azevedo, "12 de setembro")

No campo de imagens assim produzido, o céu, o sol, a estrela de verão, tudo o que é diurno, luminoso e quente simbolizará não o esplendor, mas, por força do contraste, a morte do sujeito, a frieza e o negror em que se retrai a sua finitude. A inversão do liame tradicional entre significado e símbolo marca, nesse particular, uma das conquistas de certo modo romântico de se enfrentarem homem e natureza.

Mas há o outro caminho. A evocação de certas paisagens em horas de sombra (*poente*, *noite*) engendra o contraste entre o mundo que some e que morre e o espírito que sobrevive. Este pode ser um *espectro*, *Deus* ("Como da noite o bafo sobre as águas/ Que o reflexo da tarde incendiava,/ Só a ideia de Deus e do infinito/ No oceano boiava!" — Álvares de Azevedo), ou, etapa final, a *consciência* do eu poético.

> Aqui nas praias onde o mar rebenta
> E a escuma no morrer os seios rola,
> Virei sentar-me no silêncio puro
>   Que o meu peito consola!
>
> Sonharei — lá enquanto, no crepúsculo,
> Como um globo de fogo o sol se abisma
> E o céu lampeja no clarão medonho
>   De negro cataclisma...
> (Álvares de Azevedo, "Crepúsculo do mar")

Neste poema de concentrada violência risca-se a figura da destruição dos elementos, o mar rebenta, morre a escuma, o sol se abisma, o clarão é medonho, o vento é vento de ruínas; mas sobrepaira ao "negro cataclisma" o poeta, que vem sentar-se à beira do mar e se entrega ao mais livre dos modos de existência: "Sonharei".

Em outro texto, "No túmulo de meu amigo...", reitera-se o luto cósmico ("A vida é noite: o sol tem véu de sangue"), mas, paralelamente, emerge da sombra a alma em fogo, sedenta de infinito ("E eu vago errante e só na treva infinda.../ [...] Acorda-te, mortal! é no sepulcro/ Que a larva humana se desperta à vida!").

Se o homem romântico pode sucumbir diante do universo, o contrário também é verdadeiro: arma-se um jogo de mútua transcendência entre sujeito e objeto.

O titanismo e a sua variante romântica, o demonismo, afirmam-se anulando o cosmo ou reconhecendo os seus vazios. O imaginário precisa da noite, das marcas da ausência (o escuro, o oco, o frio) para dar corpo ao fantasma do eu, ou criar do nada um novo mundo. Até o motivo byroniano do herói perseguido, do gênio maldito, projeta a figura do homem sobre um fundo turvo, agônico:

>Sobre uma ilha isolada,
>Por negros mares banhada,
>Vive uma sombra exilada,
>De prantos lavando o chão;
>E esta sombra dolorida,
>No frio manto envolvida,
>Repete com voz sumida:
>— Eu inda sou Napoleão.
>Tremem convulsas as plagas,
>Bravias lutam as vagas,
>Solta o vento horríveis pragas
>Nos sendais da escuridão;
>Mas nas torvas penedias

>Entre fundas agonias,
>Ele diz às ventanias:
>— Eu inda sou Napoleão.
>
>(Fagundes Varela, "Napoleão")

No limite, titanismo e demonismo são a poesia do mal universal, *cupio dissolvi*, que o nada atrai. Não é preciso buscar muito longe as suas origens temáticas, em pré-românticos ingleses ou alemães: o Lamartine elegíaco das *Méditations poétiques*, leitura certa e assídua dos nossos Álvares de Azevedo e Junqueira Freire, tem momentos de *pathos* desesperado, o que é significativo em um poeta de formação religiosa conservadora. Em "Le Désespoir", sexta meditação, o foco lírico existe enquanto voz que acusa o Criador de ter entregado o mundo ao acaso e aos desertos do vazio:

>Du jour où la nature, au néant arrachée,
>S'échappa de tes mains comme une oeuvre ébauchée,
>Qu'as-tu vu cependant?
>Aux désordres du mal la matière asservie,
>Toute chair gémissante, hélas! et toute vie
>Jalouse du néant.

A impaciência do limite, a certeza de que a vida é ciumenta do nada, dão a esse romantismo uma plataforma a mais para fundar a existência só e altiva do sujeito:

>Qu'importe le soleil? Je n'attends rien des jours.
>[...]
>Sur la terre d'exil pourquoi resté-je encore?
>Il n'est rien de commun entre la terre et moi.
>
>("L'Isolement")

Transposta a distância entre homem e natureza em *modos de expressão*, decorre:

— Ou um recuo da imagem em face do *pathos*: é a poesia sentimental de que fala Schiller, a poesia analítica de que fala Leopardi, poesia centrada nas funções emotiva e apelativa da linguagem. Nós a reconhecemos logo pelo frouxo e vago da forma, pela presença constante de adjetivos psicológicos, pela cópia de exclamações, interrogações, interjeições, reticências, vocativos, apóstrofes, truncamentos;

— Ou a construção de um imaginário negativo, tal como se exemplificou linhas acima. Para essa alternativa, a matriz é a imagem da *noite*: ela permite que se revele o eu a si mesmo:

> Gosto de vós, sombras da noite queda,
>   Morte do dia
> [...]
> Posso então retrair-me em minha essência,
>   Viver comigo.
>   (Junqueira Freire, "Meditação")

> Vem recolher-se aqui, fugindo ao gelo,
> Inteiro, inteiro espírito [...]
>   (Junqueira Freire, "O monge")

> Vem, hora do crepúsculo tão terna!
> Vem, hora singular! [...]
> É só em ti que eu sinto-me librado
> Na balança em que sou.
>   (Junqueira Freire, fragmento do Canto I
>   do poema "Dertinca")

No trato simbólico da negatividade, o mesmo Junqueira Freire explora todas as formas do mal: o grotesco, o blasfemo, o horrível. Exibe-se, nas *Inspirações do claustro*, um modo de deteriorar as imagens que prenuncia, entre nós, o gosto do hórrido e do letal de um naturalista em crise como Augusto dos Anjos. A gênese desse estilo, que se costuma tachar de "mórbido" é, na verdade, a mesma objetivação do mundo (a Natureza como o *outro radical*) levada a tal clima de estranheza que, parecendo não ter nada mais em comum com o sujeito, perde o sentido para este, e ameaça nadificá-lo com a sua alteridade. O Romantismo do nada ora articula-se em termos de sentimento (*tédio, ennui, spleen, Weltschmerz*), ora se matiza de tons intelectuais, à medida que aguça o senso das contradições: é o *humor*.

Do *cupio dissolvi* dá exemplo um poema duro e dissonante de Junqueira Freire, "Morte (hora de delírio)" que põe à mostra o aspecto mais cru da demolição do corpo:

> Miríadas de vermes lá me esperam
> Para nascer de meu fermento ainda,
> Para nutrir-se de meu suco impuro
> Talvez me espere uma plantinha linda.
>
> Vermes que sobre podridões refervem,
> Plantinha que a raiz meus ossos ferra,
> Em vós minha alma e sentimento e corpo
> Irão em parte agregar-se à terra.
>
> E depois, nada mais. Já não há tempo,
> Nem vida, nem sentir, nem dor, nem gosto.
> Agora o nada — esse real tão belo,
> Só nas terrenas vísceras deposto.

O sujeito do discurso lírico romântico e, por extensão, moderno, parece só ter condições de subsistir quando se lança em alguma dimensão temporal: no passado da poesia nostálgica, no futuro da poesia utópica. Mas fechado na sua imanência, e na medida em que a Natureza deixou de ser a sua grande testemunha, ele cai na angústia da finitude, e as suas figuras descolam do mito da queda.

A variante humorística, que parece suspender a *confissão* desse estado, é, na verdade, um jogo de perspectiva que o reflete de viés. O humor nos dá a experiência extrema do Romantismo: sobrevém à desunião das partes de um todo que se mostra então instável e heterogêneo. Ainda uma vez, Hegel viu precocemente o fenômeno:

> Não se propõe o artista dar, no humor, uma forma artística e acabada a um conteúdo objetivo já constituído nos seus principais elementos em virtude das propriedades que lhe são inerentes, mas insere-se, por assim dizer, no objeto e emprega a sua atividade em dissociar e decompor, por meio de "achados" espirituosos e de expressões inesperadas, tudo o que procura objetivar-se e revestir uma forma concreta e estável.
>
> Assim se tira ao conteúdo objetivo toda a sua independência, e consegue-se ao mesmo tempo abolir a estável coerência da forma adequada à própria coisa; a representação passa a ser um jogo com os objetos, uma deformação dos sujeitos, um vaivém e um cruzamento de ideias e atitudes nas quais o artista exprime o menosprezo que tem pelo objeto e por si mesmo.[3]

O humor é a condição de possibilidade de um certo meta-romantismo que não se formaria sem a ruptura moderna de sujeito e objeto e, em outro tempo, sem a cisão do próprio sujeito.

Álvares de Azevedo, abrindo a segunda parte da *Lira dos vinte anos*, remonta a uma tradição de humor que vem de Rabelais e Cervantes, mas vale-se dela para afirmar a corrosão do seu romantismo:

> Quase que depois de Ariel esbarramos em Calibã.
> A razão é simples. É que a unidade deste livro funda-se numa binomia. [...]
> Por um espírito de contradição, quando os homens se

---

[3] *A arte clássica e a arte romântica*, Lisboa, Guimarães, 1972, 2ª ed., p. 313.

veem inundados de páginas amorosas, preferem um conto de Boccaccio, uma caricatura de Rabelais, uma cena de Falstaff no *Henrique IV* de Shakespeare, um provérbio fantástico daquele *polisson* Alfred de Musset, a todas as ternuras elegíacas dessa poesia de arremedo que anda na moda [...].

Depois a doença da vida, que não dá ao mundo objetivo cores tão azuladas como o nome britânico de *blue devils*, descarna e injeta de fel cada vez mais o coração. Nos mesmos lábios onde suspirava a monodia amorosa, vem a sátira que morde.

Resta saber como se dá a passagem no texto de Álvares de Azevedo. Os processos são vários.

Um primeiro modo é *fingir* ironicamente que se partilha com o leitor o desprezo burguês ao poeta e à poesia: fica patente o caráter marginal da arte na sociedade do dinheiro. O humor advém da exibição crua desse caráter:

> Nem há negá-lo — não há doce lira
> Nem sangue de poeta ou alma virgem
> Que valha o talismã que no oiro vibra!
> Nem músicas nem santas harmonias
> Igualam o condão, esse eletrismo,
> A ardente vibração do som metálico...
>
> ("Um cadáver de poeta")

A ação do dinheiro como solvente universal aparece no centro do antirromantismo romântico:

> Quem não ama o dinheiro? Não me engano
> Se creio que Satã à noite veio
> Aos ouvidos de Adão adormecido
> Na sua hora primeira, murmurar-lhe
> Esta palavra mágica de vida,
> Que vibra musical em todo o mundo.

> Se houvesse o deus vintém no Paraíso,
> Eva não se tentava pelas frutas,
> Pela rubra maçã não se perdera;
> Preferira de certo o louro amante
> Que tine tão suave é tão macio!
>
> ("O editor")

Desenhando a imagem do poeta maldito e, ao mesmo tempo, expondo-a à luz prosaica das aperturas econômicas, Álvares de Azevedo alcança dizer da situação ambígua desse homem situado e carente que vive de produzir palavras, sonhos e imagens.

Uma representação mais sutil e complexa dos descompassos românticos está em "Ideias íntimas", poema longo que agita todo o repertório do gosto dominante como quem brinca com os objetos de um ambiente bizarramente decorado. O seu espaço é um quarto de estudante onde se atulham em caos os emblemas de uma arte e de uma literatura que já viraram moda, artifício, estilo de vida romântico. Nada se esquece nesse museu contemporâneo: livros de Byron, Musset e Lamartine abertos nas cadeiras ou espalhados pelo chão; quadros empastados de romanesco e pitoresco; ícones de um exotismo sem margens; e objetos, muitos objetos, a sugerir a necessidade do supérfluo do jovem *blasé*: charutos, garrafas de conhaque, velhas estampas cheias de pó:

> Enchi o meu salão de mil figuras.
> Aqui voa um cavalo no galope,
> Um roxo *dominó* as costas volta
> A um cavaleiro de alemães bigodes,
> Um preto beberrão sobre uma pipa,
> Aos grossos beiços a garrafa aperta...
> Ao longo das paredes se derramam
> Extintas inscrições de versos mortos,
> E mortos ao nascer... Ali na alcova
> Em águas negras se levanta a ilha
> Romântica, sombria à flor das ondas

> De um rio que se perde na floresta
> [...]
> Além o romantismo!

A consciência de um estilo, ao qual já não se adere intimamente, beira aqui a paródia. Que virá, afinal, na forma extrema da autoparódia. O autor dos belos versos elegíacos de "Lembrança de morrer",

> Descansem o meu leito solitário
> Na floresta dos homens esquecida,
> À sombra de uma cruz, e escrevam nela:
> — Foi poeta — sonhou — e amou na vida. —

escreveria também:

> Poetas! Amanhã ao meu cadáver
> Minha tripa cortai mais sonorosa!...
> Façam dela uma corda, e cantem nela
> Os amores da vida esperançosa!

Realizam-se, no mesmo autor, os dois modos fundamentais que Schiller apontou como espécies da "poesia sentimental" moderna: o patético e o satírico; ao primeiro cabe evocar o real distante, ao segundo, agredir o real presente.

Poesia e projetos

La mission du poète est de produire.
Vigny, *Stello*

A paródia e a metalinguagem podem significar a crise de um estilo poético, mas não são o fim da possibilidade de fazer poesia. Talvez compasso de espera enquanto não se abre um horizonte novo à experiência do homem e à forma da arte.

Certas imagens apresentam-se e articulam-se na poesia de Castro Alves de um modo bem diverso do que se considera comum aos poetas da segunda geração. Tomando-se um poema exemplar, "O livro e a América", vê-se, à primeira leitura, que a direção das imagens não é a da ressonância, mas a do *salto*. Castro Alves desloca a matéria da recordação para a esfera da vontade, do projeto. Daí o seu texto ser tratado de modo a manifestar, nos vários níveis da linguagem, uma forte tensão pragmática.

O estrato dos sons é o primeiro que se impõe em versos feitos para se escandirem com ênfase oratória; no interior da camada fônica, o entremeio de rimas masculinas em versos breves, cadenciados, dá acesso a um mundo de certezas cimentado de decisão e programa:

> Talhado para as grandezas,
> P'ra crescer, criar, subir,
> O Novo Mundo nos músculos
> Sente a seiva do porvir.
> — Estuário de colossos —
> Cansado doutros esboços
> Disse um dia Jeová:
> "Vai, Colombo, abre a cortina
> "Da minha eterna oficina...
> "Tira a América de lá."

O empuxe para a ação imediata é assumido também por algumas formas verbais recorrentes: o *imperativo*, puro ("Vai, Colombo"...), ou sob a espécie do infinito, e o *presente*, alongado até o futuro, produzem um sentido básico de dinamismo que imprime à imagem verbal movimento de flecha:

> "Tudo marcha!... Ó grande Deus,
> As cataratas — p'ra terra,
> As estrelas — para os céus
> Lá, do polo sobre as plagas,

O seu rebanho de vagas
Vai o mar apascentar...
Eu quero marchar com os ventos,
Com os mundos... co'os firmamentos!!!"
E Deus responde — "Marchar!"

Essa gestualidade cobre também a rede das relações sintáticas. Cortam a frase apóstrofes e vocativos que mudam o registro da fala, emprestando-lhe um andamento concitado de imprecação. E funcionam como reforço o ilhamento e a retomada de mais de um sintagma:

E Deus responde — "*Marchar!*"
"*Marchar!*... Mas como?... Da Grécia
Nos dóricos Partenons
[...]
"*Marchar!*... Mas como a Alemanha
Na tirania feudal,
[...]
Tereis um *livro* na mão:
O *livro* — esse audaz guerreiro
[...]
Oh! Bendito o que semeia
Livros... livros à mão cheia...
E manda o povo pensar!
[...]
Como Goethe moribundo
Brada "*Luz!*" o Novo Mundo
Num brado de Briaréu...
Luz! pois, no vale e na serra...

Da reiteração pode-se dizer que atua como um *relais* cujo papel é manter em movimento a organização semântica e, no caso particular desse texto, impedir que a livre disseminação de metáforas grandiosas acabe desviando o poema do seu eixo: que é a aproximação do Novo Mundo com o livro. O procedimento de estilo não é, pois, ideologicamente neutro (algum o seria?): a repetição e o símile fazem-se no interior de um mito comum — o do progresso linear. A América e a Cultura, hipostasiada no Livro, erguem-se como alegorias gigantescas da marcha para um futuro sem sombras. É toda a ideologia liberal dos anos 1860 que se arma para dispor ambos os termos de modo convergente:

> Por uma fatalidade
> Dessas que descem do além,
> O séc'lo, que viu Colombo,
> Viu Gutenberg também.
> Quando no tosco estaleiro
> Da Alemanha o velho obreiro
> A ave da Imprensa gerou...
> O Genovês salta os mares...
> Busca um ninho entre os palmares
> E a *pátria da Imprensa* achou...

A simbologia do Livro faz-se em termos de movimento e direção. É germe, é chuva, é ginete, é arauto, é guerreiro. Simetricamente, a América "que nos músculos sente a seiva do porvir", há de marchar até a presença de Deus com o livro na mão.

Uma análise diferencial desse imaginário encontra, na função de correlatos, constantes do dinamismo:

— O *vento*: do livro se diz que é Éolo e ginete de pensamentos que abrira a gruta dos ventos, donde a Igualdade voou; da alma, que adeja pelo infinito;

— A *luz*: do livro, que é arauto da grande luz; que está lameado de luzes; do espírito, que é "o fanal que nos guia na tormenta" (a luz e as metáforas quentes voltam a indicar realidades euforizantes, passado o momento de inversão do simbolismo a que nos referimos atrás);

E, como força motriz, os princípios da fecundidade: a *seiva*, o *germe*, a *semente*. A metáfora vital atualiza o ideário do Progresso nesse momento inaugural da indústria: é seiva do porvir, é o velho Gutenberg que "a ave da Imprensa gerou", é o livro que, caindo na alma, "é germe que faz a palma,/ é chuva que faz o mar"; é a ação da inteligência que "salva o futuro/ fecundando a multidão".

O divisor de águas que passa entre os românticos da segunda geração e Castro Alves pode ser identificado no modo de sentir o tempo, campo ideal onde se percebem as imagens do movimento. Quando se falou em ressonância, em oposição a salto, pensava-se em um tempo que se foi depositando como sedimento turvo da vida interior, tempo de memória que as relações entre *eu* e mundo trabalharam até a saturação: "Viverei do que foi — dos sonhos meus" (Álvares de Azevedo).

O presente acaba murado na experiência do passado, obstruindo-se qualquer abertura para o que acaso possa sobrevir:

> Não mais! a areia tem corrido, e o livro
> De minha infanda história está completo!
> Pouco tenho de andar! Um passo ainda
> E o fruto de meus dias, negro, podre,
> Do galho eivado rolará por terra!
> (Fagundes Varela, "Cântico do Calvário")

> E depois, nada mais. Já não há tempo.
> Nem vida, nem sentir, nem dor, nem gosto.
> Agora o nada — esse real tão belo,
> Só nas terrenas vísceras deposto.
> (Junqueira Freire, "Morte")

Lembro Santo Agostinho: "Com a diminuição do futuro, o passado cresce até o momento em que seja tudo pretérito, pela consumição do futuro".[4]

---

[4] *Confissões*, Livro XI, 27.

A linha do horizonte parece às vezes infletir-se, também na poesia de Castro Alves, para essa entropia sem saída: mas é em termos de *resposta*, indignada ou perplexa, que a certeza do tempo fatal é acolhida em um poema como "Mocidade e morte":

> E eu morro, ó Deus, na aurora da existência
> Quando a sede e o desejo em nós palpita.

No mesmo texto, cujo motivo poderia dar margem a cadências elegíacas, está delineada a concepção oposta do tempo como matéria-prima de todo projeto, possibilidade mesma da ação, porvir:

> Eu sinto em mim o borbulhar do gênio,
> Vejo além um futuro radiante:
> *Avante!* — brada-me o talento n'alma
> E o eco ao longe me repete — *avante!*

Uma diferença de percepção tão significativa não deixa de afetar a qualidade e o arranjo das imagens. Um tempo que se concebe principalmente como futuro engendra figuras em arranque linear. Já não se divisam sombras errantes tangidas pelos fantasmas do eu, mas recortam-se seres que marcham pelas veredas da História. A perspectiva frontal e o tratamento dinâmico são responsáveis por uma constante presentificação das imagens:

> *É* a hora das epopeias,
> Das Ilíadas reais.
> [...]
> *Há* destes dias augustos
> Na tumba dos Briaréus.
> Como que Deus *baixa* à terra
> Sem mesmo descer dos céus.
>   (Castro Alves, "Ao dous de Julho", grifo meu, A. B.)

As alusões históricas mais díspares enfileiram-se como estátuas vivas dispostas em uma galeria votada aos numes do progresso. Os agentes das sequências são entes humanos ou antropomórficos, investidos da missão de *portadores*. É inerente ao sujeito a propriedade de mover-se ou de ser movido em uma só diretriz, que o esgota por inteiro, não deixando margens a ambiguidades:

> "Braços! voltai-vos p'ra terra,
> Frontes, voltai-vos p'ros céus!"
> [...]
> Marinheiro — sobe aos mastros,
> Piloto — estuda nos astros,
> Gajeiro — olha a cerração!"
> (Castro Alves, "Adeus, meu canto")

As batalhas da Guerra do Paraguai viram leões que "sobem para o infinito/ puxando os carros dourados/ dos meteoros largados/ sobre a noite das nações". E ao falar do próprio canto, o poeta confia-lhe sempre a missão de partir, ora lançando seu grito à procela, ora voando para anunciar a estação da liberdade ("Adeus, meu canto"). O ir sempre em oposição ao estar, como se a quietude impedisse a palavra de exercer seu papel redentor.

A viagem, a obsessão da travessia sem limites, "Eterno viajor da eterna senda!", a caravana em movimento, configuram-se em toda a poesia social de Castro Alves. O peso da redundância faz perigar, em mais de um momento, o alcance estético de textos que só a singularidade de poderosas imagens resgata das quedas em uma usada retórica. Mas é preciso e penoso dizer, as quedas não são poucas; tantas, pelo menos, que justificam a palavra severa de Mário de Andrade:[5]

---

[5] Em *Aspectos da literatura brasileira*, São Paulo, Martins, s.d., p. 110.

Que este, sem ser um gênio, propriamente, tenha sido genial, é incontestável. Apenas alimento a sensação muito firme de que foi um genial muito imprudente.

O limite artístico dessa poesia dever-se-á não tanto a uma juvenil imprudência quanto à estrutura maniqueia da sua mitologia, que dispunha a História em campos hostis com o fim de isolar certos valores tidos por absolutos. E obtida a eficácia oratória, nem sempre o poeta soube elevá-la àquela densidade e concisão superior que determina a eficácia poética. Razão pela qual sempre que louvamos Castro Alves como grande poeta acabamos fazendo como Gide ao falar de Hugo: "*Victor Hugo est le plus grand poète français, hélas!*".

Na obra de Sousândrade entrevê-se um grau de consciência política que o distingue tanto da nostalgia de Alencar como do difuso ideário liberal de Castro Alves. Embora mais próxima deste pelo comum repúdio à escravidão, a perspectiva de Sousândrade ganhou corpo em um clima espiritual diverso e mais adulto na crítica ao Império como um todo.

A sua condição de maranhense formado no meio do século permitiu-lhe a convivência com um estilo progressista e leigo de pensar, oposto ao Romantismo em banho-maria que se praticava nos meios fluminenses constelados em torno de D. Pedro II. A ardida reflexão ética do seu conterrâneo João Francisco Lisboa, a sua linha anticolonial madura, fazem pensar em uma persistência da Ilustração em pleno século romântico. E ilustrado é também o pendor do grupo para os estudos clássicos de que foi mestre Odorico Mendes, o originalíssimo tradutor de Virgílio e de Homero. O Sousândrade professor de grego no Liceu de São Luís não é detalhe provinciano de biografia: é um sinal de mais que o situa acima da frouxa cultura literária dos ultrarromânticos brasileiros seus coetâneos.

Outro fator de abertura o estrema destes e de Castro Alves: *a experiência norte-americana*. Sousândrade pôde ser um dos raros republicanos brasileiros com conhecimento de causa. O Império aparecia-lhe em todo o seu singular anacronismo quando comparado aos Estados Unidos em plena expansão capitalista. Mas — e aí tocamos a sua precoce modernidade — o confronto, ele não o faz em abstrato entre dois sistemas: a sua visada desloca-se para os extremos. De um lado, o imperialismo *yankee*, projetado no "Inferno de Wall Street"; de outro, o primitivismo sul-americano que se encarna no herói d'*O Guesa* errante. O contraste violento não inspirou à sua mente ilustrada sonhos de volta à floresta e à tribo; antes, a utopia nativa e republicana de uma sociedade sem opressão nem barbárie.

Avesso a engrossar o "coro dos contentes", como apelidou os poetas áulicos do Imperador, preferiu escrever em registro de protesto e de sátira. *O Guesa* atinge com igual verve tanto os compromissos com que se fez, à custa do índio e do negro, a história social brasileira, quanto os escândalos públicos dos USA. Para falar de uns e de outros, usa de metros breves, como os do epigrama neoclássico, e trabalha em função caricata a mimese da prosódia:

(D. JOÃO VI, *escrevendo a seu filho:*)

Pedro (credo! que sustos!)
Se há de o reino empalmar
Algum aventureiro,
    O primeiro
Sejas... toca a coroar! (Canto II)

(2º *Patriarca:*)
— Brônzeo está no cavalo
Pedro, que é fundador;
É! ê! ê! Tiradentes,
    Sem dentes,
Não tem onde se pôr! (Canto II)

(*Damas da nobreza*:)
— Não precisa apredê
Quem tem pretos p'herdá
E escrivão p'escrevê;
   Basta tê
Burra d'ouro e casá. (Canto II)
[...]

(*Comuna*:)
— *Strike!* do Atlântico ao Pacífico!
— Aos Bancos! ao Erário-tutor!
— *Strike*, Arthur! Canalha,
   Esbandalha!
Queima, assalta! (Reino de horror!)
(Canto X, 38)

Mediante a árdua concisão da estrofe, Sousândrade constrói um estilo cuja retórica interna conduz a uma poesia abertamente política. Essa retórica acabou sendo, pela direção crítica que tomou, bem diversa da que os condoreiros produziram. Falo pensando nos limites, porque há, naturalmente, uma faixa comum, de inspiração ideológica, na qual se encontram as mesmas imagens de luz e de movimento que serviram, na poética de Castro Alves, para dar formas aos seus mitos de progresso. Assim, na hora da proclamação da República, o maranhense escreveu:

   Nunca viste
Longes, coroas d'espuma que a bonança
Fizera, e à roda alvejam reluzentes
De um promontório onde há farol, na aurora
Branca luz, separando-se as correntes?
É, do passado e do futuro, esta hora,
E o futuro chegara. Vejo o encanto
Das rosas do Senado em Treze-Maio;

Se a aberto coração é doce o pranto,
Há daí o livre Novembral o raio.

(*O Guesa*, O Zac, 27-29)

"E o futuro chegara." Apesar de tiradas nesse tom, *O Guesa* não penderá para o épico; Sousândrade declara-o expressamente:

> *O Guesa* nada tendo do dramático, do lírico ou do épico, mais simplesmente da narrativa, adotei para ele o metro que menos canta, e como se até lhe fosse necessária, a monotonia de uma só corda; adotei o verso que mais separa-se dos esplendores de luz e de música, mas que pela severidade sua dá ao pensamento maior energia e concisão, deixando o poeta na plenitude intelectual... ao esplendoroso dos quadros quisera ele antepor o ideal da inteligência. (*Memorabilia* ao *Guesa errante*)

O canto da utopia republicana é apenas um momento do poema, pois o cuidado de narrar o aqui-e-agora ocupava mais intensamente o espírito de Sousândrade. Daí, os trechos de aguda sátira que, ao invés de nos entregarem à vibração do ideal realizado ("E o futuro chegara"), golpeiam-nos com a seca pergunta final: "Há mundo porvir?".

> (O GUESA, tendo atravessado as ANTILHAS, crê-se livre dos XEQUES, e penetra em NEW YORK: STOCK: EXCHANGE; a VOZ dos desertos:)
> — Orpheu, Dante, Eneas, ao inferno
> Desceram; o Inca há de subir...
> — Ogni sp'ranza lasciate,
>   Che entrate...
> — Swedenborg, há mundo porvir?
>
> (*O Guesa*, XI, 231)

As imagens do real presente parecem inibir qualquer discurso de esperança. O narrador suspende o canto e faz que prevaleçam, por longo tempo, a sintaxe abrupta e a informação nova.

As marcas da fala antiépica estão presentes em todo o episódio do "Inferno". Significativo é o uso de *nomes próprios* de políticos contemporâneos cuja menção concorre para produzir um efeito de realidade imediata. Falando de Tilden e de Hayes, de Grant e da *Lynch Law*, a linguagem de Sousândrade distingue-se da que só se enobrece com os grandes nomes da História, os Césares, os Colombos, os Napoleões; e tanto mais que, na elocução da paródia, ela justapõe ao imediato o mais remoto, à matéria de jornal a sugestão do demoníaco, do sacral:

> (Democratas e Republicanos:)
> — É de Tilden a maioria
> É de Hayes a inauguração!
> — Aquém, carbonário
> Operário;
> Além, o deus-uno Mammão!
>
> (*O Guesa*, X, 37)

À mesma visada semântica — dar o real sem véus, mas bifronte — obedece o seu jeito de enxertar, sem traduzir, termos das mais variadas línguas: inglês, puro ou *slang*, latim, grego, holandês...

> (O GUESA escrevendo *personals* no HERALD e consultando as SIBILAS de NEW-YORK:)
> — *Young-Lady* da Quinta Avenida,
> Celestialmente a flirtar
>   Na igreja da Graça...
> — Tal caça
> Só mata-te *almighty dollar*.
>
> (*O Guesa*, X, 35)

Imagens do Romantismo no Brasil

(Ao fragor de JERICÓ encalha HENDRICK-HUDSON;
os ÍNDIOS vendem aos HOLANDESES a ilha de MANHAT-
TAN malassombrada:)
— A Meia-Lua, proa pra China,
Está crenando em Tappan-Ze...
Hoogh moghende Heeren...
Pois tirem
Por *guildens* sessenta... *Yea! Yea!*

(*O Guesa*, X, 109)

Mito e manchete, língua de uso e palavras de fora, tudo concorre para dar o impacto da assimetria e da dissonância já obtido pelas quebras de metro e pelas rimas insólitas.

Não existe nesse melhor Sousândrade um contínuo *presente... porvir*, indiferenciado e fatal. Ele vive com ardor a própria utopia, mas tem os olhos bem abertos para o sistema de livre concorrência do *almighty dollar* que dobra os homens em nome da Liberdade. Nessa linha de distanciamento, *O Guesa* pôde recuperar, em termos mais vigorosos, certos lances de agressão à ideologia corrente que tinham marcado a poesia da segunda geração, mas que rarearam com a retórica sem perplexidades nem matizes de Castro Alves e dos seus imitadores.

Na verdade, o projeto de Sousândrade trazia em si uma fusão de crítica e utopia que o apartou do simplismo progressista da geração de 1870. Essa complexidade, que nos é tão cara hoje, fez dele um homem solitário; e deixou encoberta, por quase um século, a sua poesia.

A parábola das vanguardas latino-americanas

Eu vi o mundo, ele começava no Recife.
Cícero Dias, título de um painel exposto
no Salão Revolucionário, 1931

A vocação comparatista de Jorge Schwartz não estreia na presente obra. Já estava patente nos seus estudos minuciosos sobre Oliverio Girondo e Oswald de Andrade, autores emblemáticos das vanguardas argentina e brasileira, que Jorge Schwartz, crítico argentino-brasileiro e professor de Literatura Hispano-Americana em São Paulo, publicou, há poucos anos, sob o título de *Vanguarda e cosmopolitismo*.

Agora o interesse do estudioso desloca-se no espaço e no tempo. Volta-se para as muitas e díspares vozes literárias de "nossa América" que se fizeram ouvir no período de intensa fermentação cultural balizado pelo fim da Primeira e o começo da Segunda Guerra Mundial. A paixão da pesquisa anima o trabalho inteiro: o autor alia a solidez da documentação e a variedade da bibliografia à pertinência do longo comentário introdutório. A sua informação idônea não se atém ao registro seco dos dados, pois é cruzada por pontos de vista pessoais capazes de alimentar dúvidas e polêmicas fecundas.

Esta é, a meu ver, a função das boas antologias literárias: combinar historiografia e crítica de modo constante e discreto para que o leitor possa ver ao mesmo tempo o panorama e o olho seletivo cuja mirada abraça o conjunto, nada esconde, mas não se abstém de iluminar mais vivamente o que lhe parece de maior relevo. Schwartz cumpriu cabalmente o seu propósito de apresentador e editor crítico desse fartíssimo material, agora enfim posto ao alcance de todos os pesquisadores das letras latino-americanas dos anos 1920 e 1930.

E não figura entre os seus menores méritos o de ter integrado firmemente as vanguardas brasileiras a esse universo de onde a rotina ou a incompreensão de outros antologistas nos costuma excluir.

Consideradas por um olhar puramente sincrônico, isto é, vistas como um *sistema cultural* definível no espaço e no tempo, as nossas vanguardas literárias não sugerem outra forma senão a de um mosaico de paradoxos. Causa embaraço ao seu historiador atual qualquer tentativa de exposição sintética desses movimentos, pois a busca de traços comuns esbarra a cada passo em posições e juízos contrastantes. O leitor de hoje, se interessado em detectar o caráter dessa vanguarda continental, o *quid* capaz de distingui-la de sua congênere europeia, colhe os efeitos de tendências opostas e, muitas vezes, repuxadas para seus extremos: as nossas vanguardas conheceram *demasias de imitação* e *demasias de originalidade*.

Quem insiste em proceder ao corte sincrônico terá que registrar, às vezes no mesmo grupo e na mesma revista, manifestos em que se exibe o moderno cosmopolita (até à fronteira do moderno-so e do modernoide com toda a sua babel de signos tomados a um cenário técnico recém-importado) ao lado de exigências convictas da própria identidade nacional, ou mesmo étnica, misturadas com acusações ao imperialismo que desde sempre massacrou os povos da América Latina.

Assim, no interior da mesma corrente, como por exemplo entre os modernistas brasileiros da fase mais combativa (de 1922 a 1930, aproximadamente), valores estetizantes *mais* protestos nacionalistas pedirão a sua vez impondo-se à atenção do pesquisador que se queira analítico e isento de preconceitos. A esse historiador caberá por fim adotar a linguagem resvalante das conjunções aditivas que somam frases semanticamente disparatadas embora sintaticamente miscíveis: "o modernismo foi cosmopolita *e* nacionalista"; "as vanguardas buscaram inspiração nos ismos parisienses *bem como* nos mitos indígenas e nos ritos afro-antilhanos", ou ainda "a arte latino-americana de 20 foi *não só* absolutamente pura *como também* radicalmente engajada"...

Essa leitura estática tenderia a cair por si mesma sob o peso das antinomias que pretendesse agregar. As vanguardas não tiveram a natureza compacta de um cristal de rocha, nem formaram um sistema coeso no qual cada face refletisse a estrutura uniforme do conjunto. As vanguardas devem ser contempladas no fluxo do tempo como o vetor de uma parábola que atravessa pontos ou momentos distintos.

Mas uma visão que persiga modos e ritmos diferentes não deverá, por sua vez, camuflar a imagem de uma outra unidade, sofrida e necessariamente contraditória: a unidade do processo social amplo em que se gestaram as nossas vanguardas. As diferenças entre movimento *a* e movimento *b*, ou entre posições do mesmo movimento, só são plenamente inteligíveis quando se consegue aclarar por dentro o sentido da *condição colonial*, esse tempo histórico de longa duração no qual convivem e conflitam, por força estrutural, o prestígio dos modelos metropolitanos e a procura tateante de uma identidade originária e original.

Nos escritores mais vigorosos que por sua complexidade interior se liberam mais depressa das palavras de ordem, é a busca de uma expressão ao mesmo tempo universal e pessoal que vai guiar as suas poéticas e as suas conquistas estéticas. As passagens, as mudanças aparentemente bruscas que se observam, por exemplo, em Mário de Andrade e em Borges, conheceram motivações de gosto e ideologia mais profundas do que o pêndulo das modas vanguardeiras. No entanto, como nada acontece fora da história (totalizante: pública e íntima), também as opções decisivas desses artistas tão diferenciados se inscrevem naquela dialética de *reprodução do outro* e *autossondagem* que move toda cultura colonial ou dependente.

Os polos dessa dialética, vistos em um intervalo de tempo breve (dos anos 1920 ao fim dos 1930), parecem reversíveis: uma tendência, cosmopolita ou nacionalista, não precede forçosamente a outra; qualquer uma delas pode apresentar-se em primeiro lugar, tal é a sua complementaridade enquanto vertentes do mesmo processo.

Acertar o passo com as novíssimas correntes artísticas dos centros internacionais e em seguida revolver os tesouros da vida popular índio-luso-negra, este foi o caminho de Mário de Andrade, fundador do "desvairismo" e, poucos anos depois, protagonista na luta pela construção de uma literatura nacional. Ou percorrer estações semelhantes em sentido contrário: foi a rota batida por Jorge Luis Borges, jovem poeta da magia portenha e, em um segundo tempo, o mais cosmopolita dos escritores hispano-americanos. Será a vanguarda uma ponte de duas mãos?

É da bivalência estrutural da condição dependente que nascem tanto as polarizações dos grupos quanto aquelas mudanças de rumo em trajetórias pessoais. São posições e passagens de outro modo inexplicáveis, ou mal explicadas quando atribuídas tão só a uma presumida inconsistência de toda formação cultural periférica.

Basta atentar para a fecundidade de alguns desses itinerários quando vividos por intelectuais como Vallejo, Mário de Andrade, Oswald de Andrade, Borges, Carpentier ou Mariátegui; e basta deter-se na forjadura de certos conceitos polêmicos (como "nacionalismo pragmático" e "nacionalismo crítico" de Mário; "antropofagia", de Oswald; "nação incompleta", "esboço de nação", de Mariátegui; ou, em outra perspectiva, "realismo mágico", de Asturias, e "real maravilhoso", de Carpentier) para reconhecer nessas invenções de pensamento e fantasia o trabalho de uma razão interna e a expressão de uma fome de verdade.

Ambas as direções apontadas (da incorporação do outro à busca da identidade, e vice-versa) demandam um esforço de compreensão que nos faça vislumbrar algum sentido na história das vanguardas e no curso da produção cultural que se lhes seguiu a partir do decênio de 1930.

Em Borges e no empenho que a inteligência de nossa América

tem feito para evitar os riscos do provincianismo, afirma-se o motivo que ditou estes versos de Oliverio Girondo, tão brilhante experimentador poético nos anos 1920 quanto autor do argentino *Campo nuestro* de 1946:

> Nunca permitas, campo, que se agote
> Nuestra sed de horizonte y de galope.

O pampa é origem, mas não a determinação. É fonte, mas não o limite. Dá imagens inaugurais, mas não detém em si a palavra derradeira. E *campo nuestro* é aqui figura: a metonímia de todas as paisagens que inspiraram poesia regional-universal. A poesia bebe no poço da memória e da visão, mas o poeta modula a sua frase na pauta surpreendente do imaginário para onde confluem as percepções da vigília cotidiana e os sonhos de um vivido sem margens precisas. Para compor a verdade da poesia (e esta é a lição de uma vanguarda que vem dos pré-românticos) entram com iguais direitos o real, o irreal, e essa zona móvel entre o real e o irreal que se chama o *possível*.

Recorro a um exemplo tirado de outro contexto regional para ilustrar a passagem à universalização.

Um exercício de singular atenção prestada aos ritos afro-cubanos por um escritor de vanguarda, Alejo Carpentier, em seu romance juvenil ¡*Ecué-Yamba-O!*, de 1933, pode valer como subterrânea pré-história de um projeto narrativo de vastos horizontes em que o "particular" — aquele recanto onde mora Deus, na bela frase de Warburg — oferece o meio mais feliz de sondar a face enigmática do universal.

"*Hay que tomar nuestras cosas, nuestros hombres y proyectarlos en los acontecimientos universales para que el escenario americano deje de ser una cosa exótica*" — são palavras do autor de *El siglo de las luces* e de *El recurso del método*, obras que tecem os delicados fios que prendem mitos pré-colombianos à história do Ocidente e, em senso inverso, o passado latino-americano e mitos universais. E se descermos às fontes do pensamento e da poética de Carpentier, reencontramos algumas inquietações do mais expressivo dos órgãos da vanguarda cubana, a *Revista de Avance*, talvez a primeira a publicar a "poesia negra" da ilha; e convém lembrar que da pena do seu diretor, Jorge Mañach, saiu em 1928 a "Indagación del choteo", ensaio em que propõe desenhar o perfil da *cubanidad*. A obra inteira de Alejo Carpentier perfaz o trânsito do *campo nuestro* a *nuestra sed de horizonte y de galope* de que nos fala o vanguardista Girondo.

Volto a atenção agora para o outro vetor da parábola: aquele que parte da ruptura ostensiva com o passado e agride as convenções acadêmicas, ditas "realistas" ou "de cópia servil". O cerne de todos os movimentos de vanguarda formal aí se desnuda. É a apologia do "espírito novo", do "espírito moderno" que aproxima futuristas e ultraístas, criacionistas e dadaístas, desvairistas e estridentistas. Mas o que se assimilou, em todos eles, das correntes contemporâneas europeias? A ideia fundamental da *autonomia da esfera estética*, que é uma tese radical da modernidade pós-romântica. Segundo uma leitura de extração sociológica (quer marxista, quer weberiana), as vanguardas estéticas representariam a ponta de lança do processo moderno de "autonomização" da arte, na medida em que são movimentos análogos à divisão crescente do trabalho e à especialização técnica das sociedades industriais avançadas.

Essa tese, que se escora no travejamento de nexos deterministas, foi relativizada por Leon Trótski na sua interpretação do futurismo. O pensador observou que o imaginário mais gritantemente tecnolátrico lançado pelos grupos futuristas não se gestou nos países onde a indústria tinha alcançado o seu auge (Estados Unidos, Inglaterra e Alemanha), mas entre escritores de nações menos desenvolvidas como a Rússia, agitada pelos cubo-futuristas, e a Itália, pátria de Marinetti.[1]

---

[1] Diz Trótski: "Os países atrasados, que não possuem um grau especial

Os textos das vanguardas formais não seriam, portanto, obra mecanicamente produzida pelo avanço econômico, mas encontrariam chão fértil na periferia; ou, pelo menos, em certa periferia onde o desejo ardente do novo seria mais forte que as condições objetivas da modernidade.

Certas revistas e manifestos mexicanos, argentinos e brasileiros da década de 1920 podem abonar a tese de Trótski que, por sua vez, deve ser dialetizada, pois alguns dos vanguardistas mais lúcidos do mesmo período, como Vallejo, Mariátegui e Mário de Andrade, recusaram a mitologia da máquina e com maior veemência os traços da retórica fascista que a obra de Marinetti já trazia em seu bojo. A reprodução do outro entre os povos dependentes não é sempre e necessariamente cega, nem a faculdade de criticar é privilégio dos que chegaram em primeiro lugar na corrida da revolução tecnológica e da hegemonia imperialista.

Creio que o ponto básico a considerar em toda a questão de "transplante" de correntes estéticas está em saber *o que*, de fato, significou para a arte latino-americana essa operação de renovado contacto com a cultura europeia do primeiro quartel do século XX.

O olhar em retrospecto de que dispomos hoje, após setenta anos da eclosão vanguardista, favorece o exercício de um critério que descarte o supérfluo, tanto na dimensão construtiva quanto na expressiva.

A liberdade estética constitui o *a priori* de todas as vanguardas literárias. O senso da liberdade propicia, de um lado, a disposição de agir ludicamente no momento de criar formas ou de combiná-las, e, de outro, amplia o território subjetivo, tanto na sua conquista de um grau mais alto de consciência crítica (pedra

---

de cultura, espelhavam na sua ideologia as conquistas dos países avançados com maior brilho e maior força. [...] O futurismo, da mesma forma, adquiriu mais brilhante expressão, não na América ou na Alemanha, mas na Itália e na Rússia. Nenhum material se transporta com maior facilidade que a linguagem" (*Literatura e revolução*, Rio de Janeiro, Zahar, 1969, p. 112).

de toque da modernidade), quanto na direção, só aparentemente contrária, de abrir a escrita às pulsões afetivas que os padrões dominantes costumam censurar.

Formar livremente, pensar livremente, exprimir livremente. Este é o legado verdadeiramente radical do "espírito novo" que as vanguardas latino-americanas transmitiram aos seus respectivos contextos nacionais.

Não se trata de fazer o empréstimo de um elenco de temas e léxicos atualizados, o que teria significado apenas uma importação de traços passageiros; trata-se de atuar um princípio que se afirma pela negatividade de sua ação. Exatamente como a liberdade ética, que não traz em si conteúdos morais prontos (a não ser quando farisaica), mas limpa o terreno das opressões e das atitudes falsas, e deixa a consciência em aberto para escolher e julgar os seus modos de agir.

A liberdade permite que a "sede de horizonte e de galope" se sacie onde e como lhe pareça melhor, e, para tanto, é necessário que ela exerça primeiro a ruptura com a má positividade das convenções ossificadas. Depois, ou no curso da luta, o escritor vai enfrentar o seu assunto, que o levará de volta às suas experiências vitais e sociais significativas. A liberdade marcará então novos termos e limites, exigindo o tom justo, a perspectiva certa. E o modernista cederá a vez àquele que sobrevive às modas.

A passagem, que vincula estreitamente liberdade e opção, deu-se na mente dos poetas e narradores que inflectiram a parábola da sua obra da proclamação de fórmulas libertárias para aquela "procura tateante de identidade", vista, páginas atrás, como um dos polos das letras na condição colonial.

Os freios tinham sido arrancados, a hora era de partir, sim, mas para onde? Para a própria história social, para a própria história subjetiva. César Vallejo, Mário de Andrade, Oswald de Andrade, José Carlos Mariátegui, Leopoldo Marechal: nomes que definem exemplarmente esse percurso. O que lhes dera o conhecimento íntimo que tiveram do futurismo italiano e russo, do expressionismo alemão, do surrealismo francês? O desejo de uma nova experiência intelectual e expressiva, que imediatamente os apartou dos clichês, meio naturalistas, meio parnasianos, da *belle époque*, e os lançou de cheio à busca do "caráter" ou "não-caráter" brasileiro, peruano, argentino: uma aventura então prenhe de sentido estético e vastamente social e político.

Se o discurso se mantém fiel a uma inspiração dialética (pela qual a repetição e a diferença se chamam e se aclaram mutuamente), ficam relativizados os dualismos de que é pródiga a nossa linguagem didática quando secunda o tom drástico das polêmicas: vanguardas de arte pura *versus* vanguardas de arte compromissada; opção estética *versus* opção ideológica etc. O vetor da parábola que aqui se tenta acompanhar não permite ao pensamento encalhar na mera antinomia de atitudes datadas. O que interessa ao historiador é verificar se há, e quando há, um potencial de passagem, imanente à tensão entre os polos.

A recusa inicial de estilos já exaustos deu à nova literatura fôlego para que retomasse o labor cognitivo e expressivo peculiar a toda ação simbólica. Depois de *Macunaíma*, das *Memórias sentimentais de João Miramar*, dos *Sete ensaios de interpretação da realidade peruana*, de *Adán Buenosayres* (que o autor começou a escrever por volta de 1930), não parece lícito contrastar, por espírito de geometria, a assimilação do princípio de liberdade formal e a autossondagem antropológica, pois ambas as tendências coexistem e se enlaçaram nos projetos mais criativos que se seguiram aos manifestos das vanguardas.

Chegou o momento em que, estimulado pelo conhecimento do outro, o artista latino-americano olhou para si mesmo e surpreendeu um rosto humano, logo universal, nos seus cantos e mitos, nas paixões do cotidiano e nas figuras da memória.

A pesquisa operada no âmago da própria cultura alcançou níveis distintos de originalidade em relação às literaturas europeias contemporâneas. Aqui, é a notável diversidade das formações sociais latino-americanas e de seus ritmos de desenvolvimento que explica as diferenças quanto aos resultados artísticos e ideológicos obtidos pela literatura pós-vanguardista.

Culturas que se compõem de estratos não-europeus densos e significativos puderam inspirar um tipo de literatura "marcada", se contraposta à das metrópoles. É o caso do Peru quíchua de Ciro Alegría e José María Arguedas; do México asteca e mestiço de Agustín Yáñez e Juan Rulfo; da Guatemala *maya-quiché* de Asturias; do Paraguai guarani do primeiro Roa Bastos; da Cuba negra de Nicolás Guillén; do Porto Rico mestiço de Luis Palés Matos; das Antilhas mulatas de Carpentier, de Jean Price-Mars, de Aimé Césaire. É o caso parcial do Nordeste brasileiro negro e mulato de Jorge de Lima. Todos se beneficiaram do vento de liberdade que soprou nos anos 1920. O sertão mineiro (luso, negro e caboclo) de *Sagarana*, o primeiro livro de novelas de Guimarães Rosa, não faz propriamente exceção nesse quadro, mas sinaliza um contexto peculiar ao Brasil onde o português nunca perdeu a sua hegemonia no processo da mestiçagem linguística.

Nesses e em outros exemplos traça-se o perfil do que me pareceu adequado chamar "vanguarda enraizada":[2] um projeto estético que acha no seu próprio *habitat* os materiais, os temas, algumas formas e, principalmente, o *ethos* que enforma o trabalho de invenção.

Exemplos tomados a outras artes, como a música e a pintura concorrem para ilustrar a expressão. As *Bachianas brasileiras* de Heitor Villa-Lobos e a *Sinfonía índia* do mexicano Carlos Chávez, compostas no decênio de 1930, são sínteses geniais de uma escuta moderna, pós-impressionista, de timbres, ritmos e frases melódicas autóctones. Juntas, de novo, liberdade e opção.

Dos muralistas mexicanos, Siqueiros, Rivera e Orozco, a crítica já disse o quanto souberam fundir motivos da história nacional com sugestões formais do cubismo e do expressionismo. Nos "Tres llamamientos de orientación actual a los pintores y escultores de la nueva generación americana", de 1921, David Alfaro

---

[2] Em "A vanguarda enraizada: o marxismo vivo de Mariátegui", *Estudos Avançados*, n° 8, jan.-abr. 1990, pp. 55-61 [ver, no presente volume, pp. 303-19].

Siqueiros já propunha tanto "a preponderância do *espírito construtivo* sobre o espírito decorativo" (uma proposta que vem de Cézanne), quanto "a compreensão do admirável fundo humano da 'arte negra' e da 'arte primitiva' em geral". Nesta ordem de ideias, Siqueiros insistia:

> Aproximemo-nos, de nossa parte, das obras dos antigos povoadores de nossos vales, os pintores e escultores índios (maias, astecas, incas); nossa proximidade de clima com eles nos dará a assimilação do vigor construtivo de suas obras, em que existe um claro conhecimento elementar da natureza, que nos pode servir de ponto de partida. Adotemos a sua energia sintética.[3]

A metáfora do enraizamento corre o risco de soar como naturalista, razão por que convém esclarecer o seu sentido para afastar possíveis equívocos. Tomo a palavra na acepção de contexto cultural e existencial: uma esfera que abrange tanto as percepções do cotidiano mais prosaico — a rede apertada da necessidade —, quanto o seu reverso, as figuras polissêmicas do imaginário. Estas últimas vivem a ambivalência das formações simbólicas, pois, filhas embora do desejo, aspiram ao estatuto de "coisa mental" e "fantasia exata", para lembrar as definições que da arte deu Leonardo.

Um escritor "se enraíza" de modos diversos. Pode sentir e comunicar um enorme prazer na descrição da superfície mais hu-

---

[3] Em *Vida americana*, Barcelona, maio de 1921. *Apud* Ana Maria Belluzzo (org.), *Modernidade: vanguardas artísticas na América Latina*, São Paulo, Memorial da América Latina/Unesp, 1990, p. 242. Vejo, nesse apelo do grande artista mexicano, uma perspicácia e um equilíbrio de posições que nem sempre o tom dogmático de outros pronunciamentos seus e de Rivera souberam manter, o que prejudicou a fortuna crítica do muralismo. Uma apreciação ao mesmo tempo simpática e lúcida lê-se no artigo de Luis Cardoza y Aragón, "El humanismo y la pintura mural mexicana", Havana, *Casa de las Américas*, n° 161, mar.-abr. 1987, pp. 101-7.

milde do seu ambiente, e então fará um veraz e vivaz neorrealismo; mas pode também, se for esta a sua vocação, sondar o subsolo mítico da infância e descobrir nos labirintos da memória os arquétipos do amor e da morte, da esperança e do medo, da luta e da resignação, sentimentos que habitam as narrativas de todas as latitudes. *Leyendas de Guatemala, Hombres de maíz, Vidas secas, Fogo morto, Sagarana, El reino de este mundo, Los ríos profundos*: que minas de exploração particular e de verdade universal!

Os seus narradores herdaram da revolução intelectual de entreguerras aquele pressuposto da liberdade pelo qual o espírito sopra onde quer; e por essa mesma razão, ignoraram quaisquer constrangimentos de escola e grupo, internando-se resolutamente nos seus próprios materiais de vida e pensamento.

Basta comparar as suas conquistas de estrutura romanesca e estilo com a prosa dos velhos regionalismos das suas respectivas literaturas para perceber o quanto a vanguarda limpou o terreno nas diversas instâncias do fazer narrativo: na representação dos espaços, no sentimento do tempo, no grau de oralidade dos diálogos, na autenticidade do tom, na formação do ponto de vista.

As paisagens familiares recebem nas lendas guatemaltecas de Asturias uma aura mágica de lugares estranhos vistos como pela primeira vez. Eis um caso feliz em que o contacto com o surrealismo despertou no poeta-narrador o desejo de penetrar no que há de potencialmente misterioso na mais trivial das relações entre homem e homem, homem e mulher, homem e natureza.

A carência desoladora em que vive o sertanejo no Nordeste brasileiro é analisada, por dentro, sem complacências folclorizantes mas também sem preconceitos burgueses, na prosa cortante de Graciliano Ramos.

E as palavras do camponês peruano, mesmo quando articuladas no límpido espanhol de Arguedas, traem acentos e modulações sintáticas que só um amoroso convívio com a fala quíchua poderia ter inspirado.

O empenho ético acabou coincidindo com a pesquisa de uma linguagem em que verdade e beleza acertaram o passo.

A literatura dos anos 1930 e 1940 criou uma nova imagem (densa, dramática, desafiadora) de áreas do continente onde eram e continuam sendo fundas as marcas de dominações seculares: o sertão nordestino, as Antilhas negras, as aldeias serranas da América Central e do Peru.

Para a mesma direção e com reflexos sensíveis na criação artística e literária convergiram então os estudos antropológicos e históricos sobre as diversas formações étnicas e sociais latino-americanas.

Em Cuba, um valente pesquisador das tradições populares (música, dança, *santerías*...) e da economia afro-antilhana, Fernando Ortiz, foi inspirador e companheiro de primeira hora da *poesia mulata* de Nicolás Guillén, e deu subsídios para que o jovem Alejo Carpentier se aprofundasse nos segredos do passado local.

No Peru, uma sólida linhagem de pesquisas incaicas e pré-incaicas aproximou os etnólogos Julio Tello e Castro Pozo do ensaísta Mariátegui e do pintor José Sabogal, repercutindo fundo na vocação narrativa e nos ideais políticos de José María Arguedas.

No México, o pensador de *La raza cósmica*, José Vasconcelos, investido de autoridade de ministro da Educação, sustentou longamente os muralistas Rivera, Siqueiros e Orozco.

No Brasil, um antropólogo social de peso, Gilberto Freyre, sem ter os ardores revolucionários que animaram aqueles estudiosos, levou um José Lins do Rego a tratar em formas narrativas que beiram a oralidade a sua experiência de menino de engenho paraibano.

Imbricações de memória individual e memória grupal, de expressão romanesca e pesquisa antropológica, fizeram dessa arte um divisor de águas entre um tratamento convencional e naturalista daquelas formações sociais e uma reconstrução afetiva, muitas vezes politicamente empenhada, do seu cotidiano.

Uma outra conquista, absolutamente digna de nota, comum a intelectuais entre si tão diferentes como Ortiz, Mariátegui e Gilberto Freyre, foi a superação, que todos eles empreenderam, da ideia de *raça*. Nesses anos pré-nazistas a inteligência latino-

-americana deu um salto qualitativo que seria irreversível. (O mesmo não aconteceu, como se sabe, com José Vasconcelos, notável homem público, mas confuso manipulador do darwinismo, de Nietzsche e do mais exaltado nacionalismo.)

O mesmo princípio de libertação estética que presidiu à redescoberta do *ethos* popular e das condições sociais do continente atuou em romancistas e poetas que se voltaram para os meandros da realidade inter e intrassubjetiva. Adotando procedimentos de alto poder analítico (como o monólogo interior e o jogo de focos narrativos), deslocaram as fronteiras do realismo psicológico para os territórios do sonho, do delírio ou de uma cruel hiperconsciência da anomia e alienação da cidade moderna.

A literatura entre "objetiva" e "expressionista" que se forjou nesse processo de autoconhecimento do homem urbano se chamará, com igual direito, "enraizada" na medida em que as contradições da História compõem uma face interna, vivida e pensada, tão real quanto a dos destinos coletivos.

Penso na Buenos Aires e na Santa María imaginária e verdadeira a um tempo, purgatório fechado das almas e lugar de uma geografia absolutamente óbvia que sai dos contos de Juan Carlos Onetti e de seu torturado *Tierra de nadie*.

Penso na Porto Alegre pesadelar de *Os ratos*, de Dionélio Machado. E certamente há ainda muito o que extrair dos veios que a experiência da cidade em mutação abriu nos contos de Mário de Andrade e na sua "Meditação sobre o Tietê", entranhadamente paulistas; ou na poesia de Drummond e nos contos e romances de Marques Rabelo, filtros perplexos e irônicos do cotidiano carioca de ambos.

O exemplário é apenas indicativo e poderia continuar. Por exemplo: a crítica latino-americana ainda nos deve o mapeamento das veredas, algumas sinuosas e insuspeitadas, que o surrealismo percorreu na história de nossa poesia ao longo dos anos 1930 e 1940.

Murilo Mendes, Jorge de Lima, César Moro, um certo Neruda, o primeiro Octavio Paz, Xavier Villaurrutia e Lezama Lima esperam uma leitura de conjunto que dê conta dos enlaces de vanguardismo e crença (religiosa ou imanente) nos poderes órficos da imagem e da palavra.

O que importa, afinal, é contemplar a variedade dos caminhos, solares ou noturnos, corais ou solitários, que a vanguarda franqueou aos escritores latino-americanos que dela partiram ou imediatamente a sucederam. O seu destino de ponte me parece ainda o mais rico de promessas: da liberdade aberta para esta ou aquela opção bem concreta. Mas não só ponte: cais de onde se zarpa, plataforma de onde se alça voo, zona franca que permite ao escritor saltar as divisas que separam o espaço já percorrido e o horizonte que se deseja alcançar.

O contrário também pode acontecer: a vanguarda, em vez de lançar passagens, apropria-se das formas novas e exalta-as em si mesmas, abstratamente. Em lugar de ponte, constrói moinhos de letras e castelos de cartas.

As fronteiras da literatura

Inicialmente desejo agradecer o convite que me foi feito pelo Centro Ángel Rama e por todas as entidades que o apoiam. Desde a sua fundação, ele me pareceu uma iniciativa muito feliz, na medida em que se concentrava no nosso mundo latino-americano mas com uma visão que ultrapasse qualquer tipo de fronteira, como é o caso da visão progressista de Rama, Antonio Candido e de todos aqueles que integram o centro. Tudo isso é bom, num momento em que vivemos muitas perplexidades até em relação ao próprio conceito de América Latina.

O encontro que se inicia hoje tem vocação multidisciplinar. Tomei ciência dos vários temas e percebi que todos estão centrados numa reflexão sobre algo que se chama, à falta de melhor termo, *gênero de fronteira,* ou literatura de fronteira. Pediram-me que fizesse uma reflexão mais geral. Vou procurar me ater a algumas ideias que considero básicas. Mas admito que, no estado atual da produção simbólica ou literária, seja difícil falar de certos temas que parecem um pouco datados. Ou seja, na sensibilidade que está se formando nos últimos anos, a própria ideia de fronteira dos gêneros, de fronteira das artes, foi posta em questão, particularmente em função da rapidez da comunicação. Há milênios estamos habituados a pensar a atividade estética enquanto mediação entre os acontecimentos e os nossos sentimentos e percepções. Desde Aristóteles até os estruturalistas, até Jakobson, enfim, fazendo uma recapitulação ainda que sumária da história da estética, sempre encontramos uma preocupação central de definir o estético ou o artístico ou o literário como uma tarefa de representação que se apoia em mediações. A ideia de que a arte seria uma projeção *imediata* destoaria de toda a tradição da história da estética, mesmo considerando momentos extremados do romantismo e do surrealismo. Há sempre a ideia de alguma formalização. Essa palavra pode ser mais pesada nas estéticas de tipo estruturalista ou formalista. Pode ser uma palavra mais leve, sem o peso de uma forma preconcebida, mas sempre guarda o pressuposto de que uma coisa é a linguagem de comunicação, outra é a *representação* ou a *expressão*, que exige uma determinada *construção*. Pode-se admitir que essa construção seja mais ou menos inconsciente, mas depois do fato consumado, do texto escrito, da obra feita, o leitor contempla uma estrutura de significados, o conjunto de signos, que são uma *interpretação da experiência* e não a experiência vivida no seu fazer-se. Isto é nosso abc. Todas as teorias têm esse ponto em comum: todas procuram definir o que distingue a atividade simbólica da comunicação direta. Depois a linguística veio com os seus esquemas classificatórios dizer mais ou menos o mesmo, multiplicando as análises do discurso, mostrando como os discursos não só são representações mediadas mas, às vezes, carregam dentro de si outras mediações, ou seja, a presença de outros discursos. Paradoxalmente, a crítica contemporânea complica o sistema das mediações mostrando que os textos estão dentro dos textos, saindo dos textos, entrando noutros textos.

Há uma crítica pós-estruturalista que se compraz na verificação de múltiplas mediações, fazendo do autor apenas uma voz que coordena uma série de outras já historicamente formuladas. Enquanto isso acontece na crítica, distanciando, portanto, cada vez mais a espontaneidade da elocução e da produção literária, na outra ponta, a expectativa do público que está próximo da televisão, dos meios eletrônicos e daqueles que estão vivendo a experiência da imediação se coloca no lado oposto. Vivemos o paroxismo da mediação, levado até o extremo do pedantismo, e vivemos também numa espécie de selvageria do imediatismo. Este é meu sentimento da época contemporânea: a existência desses extremos, dos extremos da mediação e da imediação. A hipercultura e a contracultura supõem-se mutuamente.

Falar em "fronteiras" da literatura dentro desse campo de interações é sempre recuar um pouco, é no fundo pensar as diferenças entre ficção e não-ficção. É procurar um chão sólido de conceitos pelos quais tudo o que guarda um compromisso direto com a experiência (com a experiência consensualmente verificável) é não-ficção. Mesmo que sejam memórias, mesmo que se use a primeira pessoa gramatical como sujeito da enunciação, mesmo que sejam diário, cartas, autobiografia, enfim, textos cujas formas estão às vezes próximas do que nós consideramos como literatura. Uma hipótese provável é que há realmente um momento em que a fronteira existe, por pura, por mínima que seja, por transparente que seja, como um cristal que separa dois ambientes; e a percepção da fronteira é testada pela consciência do escritor, enquanto testemunha. Ele sabe que o objeto da sua escrita é a sua experiência, e é uma experiência que ele pode atestar, empiricamente verificável: o real que *aconteceu*. Quando assume situar-se no plano da memória, no plano da não-ficção, ele sabe o momento em que está mentindo. Sabe muito bem quando está dizendo alguma coisa que não pode atestar, mas que ele gostaria que tivesse sido assim. Mas a sua consciência de memorialista, de historiador, sabe que está mentindo, e, oxalá, o público também o perceba. Porque do lado da recepção é a mesma coisa, há o momento em que o leitor duvida. Se o leitor pode duvidar de um fato ou de outro, então ele poderá dizer: bom, temos um grande memorialista, mas aqui ele mentiu. Aqui efetivamente ele mentiu, pois toda a erudição mostra que aquela afirmação não podia ser verdade. E logo vêm os eruditos, os ratinhos de biblioteca, que mostram que *aquele episódio não era verdadeiro*. Rousseau padeceu extraordinariamente desse processo nas suas *Confissões*. A toda hora vêm os biógrafos e dizem: Não, mas isso não é verdade! Esse fato está contado exageradamente, aqui ele procurou desonerar-se de uma certa culpa... E se arma todo um processo para mostrar que o memorialismo de Rousseau está infirmado por uma intromissão do desejo e da imaginação. Onde há intenção histórica, o controle do leitor faz sentido.

O outro lado, dentro desse campo teórico, seria o do romancista. Por mais que o romancista inclua fatos que ele pode atestar, no caso do romance histórico, ou do romance realista do século passado, nós sabemos que aqueles fatos estão sendo trabalhados por uma corrente subjetiva, filtrados, transformados. Ainda que o *quantum* de real histórico seja ponderável, *o modo de trabalhar, que é essencial, é ficcional*. Nessa perspectiva o romancista não mentiria nunca. O romancista não mente nunca, porque ele efetivamente está mexendo com representações da imaginação que podem, ou não, ter um conteúdo empírico historicamente atestado. Mesmo que maciçamente seja documentado o fato que ele está contando, o regime do texto no seu conjunto é de ficção. Veja-se a teoria do romance histórico. Lukács estudou o assunto de maneira tão rica, tão cheia de distinções, que agora seria uma perda querer resumir. Eu, que tenho familiaridade maior com a cultura italiana, precisei entrar no fundo do tema quando tive que entender *Os noivos*, de Manzoni, que é um romance do começo do século XIX, antes de Stendhal, antes de Balzac, antes de Flaubert, antes que toda a grande tradição do romance realista burguês se tivesse consolidado. Manzoni escreve no começo do século o seu longo romance histórico, *Os noivos*, que se abre com citações de textos do século XVII. Percebe-se que o romancista quer provar absolutamente a historicidade dos eventos, escrevendo uma crônica do século XVII. Uma crônica do que acontecia nos meios populares da região milanesa. À medida que lemos o romance, aliás, não é preciso ir longe, já na primeira página, na própria descrição do Lago de Como e das montanhas que o rodeiam, percebe-se que a paisagem está saturada de pressentimentos. A região não está sendo descrita como o faria um geógrafo ou um historiador que apenas quisesse demarcar o local onde a cena vai desenrolar-se. O pano de fundo terá força simbólica, até aparecerem as personagens que nascem organicamente daquele mundo, formam um todo com o ambiente. Em seguida, os desejos das personagens vão produzir acontecimentos. Ao passo que no registro da memória histórica os desejos são desejos e os fatos, fatos. A imbricação de devaneio com relato propriamente é ficção.

Essas observações que estou fazendo são obviedades. Elas foram aprofundadas em várias passagens de Alain, que era leitor onívoro de romances. Alain faz, em *Os deuses e as artes*, considerações que me parecem extremamente sugestivas sobre a diferença que haveria entre o regime da ficção e o regime da não-ficção. Na ficção o devaneio das personagens faria um só corpo com a ação. As ações dependem desses devaneios porque o romancista pode, num certo momento, ler o que está dentro do pensamento das personagens e depois arquitetar eventos, situações que concordem ou contrastem com os sentimentos daquela personagem. De sorte que, embora esses acontecimentos sejam absolutamente reais ou históricos, como os acontecimentos contados por Stendhal sobre Napoleão, e mesmo que a gente possa dizer, "bem, isto tem até sintaticamente a forma de um relato histórico", os eventos estão afetados, encantados por aqueles sentimentos e aqueles devaneios. A realidade histórica que está lá pesa, mas está subordinada, ao possível, ao imaginário, está em outro regime. Alain faz várias análises, todas elas tiradas da tradição francesa, para mostrar como, em pleno século da verossimilhança, o século XIX, qualquer leitor poderia dizer "mas isto é fruto da imaginação", mesmo que no romance houvesse luxos de erudição. *Salammbô* de Flaubert é um belo exemplo.

Na literatura brasileira, quem leu Alencar sabe o que eu estou dizendo de uma maneira até superabundante. Alencar faz seguir os seus romances de um glossário de termos, explicando a origem de alguns comportamentos indígenas. Ele acreditava ser bastante realista nesse sentido, pois de fato tinha tirado das crônicas do século XVI o vocabulário e as metáforas tupis. Mas ninguém vai dizer que aquelas obras são *históricas* no sentido forte da palavra.

A separação entre ficção e não-ficção hoje é contestada não só teoricamente como também vivencialmente por certa crítica e por muitos leitores. Há uma corrente pós-moderna que procura mostrar que a própria atividade simbólica, enquanto simbólica, é uma distorção, uma alienação. Teria chegado o momento de acabar com essa pesada e canônica tradição segundo a qual a literatura é literatura, linguagem de comunicação é linguagem de comunicação, e realizar, performativamente, a identidade profunda de ambas as atividades.

Sem descartar outras especulações sobre esse nó teórico, parece-me ainda razoável dizer que, ao fazer discurso histórico ou memorialista, a consciência testemunhal fica desperta o tempo todo. E, do outro lado, do lado da ficção, mesmo quando o autor diz abdicar de qualquer distinção entre o vivido e o imaginado, efetivamente a consciência autoral sabe que há momentos que são puras transcrições jornalísticas do acontecido e momentos em que opera toda uma fenomenologia do desejo e em que entram elementos imaginários.

O que pode suceder, e acho que está sucedendo cada vez mais, é a compresença, a fusão, esse desejo enorme de sair das gaiolas de uma prática compartimentada da cultura. Vê-se em algumas exposições de pintura a própria exposição do objeto ou da pessoa, exposição do agente da obra de arte, publicamente, para mostrar que efetivamente *ele* é o sujeito da obra de arte, e a "coisa" é a obra. Não há nenhuma mediação: essa intenção de colocar-se assim diante do público, como espetáculo, entraria no que se pode chamar de *performance* teatral. Às vezes ocorrem coisas dramáticas, *happenings*, como no caso de pintores que se sangraram diante do público, ações patéticas. Mesmo esses *happenings* "hiper-realistas", em que realmente parece não haver nenhuma construção, nenhuma formalização, nenhuma mediação, supõem um ato a rigor desgarrado da vida cotidiana, portanto um ato que se propõe *ser visto*, um ato que deve ser interpretado e, se não é um ato "estético", certamente não é um ato da comunicação rotineira. É uma suspensão da rotina, e esta suspensão da comunicação usual já indica que estamos noutro nível, em um nível da "representação", sem dar à palavra evidentemente nenhum sentido pejorativo.

Vejo que essa fome de realidade no fazer-se dos atos simbólicos tem como contraponto uma fome de idealização e de antirrealismo. São duas posições extremadas na nossa cultura: o realismo mais nu e a fantasia mais livre. As duas tendências estão compresentes, e vejo que isso faz com que a crítica literária empreenda a busca de um exemplário, de um novo *corpus* em que as fronteiras estejam derrubadas, onde o histórico entre para o literário e o literário entre para o histórico. Está no ar um desejo de mostrar que aquele cânon feito de distinções seria um cânon burguês — usando a palavra burguês numa dimensão enorme (que cobre os séculos XVII, XVIII e XIX) —, expressão de uma atitude antivital, ou apego a construções conceituais que hoje estariam em crise. Daí esta paixão pelas memórias, esta paixão pelos relatos orais, este gosto dos diários, esta curiosidade até um pouco voyeurista de desvendar o que estaria "por baixo" dos estilos convencionais. Eu tenho visto biografias de autores do século XIX, por exemplo de Leopardi, que era um autor que eu considerava sagrado, e que são biografias absolutamente escandalosas, algo de fazer tremer toda aquela concepção de arte pela qual nós monumentalizávamos os nossos autores. Hoje prevalece o desejo de devassar tudo, indiscriminadamente, e de transformar a obra em um mosaico de experiências ditas vitais. Vejo que isso está em toda parte: cada um de nós poderia citar exemplos e refletir sobre o significado cultural dessa tendência.

Eu me lembro de que, numa sessão de pós-graduação sobre Joaquim Nabuco, procurei valorizar a coragem, a generosidade e certos caracteres progressistas bastante evidentes na sua obra. Alguns alunos, que estavam propondo-se a fazer suas teses, encantaram-se com *Minha formação*, à procura, quem sabe, de um Nabuco precursor da pós-modernidade. Quem sabe Nabuco, nas suas memórias, teria já rompido, ainda que inconscientemente, com os limites canônicos, escrevendo um livro que não se poderia classificar nem de História, nem de autobiografia, nem de fantasia, porque todos esses elementos estavam misturados lá dentro. Eu gostaria de parar um pouco neste exemplo para verificar como, às vezes, uma teorização ansiosa acaba vendo além do que deve. Quando Joaquim Nabuco escreveu *Minha formação*, fez basicamente um retrospecto das suas ideias políticas: é um livro em que ele conta como se formou no liberalismo inglês com influências americanas. O livro todo é um tecido de referências às suas viagens e aos seus encontros culturais. E mantém uma linha forte, ou seja, a ideia de que ele amadureceu em um liberalismo mais avançado do que o do Partido Liberal, embora dentro dos padrões monárquicos. A obra foi escrita no final do século, quando o abolicionismo já se tinha esgotado. Nabuco era então um homem que contemplava o seu passado e, como diplomata, o reconstruía com toda aquela elegância e, mais do que isso, com aquela boa-fé que a gente respira no seu texto.

É um livro de história política que atinge às vezes o plano do memorialismo universalizante. Não é um memorialismo que se funda sobretudo na intimidade. Mas, a certa altura do livro, já bastante avançado, no vigésimo capítulo, ele "desce" à memória da infância. Refiro-me ao texto, antológico, intitulado "Massangana", o nome do engenho em Pernambuco onde ele vivia com a madrinha. É um momento de evocação dos seus primeiros anos, um momento na verdade raro no livro. Por mais significativo que seja este texto, é um lance passageiro. Antes e depois, Nabuco só fala da sua evolução ideológica. Lê-se mesmo numa nota de pé de página: "a razão que me fez não começar pelos anos da infância, foi que estas páginas tiveram, ao serem primeiro publicadas, feição política, que foram gradualmente perdendo, porque já, ao escrevê-las, diminuía para mim o interesse à sedução política". A data provável da frase é 1898. Nessa altura, Nabuco já estava fora da política ativa e vivia um desengano profundo com os que tinham feito a República. De todo modo, o memorialista já escrevera um livro, como ele diz, de "feição política", e por isso a passagem sobre a infância foi encartada depois. Provavelmente, no esquema inicial, ele não iria incluir nada sobre a infância. Começa, de fato, com a adolescência, pontuando o encontro com o pai, que ele magnifica.

A abertura do capítulo "Massangana" traz frases evocativas, como:

> O traço todo da vida é para muitos um desenho da criança esquecido pelo homem, mas ao qual ele terá sempre que se cingir sem o saber. Pela minha parte acredito não ter nunca transposto o limite das minhas quatro ou cinco primeiras impressões.

Esse parágrafo daria um bom começo a memórias de tipo intimista. Se Nabuco tivesse começado o livro por aí, nós esperaríamos todo um desenvolvimento do texto a partir dessas primeiras impressões. Mas o passo está completamente isolado, porque logo depois vêm reflexões sobre a presença da infância na memória dos homens: logo se passa do concreto ao abstrato. Alain diz uma frase que eu acho muito bonita, até estilisticamente: "A História é sempre abstrata, um pouco". Ele não diz: "é um pouco abstrata". Por quê? Esse "um pouco" quer dizer que, na verdade, ainda que a história mergulhe em testemunhos empíricos, ela o faz para integrar, para compreender, para dar-lhes uma inteligibilidade universal. E no momento em que ela compreende, deve-se despregar do fato isolado e empreender uma análise e uma interpretação que são a honra mesma do historiador. Nessa passagem, ela é sempre abstrata "um pouco". No caso de Nabuco será um pouco muito, porque, depois de ter-nos dado um banho de intuição, muito breve, aliás, ele começa a discorrer sobre a importância que a infância tem, e se põe a citar autores e a mostrar que, graças à sua infância, à madrinha, ao pai, e a um certo "berço", ele experimentou aqueles sentimentos, que se aprofundaram num sentido de compaixão pelo escravo e assim por diante. É uma análise que se diria quase apologética, mas que parte daquelas experiências da infância.

É preciso ler toda a passagem para sentir as diferenças de tom:

Estive envolvido na campanha da abolição e durante dez anos procurei extrair de tudo da história, da ciência, da religião, da vida um filtro que seduzisse a dinastia; vi os escravos em todas as condições imagináveis, mil vezes vi a *Cabana do Pai Tomás* no original da dor vivida e sangrando. No entanto, a escravidão para mim cabe toda em um quadro inesquecível da infância, em uma primeira impressão que decidiu, estou certo, do emprego ulterior da minha vida.

Em seguida entra a linguagem do memorialista, até aquele limite possível com o romancista, que, se transposto, evidentemente transformaria a obra de Joaquim Nabuco em outra coisa.

O limite vem do fato de que o autor mantém clara a consciência de que está fazendo memória de *algo que efetivamente aconteceu*. Eis o trecho em que Nabuco lembra seu contato quase carnal com a escravidão:

> Eu estava uma tarde sentado no patamar da escada exterior da casa quando vejo precipitar-se para mim um jovem negro, desconhecido, de cerca de dezoito anos, o qual se abraça aos meus pés, suplicando-me pelo amor de Deus que o fizesse comprar por minha madrinha, para me servir. Ele vinha das vizinhanças procurando mudar de senhor, porque o dele, dizia-me, o castigava e ele tinha fugido com o risco da vida.

Em seguida volta a situar o episódio num quadro maior: "Foi este o traço inspirado que me descobriu a natureza da instituição com a qual eu vivera até então, familiarmente, sem suspeitar a dor que ela ocultava".

Desse dado isolado ele parte novamente para a situação geral da escravidão, e todo o regime do texto passa a ser não ficcional. Quer dizer (sigo as pegadas de Alain), se esse texto tivesse alguma intenção ou formalização que levasse à ficção, o autor se aproximaria do jovem negro, o jovem negro teria um destino. Ou, mesmo que ele não fosse desenvolvido como personagem, entreteria alguma correspondência com outra imagem no texto. Como uma frase melódica dentro de uma sinfonia, que deverá voltar em algum momento, como um presságio de alguma coisa que irá acontecer. Ou ainda, como uma tonalidade num quadro clássico que está ora em oposição, ora em continuidade com outros elementos cromáticos. O regime de ficção tem essa dimensão de arbítrio composicional da parte do romancista. Como diz Morávia: "o romance é uma obra do livre-arbítrio", pois nele há margens de liberdade em que o autor pode combinar, deformar, recombinar. Além dessa dimensão, que parece ser conatural a toda ficção, os episódios da narrativa são significativos e rebatem outros episódios formando uma estrutura.

Estou consciente de que essas ideias podem parecer tradicionais, pois sempre definem a ficção como diferente da não-ficção, mas distinção não é oposição. A liberdade do possível inclui o real, não ignora o real: abraça o real, vai até as entranhas do real e tira do real os desejos de alguma coisa que o real ainda não é. Este delicado jogo de invenção o romancista pode fazê-lo, mas o memorialista e o historiador têm pudor de inventar, pois espera-se que ele conte os fatos como aconteceram. Pode interpretá-los, mas não deveria inventar nada. Em princípio, não deve inventar episódios. É claro que o possível traz em si elementos de futuro, de desejo, de irrealizado. Mas todo real foi, a certa altura, possível. O real nunca é o impossível na medida em que o real foi possível, é a partir do real que vamos imaginar o desenho do possível futuro. Acho que esta concepção é mais aderente à dialética do real porque vê no real as sementes do possível, do imaginável.

Em Nabuco as coisas estão claras: sabe-se qual é o momento da memória afetiva, que "daria" romance, e qual é o momento da interpretação histórica. Mas, quando lemos, por exemplo, as *Memórias do cárcere*, de Graciliano Ramos, creio que avançamos um pouco mais, porque a situação da escrita é mais complexa. Sem dúvida, Graciliano quis ser exato, idôneo. Ninguém tem a menor dúvida de que a consciência dele era uma consciência que se pode chamar "realista", isto é, ele quis contar como as coisas tinham se passado. Mas como as contou dez anos depois e perdeu todas as suas anotações (precisou rasgá-las e jogá-las na água num momento de apuro), ele não tinha, no momento da redação, as devidas precisões. Ele não tinha anotações sobre a hora exata em que os fatos se deram, nem o registro das palavras dos companheiros de prisão. Sente-se na sua narrativa uma constante preocupação, que é até incômoda para o leitor, obsessiva, penosa; a gente sai do livro assim com a impressão meio cinzenta de uma pessoa que não tem certeza de nada. Uma pessoa que faz questão de dizer que não sabe bem se foi aquilo mesmo o que aconteceu: pode ser que outras pessoas que hajam testemunhado o fato tenham outra versão. O tempo todo ele está dizendo que "parece que foi assim". Usa o condicional "teria sido assim...". É uma evocação plúmbea. Eu usaria essa imagem, é um quadro cinzento, você não vê com clareza as figuras que estão lá dentro do cárcere. Julgo que a melhor representação plástica das obras de Graciliano é a que se faz em gravura, na qual algumas coisas estão nítidas, mas há sempre um fundo indistinto. À medida que ele vai trabalhando o passado e contando episódios da prisão, vai nascendo dentro dele, em estado ainda bruto, uma "teoria do memorialismo", que já se esboça no primeiro capítulo. A abertura de *Memórias do cárcere* é uma exposição de método. Ele deixa bem claro: "não sou jornalista nem sou historiador; se eu fosse um erudito, teria que voltar às minhas anotações, mas felizmente as perdi todas. Teria que fazer perguntas a outras pessoas, que provavelmente têm visões diferentes da minha. Estou consciente de que não estou fazendo memorialismo no sentido de *historiografia*, não estou fazendo história nem sou o sujeito capacitado para tanto. Por outro lado, *não estou fazendo romance*". Porque "no romance a gente sabe que se contam mentiras". Graciliano não quer contar mentiras. Nem história, nem ficção: testemunho. Ou seja, a verdade possível contada por um só observador.[1]

---

[1] Voltei ao tema em "A escrita do testemunho em *Memórias do cárcere*", *Estudos Avançados*, nº 23, jan.-abr. 1995, pp. 309-22.

Termino esta exposição, que é puramente exploratória, citando um texto de Sartre extraído do livro *Que é a literatura?*. Nele me parece que Sartre está ainda bem firme na posição de que há uma fronteira. Só que esta fronteira, diz ele, foi criada pelo idealismo literário burguês. Sartre usa a palavra *burguês* com uma latitude enorme. O texto é de 1947, é um momento de conversão; daí a insistência em dar o máximo de latitude à palavra burguês. O arco da burguesia iria das comunas italianas do século XIII ao século XX. Às vezes nos sentimos chocados com tamanha indiferenciação. Mas, por outro lado, esta indiferenciação tem uma sólida base social, porque efetivamente houve uma continuidade da classe burguesa na Europa nesse período. Para Sartre, sempre que o eu do escritor se coloca e faz o que quer com os fatos, estaria participando das ambições do idealismo literário burguês.

O termo "idealismo" naturalmente traz uma conotação levemente pejorativa; no entanto é uma realidade de fato o que ele denota. O que Sartre chama de "idealismo literário" é a diferença entre ficção e não-ficção observada desde a Renascença até hoje. Independentemente do julgamento global que ele faz, a cavaleiro da história, a descrição que vou ler é a retomada dialetizada dessa distinção capital que afinal subjaz a todas as palavras desta intervenção.

> O tempo do idealismo literário [é aquele] em que a palavra só tem existência quando proferida por uma boca ou escrita por uma pena e por essência remete a um falante, cuja presença ela atesta. No idealismo literário a substância do relato é a subjetividade que percebe e pensa o universo, e em que o romancista, em lugar de colocar o leitor diretamente em contato com o objeto, torna-se consciente do seu papel de mediador e encarna a mediação num recitante fictício. Em consequência, a história que se oferece ao público tem como característica principal o fato de já estar pensada, isto é, classificada, ordenada, podada, esclarecida; ou, antes, a característica de só entregar-se através dos pensamentos que se for-

mam retrospectivamente a seu respeito. Eis por que o tempo da epopeia, que é de origem coletiva, em geral é o presente [*acho que filologicamente essa observação não é das mais corretas*], ao passo que o do romance é quase sempre o passado. De Boccaccio a Cervantes, e depois aos romances franceses do século XVII e XVIII, a técnica vai se complicando e abrangendo outras, pois, no caminho, o romance recolhe e incorpora a sátira, a fábula e o retrato.

Aqui há uma nota que omito por ser longa, em que, além da fábula do retrato e da sátira, Sartre menciona o romance por cartas. O seu texto continua:

> O romance recolhe e incorpora a sátira, a fábula e o retrato: o romancista aparece no primeiro capítulo, anuncia, interpela os seus leitores, adverte-os, garante-lhes a veracidade da sua história; é o que chamarei de subjetividade primeira; depois, ao longo do percurso, intervêm personagens secundários que o primeiro narrador encontrou, e que interrompem o curso da intriga para relatar os seus próprios infortúnios: são as subjetividades segundas, sustentadas e restituídas pela subjetividade primeira. Assim, certas histórias são repensadas e intelectualizadas em segundo grau.[2]

Essa descrição que corresponde, de maneira muito precisa dentro da sua abstração, à nossa experiência de leitores, coincidiria com o que Sartre chama de idealismo literário próprio da consciência burguesa. O futuro vai dizer se essa consciência já acabou e se, efetivamente, já entramos em outro paradigma pelo qual já não haveria distinções nem fronteiras entre ficção e não-ficção.

---

[2] Jean-Paul Sartre, *Que é a literatura?*, São Paulo, Ática, 1993, pp. 105-6.

Ideologias e contraideologias

As ideologias e o seu lugar

para Celso Frederico

Se for correta ou, pelo menos, razoável, a hipótese marxista do caráter interessado, logo parcial, das ideologias, torna-se relativamente fácil mapear o lugar das ideias econômicas e políticas hegemônicas em um determinado contexto.

A compreensão do liberalismo econômico e político, difuso no Ocidente ao longo do século XIX, depende da resposta a questões cruciais:

A quem interessava o livre comércio entre as nações depois da crise do exclusivo colonial? A quem interessava o domínio dos meios de produção a partir da Revolução Industrial inglesa? Soma-se à dimensão macroeconômica a dinâmica política da revolução burguesa: a quem interessava a manutenção do poder no período pós-revolucionário?

As respostas já foram dadas exaustivamente pela historiografia que explorou a situação das metrópoles e das ex-colônias no processo de formação dos estados latino-americanos. Livre comércio, também chamado liberismo, livre-iniciativa, hegemonia burguesa e proprietista, faziam parte do sistema capitalista ocidental em plena expansão.[1]

---

[1] O historiador Dale Tomich estudou a estreita inter-relação que a economia capitalista global manteve com as economias exportadoras de produtos tropicais: o Brasil do café, o açúcar de Cuba, o algodão do sul dos Estados Unidos. Na medida em que o mercado mundial operava essa interdependência, o centro comercial, no caso, a Grã-Bretanha ao longo do século XIX, intensificava o trabalho assalariado em suas fábricas e, indiretamente, o trabalho escravo nas áreas periféricas. Essas produziam e vendiam mercadorias tropicais; aquela, máquinas e manufaturas. O fato de a Inglaterra ter agido no sentido

O valor explicitado nessas plataformas econômicas e políticas era sempre o mesmo: liberdade. O seu correlato ideológico chamava-se liberalismo. O conteúdo concreto e pragmático do liberalismo efetuava-se em termos de *exploração e dominação*.

Recapitulo o que já é óbvio. Os proprietários do capital (fundiário, industrial) tinham obtido a supressão das amarras corporativas do Antigo Regime: fora-lhes garantida a liberdade de explorar todo tipo de trabalho. As denúncias de Engels deixaram patente o grau de superexploração da classe operária na Inglaterra dos meados do século XIX. Em nome da liberdade de iniciativa do empresário, propriedade e capital desfrutavam de uma autonomia que se desejava absoluta: pretensão que já fora sancionada teoricamente pelo mais idôneo inspirador do liberalismo inglês, John Locke. Pensador do interesse dos proprietários, Locke não hesitara diante da consequência extrema do seu discurso, ou seja, a aceitação do cativeiro do vencido em caso de guerra. É o que se depreende dos conselhos dados aos colonizadores da Carolina do Norte, que lhe pediram subsídios para a redação de uma Constituição. O fortalecimento das ideias liberais na Inglaterra e nas colônias americanas não impediu absolutamente que sob a bandeira britânica o tráfico negreiro alcançasse o seu ponto alto no século XVIII.

A França revolucionária conheceu, em 1794, em uma sessão da Convenção, um momento de glória democrática quando aboliu a escravidão em suas colônias. Durou pouco a decisão dos convencionais. Oito anos depois, Napoleão cedeu à pressão dos proprietários das fazendas antilhanas e restabeleceu o cativeiro. Mas o que é notável: a queda de Bonaparte e a subida ao trono de Luís XVIII (1814) não alteraram a situação dos 300 mil escra-

---

de perseguir o tráfico a partir de 1807 não impediu absolutamente que a economia britânica haja estimulado o crescente emprego de mão de obra escrava até meados do século XIX. Ver Dale Tomich, *Pelo prisma da escravidão: trabalho, capital e economia mundial*, tradução de Antônio de Pádua, revisão técnica de Rafael Bivar Marquese, São Paulo, Edusp, 2011.

vos da Martinica, Guadalupe, Guiana, Senegal e Reunião. Sob as Constituições liberais vigentes na Restauração e durante a monarquia burguesa de Luís Felipe (1830-1848), a escravidão foi mantida. E foi mantido o ignóbil *Code Noir* promulgado por Luís XIV no final do século XVII!

Quando, finalmente, a Revolução de 1848 aboliu o cativeiro, não o fez sem indenizar fartamente os senhores, validando assim a legitimidade da propriedade de homens por homens. O governo inglês já fizera o mesmo na década de 1830 quando alforriou os escravos da Jamaica e das outras colônias das Antilhas.

Mas não foi só na Inglaterra e na França, bastiões do liberalismo burguês ocidental, que a conivência com o regime do trabalho compulsório conheceu longa duração. As demais metrópoles europeias, igualmente regidas por diplomas liberais, seguiram o mesmo caminho: Portugal, Espanha, Holanda, Bélgica e até Estados nórdicos como a Dinamarca e a Suécia, que exploravam colônias agroescravistas em ilhotas caribenhas, tardaram em decretar o fim da nefanda instituição. Não há, portanto, por que isolar o Estado brasileiro como caso único e farsesco de coabitação da ideologia liberal com uma prática escravista. Cá e lá... o lugar dessa triste fusão era o do capital fundiário e da rede de interesses comerciais e políticos que o reproduziam.

Quanto aos estados do Sul profundo dos Estados Unidos, lembro apenas que na Universidade de Virgínia professores de Economia liberal clássica (tribo que perdura até hoje) louvavam abertamente o caráter civilizatório da escravidão africana nas Américas. A instituição, que os sulistas chamavam de "peculiar", seria defendida pelas armas no conflito sangrento da Guerra da Secessão. Aí o lugar social das ideias esteve firme e claramente mapeado.

Liberalismo e exclusão política

Reproduzindo ideias de Benjamin Constant, apologista da Constituição francesa de 1814, a nossa Carta, outorgada por D.

Pedro I, estabeleceu uma drástica exclusão no colégio eleitoral. Votavam e eram votados os que possuíam rendas, sendo maiores os pré-requisitos para os candidatos. Trabalhadores de vários tipos, assalariados ou cativos, estavam postos fora do campo da cidadania. No regime da eleição censitária, não havia convergência entre liberalismo político e democracia. O mesmo se dava em toda a Europa e nos Estados Unidos, onde o contingente eleitoral não ultrapassava o limite de 4%.[2]

A expressão "liberalismo excludente" seria, a rigor, a mais apropriada para qualificar a ideologia dominante cá e lá. As justificativas de alguns políticos imperiais me parecem antes motivo de indignação do que de comicidade, pois a racionalização do opressor e a desqualificação do oprimido tornam pior o que já é de si um mal. Quando o marquês de Olinda aconselhou D. Pedro II a não levar adiante o projeto da Lei do Ventre Livre, afirmando que "para cá não servem essas ideias", a sua palavra, se tivesse sido ouvida pelo imperador, teria selado a sorte de milhares de futuros recém-nascidos que a lei iria salvar da escravidão. Drama, sim, mas comédia?

---

[2] Para seguir de perto a lentíssima evolução da conquista do sufrágio universal na França e a drástica exclusão da cidadania na Carta de 1814, imitada em nossa Constituição de 1824, leia-se, de Pierre Rosanvallon, *Le sacre du citoyen*, Paris, Gallimard, 1992. Os números falam por si: pela Carta de 1814, vigente com poucas alterações até a Revolução de 1848, exigia-se do eleitor que tivesse ao menos 30 anos de idade e pagasse 300 francos de contribuição; e 40 anos e pagamento de 1.000 francos para ser elegível. De resto, o sistema de eleição censitária foi norma em todo o Ocidente liberal na primeira metade do século XIX. Para surpresa dos intérpretes eurocêntricos do Brasil, convém lembrar que, entre 1830 e 1881, o nosso eleitorado censitário chegou a 10% da população adulta, proporção que, segundo José Murilo de Carvalho, "era mais alta do que a de quase todos os países da Europa"... Uma valorização indevida do liberalismo europeu, confundindo-o com uma posição democrática, pode render literariamente frases de escarnento lançadas ao liberalismo apregoado no Brasil do século XIX, mas ignora a história efetiva de uma ideologia complexa e de longa duração na Europa e nas Américas.

D. Pedro II, em vez de secundar o conselho do ex-regente (naquela conjuntura, obsoleto e reacionário), acolheu a argumentação elaborada pelo Instituto dos Advogados e ordenada por Tomás Nabuco de Araújo. Delegou a Rio Branco o encaminhamento do projeto no Congresso. A batalha foi renhida, pois a liberdade dos nascituros acabaria sendo o divisor de águas de dois liberalismos em oposição: o excludente, escravista; e o democrático, abolicionista. Naquela altura, o primeiro era ideológico, e o segundo, contraideológico; a este Joaquim Nabuco chamaria "novo liberalismo".

Em termos de integração do Brasil na cultura ocidental, dava-se mais um passo. Aqui se interiorizavam e adquiriam ressonância local as correntes europeias pós-1848 e o exemplo norte-americano, então em plena luta antiescravista. Um progressismo difuso, um quase liberalismo reformista, tal como se depreende das leituras do jovem Nabuco em *Minha formação*, casava-se com as modificações estruturais ocorridas no Brasil depois da abolição do tráfico em 1850. Novos lugares, novos tempos, novas ideias.

Quem se der o trabalho de ler as atas das sessões da Câmara e do Senado em que o projeto foi debatido, encontrará pronunciamentos do deputado Andrade Figueira, precursor dos mais empedernidos ruralistas de hoje e acérrimo inimigo da intervenção do governo em tudo o que afetasse a liberdade absoluta dos proprietários:

> Serei hoje a voz dos interesses gerais, agrícolas e comerciais, diante do movimento que a propaganda abolicionista pretende imprimir à emancipação da escravatura no Brasil. Trata-se da conservação das forças vivas que existem no país e constituem exclusivamente a sua riqueza. É questão de *damno vitando*.

Foi, felizmente, voto vencido. A previsão de uma *débâcle* econômica, que resultaria da libertação dos escravos, constituiu o fundo da chantagem liberal-escravista em todos os discursos pronunciados no Brasil como na Inglaterra e nos Estados Unidos: era um repto lançado aos filantropos evangélicos, ou, na França, aos líderes abolicionistas, como o incansável Victor Schoelcher. Era o drama da África Negra que vinha ao palco do Ocidente nas vésperas da grande expansão imperialista. Os poemas de Castro Alves, "Vozes d'África" e "Navio negreiro", anteciparam-se à campanha brasileira, pois foram compostos e declamados em 1868.

No clima ético do novo liberalismo, democrático e abolicionista, formaram-se políticos e intelectuais que guardam um ar de família, apesar das conhecidas diferenças individuais. Não os chamaria revolucionários, mas certamente reformistas. Pode-se começar por Tavares Bastos e depois rememorar as palavras e os atos de André Rebouças, defensor de uma "democracia rural"; de Joaquim Nabuco, autor de uma obra-prima de inteligência e militância, *O Abolicionismo*; de Rui Barbosa (a sua defesa da Lei dos Sexagenários é um libelo admirável), e de Luiz Gama e José do Patrocínio, tão próximos do povo escravo. Fagundes Varela e Castro Alves nos deram a versão poética dos sentimentos que animavam a todos. Do Nordeste vinha o programa de atualização da inteligência brasileira em termos ocidentais: a Escola do Recife e a "geração de 70".

E Machado de Assis? É preciso ler a sua produção jornalística dando-se ênfase às crônicas de fundo político escritas na década de 1860. Nelas se reconhece o ideário do novo liberalismo vertido em uma linguagem que vai da ironia à aberta denúncia dos nossos costumes oligárquicos. Liberal e monarquista, tal parece ter sido a convicção constante de Machado. É provável que o seu distanciamento de todas as correntes partidárias, evidente nos escritos de maturidade, possa ser atribuído a um ceticismo profundo, não só político, mas existencial em senso lato. Haveria uma universalização *moraliste* dos desconcertos sociais que o escritor reconhecia à sua volta. O que adensa o seu perfil ideológico e ajuda a entender o estilo de morder e soprar que se perfez na fala do Conselheiro Aires. Mas esta é uma outra história.

Formações ideológicas na cultura brasileira

Aproximações

Espero que não cause estranheza o fato de um professor de Literatura arriscar-se a desenvolver o tema: "formações ideológicas na cultura brasileira".

Toda escolha tem uma história. Uma história que não é só pessoal, mas tem a ver com o *ethos* de uma geração que compartilhou durante algum tempo as mesmas perplexidades no plano das ideias e no plano dos valores.

Os que se formaram em torno dos anos 1960 sabem que os estudiosos das Letras, os eternos amantes da poesia e da ficção, vivíamos em uma tensão entre dois polos intelectuais e morais. De um lado, a compreensão da obra literária exigia uma leitura imanente rigorosa que, àquela altura, nos era proporcionada pelo estruturalismo e pelo retorno aos formalistas russos, que anos e anos de censura haviam impedido de circular na cultura ocidental. O outro polo, de cunho ético e político, era constituído pela urgência de entender a sociedade brasileira que habitávamos e que nos habitava, e, se possível, intervir nas suas estruturas iníquas; para tanto, a teoria mais vigorosa de que se dispunha vinha do marxismo que só então passou a ter presença efetiva na cultura universitária e, em particular, na cultura da nossa Faculdade de Filosofia, Ciências e Letras. A tensão entre essas duas exigências foi constitutiva de um certo tipo de intelectual, que ainda sobrevive.

O formalismo e o estruturalismo linguístico nos ensinavam que todo texto era um *sistema* e que as suas relações internas formavam uma rede significante, a sua *estrutura*. As imagens de um poema, os motivos de uma melodia, as linhas e as cores de um quadro, os episódios de uma narrativa, os atos de um drama se tornavam inteligíveis quando postos em relação, quer de analogia, quer de contiguidade, quer de repetição, quer de oposição. De todo modo, sempre se tratava de um complexo de signos em que as partes só adquiriam sentido quando relacionadas entre si ou com o todo.

O marxismo, por sua vez, desenhava um esquema da sociedade onde as coisas tampouco se passavam ao acaso: as relações básicas de produção determinavam estruturas de classe na medida em que impunham regimes de exploração, os quais, por sua vez, se traduziam em relações de dominação. Economia, sociedade e política: faces do mesmo poliedro.

Assim, quer visássemos o interior do texto, quer a sociedade para o qual fora escrito, víamos sempre formas, estruturas ou, observando diacronicamente, percebíamos formações semânticas ou formações histórico-sociais.

A hora era de grandes perguntas e grandes opções. Perguntávamos qual seria a relação inteligível entre texto e contexto. Raros eram os que, ecoando *slogans* temerários do futurismo russo, afirmavam que, afinal de contas, obra é obra, vida é vida, construção não é representação, e se proibiam qualquer sondagem nas esferas psicológica e social, que chamavam com desdém "externas" ou não pertinentes ao texto. A maioria, ao contrário, forcejava por entender como os processos sociais enformam a vida simbólica. Propunha-se a existência de homologias (termo caro a Lucien Goldmann) entre as estruturas sociais e os campos de significação. E a ponte de dupla mão que permitia o acesso do social ao literário era a *perspectiva* assumida pelo autor. Abrindo cursos sobre o realismo na literatura brasileira, lembro que me comprazia em citar a frase (de resto, de leitura ambivalente) de Saussure: "É o ponto de vista que cria o objeto".

Para qualificar a perspectiva que rege um texto, era necessário explorar as mediações entre a experiência social, intersubjetiva, e a escrita literária. O instrumento mediador mais visível se chamava *ideologia*. A ideologia estaria difusa na obra, pois o autor não poderia subtrair-se, enquanto homem do seu tempo, aos discursos de classe ou de grupo social que pretendem explicar o funcionamento da sociedade, os seus valores ou, mais ambiciosamente, o sentido da vida. E aqui o marxismo encontrava meios de dialogar com o historicismo de Dilthey e o culturalismo dos grandes sociólogos alemães do começo do século XX.

(Abro aqui um parêntese para lembrar que, no acesso ao culturalismo, foi inestimável a presença militante de um grande *scholar* europeu, Otto Maria Carpeaux, cuja *História da literatura ocidental* e os ensaios publicados na imprensa dos anos 1940 aos 1960 nos ajudaram a pensar dialeticamente a literatura e as artes.)

No seu momento de maior expansão marxismo e estruturalismo se nos davam a conhecer antes pelas suas diferenças do que por suas afinidades. Formavam-se partidos pró e contra cada uma das correntes e as mútuas excomunhões não eram raras. Hoje, quando ambos saíram do foco do consumo cultural, reconhecemos que havia algo de comum em suas propostas: a procura ambiciosa da totalidade, o pressuposto da vigência de uma *ordem* tanto no campo dos processos econômicos quanto no dos processos antropo-simbólicos. Não por acaso, a influência do estruturalismo linguístico nas releituras que de Marx fizeram Althusser e alguns grupos da esquerda europeia foi determinante de um certo modo de pensar o social e o político nos anos 1960.

A década de 1970 e depois:
a ascensão da dialética negativa
e do antirracionalismo individualista

Há um provérbio popular entranhadamente dialético que diz: "De onde menos se espera, daí é que vem...".

Por volta de 1970 (falo aproximativamente) entraram em crise ambas as "positividades": a do estruturalismo e a do marxismo ortodoxo. Estou datando pela situação universitária brasileira: as datas dos surtos originais da crise teriam que retroceder se atentarmos para as suas matrizes europeias.

Persistiram, de forma epigônica e escolar, os esquemas didáticos daquelas doutrinas: eles têm a vantagem indiscutível da simplicidade redutora, que ama o genérico e sobrevoa o particular. Mas o interessante não é a reiteração cômoda das teorias: é a emergência do novo e do problemático. Nova e problemática foi para nós a dialética negativa de Adorno e Horkheimer, os frankfurtianos; novo e problemático o pensamento provocante do mestre de ambos, morto tragicamente na Segunda Guerra, Walter Benjamin. A dialética negativa parecia revirar e subverter o já conhecido e assentado, isto é, a ortodoxia do materialismo histórico que muitos de nós tínhamos codificado como se fora um apêndice do evolucionismo linear.

A Escola de Frankfurt fazia deslizar o culto da totalidade para o lado da má positividade; e a escolha da singularização para o lado da boa negatividade.

Tratava-se de uma vertente do pensamento dialético que fora purificada pela experiência do totalitarismo: do fascismo, do nazismo, do estalinismo. A sua teoria crítica da sociedade burguesa não se esgotava na clássica refutação marxista da economia política liberal: ia mais longe e mais fundo, atingindo as configurações do Estado centralizador e opressivo que resultara na perseguição a todas as liberdades democráticas.

As consequências da teoria crítica no plano dos valores e do gosto artístico foram drásticas. Em vez da apologia do realismo dito socialista, começou-se a reivindicar a fecundidade do imaginário surrealista e da linguagem expressionista (penso nas preferências estéticas de Benjamin); Adorno, por sua vez, fez a apologia da nova música atonal, contrapondo-a politicamente à música digestiva espalhada pela indústria cultural e pela rotina das salas de concerto. Arte não mais espelho da sociedade, mas arte *versus* sociedade: arte enquanto crítica.

O terreno é minado contemporaneamente do lado dos críticos literários. Embora inclinados intimamente a leituras formalistas, cedo se cansaram dos abstratos rigores dos petimetres acadêmicos e se emborracharam com os prazeres báquicos do texto. Roland Barthes é aqui a figura oracular distribuindo doces venenos durante esses anos todos, o bastante para inebriar letrados e jornalistas do mundo inteiro.

Em vez de unidade estrutural, todas as vozes mais sedutoras da cultura ensinaram a ver os encantos da diferença, da pluralidade, do fragmento, da exceção, da errância, do descentramento, do acaso, dos pontos de fuga, das ambiguidades, das indeterminações, enfim (e por que não?) do caos.

Em vez de glosar o esquema ideológico do texto, o que se começou a rastrear e a amar foi o seu avesso, capilar embora: a contraideologia, a anti-ideologia, tudo quanto teria sido ocultado pela ideologia — a singularidade mesma da voz lírica em uma sociedade inteiramente administrada pelo mercado, pela mídia, pelo Estado. A margem de liberdade possível tornou-se objeto de desejo mais atraente do que a rota batida dos paradigmas.

Os manifestos veementes de Marcuse lançados em *Eros e civilização* e em *O homem unidimensional*, o "prazer do texto" de Barthes, a antipsiquiatria e a crítica demolidora das instituições feitas por Michel Foucault entraram na mesma órbita ensombrando com a acusação de positivismo autoritário aqueles modos de ler a obra de ficção que ainda amarravam firmemente estrutura econômica, classe, ideologia e ponto de vista.

No bojo desse poderoso movimento contra os micropoderes do saber tradicionalmente qualificado de racional, o desconstrucionismo de Derrida (que ganhou parte da crítica universitária norte-americana entre as décadas de 1970 e 1980) levou à prática da decomposição da escrita em subdiscursos heterogêneos e lances de acaso, o que tornou difícil de atuar a proposta de cercar as determinações sociais do texto com que, em tempos idos, ainda se vinculavam as análises estruturais e a interpretação sociológica.

Enfim, o ideal mesmo de uma teoria literária científica e unificadora sofreu abalos de múltiplos lados. Desatou-se o feixe. E, convenhamos, mãos distintas concorreram para fazê-lo. O feixe foi desatado por pensadores hegelianos como Adorno e Marcuse, por amadores da linguagem como Barthes e por filósofos da cultura definitivamente não-marxistas como Derrida e Foucault. No mosaico pós-moderno as oposições de fundo se esbateram todas no mercado cultural.

O lugar da ideologia

O que teria acontecido, ou estaria acontecendo, com a modernidade própria da sociedade industrial onde se gestaram positivismo, marxismo, funcionalismo e estruturalismo? É arriscado dar respostas globais. A hipótese corrente da emergência da instância narcísica do indivíduo combina-se paradoxalmente com o triunfo da cultura para massas.

Seja como for, é preciso repensar as relações entre literatura e ideologia, liberando-as do causalismo pesado com que as onerava a sociologia convencional da literatura. O que se pode ainda sustentar razoavelmente é que *literatura e ideologia se tangenciam enquanto ambas pressupõem o mesmo vasto campo da experiência intersubjetiva*. Mas os seus modos de conceber e de formalizar essa experiência são diversos, quando não opostos.

A literatura exprime, re-apresenta, presentifica, singulariza, enxerga com olhos novos ou renovados os objetos da percepção, ilumina os seus múltiplos perfis e desentranha e combina as fantasias do sujeito. A ideologia reduz, uniformiza os segmentos que reduziu, generaliza, oculta as diferenças, preenche as lacunas, as pausas, os momentos descontínuos ou contraditórios da subjetividade.

A literatura dissemina. A ideologia fixa cada signo e cada ideia em "seu devido lugar", fechando, sempre que pode, o universo do sentido.

A conquista da dialética negativa, tal como a herdamos de Walter Benjamin e dos frankfurtianos, foi precisamente o ato de pôr em xeque os esquemas classificatórios do evolucionismo linear, do historicismo fatalista e de um certo marxismo ossificado pela propaganda sectária.

Essa viragem foi salutar e libertadora. Já anunciada pelas propostas ardidas das vanguardas surrealistas e expressionistas, ela tardou a tomar corpo no universo das teorias da cultura e da literatura. Mas veio o tempo em que, por vias transversais, se deu enfim razão à bela hipótese da *circularidade das formas simbólicas* com que Benedetto Croce, na sua primeira *Estética* de 1902, já figurava a distinção de fantasia poética e conceito lógico: momentos diversos, mas pertencentes ambos ao mesmo fluxo da vida e do espírito humano. A imagem é anterior ao conceito e independe deste; o que não significa que o conceito vá suprimi-la e superá-la definitivamente pelo fato de construir-se depois. Novas intuições singulares se seguirão às sínteses lógicas, pois o círculo das atividades espirituais não se detém em uma determinada instância: apenas se adensa e se intensifica com o alternar-se ou combinar-se de momentos poéticos e momentos lógicos (ou, no universo da ação, de momentos de necessidade econômica e momentos de aspiração ética). Um círculo móvel contém em si todos os seus pontos formadores, e a todos contempla na sua identidade e nas suas passagens e transformações.

Tanto a dialética negativa quanto a "dialética dos distintos" de Croce são devedoras do pensamento hegeliano. Vejo, entretanto, em certo uso contemporâneo que fazemos dos textos de Adorno e de Benjamin uma tendência ao dualismo maniqueísta: ou literatura ou ideologia. A distinção, que sempre se deve manter, vira um jogo de exclusões. É o caso de dialetizar, de novo, a diferença, e voltar estrategicamente a uma aceitação da *discordia concors*, da coexistência dos opostos. Cortar cirurgicamente os traços ideológicos das obras literárias porque os sentimos como elementos intrusos é ignorar, pura e simplesmente, que a ideologia, enquanto costura de representações e de valores, integra a escrita, queiramos ou não acolher a sua presença... É necessário reconhecê-la, sabendo embora que ela não deve fechar o horizonte das leituras possíveis de um texto literário. Inclusão não é conclusão.

Para perceber essa imbricação basta tomar boas distâncias temporais. Basta interpretar o conjunto das obras de um mesmo período, de um mesmo "campo literário" (Bourdieu). Obras diversas nas suas expressões singulares, na sua imagística e no seu tom peculiar, se mostrarão próximas e até assemelháveis à luz do seu modo histórico de ver o mundo e enquanto macrorretórica ideológica. Se a negatividade da voz singular é a fonte oculta do valor do poema, a flor no asfalto, a positividade ideológica é o seu oneroso tributo a formas de pensar e sentir datadas, sim, mas nem por isso menos funcionais e vinculantes. A positividade ideológica significa para o núcleo lírico do texto a necessidade que não se arreda com uma penada, a repetição, o lastro, a cruz. E a liberdade não se conquista sem atravessar a necessidade.

Expurgaremos de *Os sertões* o discurso do evolucionismo pararracista lá aninhado? Seria uma atitude ingênua e idealista que falsearia a contraditória grandeza de Euclides. Apagaremos n'*Os Lusíadas* a crença na missão heroica, política e religiosa, de Vasco da Gama? Seria alijar um dos sentidos públicos fundantes da epopeia. Subtrairemos o pessimismo sem saída de Leopardi ao corpo vibrante da sua lírica do infinito? Não compreenderíamos a sua dialética de desengano e resistência. Expulsaremos das *Primeiras estórias* de Guimarães Rosa o seu animismo arcaico e popular, ou o substituiremos por algum tipo de racionalismo materialista para adular o nosso superego ilustrado? Seria o mesmo que negar, por purismo estético, que os andaimes narrativos da *Divina comédia* foram construídos com os materiais da teologia de Santo Tomás. Poesia e ideologia, poesia e doutrina, poesia e não-poesia, parentes, talvez rivais. Rivais, mas parentes.

As ideologias ou macrorretóricas estão presentes no texto de ficção, como na conversa cotidiana, mas não são o núcleo vivo, o fogo, a alma da sua poeticidade, que é intuitiva, figural, imaginária.[1]

---

[1] Desenvolvi mais amplamente o tema das relações entre poesia e ideolo-

As ideologias e os discursos do poder

Se a ideologia está na obra de arte como a sombra das nuvens recobrindo ou encobrindo o azul do céu, há, no entanto, uma esfera de significados e valores onde a ideologia se assenta no centro mesmo do lócus discursivo. Essa esfera é a da linguagem política: linguagem que quer chegar ao poder ou conservá-lo. Mundo da persuasão, mundo animado pela vontade e tão só pela vontade.

Marx, ao estudar a ideologia dos pensadores pós-hegelianos alemães, generalizou um olhar de suspeita sobre todo discurso que visa, em última instância, a legitimar a ordem estabelecida. A partir desse olhar, todas as teorias explicativas da sociedade se tornaram passíveis de uma dúvida metódica: até que ponto o emissor da mensagem está envolvido, consciente ou inconscientemente, na defesa de sua crença ou de seu interesse? Veio Nietzsche, veio Max Weber, veio Freud, vieram os sociólogos do conhecimento, veio a Escola de Frankfurt, veio Habermas, e a dúvida só fez aumentar a suspeita e universalizá-la. O conhecimento não é só filho da razão pura e livre: lateja nele o móvel do interesse, logo da vontade. Como distinguir teoria e ideologia?

Lembro, exploratoriamente, um elenco de semelhanças e diferenças. O risco é grande, mas tentar é preciso.

Ideologias e teorias: afinidades

1. Teorias e ideologias são, necessariamente, pouco numerosas.

O que é explicável, até linguisticamente, o número de palavras abstratas é significativamente menor que o número de palavras concretas. As forças redutoras são, evidentemente, muito menos numerosas do que os objetos redutíveis. São palavras de Benveniste:

---

gia nos capítulos "O encontro dos tempos" e "Poesia resistência" de *O ser e o tempo da poesia*, São Paulo, Cultrix, 1977, pp. 111-92.

Toda a história do pensamento moderno e as principais realizações da cultura intelectual no mundo ocidental estão ligadas à criação e ao manejo de algumas dezenas de palavras essenciais, cujo conjunto constitui o bem comum das línguas da Europa Ocidental. (Em *Hommage à Lucien Febvre*, 1954)

2. Teorias e ideologias difundem-se entre culturas que têm um ou mais traços estruturais comuns.

O poder de difusão de uma ideologia é proporcional ao seu grau de utilização social. Ainda Benveniste:

> O pensamento chinês pôde muito bem haver inventado categorias tão específicas como o Tao, o Yin e o Yang; nem por isso é menos capaz de assimilar os conceitos da dialética materialista ou da mecânica quântica sem que a estrutura da língua chinesa a isso se oponha. Nenhum tipo de língua pode por si mesmo impedir a atividade do espírito.

A difusão de ideologias europeias em países de extração colonial (como a ilustração, o liberalismo e o positivismo) foi um processo social e cultural generalizado, e que se seguiu a um longo período de aculturação linguística e religiosa. A aculturação prévia terá sido mais profunda e duradoura do que a difusão das ideologias; o que não significa, porém, que esta se haja detido na superfície da vida social. Tal como as ideologias, as doutrinas científicas e filosóficas se difundem mediante os canais da educação formal que as colônias implantam para formar os seus intelectuais orgânicos (bacharéis, sacerdotes, médicos etc.).

3. Teorias e ideologias são catalisadoras de fatos heterogêneos.

Uma hipótese de trabalho científico — como, por exemplo, a que levou à teoria da seleção natural em Biologia — é tão absorvente e devoradora de sinais que a comprovem quanto um preconceito de raça ou de classe estribado em uma ideologia etnocêntrica.

Ideologias e teorias: diferenças

1. A teoria se propõe conhecer o objeto. A ideologia presume já ter conhecido o objeto.

O princípio que norteia a atividade teórica é a objetividade: trata-se de uma relação em que o sujeito está inteiramente voltado para o objeto a ser compreendido. O que exige uma constante reavaliação das hipóteses iniciais.

A ideologia tem por móvel não o conhecimento, mas a vontade de persuadir. É uma relação entre o sujeito que a defende e o outro que deveria aceitá-la como verdadeira.

A teoria quer ver para compreender mais e melhor. A ideologia pré-figura e pré-semantiza os seus objetos, afetando-os prematuramente de significado e valor, de tal sorte que já terá caracterizado o que parece estar caracterizando. Essa pré-definição é afim ao pré-conceito, e tem por alvo ordenar o descontínuo social e/ou provar que os seus desequilíbrios são naturais ou lógicos.

2. A teoria visa ao universal. A ideologia parte do geral com o fim implícito de avaliar e julgar o particular.

Ou seja, o particular já está prejulgado pelas sentenças do ideólogo.

3. A teoria não se parece nem quer parecer-se com a ideologia.

A inteligência desinteressada respira um clima de isenção. A ideologia, ao contrário, deseja parecer-se com a teoria; daí, à falta de razões, a ideologia lançar mão de *racionalizações*, que são as contrafações dos argumentos racionais da teoria. Onde falha a razão sobrevém a racionalização, tanto parece necessário à mente humana encontrar alguma lógica no fluxo dos eventos.

Áreas de passagem e de conversão

Os caracteres comuns e os específicos que foram indicados não nos devem induzir ao equívoco de pensar que teoria e ideologia dispõem de identidades a-históricas e estáticas. Na realidade, uma teoria pode ser instrumentalizada, isto é, convertida em ferramenta de persuasão, passando então à esfera das práticas ideológicas. Esse trânsito é mais frequente do que o quadro teórico faz supor. O evolucionismo antropológico, por exemplo, teoria elaborada por um cientista probo e isento, Charles Darwin, foi usado pelo imperialismo da segunda metade do século XIX em diante como fonte de provas de superioridade natural do branco sobre o negro e o índio; logo, foi ideologizado na medida em que alimentou atitudes racistas. A teoria da bondade inata do ser humano, que teve em Rousseau o seu expositor mais profundo, pôde gerar um espontaneísmo pedagógico que orientaria ideologicamente toda uma filosofia educacional. Em direção inversa, as correntes autoritárias da pedagogia alimentam-se de teorias psicológicas que estudam a agressão na infância e na horda primitiva, ou então medem a eficácia do castigo no aprendizado dos ratos e dos chimpanzés.

Ainda está por estudar, caso a caso, a polaridade de rigidez e flexibilidade das ideologias. Como o seu objetivo é sempre alcançar ou conservar o poder, e como as situações particulares são contingentes e mutáveis, as ideologias precisam adaptar-se ao imprevisto, filtrar as eventuais impertinências, assumindo uma cauta ductibilidade. A sua sobrevida depende dessa mobilidade tática, que é notória no comportamento dos políticos profissionais. Trata-se de manter a *aparência de identidade* (a coerência verbal mínima do discurso) e agir nos limites estreitos do possível. O pragmatismo, dito às vezes elogiosamente *realismo*, é, nesse sentido, o salvo-conduto de várias ideologias dominantes, levando sobre quaisquer outras a vantagem suplementar de passar por uma respeitável teoria filosófica.

A difusão das ideologias europeias no Brasil dos séculos XIX e XX

Quando passamos do estudo dos movimentos literários comuns à Europa e ao Brasil (*Barroco, Arcádia, Romantismo, Realismo, Naturalismo, Parnasianismo, Simbolismo...*) para o exame das ideologias (*Mercantilismo, Liberalismo, Positivismo*), constatamos a verdade da afirmação de Benveniste sobre o reduzido número de conceitos essenciais na história da civilização moderna. E verificamos que as ideologias político-sociais são ainda menos numerosas do que os estilos literários.

Trata-se de graus de abstração. O grau de redução que as ideologias assumem em face da variedade da experiência cotidiana é mais alto que o grau de concentração operado pelos grandes estilos artísticos e literários. Estes, a seu modo, ainda acham-se mais próximos das vivências e das relações intersubjetivas do que o fazem as generalizações ideológicas.

Maneiras de pensar a vida social estão estritamente vinculadas a estruturas econômicas básicas, de longa duração. E estas, à medida que o Ocidente se foi unificando com a colonização, o livre comércio e a revolução industrial, podem contar-se nos dedos de uma só mão.

As ideologias mundiais são poucas e, inversamente, é grande o seu poder de difusão. A difusão ideológica é o sucedâneo pós--colonial da maciça aculturação dos povos americanos em matéria de língua, religião, costumes públicos e governo. O mundo foi se tornando cada vez mais interligado por obra do colonialismo e, num segundo momento, do imperialismo industrial e financeiro. Para um mundo assim tendente à uniformização por alto (dita hoje "globalização"), o controle das mentes se tem feito pela implantação ideológica. Ideias poucas. Difusão extensa. Reprodução intensa.

Nesse processo de passagem o ideológico se diferencia do teórico. A ideologia enquanto tática defensiva de grupos sociais tem de ser amoldável a contextos díspares. Não há traduções fiéis e integrais de uma ideologia quando esta passa do centro de origem para a periferia. Há adaptações, ajustes, filtragens. Pode-se traduzir *ipsis litteris* a astronomia de Galileu ou a física de Newton para qualquer língua e em qualquer época. Os *Elementos* de Euclides foram copiados, tais e quais, por Leonardo da Vinci quase dois milênios depois da sua elaboração na Grécia antiga, e assim foram ensinados nas aulas de Geometria até o século XIX. Mas livre-cambismo e protecionismo tiveram (e têm) que passar por acomodações quando se deslocaram da Europa para as Américas. As conjunturas requerem seleções que os agentes políticos praticam, ainda que continuem sustentando verbalmente a pureza das fórmulas originais.

Situações de desequilíbrio e adoção de ideologias

O transplante de uma ideologia do seu nascedouro para os países emergentes do pacto colonial fez-se em momentos de crise da formação social receptora. Situações desequilibradas propiciam condições para que os grupos sociais diretamente envolvidos na crise busquem soluções já comprovadas nos países tidos por mais civilizados. Quando há interesses em jogo de ambos os lados, a adoção é rápida e o processo de persuasão, fulminante.

No caso brasileiro, a introdução do liberalismo econômico, mediante a abertura dos portos assinada pelo regente D. João em 1808 (assessorado pelo smithiano futuro Visconde de Cairu) foi a resolução internacional e moderna de impasses acumulados pelo pacto colonial monopolista. Ao mesmo tempo, foi a estreia de uma fusão liberal-escravista, ideologia de longa duração só contestada, de fato, quando começou a escassear a força de trabalho após a extinção do tráfico. Como se sabe, o regime escravista continuou sendo, depois da abertura comercial e da independência política, o alicerce da ordem social brasileira. *O que fez o liberalismo foi integrar essa ordem no mercado mundial.* O liberalismo atuou como solução estrutural para que essa ordem se mantivesse e prosperasse no século XIX.

Comparemos, com a ajuda do esquema seguinte, os pilares do liberalismo europeu, tais como se edificaram no começo do século XIX, e os do liberalismo brasileiro inaugurado em 1808 e consolidado pela Constituição de 1824:

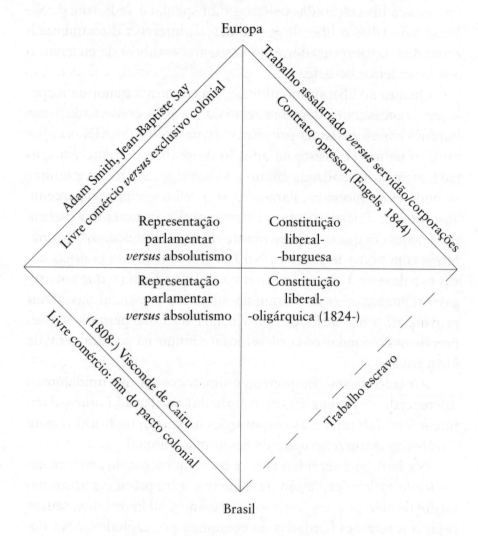

Da comparação resulta que há dois fundamentos correspondentes entre o modelo brasileiro e o modelo europeu; e um fundamento incorrespondente. As bases comuns são:
a) a adoção da prática do livre comércio internacional;
b) a adoção da representação parlamentar.

Formações ideológicas na cultura brasileira

O liberalismo econômico é comum a ambos os modelos, assim como o liberalismo político.

O liberalismo econômico interessava sobretudo à Inglaterra, que em pouco tempo liquidou os seus concorrentes coloniais e apressou a libertação das colônias da Espanha e de Portugal. No Brasil pós-1808 o liberalismo comercial interessa diretamente à economia agroexportadora; no caso, aos senhores de engenho e aos fazendeiros do café.

Quanto ao liberalismo político, é a conquista maior da Revolução Francesa, devidamente relativizada pelo conservadorismo burguês em ascensão na primeira metade do século XIX. O liberalismo político consiste na adoção da prática da representação parlamentar, formalizada em uma Constituição cujo fim é limitar os poderes do monarca. Para cercear o velho e sempre renascente absolutismo dinástico, o liberalismo político instaura um sistema de eleições em que os representantes devem ser *cidadãos-proprietários* com poder legislativo. No Brasil o liberalismo político serviu cabalmente à classe que fizera a independência e que congregava representantes da burguesia agrária e comercial das várias províncias. A representação provincial e nacional permitia a esses prepostos comandar os cordéis locais e influir na política geral da nova nação.

Ao lado desses componentes simétricos há um fundamento diferencial: na Europa vigora o trabalho assalariado (que substituiu a servidão rural e as corporações urbanas); no Brasil, vigora o trabalho escravo herdado da economia colonial.

Na Europa a servidão rural e as corporações de artífices impediriam a plena expansão da indústria. Esta precisava absolutamente de mão de obra contratável e demissível livremente, sem as peias das relações herdadas da economia pré-capitalista. Na Europa o trabalho assalariado era fundamental, sobretudo se pensarmos nos desdobramentos da revolução industrial em países como a Inglaterra, a Holanda e a França.

No Brasil, onde não havia praticamente indústria, o trabalho escravo pôde reproduzir-se sem óbices, pois funcionava regularmente, sendo realimentado por novas levas de africanos que aqui chagaram em abundância sobretudo a partir da expansão cafeeira nas décadas de 1830 e 1840.

Assim sendo, a exploração do trabalho escravo não colidia com as práticas do liberalismo econômico, pois este precisava do braço negro para produzir e exportar, nem com as práticas do liberalismo político, pois este era manipulado pelos senhores de engenho e fazendeiros de café que necessitavam ter assento nas câmaras legislativas.

Em outros termos: o liberalismo no Brasil não só não foi uma ideologia estranha, postiça ou deslocada, mas, pelo contrário, foi uma ideologia enraizada em nossa vida econômica e política, enquanto necessária à sua sobrevivência. "*It was freedom to destroy freedom*", na frase incisiva de um dos maiores estudiosos da escravidão nos Estados Unidos, W. E. B. Du Bois.

A análise comparativa dos discursos liberal-escravistas brasileiros, cubanos e norte-americanos (no caso, dos fazendeiros de algodão do *Deep South*) aponta para convergências sintomáticas. Onde quer que uma oligarquia se tenha assentado em um sistema agroexportador, a sua ideologia se pautou pelo liberalismo econômico (que lhe garantia acesso ao mercado internacional), pelo liberalismo político (que lhe garantia acesso aos parlamentares) e pela intensificação do regime de trabalho escravo. Assim o exigiram as oligarquias do açúcar, do café e do algodão.

*Uma tática liberal:
a neutralização ideológica
do traço impertinente*

É instrutivo recordar o modo pelo qual a cultura liberal do Segundo Reinado trabalhou esse componente assimétrico e incorrespondente do modelo brasileiro quando comparado ao modelo europeu: a escravidão.

O liberal-escravismo produziu as suas racionalizações em dois momentos críticos para o sistema que defendia: em torno da questão do tráfico negreiro e por ocasião da batalha parlamentar que foi a proposta da Lei do Ventre Livre encaminhada pelo gabinete Rio Branco.

Na realidade, a abolição do tráfico e a libertação dos nascituros significaram dois cortes decisivos na história da reprodução da força de trabalho. Era de esperar, portanto, que os defensores do regime excogitassem fórmulas retórico-ideológicas que avalizassem a sua permanência. O debate então travado entre escravistas e reformistas é um *corpus* documental que mereceria análise detida.

Valendo-me da linguagem da velha Retórica, eu diria que o procedimento da persuasão mais generalizado na defesa liberal da escravidão foi a metonímia: o uso da parte pelo todo. O que os escravistas pretendiam dizer era que o regime servia não só a uma determinada classe (no caso, aos proprietários), mas a toda a sociedade, incluindo-se nesta o próprio escravo.

O bem da nação é invocado em termos da honra e soberania quando deputados da Regência e do Segundo Império se insurgem contra a interferência da Inglaterra no tráfico brasileiro. Fala-se pela pátria, e os discursos ferem a nota do nacionalismo indignado.

Mais tarde, quando a pressão inglesa enfim prevaleceu sobre a conivência das autoridades municipais e provinciais que faziam vista grossa aos desembarques clandestinos de africanos, assinou-se a Lei Eusébio de Queirós suspendendo o tráfico em 1850. Ora, são deste mesmo político, chefe de polícia do Rio e ministro da Justiça do Império, estas palavras que transcrevemos da sua Fala à Câmara em 1852:

> Senhores, se isso fosse crime, seria um crime geral no Brasil; mas eu sustento que, quando em uma nação todos os partidos políticos ocupam o poder, quando todos os seus homens políticos têm sido chamados a exercê-lo, e *todos são concordes em uma conduta*, é preciso que essa conduta seja apoiada em razões muito fortes; impossível que ela seja um

crime, e haveria temeridade em chamá-la um erro. (Grifo meu, A. B.)

Eusébio de Queirós descriminaliza a mesma atividade que fora obrigado a coibir. E o faz em nome da totalidade da opinião política da nação.

Em 1871, quando ia aceso o debate em torno da proposta Rio Branco, um deputado escravista *enragé*, Andrade Figueira, adotará o mesmo recurso à universalidade, convertendo em interesse geral o interesse particular: "Serei hoje *a voz dos interesses gerais*, agrícolas e comerciais, diante do movimento que a propaganda abolicionista pretende imprimir à emancipação da escravatura no Brasil. Trata-se da conservação das forças vivas que existem no país e constituem exclusivamente a sua riqueza. É questão de *damno vitando*".

A esses argumentos que procuram aglutinar todas as forças econômicas e políticas da nação, acrescentem-se as arengas de dois liberal-conservadores consequentes, Bernardo de Vasconcelos e José de Alencar: ambos comparam desfavoravelmente a vida dos operários ingleses à dos escravos brasileiros, mostrando portanto que, afinal de contas, a liberdade do trabalho assalariado é mais cruel do que a condição tutelada do cativo...[2]

---

[2] As racionalizações escravistas do nosso liberalismo não foram peculiares à situação periférica do Brasil: encontramos argumentação semelhante nos discursos de deputados liberais colonialistas com assento no Parlamento em Paris, nos anos 1840. Ver V. Schoelcher, *Esclavage et colonisation*, Paris, PUF, 1948. A conjunção de liberalismo e escravismo pode ser constatada nos editoriais dos grandes diários de Bordeaux, Nantes e Havre dessa mesma década; trata-se de cidades portuárias cujas burguesias se envolveram a fundo no tráfico negreiro. Cá e lá más fadas há. O que não deve causar estranheza se é verdadeira a frase de Sartre: "*Le colonialisme est un système*".

Um problema e três respostas:
a função das ideologias

Se é justa a hipótese marxista segundo a qual, na história, os problemas são formulados tão só quando há condições objetivas para fazê-lo, então entende-se o porquê das diferentes reações ideológicas que a crise da força de trabalho provocou nos anos que precederam a Lei Áurea.

Os dados do problema estavam na mesa. E os interessados os conheciam de perto e na pele. Em 1850 aboliu-se o tráfico. Em 1871 decretou-se a emancipação dos nascituros. Restava aos fazendeiros o tráfico interno do Nordeste para São Paulo, Minas e Rio, o que se fez regularmente entre 1850 e 1880. Mas com o tempo as reservas só poderiam minguar.

Os liberais oligárquicos não tinham, pelo menos até 1871, outra resposta senão a de manter, o quanto possível, a situação tal e qual. *Os representantes dos cafeicultores na Câmara votaram todos contra a Lei do Ventre Livre*. Promulgada a lei, a crise continuava iminente.

As respostas efetivas não tardaram a tomar forma.

Em torno de 1870 os fazendeiros do café paulista articularam-se para criar um partido republicano. Quanto à *questão servil*, declararam prudentemente que era melhor dar tempo e, sobretudo, descentralizar as soluções. Parte deles começou a pensar seriamente em substituir o braço negro pelo do migrante europeu. Formou-se um discurso imigrantista (a que não estava ausente um traço racista), o qual exigia subsídios do Estado para importar a nova força de trabalho, e que só aceitaria libertar o escravo, *abandonando-o à própria sorte*, quando a subvenção chegasse e suprisse, de fato, as suas necessidades. Note-se que os republicanos paulistas eram e continuariam a ser liberais ferrenhos em matéria de política econômica (o exemplo de Campos Sales é probante); mas não dispensaram, quando oportuno, o auxílio financeiro do governo. Uma ideologia é sempre coerente *in verbis* e flexível *in rebus*.

A segunda resposta significativa partiu de intelectuais e profissionais liberais não engajados diretamente na economia agroexportadora. A maioria desses militantes abolicionistas provinha do Nordeste onde, a partir da venda de escravos para o Sudeste, a situação do trabalho assalariado ganhava contornos próprios que dispensariam, a curto prazo, a manutenção do escravismo.

A essa opção devem-se a luta e o discurso de Joaquim Nabuco, defensor do *"novo liberalismo"*, expressão sua. Propõe a liberação total dos cativos, condição para que se criasse um Brasil democrático fundado na cidadania plena e no livre contrato de trabalho. Companheiros dessa bandeira foram André Rebouças, propugnador de uma "democracia rural", Rui Barbosa e José do Patrocínio.

A solução proposta por Nabuco não incluía, ao menos imediatamente, uma política imigrantista, pois o seu objetivo era primeiramente fazer do cativo um trabalhador livre. O abolicionismo convertia-se em uma campanha pela implantação de um liberalismo pleno, tendo como pilar a vigência do trabalho assalariado. "Escravidão e indústria são termos que se excluíram sempre", diz em O Abolicionismo. O discurso liberal-democrático de Nabuco é simétrico e oposto ao discurso liberal-oligárquico de Bernardo de Vasconcelos que, desde os anos da Regência, se opunha a qualquer medida protecionista com relação à manufatura nacional, louvando-se na ortodoxia clássica de Adam Smith e Jean-Baptiste Say.

A terceira opção, que amadurece nos anos 1880, é devedora do positivismo social de Auguste Comte. O seu nicho cultural abriga estudantes de Direito da Academia de São Paulo, mestres e alunos da Escola Politécnica do Rio e oficiais do Exército. O Apostolado Positivista exerce, dentro e fora das instituições universitárias e militares, uma influência intelectual e ética poderosa. A proposta abolicionista radical, *sem indenizações*, é sinal de ortodoxia comtiana. Teixeira Mendes e Miguel Lemos rompem com a matriz francesa, em protesto contra a atitude tolerante de Laffitte para com um membro do Apostolado que ainda mantinha escravos em sua propriedade. E publicam em 1882 uma coletânea de textos abolicionistas de Comte, dedicando-a ao herói da rebelião negra do Haiti, Toussaint L'Ouverture.

Cada um desses ideários responde a um ponto de vista que dispõe de uma lógica própria e atuará nos limites das suas possibilidades em vista de determinados fins.

1) A ideologia liberal-imigrantista, lastreada na hegemonia da exportação, terá a primazia e herdará os benefícios da proclamação do novo regime em 1889: será o esteio da República Velha até 1930.

2) O idealismo democrático de Nabuco e Rebouças, vinculado ao parlamentarismo monárquico, terá cumprido seus objetivos imediatos em 1888, mas não encontrou vias políticas para crescer e institucionalizar-se.

3) O positivismo social enraizou-se em uma província atípica, o Rio Grande do Sul. Aqui uma economia diversificada, voltada em boa parte para o mercado interno, condicionou uma articulação peculiar de forças que acabou confiando o poder a um executivo local forte. O Partido Republicano Riograndense avocou a si a responsabilidade de interferir na sociedade civil com o fim de relativizar o poder dos estancieiros da Campanha, equilibrando-o com outros setores produtivos ou terciários alheios aos interesses do latifúndio: industriais, profissionais liberais, funcionários públicos, militares.

Vejo nessa tripartição ideológica um sinal da dialética das ideias em uma formação social que oscilava entre uma integração neocolonial e um modelo nacional.

Das três saídas, uma houve que não conseguiu cristalizar-se em estrutura partidária: o liberalismo democrático e progressista de Nabuco e de seus companheiros de jornada abolicionista. Era a única que fincava pé na generalização da cidadania e, portanto, da *plena representação*, e idealizava uma harmonia formal entre a expansão econômica da sociedade e a universalização do trabalho livre: "Neste ponto faço uma aliança com o futuro" — dissera Nabuco em discurso proferido no Parlamento em 30 de agosto de 1879, ano em que encetava a campanha pela abolição total do escravismo.

As outras duas soluções realizaram os seus objetivos, tendo por base organizações partidárias coesas e enxertadas em interesses tangíveis: o Partido Republicano Paulista e o Partido Republicano Riograndense.

Mas o que são ideias sem a força? Como sobrevive o espírito com as suas exigências éticas universais quando não se encarna em instituições? Luzes que brilham intermitentes. Fogo que arde por algum tempo e depois bruxuleia oculto na mente dos homens de pensamento para um dia, talvez, cintilar e arder de novo iluminando e aquecendo outros homens em outras situações?

A história do positivismo no Rio Grande (como a história, paralela, do *batllismo* uruguaio) é mina ainda inexplorada para refletir sobre os vínculos que se formam entre ideais e práticas efetivas. Alguns o chamam *cimento ideológico*, pois ligou as ações do partido dominante local. As propostas feitas por Júlio de Castilhos e seu discípulo Borges de Medeiros confirmam a verdade da metáfora.

Não posso me estender aqui por miúdo na história do Rio Grande republicano e positivista. É uma história que vai da proclamação do novo regime até a revolução de 1930 chefiada pela "geração de 1907" (a expressão é de Joseph Love) e tem como nomes principais Getúlio Vargas, João Neves da Fontoura, Osvaldo Aranha, Lindolfo Collor, Flores da Cunha. Trata-se de um grupo intelectual e político que tomou por modelo as figuras de Júlio de Castilhos, um mito desde a sua morte precoce em 1903, e Borges de Medeiros, ambos comtianos ferrenhos. Só outra geração, a que fundara o Partido Republicano Paulista e comandou os cordéis da República Velha, terá conhecido a mesma coerência no discurso e na ação. Ambas foram em parte contemporâneas, sendo a paulista entre dez e vinte anos mais velha do que a gaúcha. Esta acabou substituindo aquela quando Getúlio alcançou o poder em 1930 e marginalizou uma parcela da classe dirigente bandeirante.

O que importa, no contexto destas linhas, é lembrar que a doutrina de Comte, estudada por Castilhos na Academia de São Paulo e pregada pelo Apostolado do Rio, só se transformou em *cimento ideológico* quando um grupo partidário a assumiu com vistas a ordenar o aparelho político de uma província cujos caracteres socioeconômicos diferiam do padrão exportador dominante no país.

Assim, o positivismo não foi, para o PRR, um ornamento retórico, um discurso postiço, uma ideologia exótica. O positivismo foi a ferramenta conceitual que ajudou a propor e a justificar, teórica e eticamente, algumas políticas públicas que fizeram da província gaúcha um laboratório do que seria o Estado intervencionista de 1930 e 1937.

Essa política foi *centralizadora* (o nome "ditadura" era um elogio e não um labéu na boca dos comtianos) no seu combate contra os liberais da Campanha. Foi, aliás moderadamente, *antifundiária* ao cobrar impostos territoriais. Foi *protecionista* em relação à indústria urbana nascente, isentando-a sistematicamente de tributos. Foi *estatizante* em relação aos serviços públicos nos setores de educação primária, transporte e mineração. E foi *tuteladora* no trato da questão operária, dando-lhe um perfil ao mesmo tempo modernizante e autoritário, no que preparou as leis sociais ditadas por Getúlio Vargas a partir de 1931. Lindolfo Collor, o primeiro titular do recém-criado Ministério do Trabalho, é exemplo de intelectual positivista convicto e metódico.

*Considerações finais:
o passado e o presente*

Republicanos gaúchos, apoiados nos *tenentes*, uns e outros de formação positivista, tomaram o poder nacional em 1930. Em torno da Assembleia Constituinte de 1934 os debates que se travaram entre os liberais e os intervencionistas tiveram como resultante uma Carta na qual a segunda opção ganhou razoável espaço, se comparada com a Constituição de 1891.

Eram tempos de crise mundial do liberalismo ortodoxo. O susto de 1929 apelara decisivamente para o papel dos governos como retificadores das desordens do mercado. *New Deal*, Keynes, *Labour Party*, *Front Populaire*. Planos quinquenais na União Soviética. *Fascio* na Itália. Corporativismo estatizante em Portugal e na Espanha...

Repetindo com Benedetto Croce que toda história é, de algum modo, contemporânea do historiador, perguntamo-nos o que está em jogo nos dias que correm às vésperas de uma reforma constitucional. Precisamente a opção neoliberal/neointervencionista nos campos da economia e sobretudo do trabalho. *Sempre a força do trabalho como divisor de águas*. E, em conexão com esse problema nuclear, a questão do papel do Estado na regulagem da vida econômica.

Depois de termos atravessado anos e anos de um pensamento de esquerda estatizante, poderíamos supor que o embate atual se faça entre socialismo e neoliberalismo. Mas, historicamente no Brasil, não foi o socialismo que introduziu as leis intervencionistas ou tuteladoras. O princípio segundo o qual o Estado, "cérebro da nação", deve coordenar as iniciativas econômicas, "prevendo para prover", é um princípio de Comte. O ideal de que o proletário deva "ser incorporado à sociedade moderna" é um ideal de Comte. A ideia de que a sociedade perfeita será a sociedade industrial regida por filósofos, ou técnicos do saber-poder — ideia que pode degenerar em tecnocracia —, é uma aspiração de Comte, de um Comte ainda discípulo de Saint-Simon de quem foi secretário largos anos antes da ruptura. Não há nada de marxismo na construção do Estado brasileiro moderno realizada tenazmente por Getúlio Vargas e por seus ministros a partir de 1930.

Trata-se de uma ideologia organicista pela qual o Estado é considerado a zona de equilíbrio da nação. O seu valor supremo é a ação de um Executivo "acima das classes sociais" na hora das decisões públicas. Todos são cidadãos da mesma república, e a todos e a tudo deve o governo administrar, diminuindo, quando for oportuno, o espaço político das antigas minorias dominantes para atender às demandas das maiorias emergentes ainda desorganizadas e carentes da orientação do Estado. A sindicalização compulsória que se seguiu à revolução de 1930 ilustra bem essa tendência.

De todo modo, parece ter perdido maior importância determinar qual é a origem espacial de nossas ideologias. Origem não é determinação a não ser nos marcos de um pensamento mágico ou mecanicamente determinista. De onde quer que tenham vindo as nossas ideias sobre economia e política, o que importa é a função que exerceram na construção do nosso pensamento e da nossa práxis.

Liberalismo *versus* democracia social

Se há um objetivo que Losurdo persegue de modo coerente ao longo desta *Contra-história do liberalismo*[1] é o de preferir o exame das *políticas liberais* "em sua concretização" ao engessamento em definições genéricas pelas quais o termo "liberalismo" se toma como uniforme e abstrata doutrina. A sua regra de ouro é *historicizar sempre*, isto é, analisar os papéis efetivos que os diversos grupos políticos exerceram em nome de ideias e ideais liberais.

O método é fecundo, daí a riqueza dos resultados. Limito-me a pontuar alguns momentos fortes em que vemos, em ato, propostas e decisões tomadas por políticos assumidamente liberais.

John Calhoun, vice-presidente dos Estados Unidos entre 1829 e 1832, líder do Partido Democrático, escreveu textos apaixonados em defesa da liberdade individual e das minorias, contra os abusos do Estado e a favor das garantias constitucionais. Sua fonte teórica é o pai do liberalismo político inglês, John Locke. Ao mesmo tempo e com igual convicção, Calhoun defende a escravidão dos negros como um "bem positivo", recusando-se a considerá-la como "mal necessário", fórmula concessiva de seus companheiros de partido e fé liberal.

Os abolicionistas, os *philanthropists* religiosos, eram, para Calhoun, "cegos fanáticos" que se propunham a destruir "a es-

---

[1] Domenico Losurdo, *Contra-história do liberalismo*, Aparecida, Ideias & Letras, 2006.

cravidão, uma forma de propriedade garantida pela Constituição".

Losurdo poderia, a partir desse primeiro exemplo, ter ido um pouco além e verificar que estudiosos e expositores de Adam Smith nos estados do Sul não viam nenhuma contradição entre proclamar os dogmas da Economia Política clássica e defender a *peculiar institution*, como chamavam o cativeiro negro.

O que inquieta nosso autor é constatar o prestígio neoliberal dos textos de Calhoun reeditados em 1992 em uma coleção norte-americana que se intitula "Clássicos da Liberdade".

A relação entre doutrina liberal e escravidão, que, teoricamente, pareceria uma disjuntiva radical, revela-se na "*verità effettuale della cosa*" (não por acaso, expressão de Maquiavel) uma conjunção reiterável nos mais diversos contextos. Começando por John Locke: solicitado pelos proprietários da Carolina a colaborar na redação das Constituições daquela colônia, o filósofo subscreveu um artigo (de nº 110) pelo qual "todo homem livre da Carolina deve ter absoluto poder e autoridade sobre seus escravos negros, seja qual for sua opinião e religião".

Locke, entusiasta da Revolução Gloriosa e acionista da Royal African Company, escrevia no século XVII. John Stuart Mill, em pleno século XIX, retomaria galhardamente os ideais de liberdade individual na mais pura tradição britânica, mas não deixaria de afirmar que "o despotismo é uma forma legítima de governo quando se lida com bárbaros, desde que a finalidade seja o seu progresso e os meios sejam justificados pela sua real obtenção". Mais adiante, exige "obediência absoluta dos bárbaros", cuja escravização seria "uma fase necessária, válida para as raças não civilizadas".

São exemplos de atitudes que não se esgotam, porém, na hipótese, só em parte verdadeira, de que foi a situação colonial a responsável pela combinação de liberalismo com a escravidão. Calhoun era vice-presidente de uma nação que já desfrutava, havia mais de meio século, de altiva independência política. Losurdo lembra incisivamente:

Durante 32 dos primeiros 36 anos de vida dos Estados Unidos, os que ocupam o cargo de Presidente são proprietários de escravos provenientes da Virgínia. É esta colônia, ou Estado, fundado na escravidão, que proporciona ao país seus estadistas mais ilustres; basta pensar em George Washington (grande protagonista militar e político da revolta anti-inglesa) e em James Madison e Thomas Jefferson (autores respectivamente da Declaração de Independência e da Constituição Federal de 1787), os três proprietários de escravos.

Quanto à hegemonia da liberal Inglaterra no que se refere ao tráfico ao longo do século XVIII, sabe-se que a Royal African Company arrancou da decadente Espanha o monopólio do comércio de carne humana.

No caso da Holanda, pátria da tolerância religiosa nos séculos XVII e XVIII, a conivência assumida com o tráfico é de molde a abalar os corações eurocêntricos mais convictos.

O primeiro país a entrar no caminho do liberalismo é o país que revela um apego particularmente ferrenho ao instituto da escravidão. Em 1791, os Estados Gerais declaram formalmente que o comércio dos negros era essencial para o desenvolvimento da prosperidade e do comércio nas colônias. E deve-se lembrar que a Holanda abolirá a escravidão nas suas colônias só em 1863, quando a Confederação secessionista e escravista do Sul dos Estados Unidos caminha para a derrota.

Losurdo tenta, a certa altura, percorrer outro caminho para enfrentar a relação que se estabeleceu no Ocidente entre ideologia liberal-capitalista e trabalho compulsório. Lembrando que o número de escravos trazidos da África aumentou de modo extraordinário na primeira metade do século XIX, precisamente quando o liberalismo se convertia em ideal hegemônico além e aquém do Atlântico, o autor vai rastrear uma das razões então alegadas para justificar o cativeiro dos negros: a inferioridade racial. Os liberais, para manter a cara limpa em face da violência que os seus interesses os levavam a perpetrar, lançam mão do preconceito que a ciência do século já estava transformando em dogma. A discriminação permaneceria ainda mais viva depois da abolição, e aqui a observação de Tocqueville é de citação obrigatória: "Em quase todos os estados [dos Estados Unidos], nos quais a escravidão foi abolida, são concedidos aos negros direitos eleitorais, mas, se eles se apresentam para votar, correm risco de vida. Oprimido, pode até lamentar-se e dirigir-se à magistratura, mas encontra só branco entre os seus juízes". O que se conhece da discriminação racial ao longo dos séculos XIX e XX (linchamentos, *apartheid*...) só viria confirmar a reprodução dos limites internos da burguesia liberal que, chegando ao poder, sabe quem e como excluir.

No capítulo central da obra, Losurdo volta-se para a história exemplar do liberalismo francês entre as revoluções de 1789 e 1848. A admiração anglófila dos *philosophes* é conhecida. A Inglaterra é o modelo perfeito das liberdades para Voltaire e Diderot, como o fora para Montesquieu. O alvo, atingido na ilha, é o absolutismo combinado com os abusos da nobreza e do clero. Mas, passado o Terror, todo o esforço das novas gerações liberais será, desde o Diretório, "terminar a revolução".

A escravidão nas Antilhas é abolida pela Convenção, mas será restaurada por Napoleão em 1802, em nome dos sagrados direitos de propriedade dos colonos. Direitos que serão mantidos pela política de centro-direita da Restauração (1814-1830) e continuariam intactos sob a monarquia liberal de Luís Felipe (1830-1848). Direitos, enfim, plenamente confirmados pelos decretos da abolição que obrigavam o novo Estado republicano francês a indenizar os proprietários dos 250 mil escravos libertados.

As observações do autor rimam com o excelente (embora não citado) *Le Moment Guizot* de Pierre Rosanvallon, que reconstituiu a história dos mecanismos antidemocráticos acionados pelos grandes mentores do liberalismo francês, Guizot, Thiers, Benjamin Constant. Entre esses mecanismos, o mais eficiente foi o *voto censitário* que entronizou a figura do cidadão-proprietário em todas as nações do Ocidente que emergiam da crise do Antigo Regime.

É curioso verificar que a questão do trabalho compulsório é aleatoriamente levantada por alguns liberais, que hoje situaríamos na conjunção de centro e esquerda, como Raynal, Condorcet e Brissot. Os três confiam na "revolução americana", modelo que substituiria, nos seus escritos, a anglofilia dos enciclopedistas.

Onde o liberalismo excludente encontra a mais firme resistência é no pensamento abolicionista radical. A voz enérgica do *Abbé* Grégoire se faz ouvir na Convenção exigindo a supressão imediata e total do trabalho escravo nas colônias e enaltecendo a figura de Toussant Louverture e a revolução do Haiti. "Uma república negra no meio do Atlântico" — diz Grégoire — "é um farol elevado para o qual dirigem o olhar os opressores enrubescendo e os oprimidos suspirando. Olhando-a, a esperança sorri para os 5 milhões de escravos espalhados nas Antilhas e no continente americano." (De passagem, falta traduzir para o português a obra pioneira desse bispo republicano que tão bravamente denunciou a escravidão e o preconceito de cor: *De la noblesse de la peau, ou du préjugé des blancs contre la couleur des Africains et celle de leurs descendants noirs e sang-mêlés.*)

Quem retomaria a bandeira de Grégoire seria outro republicano radical, este agnóstico, Victor Schoelcher, que conduziu a luta final pela abolição em plena Revolução de 1848.

Nessa altura de sua exposição, Losurdo pode traçar a linha principal de clivagem. De um lado, o liberalismo clássico, proprietista e excludente e, quando lhe é proveitoso, racista e escravista. De outro, o radicalismo democrático, que tem como horizonte precisamente superar as barreiras de classe e de raça que os liberais conservadores ergueram para defender os seus privilégios.

O autor detém-se longamente nas oscilações do mais fino e arguto dentre os liberais franceses, Alexis de Tocqueville. Não cabe nesta resenha enumerá-las. Verá o leitor que, após 1848, Tocqueville retrai-se em face dos movimentos democráticos da Itália de Mazzini e da Hungria de Kossuth, perdendo o equilíbrio que marcara *A democracia na América* e chegando a augurar um projeto militar que revertesse o processo revolucionário desencadeado em quase toda a Europa. Quanto à recente conquista da Argélia, Tocqueville não usa de meios-termos: é preciso domar completamente as populações árabes e forçá-las a viver sob a civilização branca, francesa. Involução ou coerência do capitalismo liberal europeu que está reiniciando, nesse momento, o ciclo da conquista colonial prestes a atingir todo o continente africano? A discutir.

Na esfera do radicalismo, Losurdo situa certas declarações de Simón Bolívar (hoje tão oportunas), que, louvando a revolução do Haiti, sonha para a América andina uma democracia de brancos e índios, negros e mestiços. Resta perguntar: o que fizeram os políticos liberais que assumiram o poder na maioria das novas nações americanas? O que sabemos ao certo é que houve uma reprodução local da conivência de liberalismo burguês e escravidão (caso do Brasil, das Antilhas e do Sul dos Estados Unidos); e uma fusão do mesmo liberalismo formal com a semisservidão do indígena na Colômbia, no Equador, no Peru e na Bolívia. Caso Losurdo houvesse tratado mais detidamente das formações sociais latino-americanas, muito lhe teria aproveitado a leitura dos *Sete ensaios de interpretação da realidade peruana* (1928), em que Mariátegui desvendou a estreita relação entre a política liberal-oligárquica, que regia o Peru após a Independência, e a brutal exploração do índio nos latifúndios da região serrana.

Os argumentos dos liberais conservadores brasileiros não eram nada originais: misturavam críticas anódinas à instituição com firmes recusas de enfrentar o problema de fundo, alegando sempre os interesses de nossa economia de exportação sustentada pelo braço negro. No plano político-jurídico, a Constituição de 1824, incorporando dispositivos da Carta da Restauração e o duro proprietismo do Código Napoleônico, omitia pudicamente o termo "escravidão", exatamente como fizeram os autores da Constituição norte-americana e as cartas liberais das monarquias europeias. Cá e lá..., o cimento ideológico aplicado pelos donos do poder valeu-se largamente do rótulo prestigioso do liberalismo.

O cerne da questão desnuda-se e ganha atualidade quando o autor passa da relação senhor-escravo, ainda vigente nos meados do século XIX, para o par moderno patrão-operário. Vem então à luz a oposição estrutural entre capital e trabalho e, em termos ideológicos, entre o liberalismo e os vários socialismos que se foram gestando na prática das lutas operárias e na cabeça de pensadores revolucionários ou reformistas.

Em toda parte aonde chega a Revolução Industrial, a regra é a superexploração do trabalhador e a degradação de sua qualidade de vida, como agudamente a descreveu Engels na Manchester de 1844.

A tensão que se estabelece entre legisladores liberais e os sindicatos é recorrente e não podemos dizer que tenha desaparecido. O neoliberalismo é o grande adversário das garantias trabalhistas que pretende, à Thatcher e à Reagan, suprimir ou precarizar. Um dos apóstolos do fundamentalismo liberal-capitalista, Hayek, considera "dever moral do Estado" (*sic*!) impedir que os sindicatos interfiram no jogo livre do mercado.

É no mínimo estranho que ainda se diga, de boa ou de má-fé, que o liberalismo foi ou é sinônimo de democracia econômica e social. Ou então que *só no Brasil* a burguesia imperial e seus porta-vozes no Parlamento encenaram uma comédia ideológica ao protelarem a abolição do cativeiro. Se farsa houve, ela foi representada em diversos contextos e em todo o Ocidente desde que se criou o termo liberalismo. O ensaio de Losurdo contribui para desfazer qualquer equívoco eurocêntrico ao demonstrar que o poder liberal, onde quer que estivesse instalado, não se propôs jamais compartilhar com "os de baixo" as suas sólidas vantagens. Não se tratava de comédia, mas do drama composto, em nível mundial, pela estrutura contraditória do capitalismo em expansão.

A oposição entre liberalismo e efetiva democracia social oferece exemplos em toda parte, desde os mais grosseiros e violentos até os mais refinados. Um dos mais eminentes economistas liberais italianos, Einaudi, chamava, em 1909, o imposto progressivo de "banditismo organizado para roubar o dinheiro dos outros mediante o Estado".

Losurdo poderia fechar o seu belo ensaio citando uma tese de Karl Polanyi reexposta brilhantemente em *As metamorfoses da questão social* de Robert Castel:

> O mercado autorregulado, forma pura do desenvolvimento da lógica econômica entregue a si mesma, é, estritamente falando, inaplicável, porque não comporta nenhum dos elementos necessários para fundar uma ordem social. Mas poderia destruir a ordem social que lhe preexiste.

O positivismo no Brasil: uma ideologia de longa duração[1]

Há pelo menos três gerações o termo positivismo vem conhecendo baixa cotação entre os estudiosos de ciências humanas. Antropólogos, historiadores, críticos literários e pensadores das mais variadas tendências têm visto nos métodos positivistas de fazer ciência uma regressão aos determinismos do século XIX. O alvo comum a ser combatido seria o seu vezo factualista — "contra fatos não há argumentos"; vezo que ignoraria o drama das relações intersubjetivas e, em escala maior, o movimento contraditório da História ao qual, desde Hegel e Marx, se dá o nome de dialética.

O positivismo seria a hegemonia da coisa espacializada, mensurável, impenetrável, portanto opaca e inerte. Banido das interpretações macro-históricas pela sociologia da cultura e pelo marxismo aberto de Benjamin e Adorno; expulso da crítica literária pelo intuicionismo de Croce e da estilística espanhola ou, mais recentemente, pela semiologia prazerosa do texto de Barthes; rejeitado, desde Bergson, por filósofos prestigiosos do século XX, Heidegger, Jaspers, Sartre e Foucault, o discurso "positivo" acantonou-se e afinou-se no empirismo lógico que dá prioridade ao único "fato" ubíquo e incontestável, a linguagem, a qual, por sua vez, fala de fatos como o signo fala de coisas e de suas relações. Foi o que restou de uma doutrina tão segura de si que pretendia

---

[1] Agradeço a Cândida Cruz Costa a gentileza de ter-me proporcionado o acesso às publicações do Apostolado Positivista pertencentes ao acervo de João Cruz Costa.

enfeixar no seu sólido Sistema todas as realidades inorgânicas, orgânicas e superorgânicas (sociais), na esteira do mestre Auguste Comte. A sua enciclopédia das ciências culminava com a mais complexa de todas, a Sociologia, que ele próprio criara e batizara com nome híbrido de latim e grego.

Voltando-se para a História do gênero humano, Comte postulava a lei dos três estados. A humanidade passara pelas etapas *teológica* (primeiro fetichista, depois politeísta, enfim monoteísta), *metafísica* e, finalmente, *positiva*. A última fora propiciada pelas duas revoluções modernas, a política (francesa) e a industrial (inglesa), mas só a filosofia positivista viera inaugurá-la. Na linha do horizonte, o que o mestre divisava era a marcha da Humanidade, o Grão-Ser, única divindade digna do culto de seres racionais. Quanto à ação pública, deveria convergir para a integração ordeira dos indivíduos no regime republicano. As classes sociais, harmonizadas no sistema superorgânico, praticariam a solidariedade, versão leiga do amor fraterno cristão. *Altruísmo* é termo cunhado por Auguste Comte por volta de 1830. Os valores altruístas contrapunham-se aos instintos agressivos da competição: o que distinguia o comtismo do darwinismo social, que identificava na lei da selva o princípio motor de toda a evolução: *struggle for life*. Comte formulara como norma de conduta a expressão oposta: viver para outrem, *vivre pour autrui*.

O *ethos* comtiano levava ao ideal de uma sociedade onde predominassem os valores de verdade e transparência: viver às claras, *vivre au grand jour*. No campo ético-político preconizava um regime de benemerência pelo qual os ricos, ditos chefes industriais, zelassem, via administração pública, pelo bem-estar dos pobres, ditos proletários. Os lemas propostos vinham nesta sequência: o Amor por princípio, a Ordem por base, o Progresso por fim. O dístico de nossa bandeira republicana, *Ordem e Progresso*, sugerido por Benjamin Constant, reproduz a proposta que Comte fizera aos republicanos franceses em 1848.

A FUNDAÇÃO DO APOSTOLADO

A militância positivista, entre nós, se fez sentir mais intensamente a partir do último quartel do século XIX. Teixeira Mendes compôs em 1924 um resumo cronológico da evolução do Positivismo no Brasil.[2] O seu levantamento mostra que, entre 1850 e meados dos anos 1870, a presença da doutrina limitou-se a expressões acadêmicas avulsas. Mendes lembra a tese de doutorado em Matemática de Pereira de Sá apresentada em 1850 à Escola Militar; a correspondência de Nísia Floresta com o filósofo, que ela conhecera pessoalmente em Paris; o folheto do maranhense Brandão Jr. sobre a escravidão no Brasil, publicada em Bruxelas em 1865, que comprova o pioneirismo dos comtistas na luta pela abolição; enfim, algumas profissões de fé da parte de cidadãos ilustres como Benjamin Constant, professor na Escola Militar e repetidor convicto da *Synthèse subjective*, e o conselheiro João Alfredo.

Só a partir de 1874, com a publicação do primeiro volume de *As três filosofias*, do médico paulista Luís Pereira Barreto, e, em 1875, no Rio de Janeiro, com a adesão pública de Miguel Lemos e Teixeira Mendes à Filosofia Positiva, a propaganda ganha consistência grupal. Em 1876, Lemos e Mendes foram desligados da Escola Politécnica por terem escrito um artigo de crítica ao Visconde de Rio Branco. No mesmo ano, Oliveira Guimarães, professor de Matemática no Colégio D. Pedro II, fundou a primeira Sociedade Positivista a que aderiram, entre outros, Benjamin Constant, Joaquim Ribeiro de Mendonça, Miguel Lemos e Teixeira Mendes. Os dois últimos partem para Paris em outubro do ano seguinte. Decepcionando-se com o ensino de Emile Littré (o célebre dicionarista que divulgava os ensinamentos de Comte excluindo, porém, os textos religiosos do seu último período), os jovens

---

[2] Teixeira Mendes, "Resumo cronológico da evolução do Positivismo no Brasil", *Boletim do Templo da Humanidade*, n° 507, Rio de Janeiro, 1930. O texto foi redigido em 1924.

neófitos passariam a integrar o grupo dos ouvintes de Pierre Laffitte, sucessor oficial de Comte. A residência do mestre na rua Monsieur le Prince número 10 já era então o centro de um culto intenso do chamado positivismo ortodoxo, que aceitava não só a doutrina do *Cours de philosophie positive* (1830-42) mas também a "religião da Humanidade" exposta no *Système de politique positive ou Traité de Sociologie instituant de la religion de l'Humanité* (1851-54).

Voltando de Paris no começo de 1881 e ungido por Laffitte como iniciado ao sacerdócio da Humanidade, Miguel Lemos assume a direção da Sociedade Positivista; em maio do mesmo ano ele a converteria em Centro ou Igreja Positivista Brasileira, que se manteve em atividade até a morte do seu discípulo Teixeira Mendes, em 1927. Sob a direção de ambos, a entidade publicou mais de seiscentos folhetos (dos quais diversos em francês) sobre matérias que iam da defesa da educação leiga ao apoio aos ferroviários detidos pela polícia do Rio, e da condenação do parlamentarismo "burguesocrático" à luta contra a "pedantocracia" dos nossos bacharéis e doutores... Alvos constantes foram também o "despotismo sanitário" e o serviço militar obrigatório.

Impõe-se ao historiador uma triagem. Constam entre os efeitos salutares da militância ortodoxa algumas iniciativas que, em várias conjunturas, se opuseram ao pesado conformismo social de nossas oligarquias liberais desde o fim do Império até o ocaso da República Velha. Pertencem ao saldo positivo: o pensamento antropológico antirracista; a precoce adesão à campanha abolicionista mais radical; a luta pelo estado republicano leigo com a consequente instituição do casamento civil, do registro civil obrigatório e da laicização dos cemitérios; a exigência sempre reiterada da austeridade financeira no trato da coisa pública; enfim, o interesse pela humanização das condições de trabalho operário, que resultou, tanto na França da Terceira República quanto no Brasil, em propostas de leis trabalhistas, afinal implementadas quando políticos gaúchos de formação positivista ascenderam ao poder central em 1930.

Antirracismo e Abolicionismo

A estreia da militância positivista no Rio de Janeiro coincidiu com o início da fase aguda do abolicionismo. A campanha desenvolveu-se por todo o país ao longo dos anos 1880. O discurso dos ortodoxos foi coerente com três princípios básicos da doutrina de Comte:

1) Na História da Humanidade as três raças deverão concorrer, cada qual a seu modo, para o progresso das sociedades e a harmonia fraterna da civilização. Se a raça branca é mais intelectualizada, a raça negra a supera em sentimento, e é este que deverá com o tempo prevalecer na medida em que a afetividade é a sede do amor, e o amor representa o princípio de todas as ações. Roger Bastide, analisando a questão racial na obra de Comte, nela antevê uma "apologia da mestiçagem" em oposição ao racismo predominante na antropologia europeia do século XIX.[3]

2) Os brancos oprimiram por séculos os negros africanos mediante uma instituição "vergonhosa", "criminosa" e "monstruosa" (adjetivos de Comte), a escravidão. A abolição é um dever universal, imperioso e imediato. Convém lembrar que a emancipação dos escravos nas colônias francesas só foi votada no parlamento de Paris em 1848. Durante o período revolucionário Comte passou a interessar-se diretamente pelos destinos republicanos de sua pátria e do Ocidente. Dois anos depois deu-se a supressão do tráfico no Brasil em virtude principalmente da pressão inglesa. Como se vê, a defasagem entre centro e periferia era real, mas menor do que tantas vezes se afirma.

3) O fim do regime escravo prende-se a um tópico nuclear da doutrina social positivista: *a incorporação do proletariado na sociedade moderna*. Para entender a relação orgânica que ambas as causas entretinham no discurso dos comtistas deve-se ler um

---

[3] Roger Bastide, "El positivismo brasileño y la incorporación del proletariado de color a la civilización occidental", *Revista Mexicana de Sociología*, México, set.-dez. 1946, VIII, nº 3.

dos primeiros boletins da Igreja Positivista brasileira: *O Positivismo e a escravidão moderna*, publicado em março de 1884 com a dedicatória "À santa memória do primeiro dos pretos Toussaint Louverture (1746-1803), Ditador de Haiti, Promotor e Mártir da liberdade da sua raça". Trata-se de uma antologia de textos sobre a escravidão extraídos das obras de Comte.

O Apostolado sempre vinculou a abolição ao tema do trabalho preocupando-se com o que chamava "proletariado nacional" e manifestando reservas à imigração em massa subsidiada pelo governo. Miguel Lemos e Teixeira Mendes, distanciando-se dos republicanos paulistas, em geral fazendeiros de café ou seus prepostos, tinham plena consciência de que estes bloqueariam, quanto pudessem, medidas abolicionistas drásticas: "Os possuidores de escravos foram os construidores de nossa nacionalidade" — diz Miguel Lemos com ousado realismo histórico —, "e são eles que têm dominado até hoje. Por sua iniciativa jamais a extinção da escravidão deu um passo".[4] Como abolicionistas da primeira hora, os ortodoxos foram testemunhas das manobras dilatórias do Partido Republicano em São Paulo, que tanto indignaram Luís Gama a ponto de afastá-lo da agremiação. O seu depoimento vale como contra-argumento à tese acadêmica uspiana, de fundo weberiano, segundo a qual os fazendeiros paulistas, já orientados para "os valores modernos do capitalismo", teriam promovido a substituição do braço escravo pelo trabalho assalariado. Trata-se de um equívoco que troca realidade histórica concreta pela tipologia sociológica.[5]

---

[4] Miguel Lemos e Teixeira Mendes, "A liberdade espiritual e a organização do trabalho", *Boletim do Apostolado Positivista do Brasil*, nº 54, Rio de Janeiro, 1888. O folheto saiu no dia 21 de abril, três semanas antes da promulgação da Lei Áurea.

[5] Sobre o comportamento dos fazendeiros de café da província de São Paulo durante a campanha abolicionista, ver: José Maria dos Santos, *Os republicanos paulistas e a abolição*, São Paulo, Martins, 1942; e Jacob Gorender, *O escravismo colonial*, São Paulo, 1985, pp. 579-98.

Os corifeus do positivismo, que acompanharam de perto a campanha abolicionista, depõem enfaticamente:

> O passo inicial para a abolição foi devido à intervenção estrangeira, que foi o único poder capaz de tornar eficazes as medidas parlamentares votadas a contragosto. Suprimindo o tráfico, tornaram-se necessárias ainda solicitações estranhas, para que o poder central promovesse a segunda das medidas capitais, proclamando a liberdade dos nascituros de mulher escrava. Desta vez, como no caso precedente, o parlamento votou com resistência a medida que lhe era imposta por aquele poder.

Refere-se aos votos contrários à Lei do Ventre Livre de 28 de setembro de 1871.

> O tempo, porém, que mediou entre ambas, já havia permitido o advento de uma aspiração nacional, verdadeiramente decisiva, em prol da abolição, concorrendo não pouco para esse resultado a luta patriótica presidida por Lincoln. A partir desse momento os escravocratas coligaram-se mais do que nunca. No seu desapontamento chegaram a procurar, com desafios republicanos, garantir a manutenção do que chamavam sua prioridade, julgando assim poder conter as tendências abolicionistas do chefe de Estado [*D. Pedro II*].

Quanto à política imigrantista, já em curso ao longo dos anos 1880, os dois apóstolos não são menos assertivos:

> Não contentes, porém, com sistematizar a permanência de seu deplorável domínio, começaram a engendrar outros meios de obter uma situação pessoal que não diferisse muito da de senhor de escravos. Surgiram, então, sob o pretexto de substituição do braço escravo ou de organização do trabalho livre, projetos sofísticos destinados a encobrir os verdadeiros

móveis da burguesocracia. Daí as tentativas de colonização, mediante engodo e falsas promessas, visando-se, em primeiro lugar, especular com a miséria dos grandes núcleos da Europa e dos Estados Unidos, e terminando-se por planejar hipocritamente uma transplantação da raça chinesa.[6]

Uma das reflexões notáveis dos nossos comtistas, e que soa nossa contemporânea, é a refutação do argumento escravista que alertava para o perigo da "vagabundagem do negro", caso fosse liberto por lei.

Para desvanecer este tecido de sofismas importa reconhecer, em primeiro lugar, que a vagabundagem, a recusa ao trabalho, não é um vício peculiar às classes pobres. A contemplação da sociedade demonstra não só que o maior número de vagabundos é fornecido pela burguesia, mas ainda que são esses os vagabundos mais prejudiciais. Porquanto os vadios que ela fornece dispõem de um capital que falta aos outros, e esses recursos os colocam em estado de lesar a sociedade, por modos inacessíveis aos proletários.

O abolicionismo radical dos ortodoxos está na base do rompimento da Igreja Positivista do Rio de Janeiro com a orientação central de Pierre Laffitte. O desligamento, ocorrido em 1883, foi causado por um desacordo doutrinário em torno da legitimidade moral da posse de escravos por um militante positivista. O ex-presidente da Sociedade Fluminense, o Dr. Joaquim Ribeiro de Mendonça, fazendeiro de café do Vale do Paraíba, anunciara no *Jornal do Commercio* a fuga de um seu escravo, prometendo recompensa a quem o apanhasse. Advertido por Miguel Lemos de que, na qualidade de discípulo de Comte, lhe era vedado possuir escravos, o Dr. Mendonça negou-se a alforriar os seus cativos,

---

[6] Miguel Lemos e Teixeira Mendes, *op. cit.*

motivo pelo qual o chefe do Apostolado o excluiu da Igreja. Laffitte, inteirado da decisão de Lemos, interveio conciliatório em favor do fazendeiro alegando que só aos sacerdotes da religião da Humanidade se deveria aplicar aquela proibição. Lemos rompeu então com a direção francesa reafirmando a integridade dos seus princípios.[7]

Na correspondência entre o Dr. Mendonça e Miguel Lemos, este lembra ao fazendeiro o conselho que Comte dera ao Governo francês: entregar as Antilhas aos escravos imediatamente depois de alforriá-los (*Système de politique positive*, IV, cap. 5). E tratando da indenização, que os cafeicultores reclamavam asperamente, Lemos afirma a existência de uma obrigação simétrica: exigir do Império que indenizasse os escravos por "todo o tempo em que trabalharam de graça para os seus senhores".

A defesa dos indígenas também foi tomada a peito pelo Apostolado. No anteprojeto de Constituição que Miguel Lemos ofereceu ao Governo republicano, as terras dos nativos deveriam pertencer a uma nação ao mesmo tempo incluída no território nacional e dotada de estatuto próprio e independente, um outro Brasil. É conhecida a íntima conexão de Rondon com a Igreja Positivista à qual se manteve sempre fiel, e que o inspirou no seu trabalho junto ao Serviço de Proteção aos Índios.[8]

A questão social

O interesse de Comte pela questão social ou, mais especificamente, pela classe operária remonta aos seus anos juvenis quando trabalhou como secretário de Saint-Simon. A filiação de Comte

---

[7] Miguel Lemos e Teixeira Mendes, *op. cit.*

[8] Cf. A excelente exposição de Cruz Costa sobre as causas da ruptura de Miguel Lemos com Laffitte em *O desenvolvimento da filosofia no Brasil no século XIX e a evolução histórica nacional*, São Paulo, Faculdade de Filosofia, Ciências e Letras, 1950, pp. 208-22.

ao célebre industrial reformista foi precoce: basta dizer que, aos 24 anos, ele escreveu um *Plano dos trabalhos científicos necessários para reorganizar a sociedade* (1822). De Saint-Simon certamente o jovem filósofo herdou a crença no progresso da Humanidade guiada pela ciência e pela indústria. Igualmente a proposta do uso "altruísta" da propriedade traz a marca ética e, afinal, religiosa do sansimonismo. Comte usou o termo "comunismo" no *Discurso sobre o conjunto do Positivismo*, de 1848, para caracterizar a função social da propriedade. São conhecidas as suas críticas à economia política clássica, que ele considerava abstrata e individualista, logo antissocial. Só a nova moral positiva ou "sociocrática", imbuída do "espírito de conjunto", teria condições de superar o liberalismo anárquico que caracterizara os primeiros decênios da revolução industrial. Daí o seu endosso aos impostos diretos, que incidem sobre a renda dos proprietários, e as suas reservas à transmissão patrimonial pelo instituto da herança. "Nossos comunistas refutaram muito bem os juristas quanto à natureza geral da propriedade" (*Discours sur l'ensemble du positivisme*, parágrafo 64 — *Théorie positive de la propriété*). Acolhendo o princípio da modificabilidade da ordem natural à medida que esta se torna complexa (superorgânica) e ascende à ordem moral, Comte abre caminho para um pensamento político reformista que propõe a intervenção da "sabedoria humana nas diversas fases do movimento social".

Em março de 1848 Comte encomenda a uma comissão de três de seus discípulos diletos um relatório sobre a questão do trabalho. O *Rapport à la société positiviste*, entregue ao filósofo, é uma síntese límpida do discurso social planejador dos ortodoxos. Os flagelos do capitalismo liberal como o desemprego são denunciados com lucidez, e o remédio de um Estado-Providência é recomendado contra as práticas irracionais do *laissez-faire*. "O sofrimento dos trabalhadores é a porção mais preciosa da riqueza pública" — frase que prepara a argumentação dos signatários do Relatório em prol de uma legislação eficiente do trabalho:

Nós cremos que uma grande parte dos males vem da imprevidência, que os industriais não podem combater se não debilmente, que o Estado pode e deve intervir contanto que sua intervenção seja prudente e esclarecida.[9]

Uma das ideias originais do relatório é a do caráter não venal do trabalho, que não deve ser considerado "uma mercadoria como qualquer outra". Nenhum salário paga o esforço humano. Sendo uma atividade social e pessoal, o trabalho não tem preço. A remuneração do operário deverá ser decomposta em duas partes: a primeira, fixa e maior, seria calculada exclusivamente em função das necessidades do trabalhador e de sua família, composta, em média, de sete membros; a segunda parte, variável, contemplaria a produtividade. A norma de equacionar a base do salário em termos de necessidade objetiva do proletário salvaria toda uma classe de viver ao arbítrio dos donos da produção. Traduzindo em termos marxistas, caberia ao Estado, em última instância, controlar a mais-valia do capitalismo, ou seja, corrigir o mercado de trabalho, tese manifestamente reformista à qual os positivistas nunca renunciaram. Graças à previdência do Estado, outras situações críticas poderiam ser resolvidas ou, pelo menos, aliviadas. O relatório menciona o temor que os operários franceses tinham dos "trabalhadores estrangeiros"; os pesados investimentos em guerras, que costumam ser o antídoto das crises industriais; e as "vergonhosas disputas entre as colônias e as metrópoles". O anticolonialismo é, de resto, tópico presente nos números da *Revue Occidentale*, órgão oficial dos positivistas franceses. Ficamos pasmos com a atualidade dessa radiografia dos impasses do capitalismo industrial feita há 150 anos... Enfim, aconselha-se o governo a provocar, em todas as comunas, assembleias populares onde os cidadãos seriam convidados a discutir sobre as obras públicas

---

[9] O *Rapport* de Magnin, Jacquemin e Belpaume, prefaciado por Auguste Comte, pode ser lido, na íntegra, na obra de Angèle Kremer-Marietti, *Auguste Comte*, Paris, Seghers, 1970, pp. 170-9.

a serem executadas nas fases de recessão e desemprego. A comissão que elaborou o texto do Relatório era composta de três operários escolhidos a dedo pelo filósofo: Magnin, oficial marceneiro, relator; Jacquemin, oficial mecânico; Belpaume, oficial sapateiro.

Depois da morte de Comte (1857), as suas teses sobre a incorporação do operário na sociedade moderna foram desdobradas em propostas pontuais de humanização da vida do proletário. A presença de trabalhadores qualificados na Sociedade Positivista animou a participação de seus membros como delegados em congressos operários no último quartel do século XIX. A *Revue Occidentale* constitui um acervo rico de artigos sobre a questão social e as relações ora amistosas, ora tensas entre os positivistas, os socialistas e os comunistas franceses. No Segundo Congresso Operário, reunido em Lyon em 1878, positivistas e marxistas aprovaram propostas que só a cavaleiro do século XX seriam oficializadas quando da fundação do Ministério do Trabalho, onde a atuação dos sindicalistas comtianos foi decisiva. Reivindicações comuns a todos os grupos ideológicos: jornada de oito horas, supressão do trabalho noturno para menores e mulheres; igualdade de salários em trabalhos iguais; aposentadoria para os idosos; educação primária universal e gratuita. As propostas trabalhistas da Sociedade Positivista eram elaboradas por uma agremiação de operários estimulados por A. Comte e Laffitte: o *Cercle d'Études Sociales des Prolétaires Positivistes de Paris*, de que faziam parte um talhador de cristais, dois cozinheiros, um montador em bronze, vários tipógrafos e mecânicos, um construtor de piano e órgão, um pintor de paredes, dois funileiros ou chumbeiros, um marceneiro, um gravador, um latoeiro. A figura central do grupo era o marceneiro Fabien Magnin (1810-1884), a quem Conte delegara em testamento o papel de futuro presidente perpétuo da Sociedade Positivista e membro do triunvirato que deveria assumir o Governo francês, caso fosse instalada, em 1848, uma ditadura republicana nos moldes da sua doutrina...

No Brasil as intervenções da Igreja Positivista tentavam aplicar ao contexto local os princípios básicos dos ortodoxos franceses. A *Revue Occidentale* era assinada e lida, de ponta a ponta, por Miguel Lemos e Teixeira Mendes. No boletim intitulado "A verdadeira política republicana e a incorporação do proletariado na sociedade moderna", Teixeira Mendes reconstitui com minúcia as posições do Apostolado em relação aos direitos do trabalhador. Como estes não haviam sido consignados formalmente na Constituição da República de 1891 (apesar das propostas dos congressistas gaúchos Demétrio Ribeiro e Júlio de Castilhos), o vice-diretor do Apostolado aproveita uma brecha do artigo 78 para legitimar as iniciativas trabalhistas do seu grêmio. Diz o artigo 78: "A especificação das garantias e direitos expressos na Constituição Federal não exclui outras garantias e direitos não enumerados, mas resultantes da forma de governo que ela estabelece e dos princípios que consigna". Logo, *o que não exclui pode incluir*.

Teixeira Mendes propõe que façam parte da legislação ordinária:

1) O direito a férias remuneradas, que deve estender-se a todos os funcionários públicos, inclusive os jornaleiros (diaristas), o que, de fato, se efetivou episodicamente em administrações simpáticas às ideias positivistas. Mendes, para abonar a sua argumentação, transcreve ordens do primeiro ministro da Agricultura da República, o comtista Demétrio Ribeiro, que concedeu quinze dias de férias a todos os seus funcionários, inclusive "praticantes serventes". Não por acaso, Francisco Glicério, republicano da ala paulista, que sucedeu a Demétrio no Ministério, encolheu para nove dias o período de quinze, "em virtude de uma concessão descabida aos preconceitos industrialistas", acusa Teixeira Mendes;

2) O direito à pensão concedida a empregados de idade avançada ou que padecessem de moléstias contraídas nos trabalhos do seu estabelecimento. Tratava-se de medida isolada que o Marechal Deodoro da Fonseca tomou para beneficiar os funcionários da Casa de Correção da Capital Federal;

3) Direito a um salário mínimo, que seria composto, segundo a fórmula de Comte, de um ordenado fixo mais uma gratificação variável. A medida só foi aplicada aos guardas de linha, operários

de oficina e estafetas da Repartição Geral dos Telégrafos, sob as ordens de Benjamin Constant quando ministro da Instrução Pública, Correios e Telégrafos do Governo Provisório (agosto de 1890);

3) Direito de greve. Em diversas ocasiões, o Apostolado solidarizou-se com grevistas (operários de construção, ferroviários, doqueiros, carroceiros) e interveio junto às autoridades policiais para que liberassem operários detidos "por aliciarem muitos dos seus colegas para a greve".[10] No caso da greve dos ferroviários do Rio, em outubro de 1905, o protesto contra a "despótica intervenção de nossos governantes" veio calçado por um discurso que comparava o tratamento dado aos proletários pela República com a resistência dos escravistas às medidas abolicionistas. "E nem se pretenda que a greve é o abuso da liberdade, a greve é, pelo contrário, o recurso normal que tem o proletariado contra os abusos quaisquer de autoridade temporal ou espiritual."[11] Teixeira Mendes identifica as causas do conflito entre patrões e empregados na sobrevivência do "regime militar", que ainda não teria sido superado inteiramente pelo "regime científico-industrial". O espírito de guerra e os hábitos escravistas estariam ainda imperando no cotidiano das fábricas e suscitando a prepotência dos chefes e a revolta dos proletários. Quanto às reivindicações destes, diz:

> Assim, ninguém pode contestar hoje a justiça das reclamações proletárias quanto à instituição das oito horas de trabalho industrial diário e a restauração do descanso semanal. Augusto Comte demonstrou mesmo que deveria haver em cada semana dois dias consecutivos de folga, um para o culto público, outro para o repouso doméstico, como já o havia tentado uma lei de Cromwell.

---

[10] T. Mendes, "A propósito da atual greve dos operários de construção", *Boletim do Apostolado Positivista*, n° 348, Rio de Janeiro, 8/10/1912.

[11] T. Mendes, "As greves e a política republicana", Rio de Janeiro, *Apostolado Positivista*, 13/10/1905.

Comentando a intervenção da polícia nos conflitos, Teixeira Mendes é categórico: "o Governo exorbita mais do que exorbitava no tempo da monarquia, mandando que o exército fosse empregado na captura de escravos fugidos".[12]

Rastreando as variadas situações em que o Apostolado interveio, encontrei um belo exemplo de solidariedade a grevistas italianos perseguidos como anarquistas pela polícia paulista e expatriados por força de delações do consulado. Regressando à Itália, os operários deram um testemunho do apoio que receberam do Centro Positivista do Rio, que, como é notório, não comungava com as teses anarco-sindicalistas.[13]

A *ditadura republicana*

Os positivistas foram, desde o início, ferrenhos republicanos. A doutrina de Comte, baseada na lei dos três estados, tinha a esse respeito certezas inabaláveis: dissolvido o Antigo Regime com seu mito do direito divino dos reis, a forma republicana se teria imposto como o regime próprio à nova era científica e industrial. No entanto, com o predomínio das tendências puramente negativas e individualistas do que o pensador chamava "metafísica democrática", o republicanismo jacobino foi sendo minado e afinal substituído pelo parlamentarismo "burguesocrático" ao longo da primeira metade do século XIX.

Tendências retrógradas de um lado (monárquicas e teológico-militares) e, de outro, correntes anárquicas bloquearam o caminho que o exemplo da Convenção de 1793 e a obra de Danton

---

[12] T. Mendes, "As greves, a ordem republicana e a reorganização social. A propósito da greve na Companhia Paulista de Vias Férreas e Fluviais", *Boletim do Apostolado Positivista*, n° 232, Rio de Janeiro, 18/5/1906.

[13] "Agradecimento dos operários italianos". A carta, assinada por dez sindicalistas, saiu no *Estado de S. Paulo* e vem datada de 14 de dezembro de 1894. Miguel Lemos transcreveu-a na *14ª Circular Anual do Apostolado*, Rio de Janeiro, 1894.

tinham aberto, isto é, o modelo da *ditadura republicana*. Neste regime, combinação de jacobinismo e positivismo ordenador, o papel dos parlamentares seria reduzido à votação do orçamento para a qual bastariam apenas três meses de sessões de uma câmara única, a assembleia nacional. A participação dos deputados seria honorífica, logo gratuita. A força do poder executivo é realçada nos níveis nacional e provincial. As reeleições são recomendadas e podem ocorrer regularmente desde que venham sancionadas por plebiscitos. As eleições seriam diretas e o voto se faria a descoberto segundo o princípio reiterado pelo mestre: viver às claras.

O caráter ditatorial do governo não se estenderia, porém, à esfera "espiritual" da sociedade. O Estado não deveria ter ingerência direta nas áreas educacionais, culturais, religiosas e profissionais, em geral, que se desenvolveriam com toda a liberdade a partir das famílias e dos grupos emersos das interações sociais. As instituições acadêmicas estatais e as eclesiásticas sempre foram criticadas por Auguste Comte e seus discípulos que as acusavam de formar literatos, palradores irresponsáveis e parasitas. Comte augurava que os proletários, devidamente instruídos pela militância positivista, substituíssem os *pedantocratas* ornados de diplomas oficiais.[14] Papel relevante na construção de sociocracia seria dado à mulher, sublimada na figura da amada do filósofo, Clotilde de Vaux, a quem os ortodoxos franceses e brasileiros prestavam um culto religioso.

No Brasil a aliança dos positivistas com os republicanos se fez inicialmente nas salas de aula da Escola Politécnica e da Esco-

---

[14] O projeto político de Comte ganhou forma precisa em agosto de 1848, quando a situação revolucionária da França o levou a formular as propostas de "um novo governo revolucionário". O filósofo confiou na ocasião a Emile Littré (membro do Instituto e do Conselho Municipal de Paris, relator), Fabien Magnin (marceneiro) e Pierre Laffitte (professor de Matemática) a elaboração de um relatório em que se expusesse "a natureza e o plano novo governo revolucionário da República francesa". A íntegra desse texto pode ser lida na *Revue Occidentale*, Paris, 1889, vol. 23.

la Militar. A figura de proa foi Benjamin Constant, professor de Matemática e verdadeiro guru dos jovens engenheiros e oficiais desde os anos 1870 até a sua morte, quando já era celebrado como o "fundador da República". Vinculado à Sociedade Positivista do Rio de Janeiro, Benjamin Constant foi sempre ouvinte respeitoso das preleções de Miguel Lemos e Teixeira Mendes, embora se mantivesse distante da posição ortodoxa rígida do Apostolado.

Propostas positivistas incorporadas à nova ordem republicana foram a separação da Igreja do Estado, a implantação do casamento e do registro civil e a secularização dos cemitérios. A divisa da nova bandeira nacional, *Ordem e Progresso*, representou talvez a vitória simbólica mais ostensiva da linguagem de Comte na construção do imaginário republicano.

Entretanto, os limites da influência do Apostolado logo se fizeram sentir quando se discutiu a primeira Constituição da República em 1891. Uma semana depois de proclamado o novo regime, Miguel Lemos oferecia, "Ao povo e ao governo da República", algumas "indicações urgentes" que deveriam nortear a curto prazo a política republicana. A rigor, reproduziam medidas que o relatório de Littré-Magnin-Laffitte havia preconizado por ocasião da Revolução de 1848. Destaquem-se: a manutenção da ditadura republicana em caráter definitivo; a Constituição a ser aprovada em plebiscito nacional votado por todos os cidadãos maiores de 21 anos, soubessem ou não ler e escrever; a separação da Igreja e do Estado; a existência de uma única câmara central com funções exclusivas de assembleia orçamentária.[15]

No plenário da assembleia que elaborou a Constituição de 1891 a maioria representava tendências liberais herdadas da monarquia; ou, no caso dos republicanos paulistas, prevalecia a adesão ao modelo norte-americano, que combinava presidencialismo e democracia parlamentar. Os ortodoxos estavam, portanto, em

---

[15] Miguel Lemos, "Ao povo e ao governo da República", em *9ª Circular Anual do Apostolado*, Rio de Janeiro, 1889.

minoria: a ação de positivistas gaúchos como Júlio de Castilhos, Demétrio Ribeiro e Pinheiro Machado não pôde sobrepujar a vertente liberal liderada por Rui Barbosa, com quem Teixeira Mendes iria polemizar mais de uma vez.

Algumas propostas dos positivistas, que hoje consideraríamos progressistas, não encontraram eco no Congresso constituinte: a extensão do voto aos mendigos, analfabetos e praças de pré; a liberdade de testar e adotar com vistas à abolição dos privilégios hereditários; a obrigatoriedade do arbitramento antes de declaração de guerras. Esta última proposta acabou sendo parcialmente adotada na Constituição de 1891. Convém lembrar que o pacifismo dos ortodoxos foi coerente e sistemático: condenaram a "guerra fratricida" do Paraguai, recomendando que se devolvessem os troféus tomados ao povo irmão. Com igual veemência deploraram a brutalidade do conflito mundial de 1914 e todas as guerras coloniais nesse período de auge do imperialismo europeu. Comte fora drástico ao propor a conversão dos exércitos nacionais em polícias civis, as gendarmerias. Teixeira Mendes, biografando Benjamin Constant, augurava "a deposição das armas nos museus para que as gerações vindouras pudessem admirar com horror o longo período de barbárie que vem desde a origem da Humanidade transformando os elementos de progresso em elementos de destruição".[16] O Apostolado criticou reiteradamente o serviço militar obrigatório louvando-se no *Catecismo Positivista* e no *Apelo aos Conservadores* de Comte.[17]

Difusão. O elo gaúcho

Ivan Lins, na sua bem documentada *História do positivismo no Brasil*, pesquisou a influência do comtismo em várias provín-

---

[16] T. Mendes, *Benjamin Constant*, Rio de Janeiro, Templo da Humanidade, 1913, vol. I, p. 348.

[17] T. Mendes, "Ainda o militarismo perante a política moderna", *Boletim do Apostolado*, nº 249, Rio de Janeiro, 1908.

cias do Império. Desde os anos 1860 e avançando pelas três primeiras décadas da República, intelectuais e políticos mais ou menos afinados com o núcleo do Rio defenderam ideias e medidas públicas que ecoavam os preceitos do "mestre de Montpellier". A lista é numerosa. Menciono alguns nomes notórios: Rocha Lima, Clóvis Beviláqua, Capistrano de Abreu, Euclides da Cunha (os dois últimos inclinaram-se para o positivismo apenas nos anos iniciais da sua formação), Brandão Jr., Celso Magalhães, Barbosa Lima, João Pinheiro, Godofredo Furtado, Cesário Mota, Moniz Freire, Silva Jardim, Pereira Barreto, Alberto Sales, Pedro Lessa, Vicente Licínio Cardoso, Martins Jr., Vicente de Carvalho, Martins Fontes, Aarão Reis, Basílio de Magalhães, Lauro Müller, Serzedelo Correia, Lauro Sodré, Candido Mariano da Silva Rondon, Horta Barbosa. O número de engenheiros, oficiais do exército, professores de Matemática e de Ciências Naturais é alto, seguido de administradores públicos e juristas, profissões em que predominam os valores de ordem, método, organização, planejamento: *prever para prover*. Reformismo, mas não revolução: *conservar melhorando*.

Mas em nenhuma província brasileira o positivismo deitou raízes tão profundas e duradouras como no Rio Grande do Sul. Retomo aqui a análise que fiz do implante do positivismo na política gaúcha.[18] O fenômeno do *castilhismo*, precursor da tendência entre autoritária e progressista dos anos 1930, representa exemplarmente a capacidade de uma doutrina europeia enxertar-se no tronco ideológico de uma formação social periférica, onde perdurou por largos anos cimentando decisões políticas relevantes e enformando não só discursos mas caracteres, tipos de personalidade. Como o liberalismo conservador e oligárquico do Segundo Reinado, o positivismo no Sul foi uma ideologia de origem europeia perfeitamente enxertada em interesses locais, nada havendo de deslocado ou postiço na sua longa hegemonia. O liberalismo

---

[18] Cf. Alfredo Bosi, "A arqueologia do Estado-providência", em *Dialética da colonização*, São Paulo, Companhia das Letras, 1992.

econômico, implantado com a abertura dos portos em 1808, e o liberalismo parlamentar vigente no período monárquico representaram escolhas funcionais das classes dominantes. O fato de ambas conviverem com o trabalho escravo não foi um paradoxo e muito menos um disparate, mas índice de uma *conexão material e estrutural* que sustentou firmemente o estado imperial até a vitória das campanhas abolicionistas e republicanas.

Júlio de Castilhos (1860-1903), filho de agricultores remediados da região missioneira, conheceu o positivismo nos bancos da Academia de Direito de São Paulo onde ingressou em 1877. Abraçou logo as bandeiras republicanas e abolicionistas radicais que formariam o cerne da sua ação política quando, já de volta à sua província, colaborou na redação das "Bases do programa dos candidatos republicanos", manifesto do Primeiro Congresso do Partido Republicano Riograndense (1883).

À diferença dos correligionários paulistas, o PRR defendia intransigentemente a liberação imediata dos escravos sem qualquer indenização aos proprietários. As propostas das "Bases" refletiam as leituras comtianas do jovem Castilhos: supressão dos gastos improdutivos, impostos diretos (em especial, o imposto territorial), alargamento do direito de voto, liberdade de cultos, secularização dos cemitérios, matrimônio civil obrigatório, liberdade profissional. Castilhos pregou essas ideias no órgão do partido, a *Federação*, onde escreveriam, mais tarde, Getúlio Vargas, Pinheiro Machado e Lindolfo Collor.

No começo de 1889 Castilhos liderou, em sua estância em Reserva, um grupo de republicanos que radicalizaram, em manifesto à nação, a luta antimonárquica. Entre os subscritores do documento estavam Assis Brasil, Demétrio Ribeiro e Pinheiro Machado.

Proclamada a República, Castilhos e seu discípulo fiel, Borges de Medeiros, tomaram as rédeas do PRR. Borges foi reconduzido cinco vezes à presidência do estado e, antes de deixar o poder, indicou o nome de Getúlio Vargas para sucedê-lo (1928). Não cabe aqui narrar as vicissitudes desse período que foi tumultuado por conflitos sangrentos entre os republicanos (os *pica-paus*) e os liberais da Campanha, chamados *maragatos*. Importa frisar que, ao longo desses quarenta anos, exerceu-se a "ditadura republicana" garantida pelas sucessivas reeleições do presidente do estado. Era a aplicação coerente do conselho comtiano da continuidade administrativa, bastante favorecida pelo fato de os eleitores votarem a descoberto: viver às claras... Castilhos e Borges seguiam à risca as cláusulas da Constituição gaúcha de 14 de julho de 1891, redigida pelo primeiro: centralização dos poderes na figura do chefe do executivo; reeleições permitidas no caso de o candidato alcançar as três quartas partes dos votos; assembleia legislativa exclusivamente orçamentária e sem percepção de subsídios; indicação do vice pelo presidente eleito.

A Constituição gaúcha trazia dispositivos que combinavam o centralismo autoritário com formas plebiscitárias, e o seu fim político era controlar o poder oligárquico dos estancieiros da Campanha. Transcrevo os artigos 32 e 33 da carta castilhista que ilustram o espírito dos republicanos positivistas:

> Art. 32 — Antes de promulgar uma lei qualquer, salvo o caso a que se refere o art. 33, o presidente fará publicar com a maior amplitude o respectivo projeto acompanhado de uma detalhada exposição de motivos.
>
> Art. 33 — Par. 1º — O projeto e a exposição serão enviados diretamente aos intendentes municipais [*prefeitos nomeados pelos presidentes de estado* — A. B.], que lhes darão a possível publicidade nos respectivos municípios.
>
> Par. 2º — Após o decurso de três meses, contados do dia em que o projeto for publicado na sede do governo, serão transmitidos ao presidente, pelas autoridades locais, todas as emendas e observações que forem formuladas por qualquer cidadão habitante do Estado.
>
> Par. 3º — Examinando cuidadosamente essas emendas e observações, o Presidente manterá inalterado o projeto, ou modificá-lo-á de acordo com o que julgar procedente.

Par. 4º — Em ambos os casos do parágrafo antecedente, será o projeto, mediante promulgação, convertido em lei do Estado, a qual será revogada se a maioria dos conselhos municipais representar contra ele ao Presidente.

Esvaziando as atribuições do legislativo estadual, a Constituição de Castilhos reforçava as duas pontas extremas do processo eleitoral: o chefe do executivo e os vereadores (conselheiros municipais). Acresce que se facultava ao eleitorado o direito de cassar os mandatos dos deputados, sempre mediante voto aberto.

Ao examinar o texto da Constituição gaúcha, Miguel Lemos afirmou, em carta ao confrade Demétrio Ribeiro, "que a nova Constituição representava o passo mais adiantado até aqui realizado no sentido de nossas soluções". E acrescenta: "é a mais adiantada de todas quantas têm surgido até agora no Ocidente".[19] Em 1897, quando foi lembrado o nome de Castilhos para concorrer à presidência da República, Miguel Lemos e Teixeira Mendes manifestaram-se favoravelmente à sua candidatura.[20]

O elogio do Apostolado à Carta riograndense poderá parecer tendencioso, mas, ao menos em um dos seus artigos, o de número 74, assistirá razão a Miguel Lemos: "Ficam suprimidas quaisquer distinções entre os funcionários públicos do quadro e os simples jornaleiros, estendendo-se a estes as vantagens de gozarem aqueles". Somente um quarto de século depois, mais precisamente, em 31 de janeiro de 1917, foi que o México deu guarida, em sua Constituição, a dispositivos de defesa do trabalhador obreiro [braçal].[21]

---

[19] Miguel Lemos, Apêndice à *13ª Circular Anual do Apostolado*, Rio de Janeiro, 1893.

[20] Miguel Lemos, *17ª Circular Anual do Apostolado*, Rio de Janeiro, 1899.

[21] *Apud* Zilah C. Didonet, *O positivismo e a constituição riograndense de 14 de julho de 1891*, Universidade de Santa Maria, 1977.

As iniciativas políticas e econômicas de Castilhos e Borges de Medeiros confirmam a inspiração doutrinária que os norteou. Foram executivos fortemente centralizadores e, ao mesmo tempo, voltados para o que lhes parecia ser o bem público. Jamais os seus mais encarniçados inimigos levantaram a mínima suspeita sobre a probidade administrativa dos seus governos. Eram encarnações do jacobinismo republicano: Catões impolutos e implacáveis. O historiador José Murilo de Carvalho os chamou "bolchevistas da classe média", expressão que, descontada a hipérbole, não será de todo imprópria...

Em tempos de predomínio dos princípios liberais, Castilhos e Borges procuraram compensar, mediante impostos diretos, isenções às pequenas indústrias e medidas trabalhistas (ainda embrionárias), a desigualdade visível na sociedade gaúcha. Uma sociedade em que a riqueza estava concentrada nas mãos dos estancieiros exportadores de charque. No último quartel do século XIX, uma formação socioeconômica mais complexa e diferenciada foi emergindo com a chegada dos imigrantes italianos na Serra, vinhateiros em geral, e com a expansão de uma classe média ligada ao comércio urbano, à pequena indústria e às profissões liberais, sobretudo em Porto Alegre. O PRR representava, de preferência, esses grupos rurais (colonos, pequenos proprietários) e urbanos. Daí, as reiteradas isenções concedidas às manufaturas, contrastando com a taxação, módica embora, dos latifúndios da Campanha. Daí o cuidado de criar um mínimo de legislação do trabalho que atendesse aos reclamos dos pequenos funcionários públicos e dos operários diaristas que os positivistas consideravam oprimidos pelo "empirismo dos chefes industriais". Os trabalhadores deveriam ser incorporados à sociedade, onde, no dizer incisivo de Comte, estavam apenas "acampados".

Se precisássemos qualificar a política castilho-borgista em termos de Direita ou Esquerda, teríamos dificuldade de encontrar um só rótulo. Como autoritária estaria à direita do liberalismo democrático pregado por seus opositores do Partido Liberal. Em termos de planejamento econômico e legislação social, porém, situava-se à esquerda das oligarquias e deve ser aproximada do trabalhismo inaugurado pelo seu herdeiro, Getúlio Vargas.

Iniciando a sua carreira como deputado republicano, em 1909, sob a égide do castilhismo, e sucedendo na presidência do estado, em 1928, a seu mentor, Borges de Medeiros, Getúlio representa o elo entre o comtismo dos republicanos e a vertente nacionalista, planificadora e trabalhista que, sob a sua influência direta, regeu o Brasil dos anos 1930 até o golpe udeno-militar de 1964. Vargas, filho e irmão de militantes positivistas gaúchos, pronunciou a oração fúnebre em louvor de Júlio de Castilhos. Contava, então, vinte anos de idade. A presença comtiana é tangível na sua formação ideológica: executivo forte, escasso apreço pela instituição parlamentar, austeridade no trato das finanças públicas; apoio à nacionalização dos serviços públicos e de empresas de interesse estratégico;[22] enfim, mediação do Governo nas relações entre o capital e o trabalho, concretizada nas leis que promulgou desde o Governo Provisório com a criação do Ministério do Trabalho. O novo órgão foi confiado a um positivista histórico, Lindolfo Collor.

Quanto às posições nacionalistas estatizantes, que marcariam o itinerário de Vargas até a sua trágica morte em 1954, devem ser atribuídas também ao clima favorável ao dirigismo econômico que se instaurou após a depressão de 1929. A crise do capitalismo liberal foi então ampla, tendo sido enfrentada por governos ideologicamente díspares como o *Labour Party* inglês e o *New Deal* americano, o fascismo italiano e o integralismo português. O traço comum a todos era a intenção de regular pelo Estado as forças do mercado. No Brasil o positivismo social dos homens de 1930 (que Joseph Love chamou de "geração de 1907", ano em que entraram para a vida pública) enxertou-se, como pôde, pragmaticamente, naquele novo tronco internacional. A Assembleia Cons-

---

[22] Quanto às medidas de socialização dos serviços públicos tomadas por Borges de Medeiros e Getúlio Vargas no âmbito dos governos republicanos gaúchos, cf. Alfredo Bosi, *op. cit.*, pp. 289-94.

tituinte elegeu, em 1934, Getúlio Vargas presidente da República com 175 votos contra os 54 votos dados a Borges de Medeiros, consagrando desse modo, em nível nacional, os líderes do republicanismo gaúcho. As ideias dos mortos, como previa o filósofo, continuavam a inspirar os vivos, mas o caleidoscópio da História não pararia de girar combinando formas antigas e novas, algumas imprevisíveis.

José Carlos Mariátegui (1894-1930) em Roma, em 1922,
quando era correspondente do jornal peruano *El Tiempo*.
Arquivo José Carlos Mariátegui, Lima.

A vanguarda enraizada:
o marxismo vivo de Mariátegui

No decurso de 2004, precisamente em 16 de abril, lembramos os 74 anos da morte de José Carlos Mariátegui.

Uma vida breve; ele partiu *"nel mezzo del cammin di nostra vita"*, como Dante figura o trigésimo quinto ano da viagem humana. E vida truncada em plena maturidade como a de outros socialistas da sua geração, Gobetti, Gramsci, Vallejo, Simone Weil, que partilharam nos anos 1920 as esperanças que a Revolução de Outubro despertou do Velho ao Novo Mundo.

Falar dos ideais políticos de Mariátegui nos dias de hoje, encerrado o escuro ciclo das ditaduras do Leste Europeu, deixa na boca um sabor agridoce de ambivalência.

As generosas crenças dos marxistas de entreguerras ressoam em nós melancolicamente. Muitos lutaram e alguns morreram certos de que a revolução soviética multiplicada em nível planetário não tardaria a mudar, de uma vez por todas, as relações entre os homens, abolindo as disparidades econômicas, as distâncias sociais, os graus de poder e *status*, apagando enfim os estigmas de injustiças milenares.

É bem verdade que à intuição de Mariátegui não escapou o caráter difusamente religioso da fé na passagem fatal do capitalismo ao socialismo, deste ao comunismo e à sociedade sem Estado. O leitor apaixonado de Bergson e de Sorel, o admirador de Tolstói e de Gandhi e o poeta místico da primeira juventude compunham uma identidade cultural capaz de desentranhar o veio mítico que alimenta a vontade revolucionária e lhe dá seiva para atravessar aquelas horas em que mais árida se faz a jornada do militante.

Alguns destes juízos, tão próximos das *Reflexões sobre a violência* de Georges Sorel, dão a medida justa das convicções do fundador de *Amauta*:

> A burguesia já não tem mito algum. Tornou-se incrédula, cética e niilista. O mito liberal renascentista envelheceu demasiadamente. O proletariado tem um mito: a revolução social. Em direção a esse mito move-se com uma fé veemente e ativa. A burguesia nega; o proletariado afirma. A inteligência burguesa entretém-se numa crítica racionalista do método, da teoria e da técnica dos revolucionários. Que incompreensão! A força dos revolucionários não está na sua ciência; está na sua fé, na sua paixão, na sua vontade. E uma força religiosa, mística, espiritual. É a força do Mito. A emoção revolucionária, como afirmei em um artigo sobre Gandhi, é uma emoção religiosa. Os motivos religiosos deslocaram-se do céu para a terra. Não são divinos; são humanos, são sociais.[1]

Não se veja nessas palavras uma concessão às modas irracionalistas do primeiro quartel do século. As duras críticas de Mariátegui à mitologia fascista (que atraía não poucos sorelianos...) revelam, ao contrário, um estudioso de história política formado no humanismo severo de Benedetto Croce que lhe ensinou a pôr em evidência o teor prático-racional do socialismo, enquanto ramo dialético das Luzes, dos movimentos liberais radicais e das doutrinas evolucionistas do século XIX. Era deste quadro de referência que Mariátegui extraía a tese geral de que há vínculos obrigados entre ciência, progresso, liberdade e socialismo; mas era afinal também desse mesmo solo ideológico que brotavam aquelas certezas íntimas que faziam do militante um apóstolo, e da literatura de esquerda um discurso leigo de tons apologéticos. Até onde a *paixão*, admitida sem rebuços no texto citado, não estaria pré-

---

[1] J. C. Mariátegui, "El hombre y el mito", *Mundial*, Lima, 16/1/1925.

-formando aquele esquema tão bem travado de um socialismo científico nascido como superação lógica da economia burguesa?

Passado mais de meio século, podemos identificar um ou outro acento demasiado otimista na sua posição, agora, já sem receio de que zelotes da ortodoxia nos venham alinhar entre os "críticos reacionários do marxismo". Hoje sabemos com o sabor de cinza da experiência que não há conexão orgânica entre "pleno desenvolvimento das forças produtivas" e socialismo (pelo menos nas formas que este assumiu até agora), nem, muito menos, entre liberdade e Estado de partido único. Sabemos que as esquerdas no poder se comportam de diferentes modos em distintos lugares e tempos conforme o grau de complexidade cultural e de sabedoria política dos grupos que empunham as rédeas dos governos. E aprendemos que os valores ditos *formais* do regime democrático não devem ser suspensos *pro tempore*, sob o pretexto de que é preciso tomar o poder a qualquer preço para realizar, aqui e agora, o que parece ser a melhor fórmula da ordenação social. Os frutos de ações arbitrárias, gestados em delírios de onipotência, caem envenenados sobre vencidos e vencedores. Daí a melancolia, talvez expressão da *pietas* histórica, que nos invade ao ler certas passagens de Mariátegui onde se reitera, com o aval do materialismo dialético, a profecia de uma vanguarda portadora da salvação universal. O desdém pelo socialismo europeu — *los domesticados reformistas del parlamento*, dizia sarcástico — e a adesão às ideias de *princípio classista* e *unidade proletária* iriam, na prática, desembocar em rígidos blocos sectários que, por sua vez, se apresentariam como os únicos representantes dos trabalhadores. Como afirmava na mensagem ao II Congresso Operário de Lima "a massa segue sempre os espíritos criadores, realistas, seguros, heroicos".[2]

Nesse momento crescia em Mariátegui a sedução do modelo leninista da ditadura do proletariado, e as suas páginas contrapõem, veementes, a falência burguesa ao porvir comunista: "Se

---

[2] J. C. Mariátegui, "Mensaje al II Congreso Obrero de Lima", *Amauta*, Lima, 5/1/1927.

na época capitalista prevaleceram ambições e interesses materiais, a época proletária, suas modalidades e instituições se inspirarão em interesses e ideais éticos".[3]

Mas a nossa imagem do pensador peruano não se constrói apenas com aquelas suas expectativas que o *socialismo real* em parte frustrou. A sua memória é acre, repito, mas também doce. Relendo os *Sete ensaios* e outros textos de crítica ideológica, vê-se o quanto se exerceu a sua inteligência em função de problemas ainda hoje básicos para o marxismo e para a vida pública latino-americana.

São temas de ordens e alcances diversos.

Começo pelo debate crucial sobre a *verdade* do marxismo. É o assunto da série "Defensa del marxismo", dezesseis artigos publicados a partir de julho de 1928 em *Variedades* e em *Mundial*, periódicos limenhos para os quais escrevia regularmente.

O estímulo próximo foi-lhe dado pela leitura da obra polêmica do ex-socialista belga, Henri de Man, *Para além do marxismo*. O título, que não seria propriamente original se aparecesse hoje, tampouco soava como novidade no decênio de 1920.

> O marxismo [*lembra Mariátegui na abertura da "Defensa"*] vem sofrendo desde fins do século XIX — isto é, desde antes que se iniciasse a reação contra as características desse século racionalista, entre as quais o classificam — as investidas, mais ou menos documentadas ou instintivas, de professores universitários, herdeiros da ciência oficial contra Marx e Engels, e de militantes heterodoxos, desgostados com o formalismo da doutrina do partido.

As revisões ou *liquidações* do marxismo se empreenderam nem bem morto Marx. Mariátegui cita os nomes de Masarjk e de Bernstein (que fez, aliás, observações de mordente atualidade) como

---

[3] J. C. Mariátegui, "Trotsky", *Variedades*, Lima, 19/4/1924.

exemplos no âmbito do reformismo social-democrático. Quanto a Georges Sorel, para quem vão, no entanto, as suas simpatias, se situa em outro ângulo, voluntarista e antiparlamentar, mas também descrente da cientificidade pura do materialismo histórico.

O que é original e fecundo na resposta que dá Mariátegui a essas críticas, afinal substantivas? Procurando, em última instância, ressalvar a força política do marxismo, ele tende a ver na doutrina a forma plástica de uma *linguagem-de-ação progressista*.

Marx teria produzido menos uma teoria, na acepção clássica e sistêmica do termo, do que um *cânon empírico* de interpretação da economia liberal-burguesa, para retomar a formulação de Croce, interessado na validade tópica das análises de *O capital*, mas esquivo às filosofias da história que estariam no bojo da pregação socialista.

Calaram fundo em Mariátegui as arremetidas de Croce, repensadas por Gramsci, contra o que lhe parecia ser lastro de certo evolucionismo linear pesando sobre a vulgata marxista. Mas, desonerada desse fardo, a linguagem revolucionária perderia em *dureza* teórica o que ganharia em ductilidade prática. No limite, o método de análises das classes antagônicas valeria principalmente como aguilhão para conceber estratégias de luta. Nesse contexto entende-se o relevo dado a Lênin enquanto figura do arquiteto por excelência de um *marxismo em construção*.

> A revolução russa constitui, aceitem-no ou não os reformistas, o acontecimento dominante do socialismo contemporâneo. É nesse acontecimento, cujo alcance histórico não se pode medir ainda, que se deve buscar a nova etapa marxista.[4]

O pressuposto funda-se na ordem da ação eficiente: o certo é o que deu certo; a revolução soviética, então em pleno ímpeto, seria "a expressão culminante do marxismo teórico e prático".

---

[4] J. C. Mariátegui, "Defensa del marxismo", Polémica Revolucionaria, *Amauta*, Lima, 1959, p. 22.

Os grandes alvos que Lênin mirou são repostos em circulação servindo como trunfos na réplica ao livro de Man. Os monopólios, os imperialismos britânico e *yankee*, o gangsterismo da alta finança, a função parasitária dos rentistas, a impotência dos parlamentos liberais: tudo é revolvido para injetar na doutrina o sangue da contemporaneidade. O nome do líder preencheria a cadeia genealógica que Paul Valéry deixara sem o último elo na sua frase paródica: "E este foi Kant que engendrou a Hegel, o qual engendrou a Marx, o qual engendrou a...".[5]

Seria de esperar que a coerência com essa filiação, eleita como principal, pudesse trazer em si um compromisso mais estreito com Hegel (de quem Lênin foi leitor atento), daí sobrevindo uma crítica interna ao viés pragmático se não ativista que a "Defensa" parece adotar na sua argumentação. Se assim fosse, teríamos um momento de contradição no discurso de Mariátegui entre a *ratio* hegeliano-marxista e o voluntarismo heroico soreliano. Não é o que acontece, porém: a tônica dos textos acaba recaindo sobre o valor maior de uma *política prática* para a qual a racionalidade não está dada uma vez por todas: "Marx, em primeiro lugar, jamais se propôs elaborar um sistema filosófico de interpretação histórica, destinado a servir de instrumento para a atuação de sua ideia política e revolucionária".[6]

Na esteira dessa afirmação drástica, o pensador peruano afasta, como imaginários, os dois pontos de ataque visados pela crítica de Henri de Man: a tese de que haveria, absolutamente, uma teoria marxista pura, dotada de estatuto científico; e, seu apêndice, a hipótese de que a mesma doutrina conteria em si, já pronta, uma filosofia da História.

A argumentação da "Defensa" é historicista e crociana: "A crítica marxista estuda concretamente a sociedade capitalista. En-

---

[5] *Idem, ibidem*, p. 39.

[6] *Idem, ibidem*, p. 40.

quanto o capitalismo não tiver sido completamente ultrapassado, o cânon marxista continuará sendo válido".[7]

Trata-se de uma validade condicionada pelas balizas do sistema. Nada de ciência marxista, de estilo positivo, provada nos laboratórios da sociologia; e nada de *ontologia* ou *teleologia* — esta é a mensagem patente no discurso de Mariátegui.

Nem o plano de atingir a verdade por via especulativa faria parte do legado de Marx, nem o filósofo da práxis teria fundado uma ética abstrata, *"una moral de teorizantes"*, que convém, antes, às filosofias de cunho idealista. A eticidade do marxismo é a do homem que, solidário com a sua classe, combate em conjunto com outros homens para superar a iniquidade e a opressão. Sentimentos de justiça, como a indignação, nutrem essa ética agonística, que não se configura, porém, como uma pauta de valores e comportamentos predefinidos.

O pragmatismo e o vitalismo do primeiro pós-guerra estavam concebendo uma *atitude* política para-existencialista que ganharia forma nos anos 1940, quando a resistência ao nazifascismo daria um conteúdo de esquerda à moral nietzschiana da vontade e da ação. Será a ética do projeto — desesperado mas necessário — de Sartre e Camus. Mas nos anos 1920 ainda se fala e se crê na função pedagógica da luta sindical e da convivência fabril capazes de motivar nos operários as virtudes propriamente socialistas da energia, da disciplina, da lealdade e da perseverança. Um texto de Piero Gobetti, que resume impressões de sua visita à Fiat de Turim, é endossado por Mariátegui para ilustrar o capítulo sobre ética e socialismo. Do mesmo Gobetti transcreve uma reflexão sobre a espiritualidade peculiar ao socialismo que, filtrando as riquezas que o sujeito moderno recebeu do longo processo de interiorização cristã, orientaria a consciência do militante para um humanismo público e terreno (*O idealismo materialista*).

---

[7] *Idem, ibidem.*

A flexibilidade com que Mariátegui trabalhava a herança marxiana dava-lhe uma amplitude de olhar político absolutamente rara para o seu tempo. Ele percebeu, desde o início da sua carreira de organizador partidário, que não há um método único para corrigir o vale-tudo do mercado capitalista. É a história de cada formação social que irá inspirar as táticas de compensação. O atraso da Rússia czarista exigiu um movimento de enorme violência, o terremoto de outubro, que aparece como evento-limite da revolução contemporânea. Mas há outras experiências nacionais.

Na Inglaterra desenvolveu-se o *trade unionism* que, por sua vez, desaguou no trabalhismo, ambos imunes às obsessões teóricas da esquerda continental. As ações tópicas, ainda corporativas, dos sindicatos do século XIX acabaram-se integrando em um programa partidário mais amplo visando ao controle da economia em âmbito nacional. A sua meta, uma distribuição de renda mais equitativa, nortearia o futuro *Welfare State*. A liderança sindical inglesa aliou-se a políticos de formação doutrinária aberta e distante de qualquer dogmatismo principista. É um brinde à inteligência ver que o mesmo Mariátegui admirador de Lênin não é menos simpático às conquistas graduais da vertente democrática representada pelo *Labour Party*.

Prova ainda maior (e mais arriscada) dessa plasticidade, ele a deu quando enfrentou a espinhosa questão de uma reforma agrária socialista no Peru.

O binômio terra-índio deveria ser o eixo de toda política renovadora. Como resolvê-lo em termos ortodoxos, leninistas, que propõem reforçar taticamente o capitalismo, se, a rigor, a exploração do índio serrano ainda se fazia em ritmo de servidão da gleba? Como se sabe, Mariátegui e a sua geração usavam sem rodeios a expressão "economia feudal" para qualificar o sistema de produção agrícola nos Andes.

Por outro lado, a palavra sumária de ordem — "nacionalizar a terra!" —, se entendida apenas como estatizar o latifúndio, "em princípio, em nenhum caso, basta por si mesma". Então, como sair do impasse do mercado *versus* estatização?

Seria necessário, como primeiro passo, conhecer a fundo as tradições quíchuas de vida rural comunitária que a conquista espanhola entorpeceu quando não estancou. Mariátegui acreditava na possibilidade de recuperar a função do *ayllu*, comunidade de terra e de produção: "O *ayllu*, célula do Estado incaico, sobrevivente até agora, apesar dos ataques da feudalidade e do gamonalismo, acusa ainda vitalidade bastante para converter-se gradualmente na célula de um Estado socialista moderno".[8]

Esta sua tese custou-lhe a acusação de *populista*, na velha acepção russa do termo. Mas o exame atento do contexto não autoriza a ver no resgate do *ayllu* conotações de arcaísmo ou saudosismo que a proposta talvez suscite a uma primeira leitura:

> A ação do Estado, como acertadamente propõe Castro Pozo, deve dirigir-se para a transformação das comunidades agrícolas em cooperativas de produção e consumo. [...] O Banco Agrícola Nacional daria preferência às operações das cooperativas, as quais, por outro lado, seriam ajudadas por corpos técnicos e educativos do Estado para melhor trabalho de suas terras e para a instrução industrial dos seus membros.[9]

O que ele queria ressalvar era a tradição e o espírito da *mincca* ou *minga* (aproximadamente, o nosso mutirão sertanejo), que animava os índios durante as tarefas do plantio e da colheita e na partilha dos bens agrícolas e pecuários.

As bases sociológicas da proposta, Mariátegui foi buscá-las na obra fundamental de Hildebrando Castro Pozo, *Nuestra comunidad indígena* (1924), que serviu de canteiro documental ao

---

[8] J. C. Mariátegui, "Mensaje al II Congreso Obrero de Lima", *Amauta*, Lima, 5/1/1927. Trata-se de um artigo que complementa o capítulo "O problema da terra", dos *Sete ensaios de interpretação da realidade peruana*, com tradução em português pela editora Alfa-Omega, São Paulo, 1965.

[9] *Idem, ibidem*.

clássico *Del ayllu al cooperativismo socialista*, do mesmo autor. Publicado em 1936, com prefácio do antropólogo peruano Julio Tello, o livro não pôde ser lido por Mariátegui, que nas suas páginas eruditas teria confirmado as hipóteses sobre as afinidades entre antigas práticas comunitárias dos incas e os novos ideais de socialização da terra e dos frutos do trabalho camponês.

Segundo Castro Pozo, que foi um dos fundadores do Partido Socialista do Peru, o cooperativismo poderia alcançar maior êxito entre as comunidades quíchuas da serra do que nos meios urbanos, onde faltaria não só a experiência da posse comum de bens como o costume do labor coletivo fundado na ajuda mútua. Dessa convicção nasceu o projeto de robustecer com a vivência do *ayllu* os planos de uma reforma agrária nacional.

A QUESTÃO DO NACIONAL

Reforma ou revolução, alfabetização, ensino técnico, crédito rural, desenvolvimento das forças produtivas, eis a pauta moderna de Mariátegui na qual, porém, era preciso que entrasse um figurante sofrido e amado, o índio. E com o índio entra, de cheio, a questão do específico, a questão da *realidade peruana*.

Na frondosa literatura sobre a vigência de *identidades nacionais*, tema recorrente no discurso latino-americano, raro é encontrar um pensamento tão denso e tão bem articulado como o de José Carlos Mariátegui.

Tento aqui reconstruí-lo nas suas linhas de força.

Em primeiro lugar, a limpeza do terreno. Mariátegui corta pela raiz qualquer vínculo entre o significado da presença indígena no Peru e o conceito de raça. Para um intelectual latino-americano que nasceu no fim do século XIX, essa atitude metodológica é um tento.

Não há sombra do chamado darwinismo social nos seus textos. E qual a gênese deste convicto antirracismo? A superação dos preconceitos *científicos* nessa matéria já se vinha dando na Europa pela ação de duas vertentes que às vezes parecem cruzar-se, embora corram em leitos políticos paralelos.

Entre alguns discípulos mais ou menos próximos de Auguste Comte, como Émile Durkheim, Célestin Bouglé e Vilfredo Pareto, levou-se adiante a tese positivista de que o nível social não se confunde com o orgânico, ainda que repouse neste a sua condição de existência. A Sociologia, a nova ciência que, na lição de Comte, deveria coroar todo o processo do conhecimento, tinha um objeto próprio, *o sistema de fatos sociais*, cujas leis internas, inferidas pela ciência histórica, não eram ditadas pelo sangue nem pelos gens. Mariátegui cita e encampa as especulações de Pareto, cujo *Trattato di Sociologia Generale* serviu de guia a gerações de estudiosos sociais pré-marxistas até os anos 1930.

Seja dito, de passagem, os positivistas brasileiros mais ortodoxos, reunidos em torno do Apostolado de Teixeira Mendes e Miguel Lemos, sempre recusaram a argumentação racista usada para justificar a escravidão negra. Quando topamos com escritores com laivos preconceituosos, como Sílvio Romero e Euclides da Cunha, podemos desconfiar de que neles prevaleceu uma visão evolucionista (mas não positivista, em senso estrito) da nossa mestiçagem.

Mariátegui transcreve, como peça de autoridade, um longo trecho do Tratado de Pareto em "El problema de las razas en la América Latina", escrito em 1929. Aí acusa *a hipocrisia da ideia de raça*, tal como a manipularam os estados imperialistas na sua expansão ao longo do século XIX.

Na verdade, pensava ele, teria chegado o momento de inverter a relação causal que via no atraso dos países andinos o peso negativo do legado pré-colombiano. Foi a colonização que teve

> [...] efeitos retardatários e deprimentes na vida das raças indígenas. Povos como o quíchua e o asteca retrocederam, sob o regime colonial, à condição de dispersas tribos agrícolas. O que, nas comunidades indígenas do Peru, subsiste de elementos de civilização é, principalmente, o que sobrevive da antiga

organização autóctone. No campo feudalizado, a civilização branca não criou focos da vida urbana, nem significou sempre sequer industrialização e mecanização; no latifúndio serrano, com exceção de certas estâncias de gado, o domínio do branco não apresenta, nem mesmo tecnologicamente, progresso algum em face da cultura aborígene.[10]

Mas há ainda uma outra fonte em que Mariátegui bebeu para apartar, de vez, o discurso racial da interpretação da vida peruana: a corrente que ele próprio denominava *sociologia marxista*, nela incluindo o texto didático de Bukharin, citado em francês, *La Théorie du materialisme historique*, que relativiza o papel do biológico puro na dinâmica social.

Assim, apesar de suas bases epistemológicas distintas, a sociologia positivista e o marxismo confluem na tese do caráter próprio do social. O contacto de ambas as linhas em certo momento da inteligência latino-americana talvez possa causar estranheza aos historiadores de Filosofia que se impacientam ao ver sinais de ecletismo. A resultante ideológica, porém, foi humanizadora enquanto varreu preconceitos que o princípio liberal da concorrência entre os mais fortes espalhara por três ou quatro gerações.

Para um Mariátegui, assim como para um Fernando Ortiz, o conhecimento de obras positivistas, marxistas e crocianas (ambos viveram alguns anos na Itália) não foi propriamente um convite à confusão: deu-lhes o gosto do estudo das suas sociedades de origem, peruana e cubana, onde iriam, de torna-viagem, militar repuxando o ensaísmo para o lado do progresso e da transformação de velhas estruturas coloniais.

Os ventos da crise do primeiro pós-guerra sopravam de todos os quadrantes criando um clima propício às vanguardas; o que ajudou Mariátegui a deslocar o eixo da questão nacional para os contrastes estruturais da América andina vistos em conexão com

---

[10] J. C. Mariátegui, "El problema de las razas en la América Latina", *Amauta*, Lima, nº 5, 1974.

a economia e a política internacional. Nesse contexto, os discursos raciais perdiam peso e interesse.

Os efeitos saudáveis dessa largueza de vistas logo se fizeram sentir na obra de Mariátegui. Simetricamente: de um lado, o anti-imperialismo; de outro, a antixenofobia.

O primeiro lhe permitiu compreender o lugar e o valor do índio no processo civilizatório peruano. Entronca-se na linha mestra da antropologia *indigenista* de Julio Tello e Luis Valcárcel, que definiram os pontos nodais do resgate das culturas quíchua e mestiça. O seu raio de ação teve longo alcance tocando a obra narrativa e os ensaios etnológicos de José María Arguedas[11] e pré-formando mais de um argumento da teologia da libertação de Gustavo Gutiérrez. O indigenismo foi, no Peru, o que se poderia chamar, sem temor ao paradoxo, uma *vanguarda enraizada*.

O segundo efeito do esvaziamento da linguagem racista corrigiu tudo quanto a exaltação do índio serrano poderia render em termos de nacionalismo retórico. Mariátegui é incisivo:

> Do preconceito da inferioridade da raça indígena começa a passar-se ao extremo oposto: o de que a criação de uma nova cultura americana será essencialmente obra das forças raciais autóctones. Subscrever essa tese é cair no mais ingênuo e absurdo misticismo. Ao racismo dos que desprezam o índio, porque creem na superioridade absoluta e permanente da raça branca, seria insensato e perigoso opor o racismo dos que sobrestimam o índio, com fé messiânica na sua missão como raça no renascimento americano.
>
> As possibilidades de que o índio se eleve material e intelectualmente dependem da mudança das condições econômico-sociais. Não estão determinadas pela raça, mas pela economia e pela política. A raça, por si só, não despertou nem despertaria o entendimento de uma ideia emancipadora.

---

[11] *Señores e indios: acerca de la cultura quechua*, Buenos Aires, Arca/Calicanto, 1976. A seleção e o prólogo são de Ángel Rama.

Sobretudo, não adquiriria nunca o poder de impô-la e realizá-la. O que assegura sua emancipação é o dinamismo de uma economia e de uma cultura que trazem em suas entranhas o germe do socialismo. A raça índia não foi vencida, na guerra da conquista, por uma raça superior étnica ou qualitativamente; mas foi vencida por sua técnica que estava muito acima da técnica dos aborígenes. A pólvora, o ferro, a cavalaria, não eram vantagens raciais; eram vantagens técnicas.[12]

Em "El problema de las razas" o autor faz uma síntese feliz de um processo considerado em geral como simples conflito de raças diferentes. Mariátegui retifica esse ponto de vista:

> Os espanhóis chegaram a estas paragens distantes porque dispunham de meios de navegação que lhes consentiam atravessar os oceanos. A navegação e o comércio lhes permitiram mais tarde a exploração de alguns recursos naturais de suas colônias. O feudalismo espanhol se sobrepôs ao agrarismo indígena, respeitando em parte suas formas comunitárias; mas esta mesma adaptação criava uma ordem estática, um sistema econômico cujos fatores de estagnação eram a melhor garantia da servidão indígena. A indústria capitalista rompe este equilíbrio, interrompe este estancamento, criando novas forças produtivas e novas relações de produção. O proletariado cresce gradualmente às expensas do artesanato e da servidão. [...] Em tudo isto, a influência do fator raça se revela evidentemente insignificante ao lado da influência do fator economia — produção, técnica, ciência etc.

Admiráveis o equilíbrio e a coerência de todo o ensaio. Se o critério de raça é impertinente, o pensador mata dois coelhos de uma só cajadada. Liberta-se do eurocentrismo que desdenha o

---

[12] J. C. Mariátegui, "El problema de las razas en la América Latina", *Amauta*, Lima, nº 5, 1974, p. 31.

índio porque não é branco. E liberta-se do nativismo que acusa o europeu (ou o estrangeiro) porque não é índio (nacional).

A limpeza do terreno perfaz-se inteiramente e dá espaço para que o pensamento avance na elaboração de uma hipótese de identidade nacional mais complexa e menos rígida.

Se a nação não se constitui por força de uma presumida substância étnica, índia ou branca, então em que solo poderia enraizar-se? No sistema social peruano? Na sua estrutura econômica? No seu regime político? No seu processo cultural?

Em nenhum desses níveis Mariátegui reconhece a vigência de uma unidade forte que poderia traduzir-se em termos de *nação*. Ao contrário, todos padecem de cisões profundas. O Peru, fraturado em regiões bem diferenciadas (a Costa, a Serra, a Selva), mal consegue costurar áreas de produção e consumo separadas não só pelos seus nichos ecológicos como por tempos e ritmos históricos peculiares.

Não haveria, pois, uma "Nação Peruana", ao menos no sentido tradicional da palavra, que se manifesta em expressões como "Nação Inglesa", "Nação Francesa", "Nação Espanhola".

A vida cultural de Lima, com sua burguesia altamente europeizada, o que poderia ter em comum, nos anos 1920, com as práticas e os valores das comunidades andinas? As línguas são diversas, o espanhol e o quíchua; diversos os códigos em que se reproduz o cotidiano. A memória social não é comum, já que não vem compartilhada pelos grupos que habitam o território assumido juridicamente pelo Estado oficial do Peru. E há mais do que peças justapostas de um mosaico; há antagonismos que cortam situações de classe e de poder dolorosamente assimétricas.

Desse baixo grau de coesão, Mariátegui depreende a sua tese mais cortante: o Peru, seu contemporâneo, é uma *formação nacional incompleta*, um *esboço de nação*.

O conceito era novo e rico de consequências. A mais importante, do ponto de vista da ação política, relega à condição de ideologias sem futuro tanto o nacionalismo dos senhores da terra, arcaizante e neocolonial, fixado nas *Tradiciones peruanas* de Ricardo Palma, quanto o nacionalismo inquieto da pequena burguesia ressentida com o imperialismo central, mas, na prática, sem outro projeto senão o de sobreviver aliando-se aos donos do mercado ou fruindo as modestas (porém seguras) regalias de um Estado cartorial.

Em lugar de uma nação bem estruturada, o pensador vê no Peru e em outros países andinos um processo pelo qual forças sociais particulares se denominam a si mesmas *nacionais* por excelência e, em nome dessa bandeira unificadora, lutam para atingir determinados fins econômicos e políticos.

Mariátegui teve a rara lucidez de opor-se às crenças de muitos intelectuais apristas, de resto bem-intencionados, que apostavam na missão revolucionária do nacionalismo burguês. A imagem de um Kuo Min Tang latino-americano capaz de derrotar o imperialismo sempre lhe pareceu incerta, e o exemplo chinês lhe daria razões de sobejo. Os ardores patrióticos da burguesia são efêmeros, e o seu destino já está selado pela tendência que arrasta os parceiros débeis a gravitar na órbita dos mais fortes.

Mas essas reflexões são, em Mariátegui, dialetizadas, não se esgotando no seu momento negativo. Ao recusar certas ilusões de setores políticos de esquerda, ele não pretendia apagar com palavras a relação histórica entre projetos de libertação popular e reações localizadas ao imperialismo europeu ou *yankee*; reações que dificilmente deixam de provocar nas ex-colônias sentimentos de defesa topicamente nacionalistas. O importante era ver claro no meio das paixões, e não abolir, sem mais, toda paixão.

Ao falar do indigenismo peruano, que crescia como corrente de cultura nessa fase de crise internacional, Mariátegui desatava mais um nó ideológico:

> Os indigenistas revolucionários, em lugar de um platônico amor ao passado incaico, manifestam uma ativa e concreta solidariedade com o índio de hoje. Este indigenismo não sonha com utópicas restaurações. Sente o passado como uma raiz, mas não como um programa. A sua concepção da história e

de seus fenômenos é realista e moderna. Não ignora nem esquece nenhum dos fatos históricos que, nestes quatro séculos, modificaram, junto com a realidade do Peru, a realidade do mundo.[13]

A distinção entre raiz e programa opera a dialética de passado e futuro. O projeto ultrapassa a herança e mostra que a gênese de uma situação social não implica a sua determinação desde e para todo sempre.

O Peru não pode ser dado como um absoluto — daí, a falácia de um *peruanismo* em si — na suposição de que a velha cultura incaica ou, em outro registro ideológico, a forte presença hispânica, bastariam por si sós para fundar a realidade nacional. Como projeto coletivo, sim, teria sentido a expressão optativa *peruanicemos al Perú*, que supõe a formação de uma sociedade civil mais integrada e justa, onde o índio tenderia a desaparecer enquanto marca discriminante, para surgir, em lugar desta, a sua qualidade de cidadão livre convivendo em um regime de direito que lhe facultasse o acesso aos bens da *civilização*, a qual inclui evidentemente as riquezas da sua própria história:

> Por ende, sólo concibiendo a la nación como una realidad estática se puede suponer un espíritu y una inspiración más nacionales en los repetidores y rapsodas de un arte viejo que en los creadores o inventores de un arte nuevo.
>
> La nación vive en los precursores de su porvenir mucho más que en los supérstites de su pasado.[14]

---

[13] J. C. Mariátegui, "Nacionalismo y vanguardismo", *Mundial*, Lima, 27/11/1925.

[14] *Idem, ibidem*.

Fantasia e planejamento

Dentre os muitos leitores de Celso Furtado, talvez poucos saibam que o nosso maior economista escreveu, aos 25 anos, um livro de ficção. *Os contos da vida expedicionária* saíram em 1945 e só agora voltam a ser editados na *Obra autobiográfica* reunida aos cuidados de Rosa Freire d'Aguiar.

Para fazer literatura com experiência de guerra basta muitas vezes a pura memória. A situação existencial do soldado em terra estrangeira tem sempre um ar de insólito, ao menos o bastante para que as pessoas e as coisas vistas ganhem, quando evocadas, uma aparência de realidade imaginada, o que é uma boa definição de literatura. Mas leia-se o que o próprio narrador diz nesta nota que precede os seus textos juvenis:

> Os fatos narrados nestes contos são substancialmente verdadeiros. Mas, porque são traços gerais, não pertencem a ninguém. Muitos nos encontraremos aí; entretanto não nos faltará a certeza de que as experiências gerais couberam a todos nós.[1]

E qual a verdade da vida no *front*? Aí a sorte de cada um depende de combinações aleatórias, e o outro pode, de repente, ser o meu assassino ou o meu salvador. "Deus meu" — diz uma velha

---

[1] Celso Furtado, *Contos da vida expedicionária*, em *Obra autobiográfica*, tomo I, São Paulo, Paz e Terra, 1997, p. 19.

italiana aos pracinhas — "jurava que eram tedescos. Assim sérios, bebendo, não há diferença. Todos são altos. A farda é a mesma"...

É este sentimento do arbitrário que dá aos contos do ex-pracinha na Itália o seu tom peculiar. Alguma coisa de estranho sempre pode acontecer em uma terra ocupada por duas forças inimigas, e onde já se borraram os limites entre o citadino e o camponês, o *partigiano* ubíquo e solerte e o homem da rua espremido entre o invasor e o libertador, ambos perigosos.

Nesse meio flutuante o soldado reconstruído pelo autor é um jovem intelectualizado capaz de entrever naquela Itália caótica de fim de guerra a agonia de uma civilização para a qual a beleza foi, durante séculos, uma verdadeira religião. A Toscana dessas histórias expedicionárias é ocasião de encontros indeléveis. A paisagem, a casa e sobretudo a mulher aqui se perfilam como imagens aureoladas por um olhar que trouxe do seu Nordeste patriarcal e letrado a paixão da cultura europeia e o desejo de sublimar aquela sua penosa contingência de artilheiro involuntário. Por isso os contos do moço da farda verde-oliva são histórias de amor e admiração por um mundo que é de sonho mesmo quando mergulhado no pesadelo da violência. Esse é o espírito da quase crônica "Um intelectual em Florença", tecido de reminiscências eruditas, costurado com o fio de uma candura sem pregas. A pureza do homem agreste se compraz nas linhas sóbrias da paisagem que inspirou a mais antiga das representações modernas da natureza.

O leitor, ainda surpreso de ter descoberto um veio lírico no respeitável estudioso de macroestruturas, deve prosseguir no conhecimento dessa obra que se quer autobiográfica. Compreenderá então que tem sob os olhos um itinerário de meio século ao longo do qual a vida do homem Celso Furtado se confunde com o sentido radical da ciência de que ele é mestre: a economia tomada como ferramenta da política; ou, em outras palavras, a teoria e a prática do desenvolvimento.

Ciente de que "o mundo mudou", mas que nesse mundo "globalizado" o Brasil continua sendo um país de carências e desequilíbrios fundos, Celso Furtado reconstrói o seu percurso de homem público e planejador incansável, agrupando seus momentos cruciais em torno do termo "fantasia". A palavra é sugestiva, enquanto variante de "imaginação"; e um dos adversários teóricos de Celso Furtado, Eugênio Gudin, já lhe censurava nos anos 1950 o recurso à imaginação, "boa para o romancista, mas não para o economista"... Mas sabe-se que, para o ortodoxo Gudin, o mal do Brasil era o hiperemprego (sic) somado à herética pretensão de fazer do Estado o indutor do desenvolvimento e da justiça social.

De todo modo, a fantasia de Celso Furtado vem acompanhada desde o início do atributo "organizada". A expressão, colhida em uma frase de Paul Valéry (*"Ne sommes-nous pas une fantaisie organisée?"*), me pareceu feliz quando a vi no título da primeira edição da obra, em 1985. Por trás do seu paradoxo, que alia desejo e ordem, sonho e razão, vigora uma concepção dialética de base. O indivíduo moderno, o sujeito emerso das Luzes, mas logo enredado nas malhas do capitalismo concorrencial, almeja ao mesmo tempo conservar o seu grau de liberdade, duramente conquistado por tantas gerações, e conviver em uma *polis* onde os direitos do homem não sejam privilégios de classe, mas o pão cotidiano de todos. Para realizar essa bela fantasia é preciso vencer o insulamento e a dispersão próprios da divisão do trabalho e da descontinuidade social. A fantasia deverá organizar-se em termos políticos. O nome prosaico desse processo é planejamento.

Celso Furtado aprende com Keynes e com a história brasileira e internacional dos anos 1930 que cabe ao Estado "prever para prover" — fórmula de Comte cara a quantos apostam na "engenharia social" — e, assim fazendo, corrigir as distorções do mercado dito livre. Mas a sua verdadeira escola foi a Comissão Econômica para a América Latina (Cepal) e o seu mestre latino-americano, Raul Prebisch, "que nos guiou a todos", como reconhece na dedicatória de *A fantasia organizada*. Não por acaso o seu pensamento, embora avance mediante novas análises de conjuntura, volta com insistência ao debate dos anos 1950 em torno do subdesenvolvimento, "fenômeno que acabava de ser descoberto e causava perplexidades". A partir dessa década decisiva toda a sua biografia intelectual teria como eixo a compreensão das sociedades dependentes e o compromisso ético com o progresso do seu povo, em consonância com o de outros povos ex-coloniais que passaram a ver-se a si próprios como Terceiro Mundo.

A ideia da planificação lhe aparece não só como instrumento econômico e técnica social, mas, na esteira de Mannheim, como um problema político e cultural, consideradas as terríveis experiências do fascismo e do estalinismo que ele rejeita com firmeza: "Nunca pude compreender a existência de um problema 'estritamente' econômico". O convívio de presença estatal e democracia, tal como se esboçou no segundo governo Vargas (1950-54) e nos tempos de Juscelino, foi um tento raro, um exemplo do muito que poderia fazer a vontade política em um contexto internacional tenso ou mesmo adverso. Desejo e imaginação precisaram andar no mesmo passo que a análise racional das possibilidades de cada conjuntura, e foi essa combinação delicada que o nosso estruturalista cepalino procurou aplicar à construção da Superintendência do Desenvolvimento do Nordeste (Sudene) ao longo dos governos de Kubitschek, Jânio e Goulart. O sumo dessa empresa está contado em *A fantasia desfeita*, que é de 1988, e sai agora antecedido das *Aventuras de um economista brasileiro*, uma bela evocação dos anos de infância nordestina do autor. Aí se encontram o roteiro da sua formação e a síntese das ideias-força às quais ele adere com toda a sua convicção de homem e de intelectual:

> A primeira dessas ideias é a de que a arbitrariedade e a violência tendem a dominar no mundo dos homens. A segunda é a de que a luta contra esse estado de coisas exige algo mais que simples esquemas racionais. A terceira é a de que essa luta é como um rio que passa: traz sempre águas novas, ninguém a ganha propriamente e nenhuma derrota é definitiva.[2]

---

[2] Celso Furtado, *Aventuras de um economista brasileiro*, em *Obra autobiográfica*, tomo II, São Paulo, Paz e Terra, 1997, p. 13.

Aceitando o teor relativo dos êxitos e dos insucessos, Furtado se reconhece como um pensador imerso na corrente da história, onde, como advertia Maquiavel, cabe à fortuna o que escapa à virtude.

Os três volumes que ora se compõem em uma só grande obra semelham uma longa sinfonia com as múltiplas variantes harmônicas (os contrapontos são as conjunturas diversas) de alguns temas melódicos, que soam cada vez mais intensa e dramaticamente até o advento do clímax para se interromperem de modo abrupto com as dissonâncias ferinas do golpe de março de 1964. O que permanece no ouvido do leitor atento é a melodia: a fantasia se desmanchou, mas o Brasil continua a exigir dos brasileiros decentes o projeto de refazê-la.

A pergunta retorna sem cessar: por que planejar? Porque quando não se prevê, as cabeças da hidra renascem nem bem cortadas. A iniquidade irrompe a qualquer momento nas relações internacionais alargando as distâncias entre centro e periferia, entre finança especulativa apátrida e investimentos produtivos orientados nacional ou setorialmente. A outra face do processo é a disparidade no âmbito de cada país e de cada região: aqui a concentração de renda e de poder impede que se edifique uma democracia social de fato. Em termos diacrônicos: à alta produtividade conquistada nos países ricos ao longo dos anos 1950 e 1960, tantas vezes por obra de um "protecionismo seletivo" (como já o percebera Prebisch desde 1949), correspondeu, em geral, a estagnação das economias que ensaiavam, naqueles mesmos anos, os primeiros passos para consolidar seus parques industriais tardios e o seu mercado interno.

Já no seu primeiro estágio chileno Celso Furtado concebia a dependência em um contexto móvel que deveria ser não tanto aceito com resignação ("o mundo é assim mesmo", dizem os que já desistiram de transformá-lo), quanto enfrentado com ânimo viril. E nisso ele se diferencia até hoje dos burocratas da economia, camaleões conformados e concordes na inglória operação do ajuste à injustiça.

Imperando nesse conjunto de textos a mais rigorosa discrição, são raros os momentos em que é dado ao leitor assistir a reações subjetivas do autor. Estas afloram nos episódios que falam de encontros ou em cenas dramáticas que o cidadão Celso Furtado presenciou. Lembra a visita a Getúlio, que apoiou a Cepal em uma fase crítica da instituição, e as conversas com Juscelino, com Jânio, com Goulart, com Santiago Dantas, com Arraes (cuja deposição ele testemunhou), com Kennedy, com Perón, com D. Helder, com Sartre, com Che Guevara... Em todos os diálogos revela-se a inteligência equânime, aberta às diferenças, ciosa de compreendê-las antes de julgá-las e, ao mesmo tempo, o caráter inteiriço que põe no cumprimento de cada missão o cerne da sua identidade moral.

Intervenções

Teologias, sinais dos tempos

Quem tem alguma familiaridade com o estudo de textos sagrados sabe que o abc de toda interpretação passa pela abertura do leitor a mais de um sentido.

No caso dos Evangelhos, o que se nos dá, em primeiro lugar? Um conjunto de narrativas cujo foco ardente e luminoso é a vida, paixão e morte de um homem chamado Jesus, que se anuncia e é reconhecido pelos fiéis como Filho de Deus e Filho do Homem.

Os livros de Marcos, Mateus, Lucas e João formam o centro móvel por onde cruzam os diferentes discursos históricos do cristianismo: em torno deles e a partir deles, tudo é interpretação.

Terá havido um momento em que um crente das primeiras comunidades se pôs a refletir sobre a palavra de Cristo, fazendo-o com a cabeça instruída pela filosofia grega: nesse preciso momento nasceu a Teologia cristã.

É bem provável que, naquela altura, nenhum fiel se propusesse a criar uma "filosofia cristã" original. Liam-se os Evangelhos, as Cartas de Paulo e o Apocalipse de João como um complexo de signos de vário teor (místico, ético, messiânico) e cada geração os ia traduzindo com os instrumentos culturais próprios do seu tempo.

Toda grande narrativa, sacra ou profana (e aqui se trata da vida de Cristo, que dividiu as águas religiosas da História antiga), traz dentro de si um potencial inexaurível de significações. As diversas teologias que se construíram desde a Patrística até hoje não fizeram mais do que arrancar do fundo comum da memória cristã tudo quanto fazia sentido para os grupos religiosos em cada encruzilhada da História.

Chamou-se inicialmente a campo a metafísica grega, de resto a única matriz conceitual que poderia então alimentar um discurso no qual a irrupção do divino bíblico-cristão encontrasse pontes mediadoras para categorias universais de pensamento.

A doutrina de Santo Agostinho seria impensável sem os textos neoplatônicos, que o ajudaram a formular as suas oposições dramáticas de espírito e carne, graça e danação, Cidade de Deus e Cidade dos Homens.

A teologia de Santo Tomás de Aquino ordena-se tão rente às soluções de Aristóteles que, por algum tempo, chegou a atrair no ambiente franciscano, mais próximo de Agostinho, a suspeita de excessivo raciocínio e... materialismo. A *Suma teológica* foi então posta de quarentena. O episódio é digno de ser contado. Em 7 de março de 1277, o bispo de Paris, sob encomenda do papa João XXI, condenou 219 proposições heréticas, das quais dezesseis inequivocamente tomistas, excomungando quantos ousassem ensinar qualquer uma delas na Sorbonne. Poucos dias depois, o arcebispo de Cantuária secundou o prelado francês, lançando idêntico anátema, o qual precavia os estudantes de Oxford. Em 1282, os franciscanos, reunidos em capítulo na cidade de Estrasburgo, proibiram a difusão da *Suma*, "exceto entre leitores notavelmente inteligentes". Os séculos rolaram e, em 1879, o papa Leão XIII exorta os seminários de todo o orbe a restaurarem na sua pureza a doutrina de Aquino, chamando-a *philosophia perennis*. Quem pode contra as necessidades do tempo?

Sobrevindo o humanismo italiano e a nova ciência antiaristotélica, o diálogo, outrora íntimo, entre a doutrina católica oficial e as filosofias leigas foi-se tornando difícil, áspero, oscilando entre a excomunhão e a autodefesa. O sentimento da imanência calava fundo, e o discurso crítico de Descartes e dos empiristas ia roendo o cerne da velha metafísica substancialista. A subjetividade, de um lado, e a nova figura do cosmos, de outro, impunham modelos outros ao pensador moderno. O espírito religioso buscou e percorreu então as vias da mística barroca, do fideísmo protestante, do panteísmo. Quanto à Igreja, instituição docente, parecia não restar-lhe outra alternativa senão repetir e comentar as fórmulas escolásticas já o seu tanto dessangradas. Um Blaise Pascal, gigante entre miúdos teólogos rixentos, sentiu como ninguém — e disse melhor do que todos — a angústia do cristão solitário entre os fundos apelos da fé e a arrogância crescente dos "libertinos".

Depois da Ilustração e de Kant, a dialética do Idealismo alemão trabalhou um novo pensamento de totalidade, talvez o único que possa enformar uma teologia viva para o mundo contemporâneo. A filosofia de Hegel sustenta que a História universal tem um sentido: a conquista agônica da autoconsciência realizada na vida dos povos. Este sentido, que funde razão e liberdade com os movimentos do Espírito divino, vem a ser o pressuposto de todas as Teologias da História dos nossos dias, entre as quais a odisseia da consciência de Teilhard de Chardin e, agora, a Teologia da Libertação.

Assim como Tomás de Aquino traduziu a mensagem evangélica em termos emprestados aos gregos (e pensando bem: que abismos separam o Novo Testamento de Aristóteles!), por que o teólogo do século XX se recusaria a enfrentar o desafio que lhe impõe a visão dialética da História legada por Hegel e refeita pelo marxismo?

A Teologia da Libertação está historicamente ligada à descolonização do Terceiro Mundo e aos conflitos sociais e políticos que a consciência cristã vive, aqui e agora, no interior de cada formação nacional da periferia. A obra mestra da corrente, a *Teología de la Libertación* de Gustavo Gutiérrez, foi dedicada a José María Arguedas, o admirável narrador peruano que se atormentava por ter de escrever em espanhol romances passados entre os seus conterrâneos, índios que só falavam quíchua. A Teologia da Libertação é rigorosamente coetânea das "teorias da dependência" latino-americanas que, entre os anos 1960 e 1970, nos deram variantes das teorias do imperialismo.

O horizonte de Gutiérrez, como o de Leonardo Boff, é, confessadamente, o "Reino de Deus", expressão polivalente que volta cerca de trinta vezes no Evangelho de Lucas: o "Reino" do qual disse Cristo que "não é deste mundo", mas que "está próximo de vós". Para a sua interpretação confluem leituras do Êxodo como libertação do povo, dos profetas e dos textos apocalípticos. Na hora do diálogo com a modernidade Gutiérrez lastreou o seu capítulo sobre fé e política com frases do *Princípio esperança* do marxista-hegeliano Ernst Bloch.

O tema do "homem novo" e da "nova cidade", recorrente em São João e em São Paulo, ganha dimensões que inquietaram a ortodoxia vaticana: mas é próprio das ortodoxias viverem inquietas, tanto que o documento da Sagrada Congregação para a Doutrina da Fé não deixa de alertar os fiéis para os traços de "imanentismo historicista" esparsos nos teólogos libertadores.

Em face dessas advertências, mais ou menos cordiais, que sofrem hoje [1984] Gutiérrez e Boff da parte de alguns órgãos da Cúria, creio ser uma questão de equilíbrio político não apenas acentuar as diferenças de óptica, mas ver também a rápida absorção sensível nos textos oficiais, de certos temas quentes e incontornáveis. Não falo só das encíclicas sociais de João XXIII e de Paulo VI, homens cuja largueza de vistas deixou marcas e saudades: falo do próprio texto que o cardeal Ratzinger, atual interpelante de Boff, preparou sobre os problemas da Teologia da Libertação. Cito literalmente:

> A poderosa e quase irresistível aspiração dos povos à libertação constitui um dos principais sinais dos tempos que a Teologia deve perscrutar e interpretar à luz do Evangelho. Este fenômeno marcante de nossa época tem uma amplidão universal, manifesta-se, porém, em formas e em graus diferentes conforme os povos. E sobretudo entre os povos que experimentam o peso da miséria e entre as camadas deserdadas que esta aspiração se exprime com vigor.

O *aggiornamento* preconizado por João XXIII continua operando, apesar dos pesares. Mas é ingênuo supor que a luta pelos valores democráticos e progressistas venha a travar-se com lisa tranquilidade. Ela se faz assim mesmo, em toda parte, dentro e fora da Igreja: dialeticamente, isto é, aos trancos e barrancos.

Página do prontuário de Carlos Marighella no DOPS (Departamento de Ordem Política e Social). Arquivo do Estado de São Paulo.

Memória e memorial:
Frei Betto, *Batismo de sangue*

Da memória diz Santo Agostinho que é o ventre da alma. Imagem forte e prenhe de sugestões: ventre onde se queima o alimento para o corpo; mas ventre também no sentido de *útero*, acepção que permite ao fiel recitar a Maria: "Bendito é o fruto do teu ventre".

A memória não é pura passividade, não é mera recepção do que nos traz o mundo. É um regaço generoso onde se concebe o fruto da lembrança, que virá a ser, *um dia*, a voz de um passado ainda vivo. Parece que esse dia chegou ou vem chegando. Já há alguns anos sobreveio à cultura brasileira um tempo de lembrar, intenso e polifônico, cujas melodias se cruzam em nossos ouvidos mesclando tons e passagens e impondo à percepção do ouvinte a *forma de uma História* bem mais rica e contraditória do que suspeitavam as nossas vãs ideologias.

Há quem veja nessa explosão de textos memoriais o fôlego novo que venceu o cansaço de uma linguagem anêmica que estava diluindo o cinza do último maneirismo sobre o cinza do penúltimo vanguardismo. Reabriu-se então o ciclo exploratório do real. Em termos de estilo, um naturalismo cru de quase-reportagem veio combinar-se com um subjetivismo sem peias de escritores ansiosos por se desafogarem... Pode ser, mas a causa apontada é parcial, sem proporção com o efeito. Não se trata apenas de um câmbio de modelos narrativos; é preciso cavar mais fundo, remexendo na crise cultural e política da inteligência brasileira, pós-64 e pós-68, para descobrir as fontes dessa vontade de retomar no peito e nas mãos o processo todo de uma História que é, afinal, a história dos sonhos frustrados de mais de uma geração.

Falo, sobretudo, de memorialistas políticos, daqueles que vêm escolhendo expressamente o veio público da sua experiência para confessá-lo em letra de forma.

Um fenômeno que parece representar algo de novo neste surto de recordações é a precocidade com que alguns escritores contam a sua vida de militantes. A "abertura", que se esboça por volta de 1976, terá favorecido talvez o empenho de trazer à luz um passado que, embora recente, corre o risco de naufragar no esquecimento dos mais novos. Ora, esquecimento e inconsciência são aliados fáceis e perigosos. Com a celeridade dos tempos, com o bombardeio de notícias e a inflação de opúsculos de duvidosa utilidade, os militantes, ainda que jovens, sentem a urgência de clarear — para os outros e para si mesmos — o sentido da sua participação na vida pública nacional. E precisam lembrar à novíssima geração que, entre 1968 e 1971, o Brasil vivia o ponto mais negro da ditadura e os projetos mais desesperados dos grupos clandestinos.

Depois de ter lido testemunhos de velhos lutadores (o de Gregório Bezerra, por exemplo, é estrela de primeira grandeza), é importante conhecer também depoimentos mais novos como esse admirável *Batismo de sangue* em que Frei Betto historia o episódio sangrento e misterioso da morte de Carlos Marighella.

A beleza desse livro nasce do tom sóbrio, mas nunca impassível, que o autor consegue manter em face de matéria tão sinistra quanto as torturas sofridas pelos presos políticos, ou tão trágica quanto os destinos de homens talvez distantes na fé mas certamente próximos no amor ao seu povo como Frei Tito e o líder da Aliança Nacional Libertadora.

A memória, quando trabalhada por um espírito fidedigno, tem o dom de desmascarar as versões falsas e interesseiras que os poderosos forjam para perder os seus adversários políticos. Todas as tramas que a repressão inventou para incriminar os frades de São Domingos na captura e morte daqueles dirigentes revolucionários se desfazem agora no pó amargo da mentira quando Frei Betto (apoiado na vigorosa defesa que Mário Simas fez dos réus em setembro de 1977) vai apontando, uma a uma, as grosseiras incoerências acavaladas no processo policial.

A medida que o leitor se inteira do dossiê, vão crescendo as suspeitas de que o episódio do último encontro entre Marighella e os dominicanos, naquele fatídico 4 de novembro de 1969, foi uma cruel montagem na qual até a fotografia do líder caído no Volks dos frades foi composta depois da sua morte. Era necessário derrubar vários alvos numa só operação: eliminar o inimigo, desmoralizar uma força ética de contestação que brotava dos meios católicos e separar pela mútua desconfiança todos os que ainda lutavam juntos contra a ditadura.

Mas a verdade, lembra Frei Betto, é filha do tempo. Outro provérbio, também romano, diz que a verdade engendra e faz nascer o ódio (*veritas parit odium*), pois quem vive nas trevas odeia a luz. A recíproca não é verdadeira: o ódio não faz nascer a verdade; antes, oculta-a para que outra seja a versão e outro o julgamento dos fatos.

Daí, a *função purificadora* que a memória exerce nas veias mais fundas da História limpando o que as paixões ideológicas e os rancores pessoais procuram confundir e manchar.

A memória lúcida de Frei Betto nos restituiu um dos momentos mais tensos da nossa vida política: a década de 1960, quando se começavam a ouvir em surdina ou em abafada polifonia vozes de militantes saídos de áreas tradicionalmente distintas, se não opostas, da cena pública brasileira. A ordenação narrativa de *Batismo de sangue* já nos chama para ouvi-las no contraponto que o autor soube compor entre as lutas de uma esquerda "herética", mais antiga e calejada, e o empenho recente de alguns cristãos muito mais jovens, mas também dispostos a se queimarem no projeto de uma sociedade onde a Boa Nova não fosse mais manipulada para sustentar regimes iníquos.

A memória não purifica apenas, ela humaniza. A proximidade em que tiveram de conviver no cárcere homens da mais variada matriz ideológica deixou, nas lembranças de Frei Betto, um sulco largo de compreensão que resgata as diferenças de linha política. Ilumina essas páginas serenas um olhar cheio de respeito por todos aqueles que foram capazes de sustentar até o extremo da morte as próprias certezas, não importa se "ingênuas", "temerárias", ou, no jargão dos adversários, puramente "foquistas".

O tempo da recordação tudo abraça no seu desejo de trazer à nossa presença os nomes e os vultos dos que se foram. Neste sentido, *Batismo de sangue* não é somente mais um livro de memórias a engrossar o fluxo dos evocadores dos últimos anos: é um *memorial* onde se presta o mesmo tributo de honra ao malogrado líder da Aliança Nacional Libertadora e ao suicida Frei Tito de Alencar Lima, que não conseguiu afastar de si as sombras de morte projetadas pelo seu torturador.

Jacob Gorender[1]

Meu primeiro encontro com Jacob Gorender não foi com a pessoa, mas com sua obra, ou, mais precisamente, com os originais de um livro que entrou definitivamente para a historiografia brasileira, *O escravismo colonial*. Um compacto volume de mais de seiscentas laudas datilografadas chegou às mãos do Conselho da Editora Ática, enviado por Maurício Tragtenberg graças à mediação de José Granville Ponce. Era por volta de 1977. Coube-me dar parecer sobre a obra. Logo à primeira leitura admirei a nitidez cristalina do estilo e ainda mais admirei a riqueza das fontes consultadas e, em grau superlativo, admirei a rigorosa articulação dos conceitos, no caso, a construção de uma tese ousada, que ambicionava nada menos do que acrescentar aos modos de produção conhecidos mais um, o do escravismo colonial. Não é esta a ocasião própria para expor a cerrada argumentação do historiador ao contestar as duas teses, entre si antagônicas, que pretendem explicar a nossa formação colonial: a tese do feudalismo, tão cara aos estudiosos ligados ao Partido Comunista, e a tese do capitalismo, então hegemônica em nossa Faculdade. Tampouco é o momento de recapitular as polêmicas, algumas ácidas, com que o livro foi recebido em meios acadêmicos. A palavra "polêmica" é a mais justa, pois é a primeira que vem à nossa mente quando se fala de Jacob Gorender.

---

[1] Apresentado na *Homenagem a Jacob Gorender*, prestada pela Congregação da Faculdade de Filosofia, Letras e Ciências Humanas da Universidade de São Paulo em 20 de junho de 2013.

O livro foi publicado em 1978 e, de minha parte, vivamente recomendado aos alunos de Literatura Brasileira, quando o tema eram as manifestações culturais do período colonial. Só muito depois pude conhecer o homem Jacob Gorender, reconhecendo, desde o primeiro momento, o lutador. Era o guerreiro que polemizara não só com palavras e conceitos, mas com forças mais ostensivamente perigosas, forças terríveis do nazifascismo, como as que teve de enfrentar como soldado voluntário da FEB na Itália (onde participou da tomada de Monte Castelo), forças que reprimiram a esquerda no período final do Estado Novo, quando, em 1942, ele se filiou ao Partido Comunista; forças autoritárias do mesmo partido, onde o inimigo era a burocracia estalinista, triunfante nos anos 1950, e que, entre nós ainda fechava os ouvidos até mesmo às denúncias feitas pelo Congresso do Partido Soviético em 1956. Mas os que acompanharam a biografia deste homem intimorato sabem que não foi tranquila a sua longa passagem pelo órgão oficial do comunismo no Brasil. Sempre clandestino, enquanto membro de uma agremiação ilegal, Gorender foi expulso pelo PCB em 1967, quando dissentiu da direção arbitrária de Prestes e inclinou-se para a aceitação da luta armada.

Em 1968 fundou com outros companheiros o PCBR, Partido Comunista Brasileiro Revolucionário, de curta duração, e que, àquela altura, simpatizava com as posições radicais de Carlos Marighella. Em 1970 foi preso, levado ao Presídio Tiradentes, torturado e condenado a dois anos de reclusão. Em *Combate nas trevas*, livro que viria a publicar em 1987, encontramos em detalhe o relato desses anos de chumbo. Gorender não delatou ninguém, orgulhava-se de ter resistido às piores torturas, mas, com a superior generosidade dos grandes espíritos, deixou bem claro que jamais condenaria um companheiro que cedesse às brutalidades policiais e desse as informações assim extorquidas.

O que só com o tempo se revelou foi a atividade intelectual ininterrupta do preso político Gorender naqueles dois anos de cárcere. Solicitado pelos organizadores das coleções Economistas e Pensadores da Editora Abril, ele fez traduções do alemão e do francês, além de substanciosas introduções a obras de Marx. Sua esposa, Idealina, levava em suas visitas sacolas de feira e as trazia de volta recheadas de laudas escritas pelo marido, e que eram entregues à editora. É provável que, naqueles mesmos anos e certamente depois de liberado em 1972, Gorender tenha concebido a sua exaustiva pesquisa histórica sobre a escravidão no Brasil. Os originais que pude ler em 1977 foram sendo compostos nos cinco anos anteriores, e nos é grato saber que, sem apoio acadêmico nem recursos para aquisição de livros, Jacob conseguia empréstimos de obras das bibliotecas da USP que alcançava mediante um professor nosso, cuja identidade confesso que ainda não descobri. E, apesar da franca oposição que seu livro faz às teses dos historiadores uspianos formados pela escola de Caio Prado Jr., o nosso pesquisador solitário sempre demonstrou especial deferência para com uma alma sua gêmea, Florestan Fernandes, tendo colaborado com um artigo em obra coletiva composta em homenagem ao nosso bravo mestre e militante. Está no livro organizado por Maria Angela D'Incao, *O saber militante: ensaios sobre Florestan Fernandes*, que a Paz e Terra editou em 1987.

Salvo melhor juízo, *Combate nas trevas* é mais do que um balanço escrupuloso das vicissitudes dos grupos armados que combateram a ditadura e foram todos derrotados pela ação militar. O texto exprime um severo distanciamento do narrador em relação ao projeto de luta armada, desvinculada do movimento operário e da opinião pública de oposição. Ao lado de uma admiração profunda por alguns verdadeiros heróis daqueles movimentos malogrados (penso em Marighella e em Mário Alves), há um esforço de repensamento de suas estratégias e táticas, que os levariam, como levaram, à prisão, à tortura, à morte. Foi-se gestando no coração e na mente de Jacob Gorender uma avaliação realista, que ele chamaria de não utópica, do que pode ser o caminho para a superação do sistema capitalista burguês, esperança que nele jamais se apagou. Um livro corajoso, mas desconcertante para os marxistas ortodoxos, é nesse sentido *Marxismo sem utopia*.

Fazendo uma síntese das suas divergências em face de alguns dogmas da cultura revolucionária inspirada no chamado marxismo-leninismo, Gorender dá ênfase a três princípios, que refuta:

1) A tese do produtivismo infinito. Segundo Marx e na ótica leninista, é o desenvolvimento das forças produtivas que poderá condicionar a participação da classe operária no projeto revolucionário. Gorender historiciza a questão: Marx vivia em um contexto que não temia o desgaste e menos ainda o estancamento das fontes naturais em que se escora a industrialização. Em palavras simples, Marx e os revolucionários soviéticos ignoravam a dimensão ecológica da produção e do consumo. Mas hoje nós a conhecemos cada vez melhor e não podemos embarcar em um projeto de crescimento ilimitado, ruinoso para o planeta e a espécie humana. Tampouco se vê razão para vincular a consciência revolucionária do operário ao produtivismo puro e duro.

De passagem, lembro que a crítica ao produtivismo sem freio já aparece formulada em alguns textos vigorosos de Simone Weil que, na década de 1930, contestava esse princípio do marxismo soviético, herdado da religião burguesa da produtividade. Em *Causas da liberdade e da opressão*, Simone Weil considera o agigantamento industrial (especialmente o militar) como uma acachapante forma de opressão sobre o trabalhador: uma força alienante e embrutecedora que é o avesso da eclosão de uma consciência livre e lúcida. Assim, o crescimento ilimitado da produção é contraproducente tanto do ponto de vista ambiental quanto do ponto de vista da conscientização do trabalhador.

2) A tese do desaparecimento do Estado que se seguiria à ditadura do proletariado. Aqui basta a Gorender a lição da História. Após as grandes revoluções, francesa, soviética, chinesa ou cubana, houve um endurecimento do Estado sem nenhum sinal de esvaziamento e, muito menos, de desaparecimento. É a democratização do Estado que deve ser o alvo de um programa socialista. Ademais, segundo Gorender, as sociedades contemporâneas apre-

sentam uma tal complexidade de classes, grupos, subgrupos e funções que se torna imprescindível uma articulação flexível de poderes de que é só capaz um Estado democrático.

3) Enfim, a tese nuclear do marxismo ortodoxo, a confiança incondicional na classe operária como agente da revolução comunista, é refutada por Gorender em termos que provocaram a reação de toda a esquerda ortodoxa: "o operário seria ontologicamente reformista". As classes trabalhadoras tornaram-se reformistas à medida que obtiveram leis sociais, ou, mais precisamente, leis trabalhistas, que formam o código civilizado das relações entre capital e trabalho em praticamente todo o mundo. O exemplo veio dos movimentos sindicais da Inglaterra que desembocaram na constituição do *Labour Party* no fim do século XIX. A mentalidade reformista, que se propõe alcançar melhorias para o trabalhador e sua família, vincula-se ao sindicalismo e à representação parlamentar, não estando, porém, ausente sequer de sociedades governadas por caudilhos e ditadores (Espanha, Itália, Portugal, Brasil, Argentina, México, nações cujos governos promulgaram leis trabalhistas de longa duração). Lembro, para melhor ilustrar o argumento de Gorender, que o sindicalismo de extrema esquerda na França do fim do século XIX, representado por Jules Guesdes, bem como o anarquismo italiano, espanhol e português boicotavam acerbamente toda política trabalhista feita de acordos com o patronato via legislação estatal, pois a acusavam de amortecedora do *élan* revolucionário. Mas essas atitudes radicais foram vencidas pela estratégia reformista da maioria dos sindicatos. Gorender, talvez impressionado pelo refluxo do movimento sindical no Brasil e em quase todo o mundo capitalista globalizado, leva ao extremo a sua afirmação do caráter reformista do operariado. Suponho, mas sem certeza absoluta, que foi esse fenômeno social datado que o levou a extrapolar, usando o advérbio "ontologicamente", que é, de resto, contraditório com o seu cuidado epistemológico de evitar uma linguagem determinista.

Seja como for, *Marxismo sem utopia* é uma autêntica revisão de vida, pois o combate pela revolução comunista e pelo socialismo, em senso lato, significou, para os noventa anos de Jacob Gorender, a sua própria vida.

Mas, falando nessa Congregação, que é um dos corações pulsantes da Universidade brasileira, gostaria de ressaltar que estamos homenageando um intelectual formado e amadurecido fora dos muros de toda e qualquer instituição acadêmica. Caso hoje raríssimo de autodidatismo bem logrado tão mais digno de respeito e admiração por ter sofrido tantos reveses. Ainda que tardiamente, já entrado na casa dos sessenta anos de idade, Gorender foi convidado como professor visitante pelo Instituto de Estudos Avançados, cuja revista publicou vários de seus artigos e entrevistas. O que não arrefeceu absolutamente a sua *vis* polêmica dirigida aos clãs acadêmicos, como se pode constatar lendo o seu ensaio *A escravidão reabilitada*, que saiu em 1991, e provocou, como era de esperar, veementes reações. Mas ele estava no seu elemento vital, a procura da verdade doa a quem doer.

Por fim, o livro que o aproxima de preocupações nossas cada vez mais agudas, *Direitos humanos*, que traz um subtítulo provocador: "o que são (ou devem ser)". Saiu em 2004 pela Editora Senac. Traz capítulos específicos sobre a universalidade dos direitos humanos, o direito incondicional à integridade física e condena expressamente a violência policial chamando-a de cancro social, que ainda não foi extirpado da sociedade brasileira, e que no presente continua seviciando suspeitos de crimes comuns. Chamo a atenção para esse capítulo, porque, recapitulando o drama dos torturados e desaparecidos durante o regime ditatorial instalado em 1964, Gorender se vale explicitamente de documentos produzidos pelo Núcleo de Estudos da Violência, aqui representado pelo nosso diretor, o Prof. Sérgio Adorno. Até mesmo na definição de Direitos Humanos, que abre o livro, ao lado da antológica citação das palavras de Hanna Arendt, Gorender transcreve expressões formuladas por Nancy Cardia, Adorno e Frederico Poleto, estudiosos e militantes estreitamente ligados à nossa universidade. Já não existe mais a separação de intelectuais que trabalham dentro ou fora da academia. Uma luta comum nos aproxima nesta hora de tensões, incertezas e indomáveis esperanças. O lema criado por Teilhard de Chardin mais uma vez se repropõe: "Tudo o que sobe converge".

```
LEME - Alexandre Vannucchi Leme
       vulgo "Minhoca"
P-3207 - Rec.Jornal A Tribuna de 13-3-73
P-3207 - Rec.Jornal Cid.Santos de 2-4-73
P.118  - Inf.200-E2 de 28.8.73 -Com.Praça.
P.1965 - Encaminhamento nº 010 de 27.8.73-DPF.
```

```
Terrorista integrante da ALN, estudante de Geologia da USP
morto por atropelamento, no cruzamento da rua Bresser com
Av. Celso Garcia, em S.Paulo, quando tentava fugir da escol
ta formada por agentes de segurança, que o levavam para um
encontro com outro elemento da ALN.
Inf.200 e Encaminhamento 010/73 ref.panfleto e movimento
 surgido por ocasião da morte do nominado em 17.3.73.
```

Fichas de Alexandre Vannucchi Leme no DEOPS,
com a versão falaciosa de sua morte divulgada pelos órgãos de segurança.
Arquivo do Estado de São Paulo.

Um estudante chamado Alexandre[1]

É uma honra participar desta sessão de abertura do Congresso dos Estudantes da USP promovido pelo DCE-Livre "Alexandre Vannucchi Leme". Faço-o na qualidade de professor de nossa universidade há quase quarenta anos e, embora não tenha recebido delegação de meus colegas para representá-los neste ato, posso afiançar que são numerosos os docentes que partilham dos ideais de solidariedade e interesse pelo ensino e pela coisa pública, quaisquer que sejam as tendências ideológicas ou as siglas partidárias que perfilhem.

Estas palavras iniciais de simpatia pelos valores que presidiram à fundação do DCE-Livre poderiam soar como pura retórica se não lembrássemos que o nome desta agremiação está ligado, de maneira indissolúvel, ao espírito que o anima. O DCE-Livre chama-se, desde a sua fundação em 1976, "Alexandre Vannuchhi Leme".

É um nome-símbolo, um nome imantado pela memória de lutas, de repressão, de sangue, de morte, mas sobretudo de resistência.

Na manhã de 16 de março de 1973 um estudante do quarto ano de Geologia da USP, chamado Alexandre, e que contava apenas 22 anos de idade, foi preso e torturado por agentes da Operação Bandeirante em São Paulo. As torturas prolongaram-se até

---

[1] Alocução de abertura ao Congresso dos Estudantes da Universidade de São Paulo, promovido pelo DCE-Livre Alexandre Vanucchi Leme em 1997; transcrito pelo *Jornal da USP*, São Paulo, em agosto desse ano.

pouco depois do meio-dia, em seguida Alexandre foi encerrado na cela forte. Por volta das 17 horas o carcereiro foi retirá-lo da cela para levá-lo a mais uma sessão de tortura. Alexandre não respondia aos gritos do carcereiro que, intrigado, entrou na câmara negra e constatou que o preso estava morto. Os torturadores acorreram então para ver o corpo de Alexandre e o retiraram da cela forte arrastando-o pelas pernas. A cena, assistida por todos os demais presos, era lancinante e brutal. Alexandre sangrava intensamente na região do abdômen.

A covardia não parou aí. A família só foi notificada da prisão de Alexandre quatro dias depois de sua morte, por um telefonema anônimo. Quanto ao corpo, foi enterrado como indigente no Cemitério de Perus, sem caixão, em cova rasa, junto à terra para que a decomposição fosse acelerada e apagadas as marcas das sevícias que o levaram à morte.

No dia 30 de março de 1973 foi celebrada missa na Catedral da Sé, por D. Paulo Evaristo Arns, com a presença de 3 mil pessoas. O policiamento era ostensivo, o que posso testemunhar, porque assisti à cerimônia.

Vejam o quanto a história do DCE-Livre está intimamente vinculada à memória desse estudante. Três anos depois de sua morte, em 1976, o nome de Alexandre foi escolhido para batizar o órgão máximo dos estudantes da USP.

Em 1983 reúne-se um Congresso de Estudantes, o último promovido pela agremiação. A época era fervilhante, celebrava-se a agonia da ditadura com a expectativa das eleições diretas. Comícios gigantescos uniam todas as forças progressistas da nação e exigiam a volta do regime democrático. E, tornando à memória do nosso Alexandre, só nesse ano de 1983 é que os seus restos mortais puderam ser transladados da cova de indigentes em Perus para sua terra natal, Sorocaba.

O jovem assassinado pela ditadura parecia reviver e regressar junto a seus pais e amigos. O povo que ele tanto amara despertava cheio de esperanças que, se em parte se frustraram, pois a Câmara não aprovou a Emenda das Diretas, em parte se realizaram, porque em 1984 se elegeu um presidente civil, Tancredo Neves. Com esse ato pode-se dizer que o regime, instalado fazia vinte anos, fora institucionalmente abolido.

Reúne-se agora, de novo, um congresso da USP. O Brasil vive um regime formalmente democrático tendo suas instituições políticas e jurídicas em funcionamento, a imprensa formalmente livre e uma universidade na qual a pesquisa e a docência estão franqueadas ao empenho e ao mérito de quantos a integram.

Entretanto, as grandes perguntas, a que este Congresso se propôs responder ou, ao menos, formular, repontam como em 1976 e em 1983. O que fazer hoje? Que rumos tomar?

Essas não devem ser apenas as questões dos jovens; também nós, que percorremos boa parte do caminho, devemos junto com vocês fazer repetidamente as perguntas: Qual é o rumo certo? O que escolher como prioridade? O que preterir, o que descartar como peso morto?

Nos anos 1950 e 1960 estávamos todos embarcados no projeto de desenvolvimento nacional. Sabemos hoje que o clima promissor daquela época arrefeceu, principalmente a partir dos anos 1980, com a década perdida, que viu estagnarem-se quase todos os países do Terceiro Mundo. A chamada "globalização" serviu a muitos como pretexto para frear ou mesmo paralisar iniciativas internas, como se tudo dependesse de capitais e tecnologias de fora, e nada da inventividade, dos esforços ou da poupança interna. No entanto, há sinais de vida e de resistência em vários setores e particularmente nesta universidade onde a pesquisa, a docência e a multiplicação dos serviços à comunidade mostram o quanto é possível empreender com recursos exíguos mas muita boa vontade.

De todo modo, as perguntas estão de pé. E para tentar responder a elas, volto, neste momento, a explorar os corredores tantas vezes mal iluminados da memória. A memória é, na metáfora corpórea de Santo Agostinho, o ventre da alma. Lembrar é saber de cor. Cor é coração. É o coração que lembra primeiro. Mas cor é também a raiz da palavra coragem.

Memória, sentimento e coragem são palavras imbricadas.

Entre 1970 e 1973, nos anos negros, o que se propunha fazer um estudante universitário resistente? Li com atenção a biografia de Alexandre, que está impressa no *Dossiê dos Mortos e Desaparecidos Políticos a partir de 64*, recentemente editado pelos governos de São Paulo e de Pernambuco. Uma biografia breve, como foi breve a sua passagem pela vida. Mas intensa. E dessa narrativa desejo destacar quatro aspectos da sua atitude como estudante e como cidadão, ou, para dizer melhor, como estudante-cidadão. Até que ponto os caminhos que ele escolheu e trilhou com tanta firmeza seriam os nossos rumos?

Em primeiro lugar, encontro a imagem do estudante concentrado na sua própria vocação e futura profissão. Alexandre entrou para o curso de Geologia passando em primeiro lugar no vestibular. Há um sinal de garra nesse fato. O ideal revolucionário do jovem universitário não o eximia da responsabilidade fundamental de estudar, que era a sua identidade primeira. Um militante negligente, que despreza o estudo e o saber, será sempre um parlapatão, um frasista que não merece respeito da sociedade que o sustenta através de uma escola pública. O empenho na pesquisa, a competência com que o estudante se prepara para o exercício da sua profissão, a idoneidade intelectual são, ainda e sempre, a marca da identidade do universitário. Uma escola superior onde não se leva a sério a busca do conhecimento não é uma coisa séria, mas um ente parasitário no corpo da comunidade a que ela deveria servir. O que parece óbvio, mas é preciso começar enfrentando o óbvio.

Dar consistência cada vez maior aos nossos cursos de graduação; alongar, até o limite do possível, o alcance das nossas pós-graduações; enriquecer os nossos acervos, animar nossas bibliotecas (e não apenas informatizá-las), prover nossos laboratórios, desburocratizar os percursos do estudante e do professor: eis o que se pode e se deve fazer sem desalento nem pessimismo; ao contrário, olhando o muito que já se construiu e o muito que está à nossa frente, por fazer.

Que a memória continue a nos assistir. Alexandre não era apenas um estudante voltado para o saber científico na área particular que elegera, não era apenas um bom geólogo em formação — o que, aliás, já não seria pouco no Brasil.

Conhecem-se vários testemunhos da sua curiosidade intelectual humanística. Ele traduzia artigos de filosofia, política e economia para chegar a uma compreensão ao mesmo tempo extensa e articulada do mundo em que vivia.

Não é preciso encarecer essa necessidade de pensar os conjuntos — hoje, mais do que nunca, quando vivemos sob o império da informação múltipla, disparatada e, afinal, descartável. Uma universidade técnica poderá virar apenas o *habitat* de funcionários da ciência ou de candidatos a desempregados de alta qualificação. A sociedade contemporânea não pode ou, ao menos, não deveria ser um agregado de pequenos especialistas: o cimento tem de ser a vigência de valores, numa delicada dialética entre o real próximo e o ideal distante, entre o que apenas é aqui-e-agora e o que deveria ser. Por isso Alexandre traduzia textos de economia, política e filosofia. A economia sem vontade política é jogo feroz de competições darwinianas, mas a política sem cálculo é retórica vazia, promessa demagógica; enfim, a filosofia é a reflexão sobre a ação e sobre o pensamento, e, na medida em que a filosofia penetra na história concreta dos homens, o pensamento crítico exige a retificação da rota, a avaliação do projeto. A filosofia alimenta a política, que alimenta a economia, que, por sua vez, se alimenta da técnica, a qual, enfim, se alimenta da ciência. Bela circularidade do saber. Um estudante de ciência será míope na sua vida de cidadão se não enveredar pela análise econômica, pelo conhecimento político e, em última instância, por essa perpétua ruminação dos conceitos e valores que se chama filosofia. E este é outro dos rumos da Universidade: aceitar o desafio da transdisciplinaridade; habitar as fronteiras, cavar os túneis entre as disciplinas afins; propiciar lugares de encontro onde o físico ouça o filósofo, o biólogo conheça as obras do poeta, e o músico e o matemático pensem juntos o que disse Leibniz da música: que é uma matemática inconsciente.

Mas a memória ainda traz mais sugestões para este nosso

desenho exploratório. Se Alexandre fosse apenas um bom estudante de Geologia e um leitor atento de obras de cultura humanísticas, ele teria sido, afinal de contas, um intelectual; o que parece ser o próprio ideal da formação universitária. Para que mais? Na verdade, era pouco e ainda é pouco. Por isso, ele não só estudava, mas olhava para o que acontecia com a sua pátria, o seu povo. O Brasil o chamava. Como geólogo, ele se interessou pelos recursos naturais do país e pelas formas de sua exploração. Assunto que não é só técnico, evidentemente, mas econômico e político e rigorosamente ético, pois envolve o destino das nossas potencialidades naturais e do povo que nasce, vive, trabalha e morre aqui, perto de nós. Sabe-se que Alexandre redigiu um *Boletim Especial do Centro Acadêmico de Geologia* em que fez o levantamento das jazidas de vários minérios e o elenco das empresas que os exploravam.

O imperativo de um desenvolvimento capaz de articular crescimento e distribuição equitativa de renda não se esgotou nos anos 1960 pelo fato de que o mundo teria mudado. Está ainda no horizonte de uma sã política científica pensar no desenvolvimento como síntese de crescimento e bem-estar para a maioria. O espírito que marcou os primeiros trinta anos desta universidade não deve morrer, mesmo que o entreguismo mais deslavado acabe, a pretexto da "globalização", paralisando qualquer ideia de projeto nacional.

Indo ao fundo da questão, que inquietava a geração de Alexandre e inquieta o nosso tempo: será verdadeiro afirmar que exista hoje uma Política do Globo, uma economia regida por uma entidade chamada Globo? Nos anos 1950 Raul Prebisch, economista-chefe da Cepal, com quem Celso Furtado colaborou estreitamente, descrevia o quadro das relações internacionais, o quadro do sistema centro rico-periferia pobre, em termos que me parecem atualíssimos. Chamava este quadro de "sistema global em interesse próprio". Ou seja, as empresas internacionais não operam fora de um centro de decisão e de uma constante absorção de lucros. Esses centros estão sediados nas respectivas nações de origem, e utilizam em interesse próprio uma rede mundial de consumo. Soube recentemente que a Nestlé, exemplo de multinacional poderosa e bem-sucedida, vende para todo o mundo, mas os seus estatutos exigem que 97% dos acionistas votantes sejam suíços. Não é o "globo" que possui ou controla a multinacional: é uma empresa particular que, por sua vez, tem relações econômicas e políticas com a sua nação e o seu Estado nacional de origem. O sistema de relações econômicas internacionais acentua a diferença entre concentração de riqueza e multiplicação de pobreza. A Universidade não deve repetir o jargão globalizante. A globalização integra o seguinte esquema: o pobre entrega e o rico, no melhor dos casos, emprega. Mas até essa última cláusula começa a ser descumprida. Depois que o pobre se integra e se entrega, o rico o desemprega. Não se trata de mera interdependência, como propala o discurso oficial e diplomático, mas de assimetria de forças, ou, para dizê-lo cruamente, trata-se de uma lógica de dominação e exploração.

A Universidade pode e deve debruçar-se sobre essa realidade que vai afetar todo o sistema de ensino, pois um país que não se desenvolve gera um Estado pobre, e um Estado pobre e fraco não pode gastar, ou gasta pobre e fracamente, com todas as consequências que a escassez produz no mundo da educação e da saúde. A Universidade, como o fazia a geração de Alexandre, pode e deve analisar criticamente o que está acontecendo nas múltiplas áreas de produção e serviços; e, exatamente como acontecia com a geração de Alexandre, ela deve descer ao fundo da realidade para daí conceber propostas de transformação.

Remeto os interessados à leitura do debate sobre globalização que se acha na revista *Estudos Avançados*, nº 29, e especialmente às observações do economista Paulo Nogueira Batista Jr. sobre os mitos que o termo envolve, dentre eles a ideia de que os Estados nacionais estariam gastando hoje menos do que no passado, e que essa diminuição deve ser regra no Brasil: falácia ideológica neoliberal que a análise dos orçamentos públicos norte-americano, japonês, canadense, francês e italiano desmente.

Enfim, ao lado dessas três dimensões que a Universidade pode e deve abranger (conhecimento científico; visão humanística abrangente; interesse pelo Brasil), o estudante Alexandre Vannucchi Leme entrou no confronto com o regime armado optando pela via da militância revolucionária. Olhando retrospectivamente esta sua escolha, e sabendo o quanto se tratava de uma proposta desproporcional às suas forças, um projeto de altíssimo risco que fatalmente acabaria como acabou, em perseguições, torturas e morte — não podemos ocultar o nosso confrangimento, e deplorar que a beleza daquela juventude generosa e temerária tenha sido destruída precocemente quando a Universidade e o povo brasileiro tanto precisavam dela. O preço pago por aquela opção radical foi o mais alto possível, foi o preço da vida de centenas de seres humanos excepcionais.

Certamente hoje não repetiríamos essas modalidades de luta, mesmo porque se tratava, como o disse exemplarmente outro militante insigne, Jacob Gorender, de "um combate nas trevas". Não direi que a luz hoje seja intensa; há sombras, há lusco-fusco, mas a escuridão não se abate sobre nós como naqueles anos desesperados. Há luz suficiente para que nós, estudantes e professores da Universidade, tentemos percorrer aquelas três vias que a biografia breve de Alexandre nos mostrou. De minha parte, só posso esperar que as propostas emanadas deste Congresso de Estudantes da USP estejam à altura do nome de seu Diretório Central; e que recordem todas o coração e a coragem de um estudante chamado Alexandre Vannucchi Leme.

Quando tempo não é dinheiro

para Diego Molina

O ano já começou; logo, passará. Daí talvez a oportunidade de parar para pensar.

Sabendo que a matéria dos nossos dias é feita de tempo, passagem ora fluida, ora brusca entre o nascer e o morrer, perguntemo-nos candidamente: os meios eletrônicos de informação, que parecem definir a cultura do aqui-e-agora, vieram para prolongar a vida humana economizando o nosso tempo?

A resposta positiva tem a força do consenso. O historiador da modernidade não dirá outra coisa. Desde a revolução industrial, há sete ou oito gerações, um átimo no percurso do *Homo sapiens*, boa parte dos triunfos da tecnologia consistiu em acelerar os processos de produção de bens, apressando no mesmo ritmo a sua circulação e consumo.

O capitalismo nasceu sob a égide da aceleração. Quanto menos tempo despendido, mais produtos a serem transformados em mercadoria. "Tempo é dinheiro" significa o mais das vezes: menos tempo traz mais dinheiro. A identidade supõe aqui inversão de grandezas. Na competição comercial dá-se o mesmo. Quem chega antes, quem se adianta na roda do calendário e do relógio, terá maiores oportunidades de vender. Quem já chegou, já ganhou espaço e poder. Concorre quem mais corre.

O que dá riqueza e *status* não seria propriamente o tempo em si, mas a velocidade, inversamente proporcional à duração. No limite, a abolição total do tempo geraria o poder supremo: o homem que anulasse as horas conquistaria a onipotência de um deus imortal.

O tempo aparece na engrenagem ultramoderna como um obstáculo a ser transposto, tanto mais manhoso quanto mais se busca aprisionar a sua natureza fugidia. Quer-se manietá-lo, engessá-lo, domá-lo. Deixá-lo passar é arriscado. Mas quem poderá fugir ao seu destino biológico, este sorvedouro mudo que os romanos chamavam de voraz? Tempo roedor das coisas, *tempus edax rerum*.

Se o tempo se escoa e esvai como é possível poupá-lo, na acepção bancária do verbo? Correndo freneticamente na ânsia de deter o seu fluxo? A empresa é vã. E os que se vangloriam de "economizar tempo" talvez apenas se agitem febrilmente crendo que o seu afã produtivista possa travar o passo das horas.

Venha, pois, o *ritornello*: nada há que resulte em poupar tempo no sentido contábil de estocá-lo como se faz com moeda e mercadoria. Até mesmo no jogo perverso do capital especulativo que, por hipótese, cresce da noite para o dia, acontece que, ao sabor das conjunturas, o dinheiro inativo pode minguar. Ou ainda, lançando mão de argumento estrutural: para que a manobra do financista deslanche terá sido necessário que, em algum lugar, alguém haja produzido efetivamente; isto é, que alguém já tenha acumulado capital e extraído mais-valia daquela casta de seres humanos cujo único papel na máquina social é fazer, para os outros, mais coisas em menos tempo. Caso para o qual vale a frase machadiana posta na boca do Conselheiro Aires: "Tempo, cúmplice de atentados".

Se a realidade do tempo é o devir, o são realismo consiste em deixar passar o tempo. Deixar que ele seja o que é. Vivê-lo como se o seu poder não nos impedisse de pensar, sonhar, projetar. O tempo, diz Hegel, é aquele ser que, enquanto é, não é; enquanto não é, é.

Todos os momentos da existência que os mortais chamam de felicidade têm em comum precisamente essa disposição generosa de aceitar a passagem das horas.

A infelicidade, ao contrário, nas suas formas de angústia e pressa, nasce de uma sensação agoniada que corrói o instante presente e faz de cada minuto um avanço no processo da erosão vital. A consciência desse tempo voraz não dá margem à alegria daquele fluir que é, na palavra do poeta, eterno enquanto dura.

Que cada um responda como puder à pergunta sempre renascente: "*Onde estás, felicidade?*". No encontro amoroso. Nos jogos da infância. Na festa da amizade. No diálogo sem armas. Na contemplação da natureza. Na descoberta científica. Na gestação do conceito. Na leitura do poema. Na escuta da canção. No ímpeto da dança. No êxtase. Na oração de Francisco que chama irmã a morte, "*sorella nostra morte corporale*". No sono sem sonhos. No devaneio, que é sonhar acordado. Em todos os modos e tons da palavra graça: graça-gratuidade, graça-leveza; graça-humor, graça-humano e divino amor.

Onde estás, felicidade?

Em tudo quanto, acabado, me faz dizer: "Foi bom, mas tão bom, que nem senti o tempo passar".

Sobre a não-violência

Dizia um filósofo romântico, Schleiermacher, que a mais árdua tarefa de qualquer interpretação consiste em dissipar os mal-entendidos.

Se isso é verdade para a compreensão de textos especulativos, o que não se dirá dos discursos políticos cujo entendimento depende tantas vezes do interesse?

O termo "não-violência", que se aplica a certa doutrina de ação haurida em Gandhi e espalhada hoje em todo o mundo, vem sofrendo de equívocos graves. Espero que esta seja uma boa oportunidade para ajudar a dissipá-los.

A expressão pode ser interpretada passivamente ou ativamente.

No primeiro caso, o seu significado corrente é o de brandura, mansidão, paciência, como se o fato de se violarem direitos fosse apenas um componente "passional" da conduta humana, um *quantum* excessivo de ímpeto e agressividade. Quem situa a não-violência nessa esfera psicológica está pensando em propor uma atitude íntima, um padrão de comportamento orientado para o ideal da serenidade estoica; em suma, um "eu" olímpico que contemplaria a história pondo-se ao largo do seu caudal de misérias e loucuras.

Mas há a segunda interpretação, que é ativa. Não-violência é *não à violência*. Aqui a ênfase dá-se à proposta ética de resistir às mil formas de opressão econômica, social e ideológica que se resumem na conhecida palavra "injustiça".

Esta leitura mais empenhada dos princípios não-violentos vem conquistando setores ponderáveis da Igreja Católica e de algumas confissões protestantes abertas às contradições sociais. Está claro que ela acaba exigindo dos seus militantes um alto grau de objetividade na análise das situações concretas de violência.

Para intervir de maneira eficaz na rede de relações de poder, com que o sistema colhe e procura inibir a ação das classes dominadas, o agente antiviolento teria de começar identificando as vigas mestras da própria dominação. Do diagnóstico nasce a estratégia.

No caso brasileiro, me parece que os grupos não-violentos mais amadurecidos já chegaram a algumas hipóteses de conhecimento e de ação que provavelmente irão nortear a sua tática nas próximas lutas. Sem ter delegação para falar em nome deles, limito-me a registrar e a comentar o que tenho ouvido e visto nestes últimos anos de militância.

Uma certeza imediata e do mais salutar realismo político é a constatação da disparidade de forças; certeza que adveio da práxis internacional dos movimentos pacifistas, até agora impotentes em face da corrida às armas atômicas e convencionais. Verificar essa tremenda ameaça pode levar a um fundo pessimismo de tons apocalípticos: sentimento que vejo compartido por pessoas de ideologias opostas, desde escritores "de esquerda" até fiéis de seitas carismáticas e pentecostais. Pode também conduzir a um alinhamento cego, imposto pela polaridade fatal do conflito. Os não-violentos, até agora, têm rejeitado dignamente essas fáceis tentações. A bomba não será menos feroz se lançada do Ocidente ou do Oriente: ela, como diz o poeta Drummond, "é russamericanenglish mas agradam-lhe eflúvios de Paris".

Sobram, pelo menos, dois caminhos: o da formação de consciência, enquanto método; e o da proposta de uma nova ordem internacional, sobretudo para o Terceiro e o Quarto Mundo, como horizonte ou ponto de convergência das lutas particulares.

Na medida em que a tônica é posta na "conscientização", os

não-violentos ensaiam várias táticas pedagógicas, das quais a mais comum tem sido a discussão em grupos e em assembleias, exercitada no bojo de situações conflituosas. A histórica greve dos trabalhadores de Perus é, em São Paulo, um dos paradigmas desse método que, com matizes ideológicos diversos, continua hoje largamente praticado.

Temos notícia de um sem-número de tentativas semelhantes nas quais pequenos núcleos não-violentos se entrosam com atividades sindicais, pastorais, ecológicas ou, mais recentemente, políticas, em senso lato (a campanha por eleições Diretas Já), dedicando-se a um trabalho de compreensão das forças em presença. O objetivo imediato é o de mobilizar setores explorados para que cobrem do Estado ao menos aquela mediação entre capitalismo e povo que as autoridades relutam em promover. A mediação do social. No Brasil tão pródigo de leis razoáveis desde 1930, tem-se como subversivo exigir o cumprimento do que está escrito na Constituição. Veja-se o caso do Estatuto da Terra.

Nessa ordem de estratégias, o combate à violência difusa passa pelas reformas estruturais: agrária, fiscal, sindical. E passa, evidentemente, por uma política anti-imperialista no trato com a dívida externa.

O ideal seria que os partidos democráticos assumissem, de corpo e alma, a bandeira dessas mudanças profundas; mas o que se vê, no dia a dia político, é a dispersão de interesses e esforços, que por motivos óbvios se têm aglutinado apenas em torno do momentoso problema da sucessão presidencial. Assim, os embates populares, que se gestam no ventre das carências materiais prementes, não conseguem traduzir-se (senão muito lenta e parcialmente) nas rotinas partidárias. Daí o surgimento de múltiplos focos de pressão, cujo papel natural é o de mostrar a chaga e urgir para que se acorra à sua cura.

O movimento de Não-Violência, os grupos ecológicos e outras correntes de opinião lembram o fermento na massa. Fazem crescer o pão da consciência social, mas não dispõem dos meios de controlar os aparelhos políticos — missão específica dos partidos democráticos. Daí, também, os grãos de pureza e utopia que se acham na branca farinha dos seus ideais. E que talvez compensem a esperteza hiperpragmática (e de vistas curtas) tão encontradiça nos profissionais do poder.

Jejum contra a fome

É bem conhecida a função desintoxicante do jejum. O que os preceitos milenares de tantas religiões sempre recomendaram para a catarse da alma, a ciência materialista receita hoje para descanso e limpeza do corpo.

Mas uma dimensão nova, política, do jejum formou-se neste século XX a partir das táticas não-violentas de Gandhi. Abster-se de comer significava, para o Mahatma, convocar os hindus à desobediência civil: não vestir panos de fabricação inglesa, mas tecê-los nos teares comunais; não comprar sal, mas obtê-lo em mutirões junto às águas do Índico; não ferir o vizinho muçulmano, mas tratá-lo respeitosamente como irmão e concidadão... Deste modo o jejum deixava na sombra a sua condição de penitência estritamente individual para mudar-se em arma de pressão junto às massas.

É claro que Gandhi não pensava na "massa" tal como a concebem os tecnocratas e os manipuladores do rádio e da TV: ele dirigia-se a um povo capaz de pensar, querer e agir, isto é, a uma sociedade aberta a um projeto de humanização das relações econômicas e políticas. Daí, a força desse ato, que pode parecer socialmente inócuo e de efeitos meramente orgânicos: o ato de não comer.

Nos últimos anos vários grupos não-violentos têm protestado mediante jejuns públicos. O motivo principal tem sido o repúdio à demência nuclear, à corrida armamentista e, mais recentemente, à intervenção norte-americana na América Central, direta em Granada, sinuosa em El Salvador, ameaçadora na Nicarágua. Em todos os casos, jejua-se pela paz. Nada mais oportuno. A consciência antibélica, bastante elevada na Alemanha e na Holanda, na Inglaterra, na França e nos Estados Unidos, ainda vive em estado larvar na América do Sul, onde países atolados em crise profunda, como a Argentina e o Brasil, teimam em entrar para o sinistro Clube Atômico. São de estarrecer certas propostas de alguns generais afoitos que nos prometem, até o fim do decênio de 1980, não sei quantas bombas de efeitos ainda mais letais que as lançadas sobre Hiroshima há quarenta anos atrás.

Mas as razões para o jejum público não se esgotam na estratégia da paz. Na América Latina a "bomba M", como chama D. Hélder a bomba da miséria, já nos sufoca tanto quanto as bombas A ou H. E a fome e o desemprego já estiolam e matam antes que o façam os mísseis e as radiações de plutônio. É nesse contexto que se deve entender o jejum que os militantes da Não-Violência Ativa estarão fazendo entre hoje e 20 de dezembro. O local escolhido foi o "território livre" do Largo de São Francisco.

A ocasião me parece perfeita. A semana que precede o Natal celebra a apoteose do consumo. O capitalismo de massas conseguiu perverter absolutamente a festa de um menino que só encontrou um estábulo para nascer. Natividade lembra fonte, puro começo, nudez de recém-nascido, despojamento, essencialidade. O *marketing* sepultou o dom da Criança sob o entulho crescente de berloques, ouropéis, bugiarias, quinquilharias. Acachapa-nos a pletora do supérfluo.

Só se liberta quem muda a direção do olhar. O contraste com a penúria extrema do Agreste e do Sertão reduz a nada esse mundo de engonço e de sons atordoantes. Um dos inspiradores do jejum, Domingos Barbé, voltando de Crateús a Fortaleza, viu à beira da rodovia uma menina esquálida que se ajoelhava diante de cada carro e, de mãos postas, pedia alimento. Ao longo de toda a estrada grupinhos de flagelados hasteavam uma bandeirola branca, que lá significa "estamos com fome". É por isso que o grupo da Não-Violência vai jejuar.

É possível que alguns corações bem formados se condoam e utilizem os seus dinheiros sobejos na compra de cestas de Natal para os pobres do Ceará. Toda boa intenção deve ser louvada, todo auxílio concreto deve ser estimulado, pois a hora é de emergência, mas nada nos dispensa da luta maior. A luta agora tem por alvo uma política global de sobrevivência.

A fome e as secas recorrentes exigem que a produção de alimento barato deva ser encarada como uma prioridade absoluta e duradoura. Qualquer desvio do crédito rural, abrindo caminho a especulações financeiras na zona do flagelo (onde o salário dos frentistas parou em Cr$ 15.300,00 mensais),[1] deve ser capitulado entre os crimes de lesa-povo. E a Reforma Agrária continua sendo a urgência entre as urgências.

E que ninguém desanime ao perceber, neste caso, a enorme defasagem que separa os poderes do Capital e do Estado e a consciência dramática dos militantes; afinal essa desproporção de forças é o pão cotidiano da nossa vida política. O jejum dos não-violentos me parece um ato simbólico de longo alcance: recusando-se à antropofagia do consumo, ele rasga aos olhos opiados dos compradores os vastos vazios da fome popular.

Resta ainda uma pergunta inquietante: por que só tão poucos se apercebem do mal de tantos? É a mesma interrogação que encontro no admirável *Brasil pós-milagre*, de Celso Furtado, e que continua sem resposta:

> Como explicar que somente grupos marginais se preocupam com problemas como o da alucinante carreira armamentista, que já engendrou um potencial de destruição correspondente a quatro toneladas de TNT por habitante do planeta; ou ainda, o da polarização da humanidade entre sociedades que se permitem um desperdício crescente de recursos e outros em que é alarmante a carência do essencial?

---

[1] No ano de 1983 ocorreram dois reajustes no salário mínimo. O primeiro, pelo Decreto nº 88.267/83 de 1º de maio, estipulava o salário mínimo em Cr$ 34.776,00. O segundo, pelo Decreto nº 88.930/83 de 1º de novembro, colocava o salário mínimo em Cr$ 57.120,00.

Democracia *versus* poluição

Agiram bem os moradores de Caucaia do Alto, de Ibiúna e do Embu ao se manifestarem, alguns anos atrás, contra a edificação de um aeroporto internacional junto às suas terras e perto dos seus mananciais?

Deveriam os múltiplos grupos sociais ter discutido com tanto calor a mudança da capital para o interior do estado, quando o projeto passou pela Assembleia Legislativa?

É justo que as populações do nosso litoral se mobilizem contra a instalação de usinas nucleares em Angra e em Iguape? Ou contra o fabrico de armas em Ubatuba?

Dirão os leitores que se trata de perguntas retóricas, pois afinal basta compartilhar do bom-senso universalmente distribuído para responder "sim" a todas elas.

No entanto... não é bem assim. Até há poucos anos tais questões, e outras similares, pareciam afetas tão só a técnicos umbilicalmente ligados aos poderes executivos em seus vários escalões de competência.

A concepção formalista de cidadania não abraça a dinâmica da participação democrática, a qual, por sua vez, está longe de esgotar-se no ato de eleger periodicamente (ou nem tanto) os representantes do povo.

Mas o que se pede hoje é o exercício de uma dialética entre a plúmbea opacidade do poder constituído e a aérea transparência nas relações entre eleitores e eleitos. A opacidade parece fatal, e certamente são fatais as suas consequências a longo prazo: o poder que age solitário vai perdendo a sensibilidade nos timbres dessa arte de polifonia que se chama governar em nome do bem comum. Quanto à transparência, supô-la sempre impossível e sempre utópica é tão frustrador quanto desejá-la fácil, leve, imediata. Entre os extremos, cabe ao político alcançar a sabedoria da mediação.

Alguns movimentos de fundo ecológico estão convidando os nossos homens públicos a conquistarem esse equilíbrio difícil mas necessário.

À primeira vista, os defensores do verde e do ar puro dão a impressão de seres ingênuos, habitados por duas ou três ideias fixas às quais voltam sem cessar. Mas à medida que a sua ação se torna coerente e as suas estratégias políticas se revelam eficazes, as reações que provocam são tão rígidas e violentas que ao menos uma suspeita se confirma: está sendo ferido algum ponto nevrálgico do sistema.

Veja-se o caso recente da luta antinuclear. Os governos Geisel e Figueiredo mostraram-se surdos e inflexíveis a qualquer argumento contrário ou restritivo. Por quê? A comunidade científica provou matematicamente o caráter supérfluo, se não lesivo, das usinas previstas pelo Acordo Brasil-Alemanha. Mas, além dos interesses econômicos desencadeados não estaria em jogo também a produção de bombas atômicas? Para atender à grita dos descontentes seria preciso repensar a própria Lei de Segurança Nacional ou as suas aplicações abusivas. Os ecologistas e os pacifistas mais ativos estavam propondo simplesmente o fim de um regime de arbítrio e opressão.

Agora, o combate à poluição, reaceso pelo estado de guerra química em que certas indústrias lançaram a infeliz Cubatão, está fazendo com que comunidades inteiras acordem para um fato ainda não contemplado pelos tecnocratas: o cidadão também é um morador.

Vários municípios da Grande São Paulo já foram duramente atingidos pelo conluio de capitalismo e barbárie. Toda a região coberta pela sigla ABCDM (Santo André, São Bernardo, São Caetano, Diadema e Mauá) teve a sua qualidade de vida deteriorada nos últimos trinta anos, em alguns casos de forma irreversível. A Cetesb, criada para cuidar do assunto, fez quanto pode, mas não tem mãos a medir em face das mil e uma artimanhas de que se valem as empresas inescrupulosas para burlar as leis de proteção à saúde pública.

Houve afinal um momento em que os governantes foram chamados a disciplinar mais rigorosamente a matéria, tal o volume de queixas e o alerta dos estudiosos do meio ambiente. A partir de 1974, aproximadamente, armou-se uma conjunção favorável de três anéis capazes de remediar ou prevenir o mal: a voz das populações afligidas, o trabalho de cientistas e técnicos e o uso de canais políticos institucionais. A necessidade, quando toma consciência dos caminhos a percorrer, cobra forças novas e exige o cumprimento de um pacto social onde o poder (no caso, o dono da indústria poluente) se autolimite e combata os focos de contaminação do ar, da água e do solo. Uma das formas viáveis de concretizar esse pacto de modo civilizado é propor um zoneamento industrial que respeite as áreas de mananciais e florestas, as áreas agrícolas, as áreas residenciais e as áreas de serviço.

Ora, a partir da Lei nº 6.151, de 4 de dezembro de 1974, que dispõe sobre o Segundo Plano Nacional de Desenvolvimento (PND), a Região Metropolitana de São Paulo foi considerada (antes tarde do que nunca!) *área crítica de poluição*.

Diz a Lei: "Nessas áreas, será adotado zoneamento adequado, e dada atenção principalmente aos problemas de localização industrial e de estabelecimento de normas antipoluição, dentro da ideia de que a política mais eficaz é a de caráter preventivo".

Mas adiante, tratando da "política de localização industrial", a Lei propõe:

> 1) Disciplinar a ocupação industrial segundo a intensidade da ação poluidora das indústrias, desincentivando a implantação das indústrias com maior potencial de ação poluidora nas áreas críticas e intermediárias.

2) Disciplinar a ampliação de estabelecimentos industriais atualmente localizados em áreas críticas e intermediárias, de forma que sua expansão não aumente a intensidade de sua ação poluidora.

Se a Grande São Paulo é área crítica de poluição, qualquer enxerto novo de zona predominantemente industrial (Zupi), nos municípios que a integram, deveria, por todas as razões, evitar-se. Por que adensar uma atmosfera em vias de saturação? Por que matar de vez os rios e as águas subterrâneas?

Mas, ao arrepio da Lei de 1974, pressões de industriais poderosos, em conivência com o governo estadual anterior, intrometeram vários bolsões poluentes na Região Metropolitana.

Um decreto malúfico de 1981 ampliou enormemente a extensão dessas áreas: 79% em relação às que já foram concedidas pela Lei de Zoneamento Industrial n° 1817/78. De 17.500 hectares passou-se a 31.400 hectares, onde poderão implantar-se indústrias "que possam causar algum prejuízo ou incômodo à vizinhança, não permitindo a coexistência com usos residenciais e institucionais".

Hoje está superada a classificação da Grande São Paulo como zona crítica: vivemos em uma zona agônica de poluição.

Suprimir cinco desses perigosos enxertos em Cotia é o alvo de um bem-vindo projeto de autoria do deputado Tonico Ramos, ora em trâmite pela Assembleia Legislativa.

A luta ecológica, travada em tantos pontos do estado, tem um alcance democrático singular. Trata-se de refazer, mediante um debate aberto ao maior número possível de instituições, uma lei que regula o espaço onde o cidadão pode ou não pode morar; onde uma fábrica pode ou não pode instalar-se; enfim, onde o ser humano poderá, ou não, viver sem o perigo de adoecer sob os venenos dispersos no ar, ou em meio aos resíduos industriais carreados para as águas de uso comum. Não é coisa de somenos.

Os técnicos e os burocratas só enriqueceriam a sua competência se discutissem a fundo com a população qual o melhor destino do solo urbano. Que os interesses e os valores (de uso e de troca) apareçam e se defrontem à luz nua e crua do diálogo político.

Se esse zelo tivesse presidido ao implante dos núcleos poluidores em Cubatão, no ABCDM, em Guarulhos e em muitos bairros humildes de São Paulo, alguma coisa (citando pelo avesso um poema de Ferreira Gullar) teria feito a vida melhor.

Angra 3 é uma questão de ética

Se a construção de uma usina nuclear fosse apenas uma questão técnica, seria reduzido o número das pessoas capazes de opinar sobre o assunto. Mas os riscos a que estão sujeitas as populações que vivem perto dos reatores são inegáveis. Como nenhum cientista pode afirmar que o risco é zero, a questão passa a ser ética. Como delegar a sorte de milhares de cidadãos à onipotência de alguns tecnocratas e aos interesses desta ou daquela empresa? Um programa sem o respaldo da opinião pública esclarecida é acintosamente antidemocrático. O referendo italiano que rejeitou maciçamente as usinas nucleares é modelo de participação popular. Talvez seja o caso de imitá-lo.

Na Alemanha, a decisão do governo de suspender o programa nuclear atendeu a um movimento cívico que exige investimento em formas de energia renováveis e seguras. Por que o BNDES se dispõe a malbaratar bilhões de dólares em Angra 3 em vez de aplicar esse capital, arrancado aos contribuintes, na difusão em larga escala daquelas formas de energia? As empresas nucleares preferem privatizar benefícios e socializar prejuízos, no caso, perigos. Mas não há dinheiro que possa indenizar câncer hepático ou leucemia nas crianças vítimas dos vazamentos.

O cidadão brasileiro tem o direito de perguntar: o que se fará com o lixo de Angra 1, 2 e 3? Que direito temos de legar aos pósteros esse pesadelo? O presidente Bush autorizou a remoção dos rejeitos para depósitos a serem cavados em Yucca Mountain, mas a população do estado de Nevada e as comunidades indígenas que lá vivem há séculos rebelaram-se contra uma decisão que violava o seu território. Obama prometeu revogar o decreto do antecessor, mas o impasse continua.

Físicos da envergadura do saudoso Mário Schenberg (que condenou a instalação de uma usina em Iguape), José Goldemberg, Pinguelli Rosa, Cerqueira Leite, Ildo Sauer e Joaquim Carvalho, alertam para o caráter desnecessário da energia nuclear no Brasil. As potencialidades de nossa biomassa bem como de outras fontes renováveis fornecem base segura para um desenvolvimento sustentável. Nossos cientistas são evidentemente favoráveis a pesquisas na área nuclear que tenham aplicações na biologia, na medicina e na agricultura.

A energia nuclear é cara. Dados da Greenpeace: "O preço da tarifa ao consumidor pode sair por US$ 113/MWh contra US$ 74/MWh da energia gerada pela biomassa e US$ 82/MWh da eólica".

Arriscada, desnecessária, cara..., mas dirão que é limpa; mas desde quando lixo atômico é sinal de limpeza? O enriquecimento do urânio depende de eletricidade gerada por combustíveis fósseis, como o carvão. Duas das minas de carvão mais poluentes dos Estados Unidos, em Ohio e em Indiana, produzem eletricidade para enriquecer urânio. É o que informa B. Sovacool no número 150 da *Foreign Policy*.

Enfim, uma boa notícia. A OAB anunciou, em 4 de julho de 2011, que está recorrendo ao Supremo Tribunal Federal exigindo que a eventual retomada das obras de Angra 3 só possa fazer-se com autorização do Congresso Nacional e mediante nova legislação federal. Assim o requer a Constituição de 1988. Que os parlamentares ouçam a voz dos eleitores e não se dobrem às pressões de empresários gananciosos e políticos desinformados.

Uma grande falta de educação

As palavras de ordem que gozam de consenso universal estariam destinadas com o tempo a perder sentido e a se subtraírem ao exame crítico à medida que viram chavões?

Tal acontece com um tema-chave deste governo (FHC), a prioridade da Educação. Apontada unanimemente como a questão número Um de um país em desenvolvimento (passe o grato eufemismo), carente de quadros capazes de enfrentar os desafios da "competição internacional", a Educação ganhou no discurso eleitoral de 1994 o estatuto de um dos cinco dedos da mão espalmada do candidato afinal vitorioso.

Era educação por todos os lados. Reformas profundas no ensino médio e profissional. Revolução, nada menos que revolução, no ensino primário. Revisão radical do ensino superior. Enfim, com professores universitários de alto gabarito no topo do Executivo, a Educação receberia o tratamento condigno que anos de descaso lhe haviam recusado.

Começou-se, como convinha, com uma grande campanha oficial. 1996: Ano da Educação. O ano finou-se, depressa como todos, e a situação verdadeiramente desoladora do magistério primário — a espinha dorsal do sistema — pode ser avaliada com a ajuda das cifras que apresento no texto em apêndice publicado em março de 1997 à guisa de balanço.

Para não ser omisso acrescento que a maior novidade introduzida nesse quatriênio tucano foi o chamado "Ensino à distância". Na prática, é a transmissão de pacotes de instruções programadas a escolas que, em plena era eletrônica, continuam carentes do essencial: a figura da professora cujo trabalho seja valorizado por um salário digno e a possibilidade de aperfeiçoamento constante. Uma coisa não pode vir separada da outra.

Ao contraste entre o equipamento caro e a indigência do ambiente escolar onde é implantado, soma-se o contraste entre os esquemas didáticos já prontos e impostos e a dinâmica real das necessidades e aspirações das comunidades pobres atingidas pelo programa.

Este governo, em matéria de Educação, pensou e agiu como se toda a bela experiência pedagógica e humana acumulada pelo método Paulo Freire e pelo projeto integrador de Darcy Ribeiro nos Cieps fosse pouco mais que nada: utopias obsoletas a serem pulverizadas pelo trator do "realismo" neoliberal.

Historicamente, houve uma triste capitulação das autoridades diante da pressão dos vendedores de "kits" e dos tecnocratas assoldados pelo Banco Mundial, uma bem paga corporação cujo passatempo dileto é acusar os mal pagos de corporativos.

Mas quem, além dos interessados, confia hoje nos dados publicados sob a chancela do Banco Mundial, sabendo que são fornecidos por agentes do próprio Executivo Federal, sem controle das comissões técnicas do Legislativo, à revelia do Tribunal de Contas, e de costas para os levantamentos das Associações de Docentes?

> O Banco Mundial trabalha com dados fornecidos pelos órgãos administradores (poder executivo), jamais cruzados com aqueles dos órgãos externos de controle e fiscalização (poder legislativo). Nem sempre é captada a realidade da execução orçamentária. Ambiciona-se propor políticas públicas com base em "dados podres", nos quais estão embutidas duplas contagens e atividades-meio. Há um "vale tudo" do economismo para desqualificar a instituição universitária: embutem-se como gastos com o ensino superior despesas com hospitais universitários e inativos. Forjam-se comparações meto-

dologicamente inconsistentes entre o gasto-aluno do ensino fundamental e do ensino superior.[1]

Em suma, como ficou o ensino básico público hoje, depois da gestão tucana? É a mesma triste máquina de fabricar alunos dos quais a maioria absoluta (79% em São Paulo) não alcança transpor o limiar da universidade pública.

O quadro de repetência, altíssimo conforme todas as fontes idôneas, vem sendo estatisticamente maquiado pela recente introdução da promoção automática nas passagens de gargalo. O professor é aconselhado, se não constrangido, a deixar o "fluxo" livre, o que melhora as tabelas de desempenho escolar para inglês ver.

Para enfrentar o quadro malogrado, que vem de longe, o governo federal optou por despender somas consideráveis na execução de duas operações equivocadas:

a) Aplicou baterias de provas de testes para constatar pela enésima vez o óbvio, a insuficiência da instrução básica do pobre brasileiro (não ouso supor que o alvo desse processo de avaliação tenha sido estigmatizar os nossos mestres-escola);

b) Investiu sistematicamente na promoção de pacotes, ditos "parâmetros curriculares", cuja função seria normatizar (passe o barbarismo) o conteúdo e o método das disciplinas a serem ministradas no país inteiro.

As autoridades da Educação agiram como se o cerne do problema estivesse na avaliação de resultados de um projeto educacional que afinal não existia, nem poderia existir, dado o estado de carência do ensino básico brasileiro que se deteriorou rapidamente a partir da década de 1960.

Quanto à solução aventada, foi simplória: espalhar farto material didático, de preferência à distância. Haja vídeos, haja pacotes e disquetes de ensino de Português (os que examinei eram mal

---

[1] Paulo de Sena Martins, "A universidade pública e gratuita e seus inimigos", revista *Doutrina*, p. 108.

pensados e mal redigidos) e de Matemática, de História etc. expedidos a milhares de escolas cujos professores vêm sendo recrutados entre ex-alunos de faculdades particulares de baixo nível. Alunos e ex-alunos que não conseguiram na vida nada melhor do que ganhar três ou quatro salários mínimos a troco de uma centena de aulas por mês.

Verdade seja dita, não se cogitou ainda em privatizar a escola primária pública, medida pela qual suspiravam alguns admiradores colloridos do "modelo chileno", mesmo porque não se encontram disponíveis na praça empresários sublimes que aceitem entrar em tão minguada parceria. O mercado é exangue, pois o sangue deve ser tirado na outra ponta da veia: é a clientela do ensino superior que excita as ganas competitivas dos donos das faculdades ou "universidades", título com que as tem agraciado a prodigalidade do Conselho Nacional de Educação.

No debate sobre o ensino superior ocorrem inversões ideológicas estranhas. O *ethos* distributivo, que sempre foi apanágio das esquerdas, agora se retorce nos cérebros dos nossos tecnocratas liberais. Dizem estes: — Por que não privatizar também a universidade oficial? Façamo-lo depressa, porém de um modo beneficente: que paguem todos menos os mais pobrezinhos a quem, apurada escrupulosamente a renda familiar, poderiam conceder-se bolsas de estudos.

Não há, porém, acordo: as bolsas deveriam ser ofertadas, sem mais, de graça, ou prudentemente emprestadas com prazo certo de reembolso e juros módicos?

Pergunta-se objetivamente: com essas operações no interior do sistema universitário, sobraria dinheiro à União para acudir ao professor primário ou secundário? Deixando de lado o nó jurídico e contábil da proposta (quem pagaria? quanto? para quem iriam as anuidades? como transferi-las para as outras competências administrativas?), é preciso encarar o fosso já cavado, há décadas, entre o ensino básico e o ensino superior no Brasil de hoje.

Em primeiro lugar, há a realidade bruta do funil que é a passagem do colegial público para a universidade pública. Os fatos são vexatórios e não se podem ocultar. O aluno da escola estadual não entra em cursos superiores, gratuitos ou não, de maior exigência e *status* como Medicina, Engenharia, Direito, Economia. Com raríssimas exceções, ele não tem condições escolares de competir com os vestibulandos preparados em colegiais particulares ou em cursinhos de alto padrão.

A universidade não poderá compensar *post factum* o desequilíbrio profundo de classe que marca o alunado dos cursos primário e secundário. Então, o que significa dar ou emprestar bolsas de estudo? Dar ou emprestar a quem?

Todo o ânimo reformista de um Executivo progressista deveria voltar-se corajosamente para a formação escolar que precede o vestibular. Esta é a tarefa que exige prioridades de investimento sem as quais a retórica em torno da Educação vai ficando cada vez mais pífia.

Em segundo lugar, do lado dos que poderiam pagar anuidades, a pergunta justa que uma família de classe média teria o direito de fazer é: Por que o Estado cobra do cidadão, de novo e diretamente, por serviços básicos que já cobrou, indiretamente, mediante o recolhimento obrigatório de impostos e taxas? Qual o destino da tributação compulsória que no Brasil já pesa bastante e incide de preferência sobre as classes médias?

Os princípios da equidade e da proporcionalidade dos tributos devem prevalecer como estratégia distributiva sobre cobranças diretas de serviços públicos essenciais como os da educação e da saúde. O problema do custeio da universidade pública em um país desequilibrado como o Brasil só será corretamente equacionado quando a sua solução se deslocar para o debate amplo da reforma tributária e da transparência orçamentária. Nesse governo, nominalmente social e democrata, não houve progresso efetivo em nenhuma dessas questões.

Ao monetarismo tacanho e subserviente à finança internacional, que permeou a gestão federal nesses quatro anos, prefiro a perspectiva firme e generosa de J. K. Galbraith:

Nenhum teste de sociedade justa é tão claro e decisivo como a sua propensão em tributar (renunciando à renda e aos gastos privados e às superfluosidades dispendiosas de consumo) para desenvolver e sustentar um forte sistema educacional para todos os seus cidadãos.[2]

Merece consideração à parte o papel que as universidades públicas vêm desempenhando junto à sociedade brasileira.

O governo atual tem endossado, em palavras ou pelo silêncio, uma campanha de desmoralização das universidades, sobretudo as federais, que lutaram dignamente pela sua sobrevivência na última greve nacional.

Em vez de informar a sociedade civil do trabalho desenvolvido pelo sistema público de ensino, as autoridades federais se comprazem em desqualificá-lo, predispondo os formadores de opinião contra docentes, funcionários e suas respectivas associações. As acusações generalizadas são de incompetência, ociosidade e desperdício dos recursos alocados nas instituições oficiais de ensino superior.

A injustiça começa pela generalização. Sem negar a existência de algumas universidades públicas de medíocre desempenho (fenômeno que ocorre em toda parte do mundo), pode-se afirmar que balanços recentes feitos por mais de uma comissão de defesa do ensino público, inclusive no âmbito da USP, apontam em direção contrária a essa inglória campanha.

Números à mão, vê-se que a universidade pública, isto é, financiada por um percentual da tributação nacional, tem sido o principal e às vezes o único motor da pesquisa básica no Brasil. Diferentemente da maioria das faculdades particulares, que privilegiam o diploma profissional e ignoram a pesquisa científica, as nossas instituições públicas se têm mantido fiéis à concepção de

---

[2] John Kenneth Galbraith, *A sociedade justa: uma perspectiva humana*, Rio de Janeiro, Campus, 1996, p. 83. A tradução da passagem foi revista.

universidade como o espaço próprio do avanço do conhecimento, não dissociando o ensino da investigação básica ou aplicada.

A pós-graduação, escorada em projetos individuais ou de grupo, as exigências de titulação e a extensão do regime de tempo integral ao corpo docente são os pilares da qualidade do ensino público, e só excepcionalmente se constroem nas instituições particulares. Ora, esses três pilares podem ser periodicamente reestruturados enquanto sujeitos a avaliações de mérito. Não há por que insistir no escarmento de falhas conjunturais como se fossem mazelas crônicas de um "sistema falido", como chamou ao conjunto das nossas instituições universitárias um familiar do Banco Mundial.

A propósito: a quantia destinada pelo Proer para absorver o Banco Nacional e o Antônio de Queiroz S.A. foi de 6,01 bilhões de reais, um total superior ao montante de recursos destinados a todas as universidades federais (cerca de 5 bilhões), incluindo seus hospitais universitários, laboratórios e encargos com inativos.

Vamos a outros números:

A partir de 1995, temos 90,7% de programas de doutorado desenvolvidos nas universidades oficiais contra 9% em instituições de ensino pago. Em regiões de menor desenvolvimento como o Norte e o Centro-Oeste do país, 100% dos programas de doutorado são ministrados pelas universidades públicas.

Dados do CNPq mostram que 87,8% dos grupos de pesquisa vinculados a instituições de ensino operam no âmbito de universidades federais e estaduais. Em termos de produção, 90,8% dos trabalhados publicados resultam de pesquisas efetuadas nessas instituições.

Dados fornecidos pela Fapesp indicam que, dos projetos temáticos aprovados entre 1990 e 1997, 98,5% provieram de instituições oficiais de ensino; 1,5% proveio de faculdades pagas pelos alunos.

Quando se passa da pesquisa pura à aplicada, verifica-se o retorno significativo que a escola pública está dando à sociedade que a custeia. Praticamente, não há empreendimento de vulto no país, quer na área de saúde, quer na de tecnologia agrária e industrial, quer na de informática, quer na formação pedagógica que não se tenha gestado no interior das nossas universidades públicas.

Na esfera da extensão dos serviços às comunidades:

Os hospitais universitários públicos oferecem 19.900 dos 23 mil leitos alocados sob a responsabilidade clínica de instituições de ensino superior.

A partir de 1993, 89% das participações em projetos de desenvolvimento tecnológico, industrial e agrário, envolvendo parcerias com empresas, provieram de instituições públicas.

Enfim, as universidades federais e estaduais de maior envergadura (USP, Unicamp, Unesp, UERJ, UFSCar, Uferj, UFF, UFMG, UFRS...) têm exercido um papel multiplicador sistemático, promovendo centenas de cursos de especialização, não se devendo omitir a sua presença assídua na reciclagem do docente de curso médio que vem sendo organizada pelas Secretarias Estaduais de Educação.[3]

Talvez pouca gente ainda se lembre, mas 1996 foi o Ano da Educação. De minha parte, reavivei a memória repensando uma pesquisa que empreendi há um ano sobre o tema "Educação: as pessoas e as coisas".

O trabalho procurava pôr o dedo na chaga do nosso ensino primário. O mal de base não era a falta de vagas e, menos ainda, a escassez de salas de aula. A quase totalidade das crianças em idade escolar tinha e tem acesso ao 1º grau. Tampouco o ínfimo rendimento do ensino deveria ser atribuído a problemas de saúde dos alunos de baixa renda ou à "carência cultural" das suas famílias, como por algum tempo se propalou. Fatores semelhantes já se constatavam aos anos 1940 e 1950, quando, porém, as professoras primárias, as saudosas normalistas, obtinham resultados sensivelmente melhores que os atuais.

---

[3] Segue a transcrição do artigo "O ponto cego do ensino público", publicado no jornal *Folha de S. Paulo* em 9 de março de 1997.

Descartadas as falsas pistas, resta a realidade nua e crua: a reprovação em massa nos anos iniciais, a evasão nos últimos, e o funil que se estreita brutalmente na passagem do 1º ao 2º ciclo.

Está na hora de encarar a questão crucial e tocar o centro nervoso do sistema do qual depende a regeneração das suas células. Esse centro é a situação real do nosso mestre-escola.

Uma simples vista-d'olhos na tabela nacional dos salários dos professores primários acende uma luz no labirinto do fracasso escolar brasileiro. Tanto a sociedade civil quanto o Estado agem como se ignorassem este fato cotidiano, mas espantoso: o nosso professor primário é remunerado como se fosse um operário não qualificado. Tive o cuidado de comparar os vencimentos de docentes da rede oficial em vários estados. O professor de 1º grau, aquele a quem se delega a missão de ensinar a ler, escrever e contar, ganhava, em média, R$ 2 por aula nas províncias mais bem aquinhoadas.

Façamos as contas, o que é sempre mais honesto do que fazer de conta que tudo vai bem. Para receber cinco salários mínimos, este boia-fria do giz e da lousa teria, em fevereiro de 1996, de cumprir a façanha de trabalhar entre 10 e 12 horas por dia. Refiz as contas agora, supondo que as coisas tivessem mudado razoavelmente depois do Ano da Educação. Com base nos dados da Confederação Nacional dos Trabalhadores em Educação, eis o que se apura como valores referentes ao início de carreira. No Amazonas, o salário do professor primário, somado às "remunerações", importa em R$ 147 para um total de 80 aulas semanais, o que dá cerca de R$ 1,84 por aula. Vejamos o Nordeste. No Ceará, onde o governo tucano anda fazendo uma "revolução" no ensino básico, professor com magistério ganha R$ 169,96; professor com licenciatura curta, R$ 215,14. Ou seja, respectivamente, R$ 2,11 e R$ 2,68 por aula.

Animado por esses números, desci mais um pouco e conferi as condições da viril Paraíba. Mal pude conter o pasmo: R$ 104 para o magistério; R$ 130 para o portador de curso universitário, isto é, R$ 1,30 e R$ 1,62 por aula. Os pisos são afrontosos, certamente a lei do salário mínimo ainda não chegou lá: R$ 37 e R$ 43 mensais. Supus que fosse caso isolado, mas me enganei. A Paraíba tem dignos pares no Rio Grande do Norte e em Mato Grosso do Sul.

Pernambuco, onde o governo estadual tem notório passado de esquerda, paga R$ 1,75 por aula ao portador de magistério. Na Bahia, ainda não se pagam sequer dois salários mínimos para os primeiros níveis da carreira.

Grimpemos as Alterosas. Minas já foi apontada como exemplo de zelo pedagógico e valorização do mestre. Lá eu esperava flagrar um salto que me consolasse das misérias nordestinas. Mas só encontrei mesquinheza: R$ 255 para o portador de magistério que dê 96 aulas mensais; R$ 2,70 por aula. Para o segundo nível, a sovinice das autoridades concede R$ 0,10 a mais por aula.

Enfim, São Paulo. O estado mais rico da federação ainda não atingiu o piso de R$ 3: estacou em R$ 2,98. O ensino bandeirante de 1º grau continua enterrado em covas rasas. E o Sul maravilha? Paraná: R$ 2,45 e R$ 3,16 por aula. Santa Catarina: R$ 2,25 e R$ 2,42. Rio Grande do Sul: R$ 2,05 e R$ 2,42.

Como se vê, os estados mais pobres estacionaram nos seus níveis indigentes: como há um ano, não alcançaram R$ 2 por aula. Os estados mais desenvolvidos, quando elevaram o seu piso, fizeram-no de modo vil, oscilando entre R$ 2,50 e R$ 3. O arrocho foi a regra. De fato, nenhum salário de professor primário iniciante toca a soleira dos R$ 794,40 que, pela estimativa do Dieese, constituem o mínimo necessário para que viva hoje no limite da decência uma família de quatro pessoas.[4]

O governo federal propôs a criação de um fundo de valorização do magistério que apontava para um piso de R$ 300. A iniciativa era modestíssima, foi aprovada pela Câmara, mas a sua realização acabou sendo adiada sob a pressão de governadores e

---

[4] Em 1997, a Lei nº 9.971 estipulava um salário mínimo de R$ 120.

prefeitos que se valeram do clima de barganha instaurado pelo *marketing* da reeleição.

Continua, pois, vigorando o primado das coisas sobre as pessoas. Computadores e TVs aos milhares sem professores respeitados e estimulados são sucata virtual. Livros didáticos sem mestres que os leiam e os trabalhem com garra e entusiasmo são pilhas de papéis destinados ao lixo do esquecimento.

Nada há a "reciclar", nada a avaliar enquanto não se eleva a plataforma inicial. Só neste caso será possível atrair para a escola talentos e vocações. As coisas sem as pessoas são letra morta. Preferir coisas a pessoas não é realismo. É equívoco ou conformismo.

A educação e a cultura nas Constituições brasileiras

Um estudo comparativo das seis Constituições brasileiras (as de 1824, 1891, 1934, 1937, 1946 e 1967), no que toca à educação e à cultura, faz saltar aos olhos um divisor de águas: a Constituição da República dos Estados Unidos do Brasil, de 16 de junho de 1934.

Em que consiste esse corte que a simples leitura dos textos legais deixa tão evidente?

Não se trata apenas do peso, bem diverso, conferido à questão do ensino e à sua administração em todo o país. Trata-se de uma diferença qualitativa. É o próprio teor das preocupações com o ensino que muda significativamente no período que se segue à Revolução de 1930 e se traduz pela fórmula jurídica de 1934.

Nas duas Constituições que a precederam, a do Império, outorgada por Pedro I logo depois de ter dissolvido a nossa primeira Assembleia Constituinte, e a da República, recém-proclamada, a concepção de Estado, imanente em ambas, trazia o selo do iluminismo burguês. O Estado do século XIX brasileiro restringia-se a atender, em tudo quanto lhe fosse possível, às demandas de segurança das oligarquias que o sustentavam, relegando a um vasto e obscurecido pano de fundo as necessidades e as aspirações de um povo sem terra, sem dinheiro e sem *status*. A linguagem que exprimia essas tendências particularistas aparentava, contudo, um ar universalizante. O que, longe de ser um paradoxo exclusivamente nacional, afinava-se com a retórica liberal do Ocidente, onde coexistiam liberalismo e violenta exploração do proletariado.

Quando se abre a Constituição Política do Império e se lê, no seu artigo 1º, "O Império do Brasil é a associação política de todos os cidadãos brasileiros", ressalta um modo de dizer abrangente (*todos os cidadãos*), mas sabe-se que o seu referente era o contexto oligárquico e escravista, afinal a nossa maneira peculiar de viver o capitalismo naquela altura da divisão internacional da economia. Os desequilíbrios reais, que se nivelavam na abertura do texto mediante protestos de igualdade formal, seriam camuflados, no corpo da Carta, pelo *processo de omissão*, toda vez que a Lei deveria enfrentar carências mais amplas que os interesses da classe privilegiada.

Não eram a educação e a cultura, *em princípio*, direito de todos os cidadãos brasileiros, a crer na perspectiva dos ideais patrióticos que se espraiavam na caudalosa oratória da época? Sim, claro; mas nem a Constituição bragantina nem a republicana irão além do mero enunciado daquele mesmo princípio. Em nenhuma delas figura título ou seção especial para contemplar os deveres do Estado para com a infância e a juventude. Em ambas, a educação vem tratada de forma sumária, em poucos e genéricos artigos, misturados com outros, de teor estranho ao tema, e subordinados ao assunto geral dos "direitos civis e políticos dos cidadãos brasileiros".

A Constituição do Império define como "gratuita" a instrução primária (art. 179, § 32), mas não estabelece o seu caráter obrigatório. E apenas prevê, no § 33, a existência de "Colégios e Universidades, onde serão ensinados os elementos das Ciências, Belas Letras e Artes". Nada mais.

Durante a Regência, o Ato Adicional de 1834 transfere às Províncias a atribuição de legislar sobre o ensino primário e secundário, ambos, aliás, precaríssimos no Segundo Reinado.[1]

A Carta da República, na sua "Declaração de Direitos", ainda mais enfática ao proclamar a igualdade dos cidadãos brasilei-

---

[1] Ver Maria Lourdes Mariotto Haidar, *O ensino secundário no Império brasileiro*, São Paulo, Grijalbo/Edusp, 1972.

ros, levou ao extremo a sua parcimônia na hora de propor o *modus faciendi* pelo qual seria garantido ao povo o acesso àqueles mesmos direitos fundamentais. Sobre educação, dispõe no artigo 72: "Será leigo o ensino ministrado nos estabelecimentos públicos".

A exigência de laicidade, cuidado único do legislador, era sinal dos tempos, consumando o divórcio de Igreja e Estado, tema dos parágrafos anteriores, que disciplinam o casamento civil e os cemitérios seculares.

Listando as atribuições do Congresso Nacional, a Lei Maior preceituava, no seu artigo 35:

§ 2º — Animar no país o desenvolvimento das Letras, Artes e Ciências [...];
§ 3º — Criar instituições de ensino superior e secundário nos Estados;
§ 4º — Prover a instrução secundária no Distrito Federal.

Leia-se com atenção: o § 2º é perfeitamente anódino ("animar"...); o 3º a nada obriga, apenas lembra uma eventual iniciativa que os deputados federais poderiam tomar ou não; só o 4º emprega um termo de compromisso, "prover a instrução secundária", mas o limita à capital federal, então a cidade do Rio de Janeiro.

O brilho da ausência revela o distanciamento do legislador em relação ao problema da escolarização maciça do povo que cumpriria ao Poder Público agenciar.

A República Velha funcionava como "um clube de fazendeiros", segundo a feliz expressão de Celso Furtado. Aos latifundiários era, de resto, fácil providenciar bons colégios particulares para seus filhos até que entrassem em alguma faculdade do país ou, melhor ainda, da Europa. A educação reduzia-se a assunto privado, de que a República poderia, na prática, desonerar-se. Quanto à população de baixa renda (já não falo da massa egressa da Abolição), não entrava na linha de conta da Constituinte de 1891. Apesar de maioria absoluta, poderia ser tratada como *quantité négligeable*.

Tanto é verdade que esse permaneceu o espírito da República Velha até o seu final, que a reforma da Carta de 1891, proposta e aprovada em 1926, em nada alterou os artigos então vigentes em matéria de ensino público.

"Trinta" e a modernização do Estado brasileiro

A crise da "República do Kaphet", como a apelidava Lima Barreto, fortemente entrançada com a do capitalismo internacional em 1929, cavaria largas fendas na hegemonia oligárquica. A Revolução de 1930, o movimento sindical anarquista e comunista que a precedeu, o *tenentismo*, o impulso reformista do Governo Provisório liderado por Getúlio Vargas, e, do lado oposto, o ideário progressista de uma fração dissidente da burguesia de São Paulo, constituíam forças que, na sua interação, provocaram revisões fundas no quadro institucional do país.

Foi nesse clima de "reconstrução nacional" que se deram discussões acaloradas em torno dos grandes contrastes da nossa vida social e política: federalismo/centralismo, agrarismo/industrialização, elite/massas...

A Assembleia Constituinte de 1934 foi o teatro por excelência desses debates dos quais saiu uma Constituição sob vários aspectos inovadora, se comparada às do Império e da Primeira República.

A Revolução de 1930 e a Carta de 1934 nos aparecem hoje, cada vez mais nitidamente, como balizas de um processo de modernização do Estado pelo qual este reconhece as carências de uma nação em desenvolvimento, e busca supri-las.

É sintomático que só em torno de 1930 o polo da responsabilidade social comece a mudar os títulos, os artigos e os parágrafos do texto constitucional.

Então, e só então, introduz-se no corpo da carta um título substancioso chamado "Da Ordem Econômica e Social", no qual se encarregam as indústrias e as empresas agrícolas de proporcionar ensino primário gratuito a seus empregados analfabetos (art. 139).

Então, e só então, abre-se um capítulo especial para a educação e a cultura, incumbindo-se a União de "fixar o Plano Nacional de Educação, compreensivo do ensino de todos os graus e ramos, comuns e especializados; e coordenar e fiscalizar a sua execução, em todo o território do país" (art. 150, *a*).

Então, e só então, institui-se como norma "a tendência à gratuidade do ensino ulterior ao primário, a fim de o tornar mais acessível" (art. 150, § único, *b*).

Então, e só então, prevê-se uma dotação orçamentária para o ensino nas zonas rurais, por meio de um percentual fixo que durante muitos anos permanecerá o mesmo, ou seja, 20% das cotas destinadas à educação no respectivo orçamento anual (art. 156, § único).

A questão da gratuidade do ensino público

Merece destaque a proposta de "tendência à gratuidade do ensino ulterior ao primário". A rigor, antes de 1930, só os quatro primeiros anos de educação formal eram contemplados com a previsão da escola pública generalizada.

A Lei Maior de 1934, atribuindo à União a tarefa *progressiva* de fundar e manter escolas secundárias e superiores gratuitas, dava um passo considerável para ampliar a esfera da instrução popular. As Constituições seguintes não superariam, nesse campo, a formulação de 1934.

A Lei do Estado Novo (1937) é incisiva apenas no caso do "ensino pré-vocacional e profissional destinado às classes menos favorecidas", que declara ser "o primeiro dever do Estado". Suas disposições, porém, são vagas quando se refere aos ginásios e às universidades; estas ficam diluídas no elenco das "instituições artísticas, científicas e de ensino" que o Estado deverá proteger ou criar.

A Constituição de 1946, neoliberal, ressentiu-se de uma certa timidez no trato da democracia econômica e social. Comparem-se as formulações sobre o ensino "ulterior ao primário":

Na *Carta de 1934* (texto já citado): "tendência à gratuidade do ensino educativo ulterior ao primário, a fim de o tornar mais acessível" (art. 150, § único, *b*);

Na *Carta de 1946*: "o ensino primário oficial é gratuito para todos; o ensino oficial ulterior ao primário sê-lo-á para quantos provarem falta ou insuficiência de recursos" (art. 168, item II).

Limitando a gratuidade das escolas secundárias e superiores públicas tão somente aos alunos que de fato provassem míngua de recursos (isto é, aos que testemunhassem, perante a Escola e a Lei, a sua pobreza), a Constituição de 1946 abria caminho para uma figura híbrida, o *ensino público pago*.

A Constituição de 1967 e a sua Emenda de 1969 confundem ainda mais as águas do público e do privado que o espírito de 1934 tendia a separar. Diz a Carta emersa do golpe de 1964: "Sempre que possível, o Poder Público substituirá o regime de gratuidade pelo de concessão de bolsas de estudo, exigido o posterior reembolso no caso de ensino de grau superior" (art. 168, § 3º, item III).

A redação do mesmo dispositivo na Emenda de 1969 (promulgada por uma Junta Militar) tenta alcançar o inverso da proposta socializante de 1934: "O Poder Público substituirá, gradativamente, o regime de gratuidade no ensino médio e no superior pelo sistema de concessão de bolsas de estudo, mediante restituição, que a lei regulará" (art. 176, § 3º, item IV).

A Constituinte de 1934 propunha "tendência à gratuidade"; o tecnocrata de 1969 determina que o Executivo *substitua a gratuidade*, já obtida e efetivada, por bolsas restituíveis: procedimento que, previsto em 1967 só para o ensino superior, aqui é estendido também para o ensino médio.

(Eis um exemplo, entre tantos, que ilustra o equívoco — histórico e teórico — de certas interpretações abstratas que veem no golpe de 1964 um fruto do "espírito de 1930". Ao contrário, o movimento político-militar de 1964 foi uma revanche retardada de generais anticomunistas e de rancorosos antigetulistas, insuflados pela UDN e pela CIA, contra tudo o que de socializante e popular o Estado brasileiro vinha construindo a partir de outubro de 1930. Em 1964 imitou-se, em parte, e potenciou-se o modelo centralizador de 1937, mas agora em função de objetivos burocrático-capitalistas bem precisos e simetricamente opostos às vertentes do trabalhismo e do nacionalismo anteriores.)

A questão da gratuidade do ensino público tem sido a pedra de toque das intenções democráticas do legislador brasileiro nestes últimos cinquenta anos.

Ela se resolvia, na Carta de 1934, em termos de "tendência": o que era um modo feliz e inteligente de vincular o crescimento do sistema escolar oficial às possibilidades financeiras do Estado. Este oscila, na verdade, entre duas opções nascidas de filosofias diferentes:

a) ou aumenta, sempre que pode, o montante dos recursos destinados aos serviços de educação;

b) ou contenta-se em administrar "bolsas", concedendo-as, a título de empréstimo, a solicitantes que provarem falta de condições econômicas, ao mesmo tempo em que cobra mensalidades aos demais.

A primeira política é de largo espectro. Repensa, de modo coerente, o problema crônico da má distribuição da renda nacional. Uma sociedade em que mais de um terço da população vive em estado de pobreza (e um quarto, de pobreza absoluta) não pode fugir à responsabilidade de prover os poderes públicos de meios bastantes para que tenham acesso à escola gratuita, nos três ciclos, os filhos de trabalhadores de baixo salário e de desempregados.

A Constituição de 1934 foi a primeira a determinar, no seu artigo 156, que para o ensino fossem alocados à União e aos municípios nunca menos de 10% do orçamento anual; e nunca menos de 20% aos estados e ao Distrito Federal.

O acerto básico dessa política, inspirada nos ideais de 1930, está comprovado pelas estatísticas. Os índices de matrícula na escola pública foram, a partir de 1940, muito mais altos que os índices de crescimento demográfico.[2]

No mesmo espírito, mas acentuando a linha descentralizadora, reza a Constituição de 1946: "Anualmente, a União aplicará nunca menos de dez por cento, e os Estados, o Distrito Federal e os Municípios nunca menos de vinte por cento da renda resultante dos impostos na manutenção e desenvolvimento do ensino" (art. 169).

Os percentuais a serem despendidos pela União foram majorados para 12% em 1961, quando o Presidente João Goulart promulgou a Lei nº 4.042, de Diretrizes e Bases da Educação Nacional, ainda não integrada, porém, ao corpo da Constituição.

Sintomaticamente, a Carta de 1967 deixou de prever dotações orçamentárias precisas para o sistema de ensino público.

Só graças à Emenda Calmon, regulamentada em 1985, restabeleceu-se a obrigação constitucional de vincular ao ensino uma parcela da receita resultante de impostos, arbitrando-se em "nunca menos de 13" o seu percentual, no caso da União, e "nunca menos de 25", no caso dos estados, dos municípios e do Distrito Federal.

Faz parte ainda de uma política de aumento das oportunidades educacionais, encetada em 1930, estender a duração do Primeiro Ciclo, que de quatro anos passou a cinco, e chegou a oito, por força da Lei nº 5.692/71. Esta medida, sem dúvida progressista, tomada em plena ditadura militar, nos adverte sobre o cará-

---

[2] Sobre o sentido desse "arranque", em termos de democratização do ensino, ver: Florestan Fernandes, *Educação e sociedade no Brasil*, São Paulo, Dominus/Edusp, 1966; Otaíza Romanelli, *História da educação no Brasil (1930-1973)*, Petrópolis, Vozes, 1978; e Celso de Rui Beisiegel, "Educação e sociedade no Brasil após 1930", em *História geral da civilização brasileira* (dir. Boris Fausto), tomo III, *O Brasil republicano*; vol. 4, *Economia e cultura*, São Paulo, Difel, 1984.

ter intermitente, mas poderoso, da ética da responsabilidade social do Estado, capaz de atuar nos legisladores sob regimes de poder os mais diversos.

A opção contrária, privatizante e mercantil, conseguiu cortar, em 1967, o princípio das dotações fixas para o ensino público, que vinha da Revolução de 1930.

A filosofia "neoliberal", adotada por um Estado autoritário, investe fartamente na "segurança nacional", mas procura desonerar o Poder Público de encargos sistemáticos em matéria de educação, apelando para o procedimento aleatório de conceder bolsas de empréstimo a colegiais e a universitários de instituições oficiais.

Deixo de lado aqui o problema, aliás nada desprezível, do *quantum* que atingiriam as mensalidades e as restituições de bolsas sob um regime inflacionário.

A prática de mensalidades-e-bolsas, corrente na empresa privada de ensino, é discriminatória na escola pública. Separa o aluno *que pode* e o aluno *que não pode*. Alguns, "ricos", ou "remediados", ou "autossuficientes", deverão pagar *diretamente* ao Colégio ou à Faculdade a fim de que a administração venha a emprestar dinheiro a outros, ditos "pobres" ou "dependentes".

Desaparece, de plano, a mediação universal que é a figura do *estudante de escola pública*, cidadão igual aos colegas perante a lei. Essa mediação obtém-se, numa sociedade democrática, pelo bom uso de impostos gerais que todos os cidadãos se devem mutuamente, conforme o seu salário e as suas rendas.

Os tributos devem ser geridos publicamente por um governo representativo, o qual aplicará — também publicamente — os seus recursos em áreas consideradas prioritárias para todos os cidadãos.

Na verdade, a escola dita "gratuita", acessível a todos, baseia-se no pressuposto de que todos já estão pagando, proporcionalmente, via Estado, para o bem de todos e de cada um.

Cada cidadão deve merecer a redistribuição constante e sistemática do bem público, principalmente em setores vitais que empenham a pessoa e a sociedade por um tempo longo, como é o ensino de 2º e 3º graus. O mesmo raciocínio vale para os órgãos responsáveis pela saúde pública.

A quem não tem, ao "menos favorecido", para usar de um velho eufemismo, não é o caso de *conceder*, nem de *emprestar*, mas, sim, de *restituir*, sob a forma de bens materiais e culturais, o que o pobre paga com o seu trabalho, no dia a dia, gerando a renda nacional. O Estado democrático, no regime capitalista, não pode fazer menos do que corrigir o mercado e compensar a erosão que a mais-valia produz no salário e na vida do trabalhador.

Só para situar a questão, em tempos recentes:

Em 1980, segundo fontes do então Ministério da Educação e Cultura, havia cerca de 11 milhões de adolescentes, entre 15 e 19 anos, que não tiveram acesso ao curso colegial. Não podendo pagar as mensalidades de uma escola particular, nem contando com cursos noturnos oficiais em sua vizinhança, eles interromperam, talvez para sempre, o seu tempo de aprendizado formal.

A pergunta justa é a seguinte:

Deveria o Estado ter concedido bolsas, sob empréstimo, a essa massa de jovens sem recursos, quando sabemos que aperturas de ordem econômica têm causado, já no primeiro ciclo, uma evasão de alunos que sobe a mais de 50% nas primeiras séries? Para estes nem a gratuidade basta.

Os nossos problemas de ensino, na sua infraestrutura, são graves e de longa duração. O grau de empenho e de responsabilidade do Poder Público não pode ser equiparado ao tipo de interesse de uma escola privada, que é, em geral, uma empresa centrada em si e eventualmente provisória como qualquer outra firma comercial. As universidades e os colégios oficiais, ao contrário, são serviços públicos sustentados *permanentemente e por toda a nação*: eis a diferença.

Não convém misturar os dois sistemas, pelo menos enquanto vigorar o princípio do lucro... Que a escola particular continue a existir, e seja até amparada pelo Estado com isenção de impostos e mediante o salário-educação, talvez represente um meio salutar de manter o pluralismo democrático. Mas que se garantam à escola pública recursos suficientes para que não fiquem ameaçadas nem a sua gratuidade nem a sua qualidade.

Uma palavra sobre cultura e Constituição

Todas as Constituições brasileiras foram lacônicas e genéricas ao tratar das relações entre cultura e Estado.

Não creio que se deva propriamente lamentar esse vazio nos textos da Lei Maior.

Ao Estado, cumpre realizar uma tarefa social de base cujo vetor é sempre a melhor distribuição da renda nacional. Na esfera dos bens simbólicos esse objetivo se alcança, em primeiro e principal lugar, construindo o suporte de um sistema educacional sólido conjugado com um programa de apoio à pesquisa igualmente coeso e contínuo.

A maneira mais inteligente de "promover a cultura" e "animar o desenvolvimento das Ciências, das Artes e das Letras" (fórmulas que costumam aparecer nos textos legais) ainda é munir substancialmente o ensino e a pesquisa em todos os seus ramos, de tal modo que docentes, discentes e pesquisadores das várias instituições escolares e científicas disponham de meios condignos para perfazer os seus cursos e projetos.

Que o mesmo se faça em relação aos direitos autorais e aos direitos de patente sobre os quais a Carta deverá manifestar-se, ainda que de maneira genérica.

Afora esses deveres, que preveem ações tópicas do Poder Público (criação e manutenção de bibliotecas, editoras, museus, arquivos, discotecas, filmotecas, teatros, orquestras, circos, casas de cultura, estações de rádio, canais de TV etc.), nada mais o Estado poderá fazer "pela cultura".

A sociedade brasileira não tem uma "cultura" já determinada. O Brasil é, ao mesmo tempo: um povo mestiço, com raízes indígenas, africanas, europeias e asiáticas; um país onde o ensino médio e universitário tem alcançado, em alguns setores, níveis internacionais de qualidade; e um vasto território cruzado por uma rede de comunicações de massa portadora de uma indústria cultural cada vez mais presente.

O que se chama, portanto, de "cultura brasileira" nada tem de homogêneo e uniforme, e nunca poderá entrar em bitolas jurídicas. A sua forma complexa e mutante resulta de interpenetrações da *cultura erudita*, da *cultura popular* e da *cultura de massas*.[3]

Se algum "valor" deve presidir à ação do Poder Público no trato com a "cultura", este não será outro que o da liberdade e o do respeito pelas manifestações espirituais mais diversas que se vêm gestando no cotidiano do nosso povo.

Em face dessa corrente de experiências e de significados tão díspares, a nossa Lei Maior deveria abster-se de propor normas incisivas, que soariam estranhas, porque exteriores à dialética das "culturas" brasileiras. Ao contrário, um certo grau de indeterminação no estilo dos seus artigos e parágrafos é, aqui, recomendável.

A liberdade de associação, de culto, de imprensa, de expressão em geral, representa a condição *a priori* de uma política democrática a longo prazo.

Creio que a competência do Estado não poderá extrapolar os limites do sustento, parcial ou global, de instituições e pessoas que, sem interesses mercantis, se proponham a trabalhar na produção e na comunicação de bens simbólicos.

Não cabe à Lei predeterminar ou ajuizar os conteúdos da cultura, que se fazem por si no embate das ideias, das necessidades e suas formas.

Não há uma diretriz "positiva" a ser atribuída pela Carta ao Estado, a não ser a de prover os cidadãos de meios concretos para exercerem uma sociabilidade livre, cordial e responsável. Esta — é

---

[3] Procurei formular mais explicitamente o tema no ensaio "Cultura brasileira", em D. Trigueiro Mendes (org.), *Filosofia da educação brasileira*, Rio de Janeiro, Civilização Brasileira, 1983, pp. 135-76.

nossa esperança — humanizará a cultura e, quem sabe, o próprio Estado.

Nota de 2013

A Constituição de 1988, que ora nos rege, retomou a inspiração progressista da Lei Maior de 1934, superando as tendências neoliberais da Constituição de 1946. Estendeu para 18 o percentual da receita a ser aplicado pela União ao financiamento da Educação, e para 25 o percentual devido pelos estados e pelos municípios. Por força do seu artigo 35, III, autoriza a União (ou os estados) a "intervir no município que não tiver aplicado o mínimo exigido da receita municipal na manutenção e desenvolvimento do ensino". Adiante: "O acesso ao ensino obrigatório e gratuito é direito público subjetivo" (art. 208, VII, § 1). "O não oferecimento do ensino obrigatório pelo poder público da sua oferta importa responsabilidade da autoridade competente" (VII, § 2). Vários artigos garantem a gratuidade do ensino básico em estabelecimentos oficiais bem como a sua universalização. O artigo 208, I é categórico: "O dever do Estado com a educação será efetivado mediante a garantia de educação básica obrigatória dos 4 (quatro) aos 17 (dezessete) anos de idade, assegurada inclusive a sua oferta gratuita para todos os que a ela não tiveram acesso em idade própria". Enfim, o artigo 214, VI, referente ao Plano Decenal de Educação, prevê o "estabelecimento de meta de aplicação dos recursos públicos em educação como proporção do Produto Interno Bruto".

Ao arqueólogo do futuro

Que dizer ao nosso desconhecido arqueólogo do futuro se um dia, por acasos da fortuna ou milagres da tecnologia, ele captar algum eco de nossa mensagem de perplexos viventes do terceiro milênio?

Se ele for, como se presume, um arqueólogo digno deste nome, só lhe restará uma certeza inabalável: todas as civilizações perecem. É uma verdade que se encontra em um texto antológico de Paul Valéry, mas que já se formulara na sabedoria do *Eclesiastes*. Tudo passa — não é o mais comum dos lugares-comuns?

No entanto, o desafio persiste. Precisamos dar notícias do nosso tempo, que, por hipótese, precedeu a hora das ruínas que o arqueólogo deverá estudar escrupulosamente removendo os nossos escombros.

Receio que não lhe será fácil entender o que alguns filósofos confiantes na História chamaram de "espírito do tempo" quando se debruçaram sobre documentos de eras pretéritas: Renascimento, Classicismo, Barroco, Luzes, Romantismo... O nó que ata vida e sentido parecia inteligível ao olhar do historiador que se detinha nos testemunhos deixados pelos homens de cada um desses momentos da aventura humana no planeta.

E nós, que *imago mundi* legaremos aos eventuais pósteros? Algo que parece tocar simplesmente o absurdo? Mas, a exemplo da loucura denunciada por Shakespeare, o nosso absurdo também tem método. Afinal, naves loucas já singraram mares em passado remoto ou recente. Não somos, portanto, originais. Coube-nos apenas a ambígua vantagem do número, faca de dois gumes. Temos condições tecnológicas para sermos mais insanos do que os nossos modestos antepassados.

Como se sabe, uma diferença de quantidade pode mudar a qualidade do estrago. Um caboclo analfabeto queima alguns metros quadrados de mato para plantar a sua mandioca; uma empresa de agronegócio devidamente computadorizada pode comburir não sei quantos hectares de floresta para plantar soja ou criar gado em pasto aberto regularmente subsidiado.

Hoje sabemos mais, logo podemos mais. Para o bem e para o mal. Construímos e destruímos velozmente em larga escala. O nosso arqueólogo perceberá, comparando períodos contíguos, que em 2000 tudo ficou, tecnologicamente, muito mais moderno do que em 1950; e talvez conclua que o mundo dito pós-moderno (caso esta palavra sobreviva e chegue a seus ouvidos), embora se presumisse às vezes antimoderno, era na verdade super-hiper-ultra-mega-moderno. Uma questão de força, cuja palavra-chave é um advérbio de intensidade: *mais*.

Partimos da hipótese segundo a qual as ruínas sempre ensinam algo a quem as saiba esquadrinhar com discernimento.

Primeiro, virá o espanto diante da massa. Porque a massa acachapa. A massa nos rodeia, penetra-nos fundo. A massa nos primariza, nos terceiriza e, por momentos, somos a massa, confundimo-nos com ela. Massa física espalhada em mil e uma mercadorias. Massa psicológica interiorizada em cada um de nós enquanto consumidores.

Topará o arqueólogo com os restos de uma civilização que estava literalmente tomada pelo desejo de acumular signos cada vez mais virtuais e objetos cada vez mais descartáveis. Entesourar o que era lábil, e aceitar a própria labilidade das coisas como um destino necessário e, afinal, apetecível. Signos e coisas, signos-coisas, coisas-signos mutuavam-se e, em breve tempo, sumiam para deixar espaço a outros tantos protocolos de objetos. E tudo obedecia a uma estranha lógica de feição digital, sim-não, um-zero.

Entulhos de cimento e vidro fosco, destroços de estranhas pirâmides que seus construtores acreditavam tão perenes como as tumbas dos faraós serão encontrados em meio a esqueletos de milhares de seres, presumivelmente humanos, que, segundo os laudos dos osteólogos, terão perecido de morte violenta. Não eram guerreiros, pois não foram achadas armas de fogo junto às ossadas: apenas resíduos, pedaços de celulares, um ou outro brinquinho de metal dourado, óculos partidos, moedinhas enferrujadas e montões e montões de plásticos que resistiram bravamente graças à sua condição de não-biodegradáveis.

Terá também notícias dos extraordinários progressos das ciências médicas? Espero que sim, nem seria justo que caísse no olvido o trabalho admirável de tantos abnegados estudiosos do que ainda chamamos vida. Saberá, pois, que a medicina salvou milhões de seres vivos no último século, embora não tenha conseguido evitar a morte de tantos outros milhões de vítimas de gripe, de AIDS, de câncer, de enfarto. Ou de fome. Como entender os resultados bivalentes de tanta luta? Ele nos culpará sem remissão? Ou, piedoso, nos absolverá? Nunca saberemos.

Poderá induzir, sempre pela análise de nossos vestígios, que mais da metade da população mundial, não por acaso habitante do Sul, nas antigas colônias, vivia em estado de pobreza, dependendo de empréstimos do Norte, concedidos *desde que não fossem utilizados para erradicar de vez aquela mesma situação de penúria*. E se o nosso arqueólogo tiver faro de detetive, descobrirá alguma relação entre sucatas de carros queimados nas ruas da Cidade Luz em 2005 e cercas de arames farpados vigiadas à bala entre o Império e seus povos fronteiriços.

Como entender essa estranha lógica? Os fundos monetários dos ricos monetaristas pareciam encerrados no próprio círculo do absurdo. Impediam que as nações pobres se liberassem definitivamente dos seus males proibindo que os seus governos aplicassem os dinheiros emprestados em projetos de desenvolvimento estável e sólido; e como os pobres desses países, já desesperançados, buscassem nos países desenvolvidos chances de empregos decentes, encontravam fronteiras vedadas e expressões de repulsa aos que lá tinham conseguido chegar. A violência estrutural dos detentores do dinheiro e do poder acabou gerando a violência esporádica das vítimas de um sistema em que a injustiça chegou às raias do absurdo.

Esboçado o quadro, resta ainda um motivo de apreensão. Saberá o nosso arqueólogo que nas entranhas daquele mundo tão racional e tão demente, tão opulento e tão mísero, pulsava uma consciência aguda do mal? E que essa mesma lucidez era capaz de inspirar atos de beleza e resistência moral imprevisíveis naquele contexto de barbárie hipermoderna? Como fazer chegar ao historiador de nossas ruínas esta notícia de jornal datada de 8 de novembro de 2005?

 Um garoto palestino de doze anos chamado Ahmed Khatib foi morto há dias por soldados israelenses que atiraram às cegas durante um entrevero de rua. O pai de Ahmed, mecânico de profissão, decidiu doar os órgãos de seu filho a seis israelenses que estavam precisando de transplante. "Eu acredito que meu filho está agora no coração de todo israelense."

Também o poeta Drummond disse um dia que a bomba, embora nefanda, seria vencida pelo homem. Nada sabemos do destino do planeta, mas o gesto do pai de Ahmed é uma luz que ilumina inesperadamente o mar de nossa escuridão.

O crucifixo nos tribunais

A retirada dos crucifixos nos tribunais, recentemente aprovada no Rio Grande do Sul, vem causando polêmica, o que é de esperar em uma nação em que a maioria se declara cristã. É matéria que pede reflexão.

O leitor medianamente instruído no trato dos Evangelhos sabe que a condenação à cruz sofrida por Jesus foi decidida em um duplo tribunal. O julgamento inicial foi obra do Sinédrio, órgão supremo dos chamados "doutores da lei", então sediados em Jerusalém. Não dispondo de poder político, mas apenas religioso, o tribunal precisou da sanção do governador romano, Pilatos, que acabou cedendo à pressão sacerdotal e à grita da turba aliciada: lavou as mãos dizendo que não queria ser responsável pelo derramamento do sangue de um justo. Poder religioso coonestado pelo poder político do Império Romano: eis a aliança que levou Cristo à morte de cruz.

Não nos deve espantar que um homem inocente, condenado à morte cruenta por um duplo *forum*, tenha sua imagem banida dos tribunais, onde doutores da lei continuam julgando soberanamente quem deve ser punido ou absolvido. Afinal, deixar pendurado na parede de um juiz a figura inerme de um réu supliciado é sempre uma triste prova da injustiça e da crueldade humana.

A questão tem-se colocado em termos de relação entre crenças religiosas e estado laico. Nada a opor. Todo crente que não tenha perdido a memória dos males que advieram do poder temporal da Igreja, deveria ser favorável a uma saudável separação.

Libera Chiesa in libero Stato (*Livre Igreja em Estado livre*), propunham os patriotas italianos em luta contra o Estado Pontifício.

A mensagem central dos Evangelhos é a do anúncio de uma nova dimensão ética, tanto subjetiva quanto social, que remete às expressões: "o reino de Deus está em vós e entre vós". Essa mensagem poderá, ou não, coincidir com os valores professados pelo Estado. A tentação de exercer o poder temporal, em que tantas vezes caíram as Igrejas, tem de ser superada por todo aquele que acredita na crítica radical "deste" mundo, feito de violência e arbítrio, com o qual o cristão deveria viver em permanente tensão.

Entrevistas

Otto Maria Carpeaux (1900-1978), crítico literário e ensaísta nascido em Viena, radicou-se no Brasil em 1939.

Sobre Otto Maria Carpeaux

PERGUNTA — *Por que um estudante brasileiro leria Carpeaux hoje?*

ALFREDO BOSI — Para responder com exatidão a essa pergunta seria necessário conhecer em profundidade o que é o estudante brasileiro hoje. Como esse perfil não é uniforme, cairíamos em generalizações arriscadas. Prefiro reportar-me ao tempo em que eu era um estudante do curso colegial, no início dos anos 1950. Começava a interessar-me por Literatura e pelo que ainda hoje chamamos de Humanidades.

Nessa altura, encontrei, nas páginas de cultura do *Diário de São Paulo*, artigos sobre Literatura, Música, Pintura e História das Ideias assinados por Otto Maria Carpeaux.

Vejam como grandes distâncias sociológicas e culturais, que muitos consideram intransponíveis, puderam (e certamente ainda podem) ser franqueadas quando há motivações profundas e algum caminho a ser trilhado no labirinto dos meios disponíveis. Carpeaux era um intelectual europeu, um *scholar* consumado, um leitor enciclopédico, um exilado judeu convertido ao catolicismo e escapo ao nazismo, que encontrara sua segunda pátria no Brasil em plena Segunda Guerra. Quem o lia era um adolescente provindo de família ítalo-paulista de modesta classe média, que precisava ir à Biblioteca Municipal para encontrar o que ler e fazer os seus deveres escolares. No entanto, o encontro foi possível e, para mim, extremamente feliz. Como poderia eu adivinhar que em 1970 dedicaria um livro de história literária a Carpeaux, que, por sua vez, escreveria, no ano seguinte, um prefácio comovente ao livro *Leituras de operárias* escrito por minha mulher, Ecléa Bosi?

Mais uma vez constata-se o poder de difusão da cultura e a expansão das ideias que não estão circunscritas nem no tempo nem no seu lugar de origem.

Os artigos de Carpeaux abriam portas para muitos lados: eram reflexões sobre autores que a escola secundária ainda ignorava: Dostoiévski, Gógol e Kafka, Pirandello e Joyce, Vico, Marx, Croce, Weber; eram compositores, de Bach a Carl Orff; e eram pintores, Van Dyck, El Greco, Utrillo, Portinari... Mas, estranhamente, a pluralidade de informações não dava impressão de caos (como hoje, talvez...), mas de uma bela orquestração. A sensibilidade à criação individual, que aí se aprofundava, não tolhia o conhecimento dos contextos sociais e culturais, e, permeando estes, o sentimento de uma Humanidade que se exprimia de vários modos, em vários lugares, em tempos diversos.

Veja o que o jovem leitor de nossos dias teria a ganhar lendo Carpeaux:

Em primeiro lugar, a riqueza de informação idônea, pois a erudição de Carpeaux era lastreada por um domínio de várias línguas e literaturas: a grega, a latina, a italiana, a espanhola, a catalã, a francesa, a inglesa, a alemã, a flamenga, a russa, a polonesa, a tcheca, as escandinavas, a húngara, sem falar da portuguesa, que ele aprendeu em pouco tempo de Brasil. Trabalhando na Biblioteca Nacional, graças ao apoio de Augusto Meyer, Carpeaux chegou ao *tour de force* de compor, em 1949, uma *Pequena bibliografia da literatura brasileira*, que é ainda hoje de grande utilidade para estudiosos universitários de nossas letras. Quanto à sua *História da literatura ocidental*, é um monumento à parte de que falarei adiante.

Junto com a erudição, e mais importante do que a mera informação, Carpeaux praticou a *arte da interpretação*. Combinando métodos históricos, advindos do culturalismo alemão, derivado de Dilthey, com a perícia estilística dos mestres seus contemporâneos na Europa, como Vossler, Spitzer, Auerbach e os espanhóis (particularmente Dámaso Alonso), Carpeaux penetrava fundo nos textos à procura de um significado que dialogasse dialeticamente com a cultura formadora do escritor.

Essa leitura, que faz sempre a ponte entre o particular e o universal, entre o individual e o social, é uma escola que pude conhecer antes de entrar na Universidade de São Paulo, em cujos cursos de Letras, feitos entre 1955 e 1960, não me lembro se não raramente de ter ouvido o nome de Carpeaux; o que era uma falha lamentável que foi herdada por mais de uma geração de professores de Literatura.

Há mais. O estudante de hoje, literalmente perdido entre teorias e programas dispersos, mergulhado nos espetáculos alienantes da indústria cultural, iria receber de Carpeaux o sentido agudo da crítica social, em uma perspectiva democrática e anticapitalista, cada vez mais anti-imperialista.

Considerem-se os textos de intervenção política que ele escreveu a partir do golpe militar de 1964 no Brasil, e que se foram tornando cada vez mais incisivos e sarcásticos ao longo dos anos 1970, quando quase toda a sua produção foi de oposição à ditadura militar e ao esquema imperialista que sufocava a América Latina. Exemplares, neste sentido, são os artigos que escreveu para o *Correio da Manhã*, e que foram enfeixados nos livros *Brasil no espelho do mundo* (Civilização Brasileira, 1965) e *A batalha da América Latina* (Civilização Brasileira, 1965).

Nesse mesmo ano de 1965 Carpeaux escreveu um prefácio à obra do historiador hindu, K. M. Panikkar, *A dominação ocidental na Ásia*, no qual faz um levantamento impressionante do que o Ocidente deveu à Ásia e do que a Ásia sofreu em séculos de intervenção europeia e norte-americana: um libelo anticolonialista dos mais bem informados e veementes que jamais li.[1] E de 1967 é o prefácio que escreveu para a edição brasileira do ro-

---

[1] O texto do prefácio a Panikkar foi reproduzido em *Reflexo e realidade*, Rio de Janeiro, Fontana, 1978.

mance *El señor presidente*, de Miguel Ángel Asturias, "O romance como poema e a ditadura como realidade".[2] Não é preciso dizer que, nesse tempo, a América Latina vivia os seus anos de chumbo.

Erudição ampla e segura, método histórico-estilístico dialetizado; e crítica social e política: eis o que aprendi — e que o estudante de hoje aprenderia — na obra de Carpeaux.

Os ensaios da década de 1940:
A cinza do Purgatório (1942)
e Origens e fins (1943)

PERGUNTA — *Qual o significado do ensaísmo de Carpeaux na década de 1940?*

ALFREDO BOSI — Carpeaux reforçou intensamente no Brasil a tendência universalista que a nossa melhor crítica literária vinha cultivando desde os ensaios de José Veríssimo e, já nas décadas de 1930 e 1940, os estudos críticos e comparatistas de Augusto Meyer e Álvaro Lins, não por acaso dois de seus amigos e admiradores brasileiros de primeira hora.

Tendência universalista é entendida aqui no sentido que Goethe dera à expressão por ele próprio criada de *Literatura universal*. Trata-se não tanto de uma verificação pontual de influências de um autor estrangeiro em um autor nacional, mas de reconhecimento de *afinidades* que podem ser ideológicas, temáticas ou estilísticas, e que apontam para a contínua difusão da cultura literária por todo o Ocidente.

Por trás dessa expressão — Literatura universal — está o pressuposto de que a memória letrada do Ocidente pode ser metaforizada por um caudaloso rio que foi recebendo, acumulando e transmitindo a força de suas águas através dos séculos: a Bíblia,

---

[2] Em *Reflexo e realidade*.

as literaturas grega e romana, a cultura cristã medieval e o surgimento das literaturas nacionais no final da Idade Média tornam-se presenças vivas nos movimentos culturais posteriores, como a Renascença, o Barroco, o Neoclassicismo, as Luzes, o Romantismo, o Realismo e o Simbolismo. É uma *paideia* que conta 3 mil anos de vida.

As literaturas do Novo Mundo de origem inglesa ou ibérica entrariam, a seu modo, nessa poderosa corrente, oferecendo experiências, paisagens e contributos étnicos específicos ao sistema abrangente.

Os ensaios de Croce, Huizinga, Vossler, Curtius, Spitzer e Auerbach, estudiosos contemporâneos de Carpeaux, trabalharam com vistas a um projeto de compreender "por dentro" e abraçar as inter-relações entre as várias literaturas da Europa até pelo menos a irrupção da Segunda Guerra Mundial. Coube a Carpeaux ler o Brasil primeiro pelos olhos dessa tradição e logo depois fixando-se no que de novo e de problemático a realidade brasileira trazia para aquela extensa *paideia*.

BURCKHARDT, VICO, NIETZSCHE, WEBER

ALFREDO BOSI — O primeiro livro de ensaios, *A cinza do purgatório*, foi editado pela Casa do Estudante do Brasil em 1942. Essa modesta editora publicava no mesmo ano a célebre conferência *O movimento modernista*, que Mário de Andrade proferira havia pouco no Itamaraty.

Não é possível nem desejável resumir os textos aí enfeixados por Otto Maria Carpeaux. Uma constatação, de todo modo, impõe-se: a experiência da guerra e a barbárie do nazifascismo, que estavam no seu auge naquele início da década de 1940, levaram o intelectual exilado a ver antes as sombras do que as luzes daquele imenso painel que o humanismo europeu traçara com tanto orgulho e não menor esperança de indefinida sobrevivência.

O livro se abre com uma reflexão sobre a teoria da História

de Jacob Burckhardt, e é sobre o mesmo Burckhardt que está escrito o seu último texto... Por que o mesmo acorde inicial e final? Como Carpeaux pensou as reflexões de Burckhardt sobre o sentido da História e o futuro da inteligência? Diz Carpeaux: "Para nós, no momento que atravessamos, [ele] tornou-se o conselheiro íntimo da nossa angústia. Amanhã será um profeta, o último dos profetas talvez, já que o tempo não terá mais futuro" (p. 15).

Burckhardt escrevera *A civilização da Renascença na Itália*, livro de cabeceira de seu aluno na Universidade de Basileia, Friedrich Nietzsche. Uma obra-prima que mostra o esplendor de uma cultura, a força de indivíduos-síntese como Lorenzo il Magnifico, Leonardo da Vinci, Michelangelo, Maquiavel. No entanto, as *Considerações sobre a história universal*, publicadas alguns anos depois, seriam carentes de uma palavra de esperança para o mundo moderno, que Burckhardt via dilacerado entre militares, empresários e demagogos. A força bruta e o dinheiro reinariam na civilização do século XX, ora de modo latente, ora de modo patente.

Ao intelectual restaria ser um observador estoico, pois nada garantiria a realização de suas ideias e ideais. Burckhardt historiador é profeta de tudo quanto Carpeaux via acontecer na sua Europa, palco de uma guerra de alcance planetário. A sede de poder incitava os blocos em conflito, e Burckhardt já dissera com terrível laconismo: "Todo poder é mau".

Vamos ao fecho de *A cinza do purgatório*. Aí encontramos de novo o Burckhardt, então historiador de uma Grécia oposta à visão luminosa e idílica dos neoclássicos, uma Grécia dionisíaca e ferina, tal como a compreenderá a perspectiva trágica de Nietzsche. Carpeaux reconhece de novo o intelectual descrente que prefere fechar-se em uma altiva e solitária distância da política, a *apoliteia*. Mas cabe a esse mesmo Carpeaux — exilado e abalado pela violência da guerra — desentranhar do pensamento sombrio de Burckhardt os valores de honestidade intelectual e dignidade da consciência que vê o mal, mas não se entrega ao mal, príncipe deste mundo. Segundo Carpeaux, seria ainda europeia essa visão ao mesmo tempo pessimista e resistente que não se rende interiormente, sabendo embora que os seus meios de luta são desproporcionados em relação à barbárie dominante.

Vinte e dois anos depois, o Carpeaux brasileiro dos artigos do *Correio da Manhã* assumiria, em face do imperialismo e das ditaduras latino-americanas, a mesma posição estoica e resistente expressa no verso de Lucano, lema subterrâneo de toda a obra de Burckhardt, *Victrix causa Diis placuit, sed victa Catoni* (a causa do vencedor agradou aos deuses, mas a dos vencidos agradou a Catão). Mas o seu olhar terá então outra abrangência, pois não tinham passado em vão os anos de exílio e o seu enraizamento em um país do Terceiro Mundo. Cá e lá havia opressão, cá e lá era necessário resistir. Lugares e tempos diferentes, mas ideias e valores afins.

Neste livro há também ensaios seminais que ainda não foram devidamente explorados. De um lado, grandes pensadores da História do Ocidente, Vico, Nietzsche, Max Weber assomam ao primeiro plano para advertir-nos do caráter vulnerável das culturas e ideologias que nos formaram e nas quais depositamos toda a nossa confiança. Variantes dos comentários sobre Burckhardt, esses textos refletem o abalo que a consciência histórica de Carpeaux e dos intelectuais que lhe eram afins estavam sofrendo com a agonia da Europa de Versailles, de Viena e de Weimar.

Shakespeare, Dostoiévski, Kafka

ALFREDO BOSI — De passagem, não é possível deixar de mencionar alguns exercícios de leitura semântica e ideológica que nos revelaram um Shakespeare enigmático, um Dostoiévski refratário à análise psicológica e à interpretação puramente sociológica; e nos apresentaram, pela primeira vez no Brasil, o vulto sofrido de Kafka, que Carpeaux conhecera em Viena na sua juventude.[3]

---

[3] Parte do imenso *corpus* de artigos de Carpeaux foi editada nos dois volumes dos *Ensaios reunidos*, Rio de Janeiro, Topbooks, 2005.

O segundo livro, *Origens e fins*, saiu em 1943, também pela Casa do Estudante do Brasil.

REFLEXÕES SOBRE POESIA

ALFREDO BOSI — Outros poetas conhecem interpretações originais que mereceriam releituras: Góngora, Mallarmé, Lorca.

E tratando-se de poesia, uma das contribuições pioneiras deste livro é o estudo que deveria ser o ABC dos professores e alunos de Teoria Literária, "Poesia e ideologia". O texto nasceu de um encontro inesperado mas feliz: o Carpeaux culturalista depara-se com um dos mentores do *New Criticism* anglo-americano, I. A. Richards, cuja obra *Practical Criticism* acabava pondo em xeque precisamente as certezas de toda crítica segura de si.

O método de Richards era devedor da tradição empirista dileta dos pensadores ingleses. E, pela primeira vez, a questão sempre espinhosa do significado do poema era enfrentada *a partir da relação do leitor com o texto*. Qual a reação do leitor ao poema? Como bom empirista, Richards tinha de começar por um experimento. Os sujeitos (as "vítimas", diz jocosamente Carpeaux) eram sessenta leitores escolhidos entre estudantes mais maduros, médicos, juízes, advogados, professores de língua e literatura inglesa e até escritores e críticos atuantes em revistas e jornais ingleses, profissionais cuja obrigação era escrever ensaios ou resenhas da vasta produção literária que se publicava então na Europa. Uma amostra sem dúvida representativa de diferentes leitores de poesia.

Os "sujeitos" da experiência receberam um conjunto de treze poemas ingleses compostos em diferentes épocas. *Não se informava o nome do autor*. E pedia-se uma franca opinião a respeito do valor de cada poema. Richards escolheu textos menos conhecidos de grandes poetas como Donne, Hopkins e Hardy ao lado de poemetos sentimentais ou cômicos de almanaque, a chamada *magazine poetry*.

Resultados:

Quanto à compreensão literal: a grande maioria dos leitores não foi capaz de "construir frases coerentes" que vertessem em prosa inteligível os poemas semanticamente mais elaborados de um poeta complexo mas rigorosamente lógico (no caso, John Donne). Simplesmente não os entenderam. A mesma incapacidade revelou-se quando se tratava da lírica intimista de Christina Rossetti ou de Edna St. Vincent Millay, criticadas "com prosaísmo mesquinho" e rotuladas com um só adjetivo: "incompreensível". A expressão metafórica, cerne de quase todos os poemas, foi desdenhada, e a maioria exprimiu o desejo de que "a linguagem fosse mais direta". Pouparam, no entanto, textos de desbragada retórica sobrecarregados de lugares-comuns de um tal Alfred Nayes.

Quanto à interpretação: Richards colheu não poucos exemplos do que chamou *stock responses*. Aqui os preconceitos ideológicos falaram alto. Leitores convictamente republicanos irritaram-se com o uso da palavra "rei"; usada embora metaforicamente no poema, pareceu-lhes insuportável profissão de fé monárquica. Os céticos não toleraram versos de ressonância religiosa, e não sabendo que seu autor era ninguém menos que John Donne, rejeitaram-nos sem hesitação. O estranho, nisso tudo, foi a preferência que críticos de renome dos suplementos londrinos deram a poemas insignificantes mas pretensiosos tirados de jornaizinhos provincianos... Um vexame.

Os comentários que se podem fazer a esses resultados são vários. O mais evidente é que o público leitor de poesia (e não só de poesia) não tem outro critério que não seja o prestígio do nome dos seus autores. Só é bom o que vem com a marca registrada da crítica ou do mercado. Isto significa que raros discriminam entre a boa e a má poesia.

Mas há um problema mais grave: a poesia é, em geral, difícil, e a complicação pretensamente racional da vida contemporânea tornou-a ainda mais difícil, de tal modo que a poesia se refugiou em escritores que, intencionalmente ou não, opõem a sua "ordem interior" ao caos do mundo, ou o seu caos interior à aparente ordem do mundo. Em ambas as alternativas o poema traz em si intenções e atitudes que destoam das fórmulas ossificadas pelas ideologias, as *stock responses* dadas por leitores inadvertidos. Haveria uma tensão, em geral implícita, entre ideologias ou gostos dominantes e toda expressão poética vigorosa, pessoal.

A densidade das reflexões de Carpeaux a propósito do experimento de Richards confere a este "Poesia e ideologia" o lugar de primeiro ensaio dialético de Teoria Literária escrito no Brasil. A relação entre obra e leitor é aferida de um ângulo qualitativo, descartando-se o enfoque sociológico quantitativo e abstrato que, em geral, empobrece a própria noção de "público". Afinal, *público é quem compra, quem lê* ou *quem compreende o que lê?* A sociologia convencional da literatura adstrita à exterioridade do processo parece não ter instrumentos afiados para responder a essa questão.

No mundo novo: a "brasiliana" de Carpeaux

ALFREDO BOSI — O último conjunto de textos de *Origens e fins* está centrado em autores e problemas brasileiros. O humanista Otto Maria Carpeaux se familiarizou em pouco tempo com o melhor que a literatura brasileira estava produzindo. *No mundo novo* contém páginas argutas sobre Manuel Bandeira, Carlos Drummond de Andrade, Graciliano Ramos e Álvaro Lins, a "brasiliana" de Carpeaux. Todos os ensaios mereceriam ser contemplados, mas é preciso escolher. Faço breve comentário ao "Fragmento sobre Carlos Drummond de Andrade":

Carpeaux está diante de um aparente paradoxo: a poesia de Drummond é, ao mesmo tempo, objetiva e subjetiva, abertamente social e política e inequivocamente pessoal. Nos termos lapidares do crítico: "A poesia de Carlos Drummond de Andrade, expressão duma alma muito pessoal, é poesia objetiva". Portanto, "não precisa de elogios subjetivos. Precisa duma interpretação objetiva". E qual seria o caminho para interpretá-la?

Em primeiro lugar, o crítico afasta dois escolhos que podem

obstruir uma leitura justa do poeta: o psicologismo biográfico, que colheria aspectos da vida privada do indivíduo Drummond, tentando projetá-los no corpo do poema; e o politicismo, que daria um tom tendencioso, panfletário, à sua poesia pública.

Em que nível estilístico se daria então a confluência da "alma muito pessoal" com a objetividade social? Carpeaux aponta em Drummond uma linguagem feita antes de *conceitos e de indagações*, isto é, de pensamento, do que de imagens, no sentido de figuras metafóricas do real. O conceito forma-se a partir da percepção que o sujeito tem do objeto. A indagação vem da perplexidade em face do sentido mesmo da experiência do mundo. Novamente um risco ronda o achado crítico: poesia de pensamento poderia ser lida como linguagem abstrata ou erudita, *bookish* (lembraria a de Pound e a de Eliot, segundo Carpeaux); o que, porém, não se dá, pois uma certa "ingenuidade rústica" livra o poeta de toda sofisticação.

Limpando o terreno dos possíveis equívocos metodológicos, Carpeaux chega à formulação crítica mais rente ao *pathos* do poeta: trata-se de um humorista melancólico, um observador agudo, sofrido, reflexivo e, ao mesmo tempo, ardentemente desejoso de estender a mão aos seus companheiros de geração, aqueles que não desistiram de enfrentar juntos uma realidade hostil ("o tempo presente"), que não cessa de *agredi-los*. Essa realidade temporal tem forma e tem peso, é a matéria da cidade moderna, feita de arranha-céus, cimento, vidro e multidões anônimas. O homem comum, que também vive dentro do intelectual, está no meio dela, e pode também não entendê-la, mas o poeta quer estar perto desse pobre cidadão, o que não o impede de sentir-se só. Cidade grande e solidão, realismo duro e pungente lirismo não se contrapõem retoricamente, apenas coexistem, e nenhuma das dimensões pode ser excluída. Não há sínteses retóricas fáceis, há tensões que não se resolvem: daí, a presença do humor e da interrogação ardida sem resposta. Na sua concisão extrema o leitor Carpeaux nos dá uma lição exemplar de crítica ao mesmo tempo fenomenológica e social.

Lembro que a interpretação de Carpeaux, publicada em 1943, se fazia a partir de um corpus ainda relativamente exíguo, pois Drummond nem sequer escrevera, a essa altura, *A rosa do povo*, em que a vertente do poeta público se manifestaria com mais intensidade.

Uma palavra sobre a *História da literatura ocidental*[4]

ALFREDO BOSI — Sobre essa obra monumental, rara em qualquer língua e hoje praticamente impossível de ser empreendida por um único autor, remeto ao que escrevi no ensaio "Por um historicismo renovado: reflexo e reflexão em história literária".[5]

Um traço constante do método histórico-literário da obra é a combinação da visada culturalista com a dialética.

O culturalismo, herdado de Dilthey e dos historicistas alemães do começo do século XX, trabalha com o conceito de *estilos de época*. Trata-se de um instrumento útil para a tarefa de enfeixar em um dado período autores e obras que apresentam características comuns de tema e de linguagem: Renascença, Maneirismo, Barroco, Luzes, Romantismo... É possível relativizar esse conceito recorrendo ao exame das *gerações literárias* que arejam e abrandam a ditadura da cronologia, mas não dispensam a ideia dos grandes movimentos culturais.

---

[4] A primeira edição de *História da literatura ocidental* foi lançada no Rio de Janeiro, em oito volumes, pelas edições O Cruzeiro, em 1959-66. Uma segunda edição, revista e atualizada, foi publicada pela Alhambra, Rio de Janeiro, 1978-84. A terceira edição, reprodução da anterior, mas em quatro volumes, foi impressa em Brasília, pela Editora do Senado Federal, em 2008.

[5] O texto abre o livro *Literatura e resistência*, editado pela Companhia das Letras em 2002. Ver em particular as páginas dedicadas ao método histórico-literário presente, sob perspectivas diversas, na *História da literatura ocidental* de Carpeaux e na *Formação da literatura brasileira* de Antonio Candido, pp. 32-53.

O olhar dialético, de cunho hegeliano-marxista, detecta as contradições internas de cada cultura, que propiciaram, por sua vez, as rupturas e a formação de novas sínteses semânticas e estilísticas. O mesmo olhar é capaz de descobrir não só em cada sistema, mas na imanência concreta de cada obra, a força da negatividade pela qual um texto entra em tensão com a ideologia ou o estilo dominante. Caminha-se deste modo para a diferenciação de cada autor e cada obra, cujo limite impossível de atingir, a quadratura do círculo, seria o pleno conhecimento do individual. Mas Aristóteles disse: "não há ciência do individual". Ou "o indivíduo é inefável". Dito ainda de outro modo, nenhum adjetivo qualificativo pode ser atribuído e reservado a um único indivíduo. Entretanto, sempre é possível distinguir no poema o momento do puro reflexo e o momento da tensa reflexão. Lembro que, em 1950, Carpeaux já mostra ter lido a *Dialética do esclarecimento* de Adorno e Horkheimer, em que se acusam os riscos da racionalidade abstrata, genérica.[6]

Graças a essa combinação de métodos, Carpeaux pôde captar o movimento das contradições imanente em períodos outrora vistos compactamente como Renascença europeia, Barroco e Romantismo. Antônio Vieira, por exemplo, aparece como barroco e antibarroco, e o conceito de *pseudomorfose* contribui para entender como formas tradicionais podem configurar pensamentos novos, ou vice-versa, como escritas espevitadamente novas podem veicular interpretações avelhentadas...

Mediante o jogo de espelhamentos e resistências, de direito e avesso das obras, a *História da literatura ocidental* resultou em um empreendimento único, ao mesmo tempo enciclopédico e original, típico e atípico, e só uma leitura atenta do seu conjunto poderia aferir a riqueza de sugestões que ainda estão por explorar.

---

[6] Ver o artigo "Três vezes Ulisses", no número 156 do Suplemento Letras e Artes do jornal *A Manhã*, de 12/2/1950.

O último testemunho:
a biografia de Alceu Amoroso Lima

ALFREDO BOSI — Em 1977, pouco antes de sua morte, Otto Maria Carpeaux deu um testemunho lúcido e caloroso de sua admiração por um pensador cristão, que representava naquela altura uma das bandeiras da inteligência brasileira contra a ditadura militar ainda vigente, Alceu Amoroso Lima.[7]

Não se trata apenas de uma biografia intelectual e ideológica. Trata-se do desenho de um longo itinerário, que espelhava algumas das principais correntes de pensamento e de ação que atravessaram o século XX brasileiro em íntima conexão com as conjunturas ideológicas internacionais.

Quem ler atentamente este livro entenderá o que foi a crise do liberalismo otimista da *belle époque*:

— o abalo ideológico da Guerra de 1914 com o fim das ilusões progressistas do começo do século;

— a substituição do liberalismo político clássico por uma crença no Estado forte, que se concretizou entre nós na ideologia integralista tão cara ao conservadorismo católico (Carpeaux esclarece, porém, que Alceu Amoroso Lima nunca aderiu ao integralismo);

— o auge da Direita que se dá pelos meados da década de 1930, precedendo a Segunda Guerra;

— as esperanças democráticas reavivadas pela vitória dos Aliados;

— a formação, na Europa Ocidental e na América Latina, de partidos democratas cristãos no após-guerra, igualmente distantes da Esquerda estalinista e das nostalgias fascistas;

— o pesadelo do macartismo que se espalhou dos Estados Unidos para a América Latina;

---

[7] *Alceu Amoroso Lima por Otto Maria Carpeaux*, Rio de Janeiro, Graal, 1978.

— a radicalização socialista do pensamento católico em alguns países da América do Sul;
— o triunfo das ditaduras militares;
— enfim, a resistência democrática animada por vários grupos de Esquerda e pela Igreja progressista.

Alceu Amoroso Lima, primeiro, liberal e agnóstico (1917-27), depois, católico conservador (1928-37), em seguida, democrata-cristão (1938-59), enfim socialista cristão (de 1960 até o momento em que Carpeaux estava escrevendo, e até à sua morte), é o fio que costura as várias passagens ideológicas da nossa inteligência militante. Carpeaux traça um perfil vigoroso do homem sempre honesto consigo mesmo, inteiramente voltado para ideais humanistas e, mesmo quando equivocado (o biógrafo não esconde suas divergências pontuais), uma consciência altiva, um coração aberto aos ideais de justiça social, um resistente ao "terrorismo cultural" da ditadura militar, expressão que ele próprio cunhou, e que se tornaria um conceito político de extrema pertinência...

Carpeaux visto por Alceu Amoroso Lima, já com 85 anos de idade, em entrevista dada a Antonio Houaiss e Antonio Callado, pouco depois da morte de Carpeaux

ALFREDO BOSI — Houaiss e Callado, companheiros de jornalismo e velhos amigos de Carpeaux, entrevistaram Alceu Amoroso Lima, que disse palavras da maior admiração pelo *scholar*, pelo apaixonado estudioso da cultura brasileira e pelo militante que morrera sem ver o fim da ditadura que ele enfrentara bravamente desde a primeira hora.

Há muito material interessante nessa entrevista sobre a personalidade e a cultura de Carpeaux. Transcrevo apenas trechos da homenagem de Alceu Amoroso Lima "ao brasileiro Otto Maria Carpeaux", que o livro traz em apêndice, e que foi lida por Francisco de Assis Barbosa no Teatro Casa Grande, no dia 6 de março de 1978, por ocasião da cerimônia póstuma em honra a Carpeaux, da qual participaram também Oscar Niemeyer, Ferreira Gullar, Antonio Houaiss, Alberto Passos Guimarães, Hélio Silva e Thiago de Mello:

O caso de Otto Maria Carpeaux é absolutamente singular em nossa história cultural.
Jamais, como ele, um filho de outras terras, de outra língua, de outra cultura, se integrou de modo tão perfeito à nossa própria história pátria, em todos os sentidos. E não somente fundiu nela sua própria história pessoal, mas representou, como nenhum outro, uma aculturação conosco do que há de mais elevado no pensamento da *Welt Literatur*, e ainda do que há de mais nobre no caráter, na tradição moral e na riqueza intelectual do legado da Grécia, de Roma, da Idade Média, do Renascimento, dos Tempos Modernos, para a elevação intelectual e moral da nossa gente. Escrevendo sobre ele, em 1966, tivemos ocasião de salientar que: se a sua obra (referia-me à *História da literatura ocidental*) é absolutamente singular em nossas letras e realmente monumental mesmo na *Welt Kultur*, seu autor não é menos... O retrato do autor não merece apenas um lugar de honra na galeria dos historiadores literários e dos críticos. Merece figurar, ainda com maior destaque, na galeria do civismo universal. As atitudes que recentemente vem tomando, em defesa da liberdade e da dignidade da inteligência, contra o terrorismo cultural, acabaram de convertê-lo em sua própria vítima. O silêncio jornalístico, a que ultimamente se viu obrigado, só é um mistério para quem quiser tapar o sol com a peneira.
Esse silêncio jornalístico, forçado e imposto pelo obscurantismo cultural que, especialmente nessa época, se abateu sobre todos nós, através de uma implacável censura contra a inteligência nacional, que em parte prossegue até hoje, colocou esse gênio do humanismo crítico universal, nas fileiras dos que há quinze anos, lutam entre nós pela liberdade da cultura, no mais alto sentido da palavra.

A solidão a que se viu forçado esse verdadeiro missionário das letras e das artes universais, voluntariamente assimilado à nossa brasilidade, no que tem de mais expressivo, essa solidão, a que foi condenado e que tanto amargou os últimos anos dessa vida, gloriosamente sacrificada, foi o remate trágico de um gênio trágico e o sinal indelével da germinação, numa só figura humana, de um talento universal, com um grande homem de bem. O caso de Carpeaux, repito, foi único em nossa história intelectual. A gratidão que devemos ao seu exemplo também será única, nos anais de nossa história patética, da dignidade humana, da bravura cívica e da resistência moral.

(*Jornal do Brasil*, Rio de Janeiro, 6/3/1978)

Sobre Celso Furtado[1]

Se é possível usar (sem abusar) da expressão "contradição dialética", que se converteu em clichê do marxismo acadêmico, eu diria que ela cabe com justeza ao itinerário do pensador Celso Furtado.

Em que consistiria essa contradição, que é fecunda e que não paralisou o pensamento de quem a enfrentou durante tantos decênios?

No contraste entre o peso da estrutura econômica dos países ditos periféricos ou dependentes e a proposta de um uso criativo da tecnologia, da política e do planejamento via Estado.

A tese e a antítese

A tese é a conhecida teoria da Cepal aplicada aos povos ditos subdesenvolvidos ou dependentes. Na relação com os países altamente industrializados e tecnicamente bem aparelhados, os países dependentes estão em condições estruturalmente desvantajosas. As vantagens comparativas da Economia Clássica Liberal converteram-se, com o tempo, em desvantagens comparativas. A depreciação dos produtos tropicais ou coloniais, que são a base da

---

[1] Entrevista dada ao setor cultural do Movimento dos Trabalhadores Sem Terra, MST, em janeiro de 2012. A organização em tópicos remete ao ritmo do depoimento voltado para o exame das propostas de Celso Furtado em seu meio século de militância. As passagens em itálico são extraídas de suas obras.

economia primário-exportadora, selaria o destino das economias subdesenvolvidas. A relação destas com a modernidade dos países centrais é superficial, atendo-se sobretudo ao plano do consumo das classes altas e médias altas. A tecnologia importada não revoluciona a economia, apenas dá outra qualidade ao consumo.

A dependência, sendo estrutural, não tem vias econômicas convencionais de ser superada. Daí, as características de atraso e de concentração de renda das nações latinoamericanas e africanas.

Há antítese possível? Diz Celso Furtado:

> Controlar o Estado, mesmo quando este permaneça no essencial um reflexo das estruturas sociais engendradas sob a hegemonia burguesa, é condição necessária para levar a luta a outros planos e enfrentar as novas forças concentradoras de riquezas que se manifestam nas fases mais avançadas da acumulação.[2]

A criatividade e a inventividade (a "imaginação") nas decisões políticas resultam em orientar a acumulação e o excedente para fins públicos. Caso contrário, a modernização tecnológica ficará no nível do consumo de uma parte da população, sem afetar significativamente a concentração de renda, isto é, as estruturas de poder econômico, hoje, mais do que nunca, nas mãos das empresas transnacionais.

Vontade política

Em aula dada na Escola do Governo no começo dos anos 1990, em um período particularmente vulnerável de nossa economia, quando os problemas de inflação, dívida interna e dívida externa pareciam insolúveis, Celso Furtado elaborou com clareza

---

[2] Celso Furtado, *Criatividade e dependência na civilização industrial*, São Paulo, Companhia das Letras, 2006, p. 131.

o que chamo de perspectiva dialética da questão crucial do desenvolvimento.

Pessimismo da inteligência: *"A crise de nossa economia me parece insuperável, sendo notória a incapacidade do Estado para enfrentá-la"*.

Otimismo da vontade: esse julgamento duro, vindo de quem sempre apostara nas virtudes do planejamento, poderia arrastar ao desânimo se o seu autor não o tivesse dialetizado com um "mas", que acaba acenando para a alternativa:

> Mas não tenhamos dúvida de que é possível superar a crise, se o país manifestar vontade política necessária para aumentar a taxa de poupança e enfrentar os credores a fim de compatibilizar as transferências de recursos para o exterior com as exigências da retomada do crescimento.

A expressão-chave é *vontade política*. Com o passar dos anos, superando o economicismo que parecia caracterizar os seus primeiros estudos sobre subdesenvolovimento, Celso Furtado foi aprofundando o veio ativo e propositivo do seu pensamento. Expressões como "vontade política" vieram somar-se a outras, igualmente promissoras e enérgicas: "criatividade", "liberdade" "inventividade" e "imaginação". O lado da iniciativa foi crescendo e contrabalançando o peso das estruturas recorrentes, aqueles sistemas de autorreprodução que se perpetuavam na sua dinâmica opressora.

Essa ênfase nas propostas de mudança só foi possível na medida em que o pensamento econômico de Celso Furtado estava animado por valores de justiça e democracia social e pela convicção de que o poder público poderia e deveria intervir na montagem de um generoso projeto de redução da concentração de renda. Daí, a pertinência da expressão "vontade política", que não se deve confundir com mero voluntarismo, pois está lastreada pela análise objetiva dos processos de decisão viáveis em cada conjuntura econômica.

A necessidade — dizia Leonardo da Vinci — é mãe da ciência. Glosando a frase, poderíamos dizer: A consciência da necessidade é mãe de uma política social justa.

Hegel: "Enquanto a inteligência só trata de tomar o mundo como ele é, a vontade, ao contrário, tende a fazer primeiro o mundo como deve ser".[3]

A vontade precisa, ao procurar o melhor, ser razoavelmente otimista e animosa, na medida em que a inteligência objetiva dos dados empíricos reconhece não só a recorrência de estruturas, mas as suas possibilidades de mudança. Na expressão concisa do Gramsci teórico da vida política: "Pessimismo da inteligência, otimismo da vontade".

Celso Furtado:

> O ponto de partida do estudo do desenvolvimento deveria ser não a taxa de investimento, ou a relação produto-capital, ou a dimensão do mercado, mas, sim, o horizonte de aspirações da coletividade em questão, considerada não abstratamente, mas como um conjunto de grupos ou estratos com perfil definido, assim como o sistema de decisões que prevalece nessa sociedade e os fatores limitantes que escapam ao poder interno de decisão. O desenvolvimento é a transformação do conjunto das estruturas de uma sociedade em função de objetivos que se propõe alcançar essa sociedade.[4]

O PENSAMENTO PROPOSITIVO DE CELSO FURTADO

1. Inteligência criativa dos intelectuais não comprometidos com a ordem burguesa *versus* tecnoburocracia.

---

[3] G. W. F. Hegel, *Enciclopédia das ciências filosóficas*, I, § 234, adendo.

[4] Celso Furtado, *A hegemonia dos Estados Unidos e o subdesenvolvimento da América Latina*, Rio de Janeiro, Civilização Brasileira, 1975, p. 131.

Acredito que se possa ver nessa ordem de ideias uma reação ao estilo de desenvolvimento levado a efeito pela tecnocracia a mando dos militares operando nos anos 1970, em pleno terror. O "milagre econômico" se fazia às custas de uma repressão dos intelectuais e militantes empenhados em uma política social igualitária.

A concentração de renda acompanhou o crescimento medido pelo PIB. Mas à vanguarda intelectual engajada, ao contrário, caberia

> projetar luz sobre os desvãos da história, onde se ocultam os crimes cometidos pelos que abusam do poder; cabe-lhes auscultar e traduzir as ansiedades e aspirações das forças sociais ainda sem meios próprios de expressão.[5]

2. Respeito ao trabalhador negro e à mulher trabalhadora.

A tendência de subestimar, em termos de salário, o negro e a mulher (e, mais pesadamente, a trabalhadora negra) é uma das características do sistema de produção dos países de passado colonial. Talvez seja esse o limite da expropriação da mais-valia e, portanto, um dos extremos da distribuição iníqua de renda.

Celso Furtado denuncia a superexploração do negro e da mulher em um texto publicado no jornal *Opinião*, em 1972, em plena ditadura militar. O texto foi republicado com o título "Quem justifica a concentração de renda?" em *Os ares do mundo*.[6]

3. Acesso à terra *versus* estrutura fundiária iníqua.

O que fez a ditadura militar em termos de política agrária?

Deu amplos subsídios ao grande agronegócio, com vistas a um aumento da exportação de produtos primários. Fez vista gros-

---

[5] Celso Furtado, *Em busca de um novo modelo: reflexões sobre a crise contemporânea*, São Paulo, Paz e Terra, 2002, p. 37.

[6] Celso Furtado, *Os ares do mundo*, São Paulo, Paz e Terra, 1991, pp. 181-9.

sa à expulsão dos trabalhadores rurais do seu *habitat*, secundando a violência dos empresários grileiros. Provocou um aumento considerável de "lavradores sem terra". Favoreceu o crescimento patológico, isto é, a inchação dos centros urbanos por efeito das migrações do mundo rural para as cidades.

Celso Furtado combatera, durante os governos de Juscelino, Jânio e João Goulart, a prepotência e as trampas dos latifundiários do Nordeste. Tendo sido Superintendente da Sudene, percebeu que os governos militares apoiavam os empresários do Centro-Sul nas ocupações fraudulentas de terras e nos processos de desmatamento do Centro-Oeste e da Amazônia. Daí, a sua adesão à ideia da reforma agrária, preconizada pelo MST, ao qual se referiu em termos elogiosos:

> A única força social nova com grande capacidade de mobilização é o Movimento dos Trabalhadores Sem Terra, cujos objetivos são elementares: questionamento da velha divisão patrimonial da terra, que atrasou o Brasil secularmente; investimento em pequenas propriedades, no sentido de promover a formação nas áreas rurais de uma sociedade civil mais estruturada. Mediante planejamento adequado é perfeitamente viável colocar a grande parte dos 4 milhões dos atuais sem-terra em pequenas unidades de produção. Cooperativas de várias ordens poderão dar mais consciência e poder negociador para que possam enfrentar as poderosas organizações comerciais.[7]

Comparar estas propostas com as observações diferentes, se não opostas, de Caio Prado Jr., em *A revolução brasileira*, de 1966, texto em que é desaconselhada a reforma agrária, via dis-

---

[7] Celso Furtado, *O capitalismo global*, Rio de Janeiro, Paz e Terra, 5ª ed., 2006, pp. 78-9 (ms. datado de Paris, 1998).

tribuição de terras aos camponeses. Caio Prado Jr. subestima a aspiração de acesso à posse da terra pelos trabalhadores rurais e vê na tributação aos latifúndios (medida fiscal) o mecanismo adequado a uma reforma agrária. Em sentido contrário, ver o texto de Moisés Vinhas, "Problemas agrário-camponeses do Brasil" (1968).[8]

4. Elevação dos salários e participação do trabalhador no lucro das empresas *versus* arrocho salarial.

Celso Furtado lembra que, ao longo da Revolução Industrial (mais de um século e meio) não houve uma relação constante e diretamente proporcional entre crescimento da produção e salário.

Afirmação polêmica: "*A ideia de que o salário de um trabalhador está ligado à produtividade específica desse trabalhador constitui uma das ficções mais curiosas da economia neoclássica*".[9]

E em página anterior: "Ora, o cálculo racional do capital é perfeitamente compatível com formas servis de trabalho" (p. 37). O que não deixa de ser uma advertência aos que, presos a velhos esquemas evolucionistas lineares, consideram desproposital a convivência brasileira de capitalismo liberal e escravidão.

5. Sobre a superexploração, o desemprego, o subemprego e outras manobras dos exploradores da mais-valia.

Celso Furtado critica, nesse tópico, o caráter abstrato da microeconomia clássica, que ignora as diferenças individuais entre os desempenhos dos trabalhadores, e considera somente a somatória final do produto industrial. Daí, a falácia de emparelhar o crescimento da produção com o crescimento salarial de cada trabalhador. Nessa altura, Furtado recorre com justeza às concep-

---

[8] Transcrito em *A questão agrária no Brasil*, de João Pedro Stédile, São Paulo, Expressão Popular, 2005.

[9] Celso Furtado, Prefácio a *Nova Economia Política*, Rio de Janeiro, Paz e Terra, 1976, p. 47.

ções marxistas de mais-valia e exploração estrutural da força de trabalho.

Frase de um general-presidente: "A economia vai bem, o povo vai mal"... No auge da exportação do café, no século XIX, a frase também serviria para mostrar a prosperidade do setor agroexportador feita às custas do trabalho escravo.

6. Reflexões ecológicas *versus* degradação ambiental produzida pelo capitalismo selvagem.

Dois momentos na trajetória do pensamento econômico de Celso Furtado.

a) Anos 1950 e 1960: a questão ambiental não estava na pauta dos estudiosos do subdesenvolvimento;

b) Anos 1970, particularmente a partir da divulgação dos relatórios do Clube de Roma em 1972: a questão ambiental passa a introduzir uma cunha no mito do desenvolvimento contínuo e ilimitado. A confiança moderna no progresso linear se autocritica, ainda que não se autodenomine "pós-moderna".

Celso Furtado se apercebe (depois de uma fase reticente) de que o planeta não suportaria um tipo de desenvolvimento material que pretendesse igualar o consumo do mundo inteiro ao do *American way of life*, dos países altamente industrializados. Essa percepção relativiza os esquemas do desenvolvimentismo convencional:

> Hoje [2002], faço uma reflexão complementar: o desenvolvimento dos países que estão na vanguarda do progresso tecnológico também parece haver tomado uma direção errada, que leva a outro tipo de bloqueio. Há mais de vinte anos já me parecia claro que a entropia do universo aumenta, isto é, que o processo global do desenvolvimento tem um considerável custo ecológico. Mas só agora esse processo se apresenta como uma ameaça à própria sobrevivência da humanidade. Generalizar esse modelo para toda a humanidade, o que é a promessa do desenvolvimento econômico, seria apressar uma catás-

trofe planetária que parece inevitável se não se mudar o curso dessa civilização.[10]

Habermas, homenageando Marcuse, diz ainda mais drasticamente: "Nenhum leitor de jornais pode se iludir hoje em dia quanto ao entrelaçamento de produção e destruição".[11]

7. Projeto de construção nacional *versus* fragmentação e heterogeneidade regional. A *Operação Nordeste* e a Sudene. *A fantasia desfeita* (1989).

A concentração industrial e financeira nas áreas dinâmicas do Brasil capitalista se tem feito em detrimento das áreas ditas não-dinâmicas de várias regiões brasileiras: o interior do Nordeste, o norte e o oeste de Minas Gerais, o extremo sul do Rio Grande do Sul. É preciso lembrar que o estudo intenso da economia do Nordeste foi sempre um dos patamares do pensamento de Celso Furtado, na medida em que considerava o que acontecia naquela região como espelho em dimensão ampliada do subdesenvolvimento brasileiro.

Celso Furtado tratou amplamente da questão regional desde seus primeiros escritos. Creio que, para termos uma visão abrangente do tema, torna-se indispensável ler *A fantasia desfeita*, obra publicada no Brasil pela Paz e Terra, em 1989. Em uma escrita sóbria, mas veemente, Furtado esclarece nessa obra:

— As origens coloniais dos problemas do Nordeste;

— O seu atrelamento à economia de exportação do açúcar, latifundiária e escravista;

— A formação de uma economia de subsistência árdua e pobre no semiárido;

---

[10] Celso Furtado, *Em busca de um novo modelo*, Rio de Janeiro, Paz e Terra, 2002, p. 78.

[11] Jürgen Habermas, *A constelação pós-moderna*, São Paulo, Littera Mundi, 2001, p. 205.

— O crescimento vegetativo da pecuária no sertão;

— O fenômeno das secas convertido em "indústria da seca" (expressão de Antonio Callado) pelo DNOCS, Departamento Nacional de Obras contra as Secas, ninho de interesses eleitorais dos governadores e políticos nordestinos;

— O convite de Juscelino Kubitschek para a reunião de 6 de janeiro de 1959, em que Celso Furtado expôs as suas teses sobre o Nordeste, e da qual saiu encarregado oficialmente de iniciar a *Operação Nordeste*, germe da Sudene, que seria fundada no final de 1959;

— O encontro com os primeiros aliados, D. Hélder Câmara, fundador da CNBB, Antonio Callado, jornalista do *Correio da Manhã* e, conjunturalmente, os nove governadores do Nordeste, que seriam depois conselheiros da Sudene. Depois de Juscelino Kubitschek, Celso Furtado foi confirmado na superintendência por Jânio Quadros e João Goulart. Este lhe ofereceu a pasta do Planejamento.

A obra narra com detalhe a perseguição política sofrida por Furtado desde os primeiros tempos da *Operação Nordeste* e que culminou com o golpe de 1964, a sua cassação, o exílio e o desmantelamento do projeto da Sudene.

Propostas básicas da Operação Nordeste e do Plano Diretor da Sudene:

1) Enfrentar o problema crucial da distribuição de renda mostrando a brutal disparidade que há entre o Sudeste moderno e industrializado e o Nordeste. Renda *per capita* 30% inferior à do Centro-Sul;

2) Instaurar uma política de industrialização de preferência a privilegiar a exportação de produtos primários. (Provável influência da proposta de Perroux, sobre polos de crescimento autônomos.) Efeitos dessa política: dar emprego à massa de desempregados e subempregados; criar uma classe dirigente nova imbuída de ideais de desenvolvimento social; fixar na região capitais que tendem a migrar para outras regiões;

3) Transformação da economia agrícola da faixa úmida com vistas a aumentar a oferta de alimentos nos centros urbanos. (Esboço de uma reforma agrária nas terras dessa faixa.);

4) Reduzir o âmbito da agricultura de subsistência do semiárido, que é uma multiplicadora de condições de vida míseras. Para tanto, introduz-se a ideia de um deslocamento da população para a fronteira maranhense, na sua faixa subamazônica.

Sobre as propostas da Sudene e o balanço do pouco que ficou depois do golpe de 1964 e do muito que se abandonou, leia-se *Celso Furtado e o Brasil*.[12]

8. Medidas distributivistas.[13]

Ritornello. Em face do problema recorrente da concentração de renda, divisor de águas entre uma economia desenvolvida e uma economia subdesenvolvida, Celso Furtado sugere, para escândalo dos neoliberais, que se reduza, no prazo de três a cinco anos, de uma quarta parte a renda do grupo (mais rico) constituído de 1% da população (que aufere 50% da renda nacional); e que igualmente se reduza de 10% a renda do grupo da alta classe média, que representa 9% da população e aufere mais de 20% da renda nacional. O montante da redução se repartiria entre impostos sobre o consumo suntuário (o que elevaria os preços dos artigos de luxo e de ponta) e impostos sobre a poupança.

De todo modo, *os recursos assim liberados deveriam subsidiar investimentos que não reforçassem o atual estilo de desenvolvimento para os ricos*. Uma leitura transversal da obra de Celso Furtado reencontra como *leitmotiv* a tese de que o consumo so-

---

[12] Livro organizado por Maria da Conceição Tavares (São Paulo, Fundação Perseu Abramo, 2000); destacam-se os textos de Tânia Bacelar e Wilson Cano.

[13] O tópico reproduz uma passagem de *Ideologia e contraideologia* (São Paulo, Companhia das Letras, 2010), em que exponho propostas de Celso Furtado para corrigir a distribuição de renda no Brasil.

fisticado e o desperdício praticados pelas classes alta e média alta bloqueiam o investimento produtivo básico. O que acaba sendo um dos fatores da disparidade de níveis de vida inerente à concentração de renda.

Recapitulando, em *Os ares do mundo*, nas discussões travadas na Cepal em torno dessa hipotética intervenção tributária do Estado, Celso Furtado reconhece que: *"reduzir o consumo dos grupos de alta renda já constitui por si mesmo uma autêntica revolução"*...[14]

---

[14] Alfredo Bosi, *op. cit.*, p. 252.

O caminho percorrido

Entrevista à *Folha de S. Paulo*[1]

AUGUSTO MASSI — *Composto por três textos inéditos e dois já publicados,* O enigma do olhar *revela grande coerência interna e escapa à definição tradicional de mais uma coletânea de ensaios sobre Machado de Assis. Situados estrategicamente na abertura e no final do volume, os textos inéditos conferem uma nova perspectiva de leitura para os mais antigos, dotando a obra de uma arquitetura própria. A sua prolongada reflexão em torno da figura de Machado finalmente encontrou uma forma?*

ALFREDO BOSI — Esse livro, como todos os livros, tem uma história. Ela vem desde os anos 1970, quando tive a oportunidade de ministrar um curso sobre *Memorial de Aires*, o último romance de Machado de Assis. Àquela altura escolhi analisar esse livro porque a sua fortuna crítica era parca e parecia o menos apreciado pela crítica machadiana. Talvez porque a garra crítica, aquela mistura de galhofa e melancolia que todos reconhecem nos grandes romances da fase madura de Machado, em especial nas *Memórias póstumas de Brás Cubas,* não esteja tão presente no *Memorial de Aires.* A história é contada pelo Conselheiro Aires, se-

---

[1] Esta entrevista, organizada por Augusto Massi e publicada pelo jornal *Folha de S. Paulo* em 28 de março de 1999, por ocasião da publicação do volume *Machado de Assis: o enigma do olhar,* de Alfredo Bosi, pela Editora Ática, contou também com a participação dos professores de literatura brasileira Alcides Villaça, Gilberto Pinheiro Passos e José Miguel Wisnik.

xagenário, diplomata e aposentado. Trata-se de uma composição singular porque, muito embora adote a forma de um diário, o narrador assume a posição de quem está distante dos fatos. Em virtude desse olhar do Conselheiro, as anotações do diário, ainda que voltadas para acontecimentos recentes, ocorridos no dia anterior, transformam-se em algo esbatido e longínquo. O olhar diplomático que abafa as contradições parece ajustar-se a uma espécie de ego ideal do último Machado. Contrariamente ao que eu mesmo esperava, mais do que conflitos de interesses econômicos imediatos que, em geral, constituem o estímulo das situações machadianas, acabei encontrando conflitos profundos, sobretudo conflitos de gerações.

O *Memorial de Aires* também é uma história de apadrinhamento. Mas, como os personagens estão quase todos instalados na mesma classe social, os conflitos de interesse parecem mais sutis. O famoso complexo do favor é rapidamente sublimado. Para mim era um desafio compreender o quanto Machado tinha interiorizado as relações assimétricas de apadrinhamento. No *Memorial* as relações de paternalismo foram como que abafadas, restando apenas um sentimento de desconforto do leitor, que vê com melancolia o velho casal Aguiar, que, após investir todo seu afeto nos jovens Tristão e Fidélia, termina em absoluta solidão. O Conselheiro, sem coragem de conversar com o velho casal, diz uma frase patética: "Consolava-os a saudade de si mesmos".

Veja como está sublimada, numa delicadeza elegíaca, essa relação em que, a partir de um determinado momento, os afilhados não precisam mais dos seus protetores. Desta feita, não há nenhuma necessidade econômica ditando a dinâmica do paternalismo, recurso tão frequente nos primeiros romances. Quando essa relação deixa de ser necessária ocorre um outro tipo de ruptura, agora sob as formas ditas de ingratidão. Essa fenomenologia, típica das relações assimétricas, é esbatida nesse último romance. Ela quase desaparece, se estreita muito, mas o fato de ainda existir me fez pensar que valeria a pena insistir no conceito de assimetria. Diria que em Machado as relações humanas são sempre assimétricas. Há uma espécie de universalização da diferença. Esse esforço analítico resultou no ensaio "Uma figura machadiana", que é o Conselheiro Aires.

Numa etapa posterior, em 1976, aceitei um convite do crítico uruguaio Ángel Rama para organizar uma antologia de contos de Machado de Assis, dentro da empresa notável que foi a Biblioteca Ayacucho. Na tentativa de prosseguir investigando essa ideia básica de assimetria, confirmei uma hipótese levantada no estudo sobre o *Memorial de Aires*. Pude verificar, a partir dos contos, que essas relações assimétricas provocavam comportamentos diferenciados. Esses comportamentos às vezes estão rentes ao que se chama de típico. Isto é, as personagens agem exatamente como se pode esperar de uma sociedade regida por interesses assimétricos em que o paternalismo ainda é uma das vigas mestras. Típico é tudo aquilo que se espera de quem está por cima e de quem está por baixo.

Não é possível esquecer que nós estamos dentro de uma corrente literária que é o chamado realismo, na qual a tipicidade é muito ressaltada. No caso dos naturalistas, degrada-se até chegar à caricatura. Evidentemente, Machado não é um naturalista e a leitura crítica que fez do romance *O primo Basílio* (1878), de Eça de Queirós (1845-1900), já mostra como ele desconfiava das tipicidades naturalistas. Mas, à medida que ele é um grande realista, o seu olhar não podia ignorar as duas faces possíveis dessa sociedade paternalista. Ou seja, o comportamento desenvolto e cínico dos que podem fazer o que querem e aqueles que precisam o tempo todo regular o seu comportamento externo pela benevolência do que está numa posição superior.

Na leitura dos contos — Machado escreveu duzentas e tantas histórias, foi um contista muito fecundo — verifica-se que o realismo dele não ignora a tipicidade. Naqueles que chamei de contos-retrato, as personagens são exatamente aquilo que se espera delas na sociedade. Daí a importância dada à ideia de máscara. *Ela vem a ser o modo social pelo qual o indivíduo interage em um mundo de assimetria.* Nesse mundo as pessoas estão sempre presas

Entrevista à *Folha de S. Paulo*

a uma rede de dependências que exige uma certa modelagem de comportamentos. Há uma espécie de censura moral que vem de longe, devido à qual a sinceridade total é impossível. Ora, a vida subjetiva de cada um de nós não está previamente modelada. Ela tem que se ajustar, se adaptar, parecer. Caso contrário, sobretudo a dos fracos, corre o risco de perecer. Como dizia La Rochefoucauld, um dos moralistas franceses do século XVII, "as pessoas fracas não podem ser sinceras". É uma observação terrível, mas absolutamente verdadeira.

Isso criou em Machado uma "tolerância" em relação aos comportamentos disfarçados. Não é possível furar a barreira de classe e ascender sem de alguma maneira ajustar-se aos padrões da classe visada. Lucia Miguel Pereira, a quem dediquei esse segundo ensaio — "A máscara e a fenda" —, estudou muito bem a questão. Dentro dos parâmetros da crítica biográfica, ela viu com uma acuidade que julgo modelar como, na história de vida de Machado, houve essa passagem: primeiro ele viu o mundo de baixo para cima, depois, de cima para baixo. É quando ele escreve nas *Memórias póstumas de Brás Cubas* a famosa passagem: "Agora sei como são as pessoas que estão por cima".

Além dos retratos, os contos reproduzem situações em que a máscara é usada quando necessária. Mas a máscara não é algo externo, vai se formando como verdadeiro *alter ego* da pessoa, até um ponto em que não sabemos qual é a máscara, qual é o rosto. Essa fusão é muito perturbadora em Machado. O que inicialmente parecia ser um comportamento social fabricado para a defesa do indivíduo acaba por naturalizar-se. Esse é um *leitmotiv* do meu livro, as duas naturezas que se fundem: a natural e a social. Ainda em relação a esse estudo, eu vi que era possível avançar mais. Machado sempre criou teorias bizarras do comportamento humano, foi um grande leitor dos contos filosóficos do século XVIII — Voltaire, Sterne, Diderot, Montesquieu, sobretudo as *Cartas persas*. Buscava construir situações como se fossem próprias de mundos estranhos, caso da "Sereníssima República" (uma república de aranhas) ou do "Segredo do Bonzo" (passado no Oriente remoto). Criava essas ficções literárias para, no fundo, revelar que o mais distante — a república de aranhas ou os impérios orientais — é a própria decifração da nossa realidade cotidiana. Isso mostra o quanto seu olhar conseguia distanciar-se e construir novas formas de linguagem. Todas essas formas de estranhamento possuem uma finalidade alegórica e fabuladora. Essa é uma conquista do realismo de Machado: um olhar que se afasta para ver melhor.

Esses dois ensaios, "Uma figura machadiana" e "A máscara e a fenda", estão no centro do livro. Eles correspondem a inquietações minhas de vinte anos atrás. De algum modo, ilustram um desejo que foi se tornando cada vez mais agudo: caracterizar o olhar machadiano.

JOSÉ MIGUEL WISNIK — *O livro nuança os traços por meio dos quais se reconhecem as personagens machadianas, dando a ver a dimensão escapadiça da "pessoa única" que desponta enigmaticamente, apesar do olhar implacável do narrador (de uma corrosão supostamente universal) e do olhar redutor da crítica tipicizante. Nesse contexto, do qual a nossa visão do olhar machadiano sai consideravelmente ampliada, historicizada e matizada, em que medida é possível sustentar a dicotomia entre "máscara" (metáfora dos expedientes da dissimulação, da impostura e do distanciamento) e "face verdadeira"? Há uma verdade por trás da máscara? Qual seria o destino da "alma interior" (para usar a expressão do conto "O espelho"), quando a "alma exterior" se estabelece a ponto de só ter como contrapartida o vazio?*

ALFREDO BOSI — A expressão "a máscara e a fenda" foi concebida em função desse narrador complexo, entre terrorista e diplomata, que é o Conselheiro Aires. É um narrador que, à primeira vista, descreve lisamente um dado comportamento. Mas essa simplicidade é aparente, porque, a rigor, construída.

Chamo de "máscara" esse primeiro momento, no qual se diz algo que, em um segundo momento, vai ser relativizado, suspenso, posto em dúvida. O procedimento inicial despista o que a frase seguinte ou o contexto vão desocultar. A máscara é a face pública da isenção, é a convenção necessária. A fenda é o corte por onde a luz sai do fundo do olho, descobrindo, por um relance, o que tinha sido encoberto. Mas não é minha intenção estender o olhar do Conselheiro a toda a obra de Machado: seria generalizar. Além disso, o enigma se adensa quando o narrador apenas insinua ao leitor que o gesto do personagem pode ser insincero, mas detém-se na suspeita: caso de Capitu e Bentinho. Então a fenda antes se entrefecha do que se entreabre, e começa o trabalho do intérprete.

Se desloco o termo "máscara" do narrador para a personagem (assim entendo a pergunta), devo retomar a análise diferencial que tentei fazer no ensaio. Além dos tipos, em que a "alma interior" foi, às vezes prazerosamente, absorvida pela "alma exterior", há personagens que resistem estoicamente, no seu íntimo, à máquina social; ou ao menos tem consciência da força que esta exerce, como acontece com o narrador de "O espelho". O olhar autoconsciente rememora tudo quanto estava dentro ou "por trás" da sua fôrma pública. Essa autoconsciência, que permite afinal que alguém conte e analise a própria vida e as próprias transformações, é desengano e negatividade, mas não é o puro vazio. "O espelho" talvez seja a meditação mais profunda que Machado fez sobre a imposição que a sociedade opera sobre o ser humano. Vejo a minha primeira leitura desse conto como uma meia verdade. De fato, a fôrma social se impôs: o alferes engoliu o homem. A tipicidade cava fundo: somos apenas nosso papel social. Sem o espelho social a pessoa não existe. Mas como alguém pôde contar sua transformação? *Caso a fôrma social fosse imposta sem resíduo, não sobraria a consciência.*

Em "O enigma do olhar" acrescento um deslocamento importante: quem narra tem consciência de sua transformação. A vitória da fôrma social não é absoluta, já que não impede o recontar da consciência. Esse conto é uma negação da literatura como reflexo, aponta para uma teoria literária mais complexa: existe reflexo e existe reflexão. É impossível pensar a literatura moderna sem a dimensão da consciência. O meu desconforto com a leitura anterior é que a consciência estava na sombra. Se é verdade que a literatura é reflexo da sociedade, o avesso também é verdadeiro, a literatura é reflexão. Oxalá meu trabalho ajude a compreender essa dialética negativa.

AUGUSTO MASSI — *Em que medida o olhar realista de Machado se diferenciava do de seus contemporâneos?*
ALFREDO BOSI — Certamente ele não partilhava da ideologia do naturalismo brasileiro ou do naturalismo ocidental da época, cujo fundamento era evolucionista e positivista. Essa ideologia, que tinha em mente um progresso linear, pelo qual a consciência humana também evolui, estava presente em Sílvio Romero, na geração de 1870 e nos seus amigos liberais, José Veríssimo e Rui Barbosa. Machado estava inteiramente rodeado de intelectuais progressistas. A ideologia da cultura do seu tempo tinha uma visão progressiva e progressista da história.

Dentro desse quadro Machado era um marginal. A cultura dominante acreditava que o tempo era uma medida cumulativa, ao passo que, para ele, as coisas parecem opostas. Há uma entropia, cada momento histórico acrescenta mais infidelidade aos ideais da humanidade. Para Machado "o tempo é cúmplice de atentados".

AUGUSTO MASSI — *Logo na abertura de* O enigma do olhar *o senhor se questiona sobre a necessidade de escrever novamente a respeito do significado da ficção machadiana para, logo em seguida, afirmar que "lidos os melhores estudos sobre Machado, advirto ainda, em face do problema central da perspectiva, um resíduo de insatisfação cognitiva e desconforto moral".*
ALFREDO BOSI — Penso que o "quadro" que cobre a vida do Rio dos meados ao fim do século XIX, marcado por relações assimétricas, tão bem estudado por Roberto Schwarz e Maria Sylvia de Carvalho Franco — e que considero uma conquista a ser incorporada ao nosso pensamento histórico —, ainda não resolvia a relação entre o "quadro" e a "perspectiva" de Machado. A minha hipótese é a de que Machado não fica só na descrição da assime-

tria, mas a julga à luz de um pensamento antievolucionista e profundamente pessimista.

Para isso foi necessário fazer uma arqueologia do moralismo. O que justifica a espécie de antologia que proponho no final do volume: do *Eclesiastes*, passando por Maquiavel, atravessa os grandes moralistas e chega até Schopenhauer, filósofo contemporâneo de Machado e que universaliza o pessimismo. Por que acho importante essa universalização? Porque a tendência dos estudos sociológicos, *stricto sensu*, deriva dos embates ideológicos contemporâneos: para tal sociedade, tal ponto de vista.

AUGUSTO MASSI — *Na leitura que vem desde Helen Caldwell, "The Brazilian Othello of Machado de Assis" (1960), passa por John Gledson e chega até a reviravolta interpretativa de "A poesia envenenada de Dom Casmurro" (1997), de Roberto Schwarz, assistimos a um progressivo desmascaramento de Bentinho e a um elogio da modernidade esclarecida de Capitu. Como o senhor vê essa questão?*

ALFREDO BOSI — Não consigo ver modernidade em Capitu. Tudo o que ela fez visava alcançar o *status* de esposa de Bentinho. Não vejo no romance um só exemplo de que Capitu pretendia transcender a situação de mulher casada com um homem rico. Quando Bentinho a acusa de traição, ela simplesmente nega, nem sequer esboça a intenção de viver como uma pessoa independente. Ela viaja para a Suíça e aceita viver esse quase exílio. No final, tudo se acomoda numa espécie de separação honrosa. Ela não perde nem socialmente nem economicamente. Se fizermos uma análise materialista clássica, ela não perde nada. Por que ver modernidade em Capitu? Só vejo a antiga astúcia feminina — dotada de grande senso prático e capacidade de realizar seus desejos —, uma constante desde o teatro grego.

É preciso ter cuidado com certas generalizações. Quando Capitu chama Dona Glória de "beata, carola e papa-missas", não devemos tomar essa crítica como afirmação de uma ideologia leiga e moderna. A cena está circunscrita a uma situação específica, ou seja, o motivo dessa explosão está relacionado com um desejo feminino contrariado. A promessa de Dona Glória representava uma ameaça ao casamento de Capitu. Mas, não deixa de ser curioso que, no dia em que Bentinho lança a acusação de traição, Capitu esteja se preparando para ir à missa. Por que, tendo àquela altura alcançado seu objetivo, ela continuava frequentando a igreja? Ele, o ex-seminarista devoto, não vai mais à igreja. Esses detalhes mostram como é arriscado partir de uma grande síntese ideológica e transformar os personagens em alegoria. Quanto a Bentinho, seguindo os passos de Silviano Santiago, seria preciso realizar uma história interna do personagem. Há todo um desenvolvimento no romance que trata de uma paixão inequívoca, depois ciúmes e desejo de vingança. É a história de um ciumento que destruiu sua própria vida. Caracterizá-lo somente como proprietário e narrador impostor é transformá-lo numa figura mecânica. O intérprete isento precisa dar conta da transformação de Bentinho em *Dom Casmurro*, que é a gênese da narrativa. Desse ângulo, a tipificação de Bentinho está forçada e enfraquece a leitura do romance, cuja história envolve duas pessoas complexas.

ALCIDES VILLAÇA — *Mestre na análise de situações, Machado parece relativizar os valores, dando a impressão de que deixa tudo como está, mas, pelo menos no plano da consciência, é certo que nada fica como estava depois que o lemos. Esse efeito revolucionário costuma decorrer de experiências muito radicais. Como é que a relativização dos valores, que em princípio implica atenuamento das contradições, pode nos perturbar de modo tão radical?*

ALFREDO BOSI — Essa é uma questão fundamental e que tem muito a ver com a perplexidade que inquieta o leitor de Machado. Sempre que o narrador atenua a gravidade de uma conduta (hipócrita, cínica ou simplesmente dúbia), o veneno da insinuação já foi instilado no leitor, que sofre o desconforto de uma suspeita jamais de todo apagada. O Conselheiro Aires é mestre nesse jogo de descobrir e encobrir. Como o julgamento ético fica suspenso, há sempre a possibilidade de uma relativização dos próprios valores em causa (como a dignidade e a sinceridade), o que não deixa de ser perturbador. É o lado terrorista que se esconde, mas não inteiramente, por trás da compostura e da amenidade lúcida do tom.

AUGUSTO MASSI — *Como interpretar as atitudes excepcionais de dignidade e isenção de algumas personagens femininas de Machado? Por um ângulo específico da sociedade brasileira ou de um ponto de vista de projeção de modelos ideais de nobreza já democratizados ao longo do século XIX?*

ALFREDO BOSI — A rigor, não vejo oposição drástica entre as duas leituras: a do quadro e a da perspectiva. Sem dúvida, o contexto assimétrico do patriarcalismo fluminense, que Machado conheceu de perto, foi o estímulo imediato para a criação dessas personagens, que, embora imersas no clima do favor, rejeitam com pudor as formas batidas da lisonja e da hipocrisia e vivem interiormente a sua penosa dignidade.

Mas não basta localizar no tempo do relógio e no espaço geográfico essa fenomenologia psicossocial. É preciso decifrar o ponto de vista de Machado ao transpor esses comportamentos para o regime universalizante que é a sua visão da natureza humana, tal qual a analisou o moralismo clássico, que considerava a nobreza de caráter como uma ocorrência rara, mas, afinal, possível... Quando se aprofunda o fenômeno local e se desce até as raízes morais, toca-se em um subsolo humano universal; se assim não fosse, como Machado, escritor mestiço de um país semicolonial e em uma língua quase ignorada, poderia ser lido por culturas tão diferentes como a francesa, a inglesa ou a americana quase um século depois de sua morte?

GILBERTO PINHEIRO PASSOS — *Além da força da cultura idealista italiana e do peso da leitura sociológica, não há no intérprete Alfredo Bosi um discreto, porém atuante vínculo com a psicanálise, sobretudo freudiana, não como clave básica de leitura, mas dique para excessos do sociologismo e, ao mesmo tempo, crucial na fruição ampla do texto machadiano?*

ALFREDO BOSI — Sem dúvida, uma leitura de cunho psicanalítico tem muito a dizer sobre alguns processos recorrentes na obra de Machado. Há, na construção das suas personagens, um sem-número de *transferts*, de pulsões eróticas mal dissimuladas, de mascaramentos do desejo e do interesse, de racionalizações, de desvios da normalidade que beiram a loucura, de impulsos perversos que lembram o "instinto de morte" do último Freud. Em suma, toda uma rede de fenômenos aos quais um crítico de formação psicanalítica daria um tratamento fecundo. Não é o meu caso. Mas, tomando como ponto de referência a tradição analítica dos moralistas dos séculos XVII e XVIII que desemboca em Schopenhauer, acabo seguindo um veio de desmistificação das condutas do sujeito dito "normal" e que conflui nessa grande escola da suspeita que é a psicanálise.

GILBERTO PINHEIRO PASSOS — *Em 1970, tivemos a* História concisa da literatura brasileira,[2] *grande momento de síntese. De lá para cá, Machado parece ser um ponto privilegiado de sua atenção crítica. Seria a produção machadiana o nosso caminho mais denso na relação entre o local e o universal, ultrapassando as fronteiras espaçotemporais para continuar contribuindo não só para experiências formais de nossa literatura, como para certa visão desencantada do ser humano?*

ALFREDO BOSI — De fato, há muito que o olhar machadiano, na sua perturbadora convergência de sarcasmo e concessão, solicita a curiosidade deste leitor intrigado. Comecei minha carreira acadêmica (em 1964) com uma tese sobre a narrativa de Pirandello; reencontrei depois em Machado o tema, tão moderno, do conflito entre vida interior e forma social, expresso com a mesma

---

[2] Alfredo Bosi, *História concisa da literatura brasileira*, São Paulo, Cultrix, 1970; 48ª edição revista, 2012.

agudeza, mas com sinal contrário. Em Pirandello, o sujeito sofre porque não quer assumir o papel convencional que a sociedade lhe impõe. Em Machado a aspiração maior do sujeito consiste em alcançar o *status* mais alto e desfrutar dos prazeres e dos prestígios que essa posição lhe propiciaria. O "social" é a fonte da autenticidade que em Pirandello, gênio romântico e anárquico, reside na liberdade e na espontaneidade subjetiva.

Essas considerações situam a obra de Machado em uma dimensão humana e universal, que, evidentemente, não descarta, mas aprofunda ao máximo o sentido que se deve dar às peculiaridades locais. Machado sabia muito bem que situações morais que parecem ser só nossas se universalizam quando se vai até o fundo dos problemas envolvidos. Até o indianismo, que muitos consideravam bandeira só brasileira, foi julgado por Machado "legado universal"!

AUGUSTO MASSI — *Parece que o senhor está projetando uma leitura de Machado à luz de um historicismo ampliado?*

ALFREDO BOSI — À medida que se pesquisam formas de relação entre o texto machadiano e o seu contexto, cresce no intérprete a exigência de aprofundar o significado da dimensão histórica que certamente concorreu para a formação da sua perspectiva.

A extensão dessa historicidade não pode ater-se à circunstância do tempo e do espaço, isto é, do quadro que Machado observou na sua escrita ficcional. A história que está dentro do olhar machadiano, a história que operou na sua perspectiva, tem as dimensões amplas e várias da cultura: são aqueles sentimentos e valores, imagens e juízos escolhidos e trabalhados pelo escritor. A sua cultura de eleição não era, como já disse anteriormente, a do progressismo linear nem a do positivismo filosófico nem a do naturalismo dominantes no século XIX. Era feita de reflexões desenganadas, algumas do senso comum, esse misto de cinismo e estoicismo que se espalha nas racionalizações de um cotidiano cheio de assimetrias; outras muito provavelmente vindas da tradição moralista analítica dos Seiscentos ou do ceticismo galhofeiro dos Setecentos. As reações de Machado ao estreito mundo da burguesia patriarcal foram permeadas e estilizadas por essas vertentes de pensamento e gosto filtradas por prosadores da envergadura de Stendhal, Leopardi e Schopenhauer.

Mas o que me chamou a atenção foi o possível alcance metodológico da hipótese: o historicismo que conta no processo de criação das grandes obras é aquele que torna toda a História virtualmente contemporânea da experiência presente, o que é a essência da teoria crociana da História.

Com isso, em vez de enterrar o corpo morto do passado, nós o ressuscitamos graças à "memória que os homens desenterram", na feliz expressão de Camões. E aqui Benjamin, Gramsci, Bloch e Adorno dão-se as mãos para superar, mediante a dialética negativa, o historicismo sociológico abstrato que isola o passado e mura a matéria viva das lembranças entre as quatro paredes das categorias socioeconômicas, ao invés de abrir janelas para que a consciência redescubra as razões mesmas do presente.

Em ensaio que escrevi recentemente[3] procurei desenvolver, em termos de historiografia literária, a proposta de um historicismo aberto, capaz de sondar as formações de um olhar cuja reflexão atravesse e transcenda o reflexo das coisas e dos fatos presenciados pelo autor. Para tanto, revisitei obras inspiradoras, como a *História da literatura italiana*, de Francesco de Sanctis (1870-17), a *História da literatura ocidental*, de Otto Maria Carpeaux (1959-66), e a *Formação da literatura brasileira*, de Antonio Candido (1959).

---

[3] "Por um historicismo renovado", em *Literatura e resistência*, São Paulo, Companhia das Letras, 2002.

Discurso de Professor Emérito[1]

> *Muita coisa tem que ser esquecida*
> *quando se deve conservar o essencial.*
>
> Ernst Robert Curtius

Desejo agradecer de coração a meus colegas da disciplina de Literatura Brasileira, que tomaram a generosa iniciativa de propor a concessão deste título tão honroso. À nossa diretora, Professora Sandra Nitrini, titular de Teoria Literária, ao chefe do Departamento de Letras Clássicas e Vernáculas, Professor João Roberto Faria, colega da disciplina e amigo de todas as horas, e aos membros desta colenda Congregação que endossaram a proposta. E ao colega Professor José Miguel Wisnik, que sabe compor belas canções e por isso suas palavras amigas soam como música para meus ouvidos.

Esta é uma hora por excelência de gratidão e de memória.

Retomando a palavra das Escrituras: há tempo de agradecer e tempo de lembrar.

Às vezes, como acontece neste momento, ambos os tempos se fundem em um só. Agradecer e lembrar passam a ser um só movimento do nosso espírito.

Lembro e agradeço com saudades a meus pais, Alfredo e Teresa Bosi, que já partiram. Agradeço com amor a Ecléa, minha mulher, *dimidium animae meae*. Agradeço com ternura a meus filhos, Viviana e José Alfredo, com ternura redobrada a meus netos, Tiago e Daniel, com afeto os amigos, com respeito os mes-

---

[1] Proferido na Universidade de São Paulo em 12 de março de 2009.

tres, com admiração os autores diletos. Pois nós, que passamos tantas e tantas horas debruçados sobre seus livros, também é justo que lhes agradeçamos. E me vêm à mente as palavras ditas por Montesquieu, ao compor o seu autorretrato: *"L'étude a été pour moi le souverain remède contre les dégoûts, n'ayant jamais eu de chagrin qu'une heure de lecture ne m'ait ôté"* (O estudo foi para mim o remédio soberano contra os desgostos, não tendo jamais sofrido tristeza de que uma hora de leitura não me houvesse livrado).

As tristezas podem chegar a qualquer hora, e quando menos se espera, mas a leitura depende de nosso desejo, e felizmente, como para tantos de nós, esse desejo veio cedo. Meu pai, que estudara italiano em uma escola primária do Brás chamada Regina Margherita, conhecia de cor passagens da *Divina comédia*, sua Bíblia. Minha mãe deliciava-se com os romances de folhetim, *romanzi d'appendice*, que ocupavam os rodapés do jornal italiano *Fanfulla*, que sobreviveu até a Segunda Guerra. E eu, o que lia? Confesso que lia poesia. Conservo em meus guardados um caderno em que copiava poemas que me encantavam e comoviam. Espero que aquelas folhas não sirvam jamais de amostra para algum pós-graduando sem assunto, que resolva pesquisar o gosto literário dos ginasianos paulistanos dos anos 1950. Mas já que é tempo de lembrar, adianto que esse gosto era bem eclético. Não faltavam nem sonetos de Camões (bordão da memória indelével, "Sete anos de pastor...", "Alma minha gentil...", "Amor é fogo que arde sem se ver"), nem o grave "Formoso Tejo meu", de Francisco Rodrigues Lobo (que tantas ressonâncias deixou nos versos de Gregório de Matos), tudo alternado com os tupis de Gonçalves Dias, os escravos de Castro Alves, as estrelas eloquentes de Bilac, a lua silente de Raimundo Correia, as litanias plangentes de Alphonsus de Guimaraens, o mar rebentando em vagas de Vicente de Carvalho, que comparecia também com o pungente "Pequenino morto", cuja leitura em voz alta me levava às lágrimas. Começou assim pela poesia minha educação sentimental e provavelmente também a intuição de que o professor de Letras precisa amar a palavra poética, e que só conseguirá transmitir esse amor lendo em voz alta para os seus alunos. Não fazê-lo seria como querer ensinar música sem ouvir e produzir a magia do som. As ideias virão depois, os conceitos não devem preceder as imagens (o que eu iria aprender nos cursos de Literatura Italiana dados por Italo Bettarello, leitor de Vico e de Croce). Os conceitos estéticos terão carne e sangue, som e cor, numa palavra, receberão forma viva quando a sensibilidade já tiver sido alimentada pela poesia e pela arte.

E ao mencionar o nome de mestre Bettarello, a memória já deu um salto e transpôs tempos e espaços. O ginasiano fez o curso clássico e já subiu os degraus da Faculdade da rua Maria Antônia onde escolheu o Curso de Letras Neolatinas. Gostaria de ter talento de narrador para evocar a atmosfera que se vivia naquele prédio, hoje mítico, tal como o conheci no fim dos anos 1950. É consenso reconhecer o convívio estimulante entre professores e alunos dos vários cursos, que iam das Ciências Sociais à Matemática, das Letras à Física, da Geografia à Filosofia. É verdade, estávamos juntos e o espaço comum nos enriquecia. Mas, como aluno de Letras, teria de acrescentar que havia hierarquias nem sempre muito sutis. Inegável era o prestígio crescente de uma ciência que então brilhava e já aspirava a reger o conhecimento de todas as coisas que se passam entre o céu e a terra. Chamava-se Sociologia, aliás um termo híbrido criado por Auguste Comte: *socio* é latim, *logia* é grego — uma formação verbal um tanto irregular, como nos ensinava o nosso mentor de Filologia Românica, o saudoso mestre Isaac Nicolau Salum. Creio que a hegemonia de uma ciência é fenômeno cultural e sazonal que merece estudo. O fato é que já vimos a Linguística suceder a Sociologia e ser, por sua vez, sucedida pela História, que ainda prevalece, mas não sabemos por quanto tempo. Quanto à Filosofia, sempre pode esperar como a coruja de Hegel que só vê a sua hora quando cai a noite.

Mas vejam, não se tratava apenas de uma aura acadêmica emanada de eminentes gurus franceses que tinham concorrido para formar os sociólogos paulistas, os dois Bastides e Lévi-Strauss. Havia mais: a passagem do decênio de 1950 para o de 1960 foi um tempo forte de esperança na superação do nosso subdesenvolvimento, momento de maturação de uma Esquerda universitária em que pulsava o desejo de mudança. Radical ou reformista, essa esperança juntava comunistas, socialistas e católicos progressistas e nutria uma contraideologia (os céticos dirão, uma utopia) que almejava nada menos que enfrentar vitoriosamente a ideologia do capital. Fora da USP, era o tempo da Cepal, dos primeiros ensaios de Celso Furtado, do ISEB nacional-desenvolvimentista crescido à sombra dos projetos da Era JK. E era o nascente Movimento de Educação de Base ancorado em um método novo de alfabetização inventado por um grande brasileiro chamado Paulo Freire. Em torno e perto da USP, a presença indeclinável de Caio Prado, nume da historiografia marxista. Dentro da USP, para citar o nome-eixo, avultava a figura aguerrida de Florestan Fernandes, que criava escola e se dedicava a conhecer e superar o que considerava formas de resistência à mudança. Creio que a sua campanha pela escola fundamental pública foi o primeiro toque de reunir dos estudantes desta Faculdade.

Não multiplico nomes para evitar a dispersão do discurso. O importante é caracterizar a condição complexa e um tanto desconfortável do aluno de Letras, apaixonado por poesia, romance e ensaio, estudioso dos clássicos do mundo românico, e que se via, ao mesmo tempo, colhido em uma rede de estímulos extraliterários vitais para a sua formação de cidadão participante. A situação era mal resolvida na medida em que o modo de tratar o texto poético praticado nos cursos de Letras não rimava com as doutrinas que conduziam à militância política. Não existia ainda uma corrente programadamente marxista de interpretação literária naqueles anos de aprendizado. Diria hoje, esperando ser entendido: essa corrente ainda não vigorava, para bem e para mal.

Para bem: o aluno era convidado a acercar-se do poema, sem apriorismos dogmáticos, analisando as suas imagens, os seus recursos sonoros, ou expressivos de modo geral, os processos de composição, a estrutura semântica dos seus motivos e temas; e, caso o professor tivesse também tendências historicistas, o estudante deveria reconhecer a presença dos movimentos literários que haviam deixado marcas pertinentes no significado e na construção estética. Sondagem imanente, ao rés do texto, era a estilística espanhola, de cunho intuicionista, que se regia, em última instância, pela definição lapidar que dera Croce da poesia, "um complexo de imagens e um sentimento que o anima". Fruto de outra cultura era a *explication de texte*, intelectualista e didática na sua exposição das ideias fundamentais do texto; enfim, o *New Criticism* anglo-americano, mais sofisticado e moderno, pois aliava o estudo analítico das imagens, símbolos e mitos a hipóteses psicológicas ou até psicanalíticas. Quanto ao historicismo, àquela altura uma derivação difusa do culturalismo, concentrava-se no reconhecimento das características dos grandes estilos histórico--culturais, classicismo, barroco, arcadismo, romantismo etc. No saldo favorável, eu assinalaria ainda uma relativa isenção ideológica inicial do intérprete, que não se sentia obrigado a patrulhar os narradores e os poetas na ânsia de neles descobrir secretas camadas reacionárias, vezo que compele atualmente alguns leitores universitários à profissão inesperada de detetives ou de juízes de primeira e última instância.

Mas para mal: aquela ausência de uma robusta cultura dialética, hegeliano-marxista, deixava o aluno-leitor à mercê de modas ultraformalistas (herdeiras menores dos grandes formalistas russos), como sucedeu durante o interregno estruturalista dos anos 1960-70, ou, no outro extremo, o entregava inerme a um impressionismo saturado de veleidades irracionalistas e adivinhas trocadilhescas. Nessa crítica de vale-tudo, a irresponsabilidade epistemológica corria às soltas quando o sujeito tomava a liberdade de desligar-se do objeto e de seu contexto.

Creio que a estada na Itália no ano acadêmico 1961-62 tenha contribuído para abrir um caminho de encontro entre minha formação crociana e os novos ventos do marxismo que, impulsionados pela descoberta de Gramsci, sopravam em todos os círculos universitários do país. Gramsci, cujos cadernos de cárcere mantinham viva polêmica com o idealismo de Croce, não deixara de receber do grande adversário a hipótese fecunda da "dialética dos distintos", pela qual conhecimento e ação se moviam em esferas próprias, atribuindo-se o trabalho cognitivo à arte e à ciência, e o trabalho da vontade à práxis política e à ética. Essa diferença subjaz à afirmação de Gramsci: *Cabe à arte representar o mundo, e à política transformá-lo.* Desde que se ressalvem os laços entre ambas as instâncias, parece-me válida, ainda hoje, a distinção. Mesmo porque uma dialética dos distintos não é uma dialética de opostos absolutos e inconciliáveis.

Voltando ao Brasil, dei-me conta de que tudo convidava antes à ação do que à contemplação estética. Os dois anos que precederam o golpe de 1964 foram agitados por turbulências que se desencadearam em torno da política de centro-esquerda de João Goulart. Cerrando fileiras na defesa das "reformas de base" propostas pelo governo, aliavam-se taticamente socialistas, comunistas, nacionalistas, trabalhistas e cristãos progressistas. O clima era de expectativa, e recordo com saudade o quanto me estimulava aquela convergência de ideais, que se exprimia, por exemplo, no jornal de luta *Brasil Urgente*, fundado por Frei Carlos Josaphat, para o qual colaborei acolhendo com entusiasmo as propostas reformistas do movimento Economia e Humanismo criado pelo incansável Padre Lebret. Os seus *Princípios para a ação* eram livro de cabeceira de muitos militantes que estavam passando da democracia cristã para o socialismo.

Veio o golpe, veio a ditadura com seus atos institucionais, vieram as cassações de alguns de nossos colegas mais ilustres e ativos. Os que ficaram resistiram como puderam na semiclandestinidade das salas de aula, dos renovados estudos sobre a sociedade brasileira, das primeiras comunidades de base formadas no fim dos anos 1960, e cuja lembrança me transporta para reuniões em Vila Yolanda, Osasco, com a presença de um padre-operário, Domingos Barbé, figura luminosa que desejo agora evocar com veneração. Lendo *Vidas secas* com jovens daquela comunidade, percebi que estava conversando com os filhos de Fabiano e Sinhá Vitória... E falando de quase clandestinidade, não é possível esquecer os encontros da Comissão Justiça e Paz criada por D. Paulo Evaristo em 1972, no auge da repressão; ou o risco das passeatas de protesto, ou, muito mais temerariamente, para usar da expressão forte de Jacob Gorender, o combate nas trevas daqueles que optaram pela resistência armada. Mas esta já é uma rememoração coletiva, que transcende a cada um de nós, e se chama História. E não há negacionismo obtuso ou truculento que consiga apagá-la. Estamos ainda vivos para dar nosso testemunho.[2]

A rotina universitária prosseguia com suas exigências e trabalhos. Ministrando cursos de Literatura Italiana, elegi para tema de teses autores que representavam antes o "pessimismo da inteligência" do que "o otimismo da vontade", antinomia cara ao pensamento de Gramsci. Mas o que significava como escolhas existenciais estudar Pirandello e Leopardi?

As narrativas de Pirandello me atraíam pelo impasse que ressaltavam entre a forma e a vida, a identidade pública e o fluxo da subjetividade, conflito romântico e moderno por excelência que o existencialismo formularia em termos de destino e liberdade. O teatro pirandelliano, que nasceu dessa narrativa, entraria pelo beco da impossibilidade mesma de viver em sociedade uma existência autêntica, autodeterminada, pois o constrangimento dos papéis sociais, da "fôrma externa", supera de muito nossas veleidades de sustentar um eu livremente assumido. A arte de Pirandello, com exceção da fuga para a atmosfera surreal dos últimos contos, detém-se na figuração do impasse. Somos ora um, ora cem mil, ora nenhum. Anarquismo de fundo e determinismo final são partes desse drama psicossocial verdadeiramente desafiador. Croce, em sua severa crítica a Pirandello, dizia que essa móvel indefinição é própria da adolescência, e que a maturidade a supera pela

---

[2] Permitam-me pedir um minuto de silêncio para honrar todos os estudantes e professores desta e de outras universidades brasileiras que foram torturados ou mortos pela ditadura militar e que merecem o respeito de nossa memória.

opção de um eu coeso e operoso. Pode ser, oxalá seja, *così è se vi pare*, mas olhando em mim e em torno de mim, suspeito que se trate de uma condição que sobrevive muito aos anos da adolescência... Para Luigi Pirandello, ela só termina com a morte, fim de nosso *"involontario soggiorno sulla Terra"*.

"Mito e poesia em Leopardi", ensaio apresentado para livre-docência em 1970, percorre o longo túnel do poeta considerado afim ao pessimismo de Schopenhauer. Como se sabe, foi o filósofo que leu o poeta declarando com a sua notória modéstia: "Em 1818 estavam na Itália os três maiores pessimistas da Europa: Leopardi, Byron e eu, mas não nos encontramos". Dito de passagem, também o nosso Machado de Assis foi leitor e admirador do poeta, tendo-se inspirado em um de seus diálogos quando escreveu o capítulo do delírio de Brás Cubas.

Concentrei-me no exame dos mitos da Idade de Ouro e da queda presentes na lírica de Leopardi, mas pude vislumbrar uma luz no mito prometeico ou titânico da resistência individual que emerge dos últimos poemas. Dentre esses, certamente o mais belo é "La ginestra o il fiore del deserto". O poeta fala da sobrevivência de uma flor silvestre, a giesta, que não fenece mesmo depois de soterrada pelas lavas do Vesúvio, em cujas encostas cresce e rebrota há séculos. Leopardi viveu seus últimos anos em Nápoles, ao pé do monte fumegante sempre na iminência de entrar em erupção, e foi essa paisagem arcana e ameaçadora que lhe inspirou o sentimento de uma Natureza antes madrasta que mãe, semeadora ao mesmo tempo de violência letal e flexível delicadeza. A giesta ainda alegrava com suas pétalas de amarelo ouro os flancos do vulcão, que eram areia, lama e pedra.

A imagem acabou sendo o motivo condutor de alguns ensaios que fui escrevendo a partir dos anos 1970. O texto "Poesia resistência", que serve de fecho ao livro *O ser e o tempo da poesia* (1977), exigiu uma sondagem das várias modalidades de tons poéticos nos quais se arma uma tensão entre o sujeito e as ideologias dominantes em seu tempo. A resistência pode dar-se tanto no verso satírico como na lírica de mais alto grau de interiorização.

A História dos homens pulsa no coração da palavra lírica, mas o faz em um regime próprio, o regime da expressão, uma "lógica poética" (Vico) que não se confunde com o da persuasão retórica, que usa da palavra como um dispositivo instrumental. Foi o que aprendi lendo a *Estética* de Croce, composta meio século antes de Adorno ter escrito o seu estimável ensaio sobre as relações entre lírica e sociedade.

Em outros trabalhos, voltados para a história literária brasileira, procurei tematizar as expressões de conformismo e rebeldia que coexistiram em mais de um período de nossa cultura. Foi essa copresença de sentido ideológico e contraideológico que me interessou captar, e que tentei mostrar em uma obra didática redigida a convite do poeta e amigo José Paulo Paes, a *História concisa da literatura brasileira* (1970). Meu livro de consulta obrigatória, a *História da literatura ocidental* de Otto Maria Carpeaux, me ensinara a ver os contrastes que se dão em cada movimento cultural ao detectar um antibarroco no coração do barroco, e um antirromantismo na ampla gama de expressões românticas. Pude testar a hipótese de Carpeaux. No mesmo período romântico brasileiro, o conservadorismo de Gonçalves de Magalhães alterna com o indigenismo rebelde de Gonçalves Dias, e a aceitação do sacrifício da mãe negra, dramatizado por José de Alencar, é coetâneo da épica abolicionista de Castro Alves. O sentimentalismo extremado de Casimiro de Abreu e o idealismo vaporoso do mesmo Alencar dão seus frutos junto com o realismo desenvolto das *Memórias de um sargento de milícias* de Manuel Antônio de Almeida. Pouco depois, nos mesmos anos de parnasianismo ufanista, Bilac diria com eloquência a grandeza de um Brasil heroico enquanto Cruz e Sousa chorava a angústia do negro murado pelas pedras do preconceito e da pseudociência racista. Chegada a *belle époque*, Afrânio Peixoto atribui à literatura o papel de "sorriso da sociedade" ao passo que Lima Barreto nos dá a narrativa autobiográfica do mestiço humilhado e ofendido no Rio que se civilizava sob as reformas do prefeito Pereira Passos. E Euclides da Cunha compunha a epopeia trágica do sertanejo massacrado em Canudos.

Mais perto de nós: o Brasil culto em plena fase da corrida modernizante dos "50 anos em 5" conheceu a escrita que faria emergir na prosa de Guimarães Rosa o fundo arcaico da cultura sertaneja e mineira — 1956 é o ano de publicação de *Grande sertão: veredas* e é também a data do manifesto do movimento concretista em São Paulo. Tradição popular e modernidade tecnológica. Mera coincidência, ou contradição estrutural? Prefiro citar a palavra hegeliana de Antonio Candido, já então (e ainda hoje e sempre) nosso mestre comum: a contradição é o nervo mesmo da vida.

Mas também existe para cada rota pessoal a força do acaso. No mesmo ano de 1970, em que eu via publicada uma obra sobre as letras brasileiras, aconteceu a reforma da USP, que me facultou a passagem para o Departamento de Letras Clássicas e Vernáculas onde passei a lecionar Literatura Brasileira, a convite de José Aderaldo Castello, meu professor desde os anos de graduação. Não posso avaliar o que terá ficado de meus cursos na memória de alguns milhares de alunos de Letras que tiveram de assistir às minhas aulas. Mas sei bem o que devo a esses anos a fio de docência. Naquele tempo, o curso obedecia a uma seriação cronológica. Começava do passado para chegar ao presente. O antes vinha antes do depois. Sempre achei razoável essa ordem, embora admita que outros possam pensar de modo diferente. O fato é que muito me beneficiei encetando minha colaboração junto à disciplina pelo estudo das Letras no período colonial. Para dizer a verdade, Colônia era o patinho feio do programa e os colegas muito me agradeceram por encarregar-me de seu ensino. Ano após ano, analisando autos e líricas de Anchieta, sátiras de Gregório de Matos, sermões de Vieira, textos de economia de Antonil, poemas neoclássicos como *O Uraguai*, sonetos de Cláudio Manuel da Costa e liras de Gonzaga, pude amadurecer hipóteses gerais sobre a colonização, o vasto processo que, afinal, presidira a todas essas manifestações simbólicas.

A certa altura, graças a uma bolsa recebida da Fundação Guggenheim, foi-me dado pesquisar em Lisboa e em Roma textos de e sobre Vieira e Antonil. Quando voltei, julguei que teria condições de pôr no papel o fruto daqueles anos de ensino e pesquisa. A colonização já não me aparecia como um todo homogêneo no qual os processos simbólicos apenas espelhariam a infraestrutura econômica. Além do espelho, que era evidente e preponderante, havia o seu avesso, sempre a hipótese de uma eventual resistência, no plano da consciência e da palavra, ao estilo ideológico dominante.

Não me esqueci então que eu fora aluno, em Florença, de um extraordinário filólogo indo-europeu, Giacomo Devoto, que me ensinara a importância da história das palavras. A palavra colônia tem família que merece ser visitada. O verbo latino *colo*, que significa cultivar a terra dominada, a colônia, tem como passado a forma *cultus*, que se reporta à tradição, à memória religiosa de um passado de crenças e valores ainda presente, e por futuro o particípio *culturus*, forma que remete ao projeto de cultivar o *habitat* e o habitante não só física mas culturalmente, um programa leigo de civilização elaborado pelas Luzes a partir do século XVIII. Esses componentes do processo às vezes se superpunham, às vezes se dissociavam. A esse movimento de sim e de não, de espelho e avesso, pareceu-me adequado atribuir um nome que ainda guarda para mim toda a força da verdade: dialética. *Dialética da colonização* (1992) é um livro modesto de nome ambicioso. Mas corresponde fielmente ao que julgo perceber como movimento das ideias e dos valores em face de uma realidade de exploração e opressão. O poder de dizer "não" tornou possível gerar a sátira virulenta de Gregório (na qual é preciso separar o trigo da crítica aos mercantes da Bahia do joio dos preconceitos da época), as homilias veementes de Vieira (nas quais se deve separar o trigo da defesa dos indígenas do joio da aceitação da escravidão africana, apesar da sua capacidade de descrever como ninguém os seus efeitos perversos no corpo do cativo). Antonil, secretário de Vieira, e seu delator junto às autoridades jesuíticas romanas, não soube compadecer-se das dores do escravo, mas deplorou o martírio da cana triturada nos engenhos. Teve pena das lágrimas da mercadoria, foi o nosso primeiro economista.

Diferenças ideológicas recobrem também a história do Brasil imperial, que, sob alguns aspectos, preservou estruturas dos tempos coloniais. O abolicionismo de Luís Gama, Joaquim Nabuco, André Rebouças, Rui Barbosa e José do Patrocínio reflete um liberalismo democrático que se opõe ao liberalismo oligárquico e excludente dos políticos dominantes nas primeiras décadas do Segundo Império: e cada modalidade de liberalismo teve o seu lugar em nossa história política, cada um representando os interesses de uma classe ou os ideais de um grupo. As ideologias e as contraideologias nunca são gratuitas e postiças pelo fato de suas origens intelectuais estarem na Europa: os fenômenos de difusão e enxerto cultural são fundamentais quando se trata de formações ex-coloniais. As reações aos transplantes das matrizes culturais são o que mais importa, pois sem elas a história das nações ditas periféricas tenderia a reproduzir-se tal e qual para todo sempre.

Mais perto de nós, o positivismo republicano da Ordem e Progresso encaminhou-se para regimes centralizadores como o inaugurado após a Revolução de 1930 por Getúlio Vargas e os seus colaboradores gaúchos, todos formados na escola antiliberal do seu mentor supremo, Júlio de Castilhos. Mas sem a força dessa doutrinação comtiana, que aceitava o papel disciplinador do Estado, dificilmente a revolução vitoriosa teria posto, entre suas prioridades, a urgência de uma legislação social que começava a difundir-se em todo o Ocidente. Só a cultura, como conjunto de valores não intrinsecamente econômicos de cada sociedade, é que pode dar sentido e finalidade à ação política — foi o que aprendi lendo os escritos de um economista heterodoxo, Celso Furtado, que pedia a seus colegas de profissão um suplemento de imaginação política. A ele, a Jacob Gorender, militante comunista, e a D. Pedro Casaldáliga, militante cristão, dediquei meu livro, porque neles reconheci a passagem do pensamento à ação, que resolvia, enfim, a tensão sempre renascente que rege a dialética dos distintos.

Chego ao fim destas memórias agradecendo a oportunidade de, nestes meus últimos anos de carreira universitária, trabalhar junto ao Instituto de Estudos Avançados criado em 1986 por inspiração de um grupo de professores da ADUSP. A ideia matriz era compensar a fragmentação da universidade, que a reforma tinha provocado, pela prática de uma instituição que congregasse pesquisadores vindos das ciências humanas, biológicas e físico-matemáticas. Não é preciso ser muito atilado para perceber que se tratava de recuperar, ao menos nas intenções, o que a nossa *alma mater*, a Faculdade de Filosofia, Ciências e Letras tinha representado desde a sua fundação. Foi nesse espírito que aceitei cooperar na administração do IEA e, principalmente, assumir a edição da revista *Estudos Avançados*, empreitada que já conta 22 anos de existência e 64 números. Muito tenho aprendido na consecução dessa tarefa. A ciência, que jamais consegui entender em razão de minha formação literária, hoje me aparece como um instrumento excepcional de transformação humana no sentido de valorizar a existência cotidiana. Arredio inicialmente às conquistas da Informática e da comunicação eletrônica, sei hoje o quanto a sua eficácia pode transmitir os mais altos valores éticos e cognitivos da nossa civilização. Querer os fins sem os meios é veleidade ou capricho. *Estudos Avançados* está hoje inteiramente à disposição de todos os usuários da internet.

(Abrindo ao acaso números da revista, relembro com alegria as conferências que deram origem a tantos de seus artigos: lá estão as reflexões políticas de Raymundo Faoro, Celso Furtado, Mikhail Gorbachev, Edgar Morin, John Kenneth Galbraith, Michel Debrun e Aníbal Quijano, as especulações filosóficas de Habermas, Derrida e Granger, e Mário Schenberg, as intervenções ousadas de Berlinguer e Chomsky, as finas observações de história cultural de Vernant, Chartier, Michel Vovelle e Luciano Cânfora, as lições de ecodesenvolvimento de Ignacy Sachs e André Gorz, as entrevistas de Hobsbawm e Bobbio e Karl-Otto Appel, um texto ainda inédito sobre o Barroco de Otto Maria Carpeaux. Cito os nomes dos que já nos deixaram para evitar omissões involuntárias de várias centenas de colaboradores brasileiros, cientistas e humanistas que representam o melhor que a pesquisa tem produzido entre nós e já alcançaram um nível de excelência que honra a nossa universidade.)

A maioria dos dossiês de *Estudos Avançados* está voltada para problemas básicos do povo brasileiro, como saúde, nutrição, educação, habitação, energia, trabalho e segurança; e diria que também nesse cuidado constante com nossas maiores carências, o IEA se tem mostrado fiel aos propósitos de seus fundadores, a velha e sempre nova guarda da Universidade de São Paulo. Como Alberto Carvalho da Silva, Rocha Barros e Erasmo Garcia Mendes, que acompanharam de perto os projetos da instituição. Menciono apenas os que já não estão fisicamente entre nós.

Ocupando parte do tempo na edição da revista, não desertei dos estudos que balizaram meu itinerário nesta Faculdade. As Letras continuam sendo companheiras fiéis que, porém, nem sempre consolam. Às vezes ainda mais nos pungem lançando em nosso espírito as sombras que pairam sobre a humana condição. É o que acontece quando se escolhe para leitura dileta a obra de Machado de Assis, a quem venho dedicando alguns ensaios. À figura do satírico do Brasil Império, que a crítica recente tem ressaltado com zelo talvez um tantinho extrapolante, pareceu-me justo acrescentar que o humor do moralista desenganado nela cavou dimensões outras, que universalizaram a sua descrença nos homens e não se confinaram à observação de comportamentos locais. Machado de Assis pertence à alta linhagem do *Eclesiastes*, de Montaigne, Pascal, La Rochefoucauld, La Bruyère, Vauvenargues, Chamfort, Swift, Sterne, Leopardi, Stendhal, Schopenhauer.

Machado não encontrou, como Pascal, que ele tanto admirava, o caminho da esperança transcendente, nem, como Leopardi, a flor da giesta rebrotando no deserto. Quanto a mim, descendo verticalmente de tamanhas alturas, confesso que fiz a aposta na crença de Pascal, e também que pedi a Ecléa que plantasse um pé de giesta em nosso jardim. A giesta ainda está lá, florindo e, espero em Deus, que por muito, muito tempo.

Extraprograma

O erro de Narciso segundo Louis Lavelle

No começo, era o mito. Há diferentes versões da história de Narciso, que a mitologia grega nos legou. Mas em todas o núcleo é sempre o mesmo: Narciso era um formoso adolescente, filho dos amores de um deus-rio, Cêfiso, e uma Ninfa. Quando nasceu, os pais interrogaram o vidente Tirésias sobre o seu destino, e a resposta foi enigmática: o menino conheceria a velhice se não se visse a si mesmo... Chegando à juventude, sua rara beleza despertava paixões ardentes nos que o contemplavam, mas era com frio desdém que ele reagia ao amor de mortais e imortais. Como tantas, a ninfa Eco se apaixonou por Narciso e precisou amargar a mesma decepção: encerrou-se em solitária caverna onde foi definhando até que de sua pessoa não restasse mais do que uma voz que gemia. Então, as jovens desprezadas pediram vingança aos céus: Nêmesis, a justa, as ouviu. Em uma tarde de calor esbraseante, Narciso, fatigado de longas horas de caça, abeirou-se de um riacho para dessedentar-se. No espelho das águas viu sua figura e por ela se apaixonou perdidamente. Nada o demoveria do enleio que o enfeitiçara: quedou-se a contemplar a própria imagem até que a morte o levou para as regiões trevosas banhadas pelo Estígio. Junto a essas águas sombrias Narciso não cessa de perseguir a sua amada figura. No lugar onde morreu, brotou uma flor a que os homens deram o nome de narciso: bordas cor de sangue tingem suas pétalas amarelas.

Narciso foi condenado a fitar para sempre o que não tem substância, o que é puro reflexo tremulando na água, fugidio, impalpável, inacessível, mas nem por isso menos presente e sedutor aos olhos de quem o ama. Duplo sem corpo como o eco a que foi reduzida a pobre ninfa; som que só se produz quando outra voz, viva voz, o emite. Vazios ambos, reflexo e eco, mas fortes o bastante para arrastar a um destino nefasto até mesmo os filhos dos deuses.

Louis Lavelle cavou fundo neste reino do vazio e do oco, que é nada, que é vão e, no entanto, trava o espaço existencial de quem nele se prende e se perde. A riqueza dos desdobramentos que o filósofo explora nesse livro desnorteia, pois, à primeira vista, pode parecer que a conversão do mito de Narciso em alegoria do amor-próprio antes fecha do que abre o universo da significação. Mas felizmente Lavelle não se detém na tentação alegorizante, que conduziria à uniformidade da abstração. Antes simbólica e *poiética*, a seiva que anima o seu discurso vai gerar uma série de figuras conceituais, verdadeiros perfis de pensamento que a imagem de Narciso é capaz de desenhar. Percorro alguns momentos dessa aventura hermenêutica.

A OCLUSÃO DA VONTADE E DA AÇÃO

Ora, a consciência que Narciso quer ter de si mesmo lhe tira a vontade de viver, isto é, de agir. Pois, para agir, ele deve parar de se ver e pensar em si; deve deixar de converter em uma fonte, na qual se olha, uma origem cujas águas se destinam a purificá-lo, a alimentá-lo e a fortalecê-lo.

Em outras palavras: contemplar-se narcisicamente é um processo compulsivo, um guante interior que agarra e sufoca o eu, paralisando o movimento de ir além de si e transcender o círculo vicioso da autofruição. Para romper a força desse temível encantamento seria necessário transformar as águas especulares da fonte em águas originárias e fecundas que limpem o eu e animem a vontade de abrir-se aos outros, ao mundo, às surpresas do objeto.

Veja-se quão inadequada é a leitura puramente intimista e solipsista que se fez às vezes da obra de Lavelle, repuxando de modo distorcido a sua inspiração espiritualista. No "eterno presente" da consciência, vigora também a tensão da vontade, que lida com as formas ainda virtuais do futuro, enquanto projeto.

Um dos tristes efeitos dessa paralisação da vontade é a impossibilidade vivida por Narciso de sair do passado, isto é, daquele seu rosto já precocemente incorporado e lisonjeado, figura de cujo reflexo ele não saberia como escapar. Pois a imagem presente de Narciso é o legado de tudo quanto já passou, mas que, ao mesmo tempo, ficou espelhado na aparência atual: "ali ninguém pode ler senão para trás o segredo do seu destino". Lavelle descreve com acuidade, aqui dolorosa, a condição do jovem belo, que se fixou prematuramente na própria imagem, bloqueando as conquistas da maturidade e arriscando-se a morrer para si antes do tempo. Tirésias acertou na sua profecia: a morte viria inapelavelmente quando Narciso olhasse para a própria figura.

A IMAGEM:
PHANTASMA E SIMULACRO

O ser, de que Narciso participa, produziu a imagem que ondeia na água. Algo que aparece, uma *aparição*, que a palavra grega *phantasma* diz bem na esteira de seu étimo, *phaneros*, o que se tornou visível, o que se abriu aos nossos olhos.

Mas essa aparição, esse fantasma, não veio do nada: apareceu no momento preciso em que um ser real, física e espiritualmente real, Narciso, debruçou-se sobre a fonte e se viu. Nesse ato de visão, o fantasma assumiu a fisionomia de duplo de uma aparência; e, como duplo, é *imagem*, no sentido de imitação (*imago*, *imitari*, cognatos em latim) e de simulacro.

Como é percebida essa imagem? Ao mesmo tempo, como fantasma e como duplo. Como algo que aparece e algo que se parece com a origem do reflexo. Aparece e parece. *Aparência e parecença*. Aparece enquanto fantasma; e, simultaneamente, enquanto imagem, duplica e simula a aparência daquele a quem semelha.

Como compreender essa imagem? Ela não tem outra realidade senão a que lhe advém de seu efeito de reflexo. Matéria inapreensível, matéria sem matéria, paradoxo inerente a toda autoimagem? O que Narciso contempla sem cessar, que relação terá com ele próprio? Será apenas uma lábil representação de seus traços aparentes? Forma instável, móvel, mas o bastante atraente e poderosa para que dela não se apartem os seus olhos medusados. Fitando enamorado o seu reflexo na água, Narciso supõe conhecer-se a si mesmo e amar não um simulacro, mas a si mesmo. O "erro de Narciso" submergiu-o no mundo da ilusão que o fez ignorar quem ele era arrastando-o para as águas negras do Estígio.

O desejo de Narciso

Compreender-se a si mesmo e empenhar as próprias forças para sondar o que Dante chamava *"il gran mar dell'essere"*, a infinitude surpreendente do outro e do mundo, eis o que teria sido a libertação de Narciso. No entanto, o seu desejo, imantado tão somente para a fruição da própria imagem, encontrou, desde o primeiro movimento, o limite da repetição. Pouco variam as formas do simulacro, pois dependem das aparências da figura simulada. Da autocomplacência deriva o eterno retorno do mesmo.

Narciso foi amado por ninfas e semideuses. Mas negou-se a ser objeto de desejo de alguém que não fosse ele mesmo. A sua beleza, guardou-a para si, para seu próprio deleite, indiferente até mesmo ao desespero lancinante de Eco. Nêmesis converteu em risco letal esse gozo do próprio encanto.

Lavelle disse de modo incisivo: "O crime de Narciso é preferir, no final, sua imagem a si mesmo. A impossibilidade que se encontra de unir-se a ele só pode produzir nele desespero. Narciso ama um objeto que ele não pode possuir". Seria preciso, para redimir-se desse erro fatal, que Narciso conhecesse verdadeiramente a si mesmo (e não apenas reflexos do seu corpo) e amasse a si mesmo com aquele amor que só é digno desse nome quando se nutre de uma generosa benevolência para com o próximo. Percorrendo as páginas luminosas que Lavelle dedicou à relação do *eu* com o outro, lembrei-me das felizes notações existenciais que tive o privilégio de ler há muitos anos em uma pequena obra-prima do filósofo, *Conduite à l'égard d'autrui* (*Conduta em face do próximo*), que recomendo vivamente ao leitor deste *Erro de Narciso*.

O ESPAÇO ESPIRITUAL: UM PASSO ALÉM DO RETRATO "MORALISTE" DO EU DETESTÁVEL

No prefácio que Veillard Baron escreveu para *O erro de Narciso*, há a alusão a um comentário que Péguy fez dos motivos que levavam um grande público a ouvir as conferências de Bergson: "Péguy conta que os ouvintes do Collège de France iam escutar Bergson na certeza de que algo do sentido da vida interior e cósmica lhes seria revelado".

A leitura de Lavelle dá também, a seu modo, a pintura do fechamento narcísico, que lembra a fenomenologia da vaidade, do interesse e da perpétua autoconservação do *"moi haïssable"* pascaliano retomado pelos moralistas do século XVII. Até aí chega a análise psicológica e moral, mas sem a revelação da possibilidade de um salto no plano do ser. O salto é dado por Lavelle quando concebe a vigência de um *espaço espiritual*.

Para entender esse conceito, é preciso conhecer o horizonte filosófico do pensador. Um atento historiador da filosofia contemporânea, Nicola Abbagnano, qualifica o sistema de Lavelle como existencialista ontológico. De fato, sendo embora uma fenomenologia da consciência, esse pensamento não se fecha na imanência do sujeito em si, mas o enlaça à ideia de Ser.

A consciência não é o outro do ser, não é a negação do ser, mas dele participa e com ele se relaciona dinamicamente. Nessa relação, o sujeito não está para sempre constituído: a sua presença junto ao ser não é estática; vive as possibilidades todas propiciadas pela sua inerência ao ser, que, por sua vez, tampouco está fixado e imobilizado em si: o ser é ato eternamente presente e infinitamente atuante.

O pensamento vive a dialética das contradições, do sim e do não, mas encontra no ser o *Sim* que supera os limites da consciência e tudo abraça e tudo atualiza na "dialética do eterno presente", expressão que define toda a obra de Lavelle.

Há uma ascese de inspiração platônica no movimento que a consciência deverá fazer para ascender ao espaço espiritual, onde o sujeito consegue unir-se intimamente ao Ser. A consciência deve estar atenta, o que é fundamental, mas não o suficiente: é necessário que o seu querer seja puro, desapegado de toda cobiça e de todo amor-próprio. Diferentemente de Narciso, o sujeito deve querer conhecer-se a si mesmo, enquanto inerente e partícipe da riqueza infinita do Ser; e sobretudo deve procurar conhecer o mundo e os outros, condição prévia para que conheça perfeitamente a si mesmo.

"A pureza é um ato de presença a si mesmo e ao mundo." O nexo entre pureza e verdade está formulado nesta outra frase lapidar de Lavelle: "A pureza é querer que as coisas sejam o que são", e não como quer vê-las o nosso interesse, compulsivo forjador de mentiras. Por isso, ela é "muda e interrogativa".

Não basta que contemplemos a imagem lábil de Narciso nem que deploremos o seu destino infeliz. É preciso que superemos em nossa consciência e em nossa vontade a tentação de reproduzir em nós o erro fatal que o perdeu.

Sobre os textos

CRÍTICA LITERÁRIA: POESIA

"A poesia é ainda necessária?". Aula inaugural da Cátedra de Estudos Irlandeses W. B. Yeats, Faculdade de Filosofia, Letras e Ciências Humanas da USP, março de 2010.

"História de um encontro: Mário e Cecília". Prefácio ao livro *Cecília e Mário*. Rio de Janeiro: Nova Fronteira, 1996.

"A poesia da viajante". Prefácio ao livro *Viagem*, de Cecília Meireles. São Paulo: Global, 2012.

"Fora sem dentro? Em torno de um poema de João Cabral". Revista *Estudos Avançados*, USP, vol. 18, n° 50, São Paulo, 2004.

"Ferreira Gullar caniço pensante". Prólogo a *Em alguma parte alguma*. Rio de Janeiro: José Olympio, 2010.

"O acontecimento do poema". Prólogo a *Poema sujo*, de Ferreira Gullar. Brasília: Confraria dos Bibliófilos do Brasil, 2011.

"*Meditatio mortis*: sobre um livro de Reventós, poeta catalão". Introdução a *Os anjos não sabem velar os mortos*, de Joan Reventós i Carner. São Paulo: Paralaxe, 2008 (edição bilíngue).

CRÍTICA LITERÁRIA: FICÇÃO

"Rumo ao concreto: *Memórias Póstumas de Brás Cubas*". Em *Brás Cubas em três versões: ensaios machadianos*, de Alfredo Bosi. São Paulo: Companhia das Letras, 2006.

"Intimidade e assimetria: sobre um conto de Mário de Andrade". *Jornal do Brasil*, Rio de Janeiro, 29 de junho de 1996, p. 7.

"Passagens de *Infância* de Graciliano Ramos". Texto inédito da conferência de abertura da Jornada Graciliano Ramos, realizada na Faculdade de Filosofia, Letras e Ciências Humanas da USP em 20 de março de 2013.

"A decomposição do cotidiano em contos de Lygia Fagundes Telles". Posfácio a *A estrutura da bolha de sabão*, de Lygia Fagundes Telles. São Paulo: Companhia das Letras, 2010.

Poesia e pensamento

"O lugar da retórica na obra de Vico". Prefácio a *Ciência Nova*, de Giambattista Vico. São Paulo: Hucitec, 2010 (tradução de Vilma de Katinsky).

"Leopardi". *Jornal do Brasil*, Rio de Janeiro, 27/7/1996.

"Leopardi tradutor: a Natureza, os Antigos". *La Ricerca*, ano VI, n° 9, junho de 1995, Unesp/Araraquara.

História literária em três tempos

"Imagens do Romantismo no Brasil". Em *O Romantismo*, Jacó Guinsburg (org.). São Paulo: Perspectiva, 1978.

"A parábola das vanguardas". Prólogo a *As vanguardas latino-americanas: polêmicas, manifestos e textos críticos*, de Jorge Schwartz. São Paulo: Iluminuras/Edusp, 1995.

"As fronteiras da literatura". Em *Gêneros de fronteira: cruzamentos entre o histórico e o literário*, de Flávio Aguiar, José Carlos Sebe Bom Meihy e Sandra Guardini T. Vasconcelos (orgs.). São Paulo: Xamã, 1997.

Ideologias e contraideologias

"As ideologias e o seu lugar". Ensaio inédito.

"Formações ideológicas na cultura brasileira". Aula inaugural dos cursos da FFLCH-USP, 7 de março de 1995.

"Liberalismo *versus* democracia social". Revista *Estudos Avançados*, USP, vol. 21, n° 59, São Paulo, 2007.

"O positivismo no Brasil: uma ideologia de longa duração". Em *Do positivismo à desconstrução: ideias francesas na América*, de Leyla Perrone-Moisés (org.). São Paulo: Edusp, 2004.

"A vanguarda enraizada: o marxismo vivo de Mariátegui". Revista *Estudos Avançados*, USP, vol. 4, n° 8, São Paulo, 1990.

"Fantasia e planejamento". *Jornal de Resenhas*, *Folha de S. Paulo*, São Paulo, 8 de novembro de 1997.

Intervenções

"Teologias, sinais dos tempos". *Folha de S. Paulo*, São Paulo, 10 de outubro de 1984.

"Memória e memorial: Frei Betto, *Batismo de sangue*". *Folha de S. Paulo*, São paulo, 17 de junho de 1982.

"Jacob Gorender". Apresentado na *Homenagem a Jacob Gorender*, FFLCH-USP, 20 de junho de 2013.

"Um estudante chamado Alexandre". Alocução de abertura ao Congresso dos Estudantes da USP, promovido pelo DCE-Livre Alexandre Vanucchi Leme. Publicado em *Jornal da USP*, São Paulo, agosto de 1997.

"Quando tempo não é dinheiro". *Jornal do Brasil*, Rio de Janeiro, sábado, 13 de janeiro de 1996, p. 7.

"Sobre a não-violência". *Folha de S. Paulo*, São Paulo, 19 de março de 1984.

"Jejum contra a fome". *Folha de S. Paulo*, São Paulo, 18 de dezembro de 1983.

"Democracia *versus* poluição". *Folha de S. Paulo*, São Paulo, 19 de agosto de 1984.

"Angra 3 é uma questão de ética". *Folha de S. Paulo*, São Paulo, 21 de agosto de 2011.

"Uma grande falta de educação". Revista *Praga*, nº 6, 1998.

"A educação e a cultura nas Constituições brasileiras". Revista *Novos Estudos*, Cebrap, nº 14, fevereiro de 1986.

"Ao arqueólogo do futuro". Site *Carta Maior*, São Paulo, 1º de dezembro de 2005 (<www.cartamaior.com.br>).

"O crucifixo nos tribunais". Revista *Carta Capital*, São Paulo, 11 de abril de 2012, p. 15.

Entrevistas

"Sobre Otto Maria Carpeaux". Entrevista concedida a Breno Longhi em 4 de junho de 2008. O texto aqui publicado tem por base as anotações do autor.

"Sobre Celso Furtado". Entrevista concedida ao Grupo de Cultura do Movimento dos Trabalhadores Sem Terra, MST, em janeiro de 2012.

O caminho percorrido

"Entrevista à *Folha de S. Paulo*". Entrevista organizada por Augusto Massi, publicada em *Folha de S. Paulo*, São Paulo, 28 de março de 1999.

"Discurso de Professor Emérito". Discurso proferido na cerimônia de obtenção do título de Professor Emérito da Universidade de São Paulo em 12 de março de 2009.

Extraprograma

"O erro de Narciso segundo Louis Lavelle". Prefácio a *O erro de Narciso*, de Louis Lavelle. São Paulo: É Realizações, 2012 (tradução de Paulo Neves).

Sobre o autor

Alfredo Bosi nasceu em 26 de agosto de 1936, em São Paulo. Filho de Teresa Meli, salernitana, e Alfredo Bosi, paulista de raízes toscanas e vênetas. Cursou o primário no Grupo Escolar D. Pedro II e o secundário completo no Ginásio Piratininga. Em 1955, ingressou no curso de Letras Neolatinas da Universidade de São Paulo. Obtida a licenciatura, em 1958, fez o curso de especialização em Literatura Brasileira, Filologia Românica e Literatura Italiana, e no ano seguinte foi escolhido para assistente de Literatura Italiana na mesma universidade. Em 1961, obteve uma bolsa de estudos do governo italiano para estudar Estética e Filosofia da Renascença na Faculdade de Letras da Universidade de Florença.

De volta ao Brasil em 1962, retomou a cadeira de Literatura Italiana na USP, disciplina que lecionou até 1970, tendo nela defendido duas teses que ainda hoje permanecem inéditas: o doutorado, "Itinerario della narrativa pirandelliana" (1964), e a livre-docência, "Mito e poesia em Leopardi" (1970). Paralelamente à vida universitária, entre 1963 e 1970 colabora assiduamente no *Suplemento Literário* do jornal *O Estado de S. Paulo*, sendo responsável pela seção "Letras Italianas".

Nel mezzo del cammin passa a predominar o polo brasileiro de sua formação. Tendo já publicado duas obras de história literária, *O pré-modernismo* (1966) e *História concisa da literatura brasileira* (1970), em 1971, transfere-se para o Departamento de Letras Clássicas e Vernáculas, onde passa a ministrar a disciplina de Literatura Brasileira. Torna-se titular em 1985. Foi professor convidado na École des Hautes Études em Sciences Sociales, de Paris, em 1993, 1996 e 1999.

Mas, apesar de toda a sua paixão pela Literatura Brasileira, o núcleo de sua formação teórica continua devedor da constelação italiana inicial. Politicamente, a inspiração gramsciana está presente tanto no subsolo dos conceitos de "cultura de resistência" quanto na militância, ao longo dos anos 1970, junto a um grupo de operários de Osasco, na periferia de São Paulo. Participou da Comissão de Justiça e Paz desde 1987. Entre 1997 e 2001 foi diretor do Instituto de Estudos Avançados da Universidade de São Paulo e depois editor da revista *Estudos Avançados*. Foi presidente da Comissão de Ética da Universidade de São Paulo e professor da Cátedra Sérgio Buarque de Holanda de Ciências Sociais (Paris). Entrou na Academia Brasileira de Letras em 2003 e recebeu o título de Professor Emérito da Faculdade de Filosofia, Letras e Ciências Humanas da Universidade de São Paulo em 2009. Faleceu em São Paulo, em 7 de abril de 2021. Publicou:

Poesias de José Bonifácio, o Moço. Organização (com Nilo Scalzo). São Paulo: Conselho Nacional de Cultura, 1962.

O pré-modernismo. São Paulo: Cultrix, 1966; 5ª edição, 1979.

História concisa da literatura brasileira. São Paulo: Cultrix, 1970; 40ª edição revista, 2001; 48ª edição, 2012.

O conto brasileiro contemporâneo. Organização e introdução. São Paulo: Cultrix, 1975; 14ª edição, 2002.

A palavra e a vida: expressão e comunicação para a 5ª série do primeiro ciclo (com Rodolfo Ilari). São Paulo: Loyola, 1976.

O ser e o tempo da poesia. São Paulo: Cultrix, 1977; 8ª edição, São Paulo: Companhia das Letras, 2010.

"As Letras na Primeira República", *in* Boris Fausto (org.), *O Brasil republicano*, vol. 2. São Paulo: Difel, 1977.

"Um testemunho do presente", *in* Carlos Guilherme Mota, *Ideologia da cultura brasileira*. 2ª edição, São Paulo: Ática, 1977 (várias reimpressões); 3ª edição, São Paulo: Editora 34, 2008.

Araripe Jr.: teoria, crítica e história literária. Seleção e apresentação. Rio de Janeiro: Livros Técnicos e Científicos/Edusp, 1978.

Cuentos de Machado de Assis. Tradução de Santiago Kovadloff. Organização e introdução. Caracas: Ayacucho, 1978.

Machado de Assis. Organização (com J. C. Garbuglio, Valentim Facioli e Mario Curvelo). São Paulo: Ática, 1982.

Os melhores poemas de Ferreira Gullar. Seleção e apresentação. São Paulo: Global, 1983; 7ª edição, 2004.

Historia concisa de la literatura brasilena. Tradução de Marcos Lara. México: Fondo de Cultura Económica, 1983; 2ª edição, 2002.

"O nacional e suas faces", in *Eurípedes Simões de Paula. In Memoriam*. São Paulo: USP, Faculdade de Filosofia, Letras e Ciências Humanas, 1983.

Reflexões sobre a arte. São Paulo: Ática, 1985; 7ª edição, 2002.

Graciliano Ramos. Organização (com J. C. Garbuglio e Valentim Facioli). São Paulo: Ática, 1987.

Céu, inferno: ensaios de crítica literária e ideológica. São Paulo: Ática, 1988; 2ª edição, São Paulo: Duas Cidades/Editora 34, 2003; 3ª edição, 2010.

"Fenomenologia do olhar", *in* Adauto Novaes (org.), *O olhar*. São Paulo: Companhia das Letras, 1988.

Dialética da colonização. São Paulo: Companhia das Letras, 1992; 4ª edição, com posfácio, 2001.

"O tempo e os tempos", *in* Adauto Novaes (org.), *Tempo e história*. São Paulo: Companhia das Letras, 1992.

Leitura de poesia. Organização e apresentação. São Paulo: Ática, 1996.

Machado de Assis: o enigma do olhar. São Paulo: Ática, 1999; 4ª edição, São Paulo: WMF Martins Fontes, 2007.

Cultura brasileira: temas e situações. Organização. São Paulo: Ática, 1999; 4ª edição, 2002.

La culture brésilienne: une dialectique de la colonisation. Tradução de Jean Briant. Paris: L'Harmattan, 2000.

Machado de Assis. São Paulo: Publifolha, 2002.

Literatura e resistência. São Paulo: Companhia das Letras, 2002.

Dialéctica de la colonización. Salamanca: Ediciones Universitarias, 2003.

Brás Cubas em três versões: estudos machadianos. São Paulo: Companhia das Letras, 2006.

Colony, Cult and Culture. Prefácio de Pedro Meira Monteiro. Dartmouth: University of Massachusetts Press, 2008.

Ideologia e contraideologia. São Paulo: Companhia das Letras, 2010.

Série Essencial: Machado de Assis. Rio de Janeiro: Academia Brasileira de Letras, 2010.

"O cemitério dos vivos: testemunho e ficção", apresentação a *Diário do hospício e Cemitério dos vivos*, de Lima Barreto, organização de Augusto Massi e Murilo Marcondes de Moura. São Paulo: Cosac Naify, 2010.

Essencial Padre Antônio Vieira. Organização e apresentação. São Paulo: Penguin/Companhia das Letras, 2011.

Minha formação, de Joaquim Nabuco. Organização e apresentação. São Paulo: Editora 34, 2012.

"Cultura", parte V de *A construção nacional: 1830-1889*. Coordenação de José Murilo de Carvalho. Rio de Janeiro: Objetiva, 2012 (Coleção História do Brasil Nação, vol. 2).

Entre a literatura e a história. São Paulo: Editora 34, 2013; 2ª edição, 2015.

Dialética da colonização. Prefácio de Graça Capinha. Lisboa/Rio de Janeiro: Editora Glaciar/Academia Brasileira de Letras, 2014.

"Celso Furtado: uma nova concepção de desenvolvimento", *in* Rosiska Darcy de Oliveira e Marco Lucchesi (orgs.), *Antologias ABL: Ensaio* (edição bilíngue português-francês). Rio de Janeiro: Academia Brasileira de Letras, 2015.

Catálogo das obras publicadas. Academia Brasileira de Letras. Organização. Rio de Janeiro: ABL/Contra Capa, 2015.

Brazil and the Dialectic of Colonization. Tradução de Robert Patrick Newcomb. Champaign: University of Illinois Press, 2015.

Três leituras: Machado, Drummond, Carpeaux. São Paulo: Editora 34, 2017.

Os trabalhos da mão. Ilustrações de Nelson Cruz. São Paulo: Editora Positivo, 2017.

Arte e conhecimento em Leonardo da Vinci. São Paulo: Edusp, 2018.

Reflexão como resistência: homenagem a Alfredo Bosi. Organização de Augusto Massi, Erwin Torralbo Gimenez, Marcus Vinicius Mazzari e Murilo Marcondes de Moura. São Paulo: Edições Sesc/Companhia das Letras, 2018.

Este livro foi composto em Sabon,
pela Bracher & Malta, com CTP da
New Print e impressão da Graphium
em papel Pólen Soft 70 g/m² da Cia.
Suzano de Papel e Celulose para a
Editora 34, em outubro de 2021.